연극에서 감정은 어떻게 작용하는가

: 교육연극의 미학적 이해

Drama and Feeling : An Aesthetic Theory

저자

리처드 코트니

번역

한국교육연극학회 양윤석·마수현·오판진

|저자 소개|

리처드 코트니 (Richard Courtney)
캐나다 토론토 대학교 온타리오 교육연구소, 예술과 미디어 교육 포럼, 명예교수

|역자 소개|

양윤석
고려대학교 영어영문학과 졸업, 서울대학교 인문대학원 공연예술학협동과정 수료

마수현
뉴욕대학교 연극치료학 석사 & 교육연극학 박사, 동덕여자대학교 방송연예과 교수, 극단 마음의 소리 대표

오판진
서울대학교 교육학 박사, 서울대, 서울교대, 전주교대, 공주교대 강사

연극에서 감정은 어떻게 작용하는가

: 교육연극의 미학적 이해

초판 인쇄   2023년 04월 28일
초판 발행   2023년 05월 10일

옮 긴 이   양윤석, 마수현, 오판진
펴 낸 이   박찬익
편   집   심지혜
책임 편집   권효진
펴 낸 곳   ㈜박이정출판사
주   소   경기도 하남시 조정대로45 미사센텀비즈 8층 F827호
전   화   031)792-1195   **팩   스**   02)928-4683
이 메 일   pijbook@naver.com   **홈페이지**   www.pjbook.com
등   록   2014년 8월 22일 제305-2014-000029호

I S B N   979-11-5848-878-9(93680)
책   값   20,000원

데이비드에게

그리고 자발적 드라마와 그것이 남들에게 미치는 놀라운 효과들을 위해 헌신해 온 사람들에게 — 사랑과 존경을 담아

그녀가 웃을 때, 나는 알았다
그녀의 웃음에 끌려들어 가고 있다는 것을
　　　　　　　　　　　　— T.S. 엘리엇

내 영혼은 정서가 필요하다,
나의 맨정신만큼이나
　　　　　　　　— 파블로 피카소

이 책 <연극에서 감정은 어떻게 작용하는가>에서는 인간의 발달에 있어서 극적 행동의 역할에 대한 리처드 코트니의 고찰이 — 어린이들의 놀이서부터 사회적 제의와 창의적 드라마, 그리고 무대극에 이르기까지 — 계속 이어진다. 드라마 교육계의 중추적인 인물 중 한 명인 코트니는 극적 행동을 통해 감정이 어떻게 생성되고, 처리되며, 심화하는지를 살펴보고, 감정이 우리가 어떻게 그리고 왜 배우는지의 본질적인 한 부분이라는 점을 밝힌다.

코트니는 극적 행동이 깊고 의미 있는 감정을 생성해내고, 그런 감정들은 직접적으로 표현될 수 있는 게 아니라, 은유적 행동들을 통해 도출될 수 있을 뿐이라고 서술한다. 그는 드라마의 목적은 은유를 통해 다른 사람들에게 감정을 전달하고, 그래서 의식과 자의식을 형성하게 되는 것이라고 주장한다. 그런 점을 보여주기 위해, 그는 극적 행동에 내재한 감정과 정서를 분석하고, 그것들을 의미론적 렌즈를 통해 살펴본다. 그는 또 인지, 감정 그리고 극적 행동을 연구하는 사람들이 직면한 문제들도 살펴보고, 그런 영역들에 중점을 두는 조사연구방법론도 고찰한다.

<연극에서 감정은 어떻게 작용하는가>는 교육연극을 교육과정 내에 확고히 자리 잡도록 하기 위한 애정 어린 의견을 피력하고, 드라마를 가르치는 이들에게 드라마의 예술 형식과 과정에 대한 새로운 통찰을 제공한다.

리처드 코트니는 캐나다 토론토 대학교 온타리오 교육연구소, 예술과 미디어 교육 포럼, 명예교수이다.

차 례

저자 서문 • 011

서론 : 극적 행동에서의 감정과 지적 능력 • 017

PART I : 드라마와 감정 • 039

　1장 감정과 미학적 양식 • 041

　2장 감정과 제의 • 067

　3장 감정의 구조 • 101

　4장 전체론과 감정의 동적 양태 • 139

　5장 감정과 정신 • 165

　6장 감정과 정서 • 195

PART II : 드라마와 탐구 • 223

　7장 창의적 예술에 대한 실효적인 조사연구법 • 225

　8장 감정과 전체론적 방법 • 265

　9장 인문과학으로서의 드라마 • 295

결론 : 미래 사고(Future Thinking) • 319

찾아보기 • 335

저자 서문

이 책은 내가 쓴 <Drama and Intelligence: A cognitive Theory (Montreal & Kingston: McGill-Queen's University Press, 1990)>와 동반하는 책입니다. (국내 번역서: 황정현/양윤석 역(2006), 연극은 지적 행위인가, 평민사.) 그 책에서는 자발적 드라마 행위를 인지적 관점이라는 특별한 렌즈를 통해서 조사하였습니다.

저는 1부에서 동전의 이면, 즉 자발적인 드라마에 대한 감정적이고 미적인 관점을 다루었습니다. 이 주제에 관심을 두게 된 지 40년이 넘었습니다. 그때 드라마의 정서적인 면 — 학생들의 정서 표현에 교육연극이 미치는 효과 — 이 가장 중요했습니다. 지난 20년 동안에는, 지적 성취라는 쟁점이 강조되었습니다. 그러나 오늘날, 우리는 자발적 드라마는 전체적인 효과가 있다는 것을 알고 있습니다. 동시에 자발적 드라마는 우리 생각의 인지적, 감정적, 미적, 그리고 정신 운동적 측면을 변화시킵니다. 이런 정신적인 측면 가운데 하나는 특정한 순간에 강조될 수 있고, 그것이 사실이지만, 다른 모든 측면이 그 안에 포함됩니다.

우리는 2부에서 탐구의 본질을 조사하기 위해 이것을 다음과 같이 추정하였습니다. 즉, 창의적 행위를 7장에서는 전체로, 8장에서는 홀로그램을 바탕으로 한 프로젝트 조사 방법으로, 마지막으로 9장에서는 우주와 관련지어 보았습니다. 어떤 장의 일부는 제 초기 작업의 일부를 재구성한 것인데, 관련 편집자들에게 감사를 표합니다. 또한 미학 이론의 특정 측면을 개발할 수 있도록 보조금을 준 캐나다 사회 과학 및 인문학 연구위원회에도 감사드립니다.

이 책은 여러 해 동안 구상단계에 있었기 때문에, 아주 다양한 사람들에게 많은 빚을 지고 있습니다. 저는 이 책에서 논쟁적인 것에 그들을 연루시키고 싶지 않습니다. 오히려 제 생각을 연마하게 해 준 그 분들께 매우 큰 감사를 드립니다.

John Allen, Dr Métin And, Michael Ardenne;

Dr Sharon Bailin, Dr Judith Barnard, Zina Barnieh, the late Alec Baron, Dr Giséle Barret, the late Dr Bernard Beckerman, the late Dr Daniel Berlyne, Dr Bradley Bernstein, Dr David Best, Dr Adam Blatner, Davie W. Booth, Derek Boughton, Dr Kathy Browning, Isabel Burger, Dr Shehla Burney, Rt Rev. E. J. Burton;

Robert Campbell, Louise Chamers, Dr David A. Child, Micki Clemens, the late Dr George Clutesi, oc, Dr Amir Cohen, Sarina Condello, Nina Consunji, Dr Donald Cordell, Dr Mary Coros, Jeanette Cox, the late Edward Gordon Craig;

Alec Davison, the late Ron Danielson, Dr Elizabeth Dickens, the late Dr Bonamy Dobrée, Joyce Doolittle, Helen Dunlop; Dr Susan Eden, John Ellis, John Emerson, Dr H.C. (Bobby) Emery, William (John) Emms, Dr Renée Emunah, Stanley Evernden; Dr Oliver Fiala;

Barbara Gans, (née Severin), Dr Robert Gardner, Peter and Ken Giles, Bernard Goss, Mary Green (née Titerle), Dr Poranee Gurutayana, the late Sir Tyrone Guthrie;

Agnes Haaga, Sr Georgiana Hannigan, Carl Hare, Dr David Hawkins, Doroty Heathcote, the late Barbara M. Hedgeland (née Coombe), the late John Hirsh, oc, John Hobday, W.A. Hodges, John Hodgson, Dr James Hoffman, Dr David E. Hunt;

Dr Ronald Irving; Barbara Jefford, CBE, Sue Jennings, Dr David Read Johnson, Keith Johnstone, Leonard Jones; Dr Judith Kase-Polisini, Sandra L. Katz, David Kemp, Barbara Kennedy, the late G. Wilson Knight, CBE, Judith Koltai, Dr Virginia Glasgow Koste, Natalie Kuzmich;

the late Rudolf Laban, Carole and David Lander, Dr Robert J. Landy, Dr Robert Lane, the late Fabian Lemieux, Dr Trevor Lennam, the late John Linstrum, Mark Long and The People Show;

Don Maclean, Dr Stanley S. Madeja, Mwai Magondu, Dr Norah Maier, Dr Ksana Maraire, Sybil Marshall, Sr Kathryn Martin, Dr Sue Martin, Dr Alistair Martin-Smith, Lord Redcliffe Maud, the late Frederick May, Dr Nellie McCaslin, Dr Colla Jean McDonald, Deborah McDonald, Dr John McInnes, Dr John McLeod, Dr Peter McLaren, the late Dr H. Marshall McLuhan, Peter McWhir, Dr Geoffrey Milburn, Victor E. Mitchell, Dr Penina Mlama, Gwilym Morris, Dr Jack Morrison, Dr Dennis Mulcahy;

Dr Hiroko Noro; Dr Harold Oaks, Betty O'Brien, Lawrence O'Farrell, the late Ruth Wynn Owen; Paul Park, Brenda Parres, Rose Pavlow, Dr Vance Peavey, Jay Peng, Walter Pitman, Gary Pogrow, the late Dr Peter Prouse;

Dr Frederick S. Rainsberry, Dr Natalie Rewa, Joseph Ribiero, Dr John Ripley, Dr Pamela Ritch, Dr Hélane S. Rosenberg, Dr Bernard Rosenblatt,

Dr Christopher Ross, Dr H. Howard Russell; Dr Ann Saddlemyer, Dr Diane Saint Jaques, Gertrud Schattner, Graham Scott, Dr Paul Schafer, Dr John Sharpham, Dr Sandra Shiner, Dr Judith A. Silver (Baird), Rina Singha, Geraldine Brain Siks, Colin Skinner, Peter Slade, Dr Helen E.H. Smith, Lawrence Sparling, Dr Robert E. Stake, Michael Stephen, Paul Stephenson, Dr Elizabeth Straus, Dr Pamela Sturgess, Takako Suga (née Shimizu), Larry Swartz;

Dr Alan Thomas, oc, Katherine Thurston-Perret, Dr Audley Timothy, John Trinder, the late Dr Helen Tulk, Dr Christine Turkewych, Michael Turner, the late T.E. (Gerald) Tyler;

David Upson; Frances and Arie Vander-Reyden; Dr Anton Wagner, Dr Bernie Warren, Brian Way, Dr Bronwen Weaver, the late Dr Wilfred Wees, Dr Otto Weininger, Nadia Weisenbrg, the late Dr Aurelieu Weiss, the late Don Wetmore, Dr Barbara Salisbury Wills, Dr Joyce A. Wilkinson, Dr Michael and Nikki Wilson, Dr Ian Winchester, Dr Robert W. Witkin, Ton Witsell, Peter H. Wright, the late Sir Donald Wolfit, Dr Lin Wright; and Dr Belarie Hyman Zatman.

제 비서인 Sandra Burroughs의 인내심과 능력에 관해 대단히 고맙게 여기고 있습니다. 언제나 그랬듯이 저는 아내 Rosemary Courtney에게 많은 빚을 지고 있습니다. 특히 그녀는 이 책을 쓸 수 있도록 많은 지원을 하였고, 편집과 색인에서도 도움을 주었습니다.

리처드 코트니
1993년
온타리오주, 토론토 그리고 잭슨 포인트에서

서론 : 극적 행동에서의 감정과 지적 능력

밀접하게 연결된 연극(drama[1])과 지적 능력(intelligence)의 관계[2]는 인간의 감정(feeling)에 크게 영향 받는다.

극적 행동(dramatic acts)은 깊고 의미 있는 감정을 일으킨다. G. 윌슨 나이트는 무대 위 연희자(player)로서의 경험은 자신의 1차 세계대전 군인 시절 같았다고 말한 바 있다. 동료애라는 감정이 팀 스포츠나 팀 게임을 할 때보다 훨씬 강하게 형성되어, 관객 앞에서 연기하는 것이 플랑드르 전장(戰場)의 참호를 "뛰쳐 넘어가는(going over the top)"[3] 것처럼, 인간 수행 능력(human performance) 중에 깊이 체감되는 극단적인 형태 같았다는 것이다.

---

1) 이 책에서 drama는 일반적으로 흔히 쓰는 우리말 연극(演劇)의 개념과는 달리 쓰이며, 무대 위에서의 연극, 즉 무대극(theatre)과는 구분된다. 이후로 드라마 혹은 극(劇)이라고 번역될 것이다.

2) 원주(原註): Richard Courtney, Drama and Intelligence: A Cognitive Theory (Montreal: McGill-Queen's University Press, 1990), 여러 곳에.

3) 원주: G, Wilson Knight, Preface to Richard Courtney, The School Play (London Cassell, 1966).

이와 유사하게, 실생활 행동 중에서 '극단적 상황에 처한(in extremis)' 사람들은 다음과 같은 두 가지 깊고 연관된 감정을 경험할 수 있다. 첫째, 그들은 상호관계 속에서 놀라운 일체감/유대감(unity)을 형성할 수 있다. 예를 들어, 납치된 누군가가 납치범들에게 강한 애착을 갖고 심지어 패티 허스트의 경우처럼 그들과 자신을 동일시(identify)할 수도 있는 것이다. 둘째, 그들의 연대 행동은 두려움과 들뜬 고양감(exhilaration) 사이의 칼날 위에 서 있을 수 있다. 이런 점은 수많은 사례에서 납치범과 피해자, 양쪽 모두가 진술한 바 있다.

다시 말해, **무대극(theatrical)** 공연에 쓰이는 은유는 빙산의 일각일 뿐, **드라마 (dramatic) 연행**[4]에서도 똑같이 적용되는 것이다. "무대극(theatre)"은 관객 앞에서의 연행을 말하고, "드라마(drama)"는 *"마치 ~ 인 것처럼(as if)"이라는 허구 속에서 생각하고 행동하는 우리 인간의 자발적/자연발생적(spontaneous)*[5] *과정이며, 동시에 우리가 삶의 과정에 참여하는 것이다.* 무대극은 모든 인간의 자발적인 극적 행동에서 생성된 여러 감정을 어떤 예술 형식으로 약호(約號)화(codify)한다. 그러나 이는 가장 몰입하는 것부터 가장 거리를 두는 것까지 다양한 층위로 일어난다. 그러나 일반적으로, 성인이 "부모"나 "아이" 역할을 이용하거나, 어린아이가 엄마나 아빠 역할을 할 때, 또는 학교 학생들이 역사 이야기로 즉흥극을 할(improvise) 때, 그들은 사회적 결속감(cohesion)이나 남들과의 공감(empathy), 공동의 과제들을 위해 몰입도 하고 헌신도 하는 강한 감정을 일으킨다. (그림1 참조)

---

4) 원문에서는 theatrical performance와 dramatic performance가 대비되면서, 공통으로 performance 란 단어가 쓰이고 있으나 우리말로는 무대극 공연(公演)과 드라마 연행(演行)으로 구분하였다. 이 책에서 performance는 주로 연행(演行)으로 번역되고, 실연(實演), 수행(遂行), 공연(公演) 등으로 번역될 때도 있을 것이다.

5) spontaneous: 행위가 발동하는 주요한 요인이 행위의 주체자에 있는 자연스러운 행동의 양상을 타내는 말이다. 즉흥적(improvisatory)이란 뜻으로 쓰이기도 하지만, 자발적이고 자연스럽다는 함의에 중점이 있는 점에 유의할 필요가 있다.

그림1 드라마와 무대극의 여러 양상

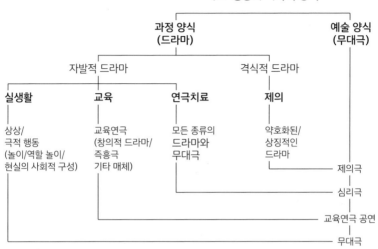

사고-행동의 미학적 양식

드라마 지도자

깊은 몰입과 헌신의 감정은 즉흥극(improvisation), 창의적 드라마(creative drama)[6], 놀이(play), 교육연극(educational drama), 연극치료, 시뮬레이션, 역할 놀이, 그리고 무대극을 하는 사람들 사이에서 일어난다. 이런 감정은 연희자들 (players) 사이에서 가장 명확히 나타나며, 모든 드라마 지도자들은 특별한 헌신을 보여주는 자기 연희자 집단에 관한 "무대 뒤 이야기(green-room story)"를 전하면서, 대부분 이런 감정을 그런 모든 집단에 일반화시키는데, 아마도 맞는 말일 것이다.

그러나 이런 감정은 또한 지도자, 교사, 연출자 자신에게도 일어난다. 이런 감정이 이런 지도자들 사이에서는 연희자들보다 덜 명확해 보일 수도 있지만, 그 중요성은

---

6) creative drama는 최근 우리나라에서 연극놀이로도 많이 번역되고 있기도 하나, 이 책에서는 서구에서의 쓰였던 용어를 있는 그대로 알 수 있도록 창의적 드라마로 옮겼다.

똑같다. 내가 40년 넘게 함께 작업해왔던 수많은 사람이 바로 그런 깊은 감정에 이끌려 다른 이들과 함께 자발적인 놀이와 드라마를 활성화하는 데 자기 자신과 자신의 에너지를 바쳐왔다. 그들은 심신이 소진될 정도로, 대개는 보상을 생각하지도 않고 그래왔다. 이 점은 이 분야에서 익히 잘 알려진 일로 다수의 사례를 찾아볼 수 있다.

1950년대 후반, 형제간인 피터와 켄은 영국 버밍엄 근처의 스메딕(Smethwick) 자치구에서 일하던 청년들이었다. 당시 스메딕은 1평방 마일의 빈민가가 다닥다닥 붙어있고 수돗물이 들어오지 않는 집도 허다한, 우울감과 박탈감이 느껴지는 문화적 불모지였다. 피터와 켄은 잠재력 있는 젊은 드라마 지도자를 위한 이틀간의 훈련 과정에 참여했었고, 이전에 드라마를 경험한 적이 없었지만, 자력으로 단 일주일 만에 모든 종류의 무대극 기술도 습득하는 열정을 기울였다. 1950년대와 1960년대 수년 동안 스메딕에서, 그들은 밤마다, 휴일을 포함한 모든 여가 시간을 들여서, 특별한 헌신으로 10대 청소년과 청년들을 위한 드라마와 연극 모임을 운영했었고, 지금도 여전히 그러고 있을 것이다.

마크 롱과 시드 팔머, 존 도우딩은 1960년대 초반에 드라마 교사 활동을 그만두고 런던에서 가장 전위적인 즉흥극 극단 <더 피플 쇼(The People Show)>[7]를 결성했다. 그들은 툭하면 거리, 공원, 쇼핑센터, 회의장 등 어디든 나타나 무계획적으로 보이는 초현실주의적 이벤트를 했다. 그들은 오랜 세월 쪼들리는 생활을 하다 결국 포기하고 '정상적인' 생계를 찾아 떠나게 되었지만, 마크는 최근에도 여전히 그 공연단을 이끌고 있다고 들었다.

헬렌 털크 박사와 그 남편은 뉴펀들랜드주 그랜드 폴에서 2차 대전 종전 때부터 20년 넘게 개업해온 의사였다. 그녀는 달리 사람을 구할 길 없어 자발적으로 어린이들을 위한 토요 즉흥극 모임을 운영하면서, 어린이들이 상상력, 사회성, 실용적 창의성을 증진하고, 자기감정을 표현하고자 하는 실제적인 욕망을 만족시켜 주었

---

7) 더 피플 쇼(The People Show) — 런던의 이스트 엔드(East End)에 기반을 둔, 영국에서 가장 오래 운영되고 있는 실험극 단체.

다. 병원과 가정에 대한 의무 때문에 훈련을 받을 수 없었던 그녀는 차선을 선택했다. 그녀는 1967년 세인트존스에서 캐나다 어린이 청소년 드라마 협회(CCYDA) 결성을 위한 제1회 전국 총회를 조직했고, 세계적인 전문가들을 초청해 뉴펀들랜드 사람들과 함께하는 워크숍과 세미나를 하도록 했다. 그것은 캐나다의 마지막 '연방의 아버지' 조이 스몰우드 뉴펀들랜드 주지사가 참석해 세간의 이목을 끄는 행사가 됐기 때문에 매우 큰 과업이었다. 이 행사는 캐나다와 이 지역에 큰 가치가 있는 일이었지만, 헬렌에게는 더욱 그러했다. 행사가 끝난 후 그녀는 내게 "이제야 제가 토요일 아침에 뭘 하고 있는 건지 알겠네요!"라고 말했다. 그리고 그녀는 어린이들과 계속 작업해나가다가 곧 건강 때문에 중단했었고, 얼마 후 세상을 떠났다.

내가 캐나다 어린이 청소년 드라마 협회(CCYDA) 회장이었을 때 (1971-73), 난 매일 저녁 그리고 대부분의 주말을 버펄로 브레스, 노스 서스캐처원 같은 외딴 지역에서 온 편지를 읽고 답장을 썼다. 그런 편지는 대부분 고립된 성인(成人)들로서 아무런 (또는 최소한의) 훈련을 받지 못하고 누군가의 도움도 거의 없이 평생 자발적 드라마를 이끌어왔던 이들의 편지였다. 그들이 내게 도움을 청한 것은 바로 깊이 체감되는 '헌신'과 자신들이 혼자가 아니라는 것, 즉 자신들에게 관심을 갖고 자신들이 하고 있는 일을 응원하는, 생각이 비슷한 사람들의 공동체가 있다는 걸 확인하고픈 욕구를 드러낸 것이었다.

64세의 조지아나 수녀는 노바스코샤주에서 와서 1년간 대학원에서 나와 함께 공부하고 과정을 마친 후 교사직에서도 은퇴했었다. 핼리팩스와 다트머스 지역으로 돌아간 그녀는 "하지만 이제 난 정말 일을 시작할 수 있어."라면서 그 지역사회, 특히 선창가 주변에서 드라마를 통한 사목(司牧) 활동을 시작했었는데, 최근에도 80대 중반인 그녀가 여전히 그곳에서 활동하고 있다고 들었다.

서른 살의 퀘벡주 여성 르네는 수북한 밝은 빨간색 곱슬머리를 하고 하계 과정 한 학기를 나와 함께 공부하면서 학교에서의 드라마 활동, 그것도 이누이트족 어린이들과 함께하는 걸 지도하는 방법을 배우고 싶어 했다. 두 달 후 북쪽으로 돌아간 그녀를 아이들은 샤먼(shaman)처럼 생각했다! 아이들의 삶에 너무도 헌신적이었던 그녀는 1969년 그들과 함께 북극의 황무지로 이주해갔는데 그 후론 소식을 듣지 못했다.

태평양 북서 해안 지역에 사는 한 인디언 추장은 현지 학교의 경비원이었다. 그를 고용한 백인들은 몰랐지만, 40여 년간 그는 짬이 날 때마다 해안을 여행하면서, 자기 부족이 사는 많은 마을의 어린이들에게 인디언 춤과 제의 드라마(ritual drama)을 가르쳤다. 그는 그 일을 경비원을 은퇴한 후에도 계속했고, TV와 영화에 출연하는 유명한 배우가 되었다.

호주에 사는 한 아름다운 젊은 여성은 텔레비전에 출연하는 유명인이 되어 많은 돈을 벌었지만, 그 돈을 아주 어린 아이들과의 관객참여극(participational theatre)을 연출해내는 데 투척했다. 9년 후 돈이 다 떨어진 그녀는 다시 파트타임 TV 출연자로 돌아가서 그 연극을 계속했는데, 아마 지금도 그럴 것이다.

감정에 관해 나눈 이야기

나는 그렇게 헌신적인 수백 명의 사람과 작업하거나 교신하면서 일상적 대화와 조사연구라는 두 가지 방식을 통해 함께 얘기를 나눴다. 우리는 캐나다에서, 영국의 시골과 빈민가 지역에서, 네덜란드와 벨기에서, 폭탄 테러가 일어난 런던에서, 2차 대전 후의 뉘른베르크에서, 미국 남서부의 고온 건조한 사막에서, 뉴욕과 LA의 고층 폐건물에서, 남태평양의 녹음 우거진 평화로운 섬에서, 호주라는 메마르고 뜨겁고 붉은 섬 전역에 걸쳐서, 불가리아의 카페와 그 밖의 많은 곳에서 이야기했다.

예를 들어, 내 동료 브라이언 웨이와도 얘기를 나눴는데, 그 어린이들을 위한 자발적 창의적 드라마(spontaneous creative drama)와 관객참여극(participational theatre)의 유명한 선구자로서 자신의 성인 연행자들을 처음으로 "배우 교사(actor teachers)"라 주장했던 그는 자기 극단의 학교 순회 활동을 유지하기 위해 런던에 있는 그의 연극 센터 마루에서 정기적으로 몇 시간씩 쪽잠을 자야 했고, 그곳 센터장으로 있던 내내, 그의 작업에 관해 듣고 온 전 세계 사람들을 맞이하던 그는 직업적으로나 개인적으로나 돈 때문에 전전긍긍했다. 내가 왜 그렇게 드라마에 헌신하느냐고 물었을 때, 그는 어깨를 으쓱하며 "글쎄, 꼭 해야 할 일이잖아!"하면서 겸손하게 말했었는데, 자기 분야에서 비슷한 명성을 가진 어떤 사업가가 자기 일에 그토록 헌신하며 거의 한 평생 그런 고생을 하겠는가?

지금까지 말한 지도자, 교사, 연출가들은 대부분 드라마 활동이 자신과 자신의 가장 깊은 감정을 그것에 쏟도록 이끌었다고 말했었다. 그중 한 사람은 웃으면서 "그건 일의 방식이라기보다 삶의 방식이에요!"라고 외쳤다. 그들과 자연스럽게 이야기를 나누며 나는 많은 이들이 젊었을 때 놀이나 자발적 드라마를 경험했고, 그들이 하는 말로 그것이 더 좋게 "인생을 바꾸었다는" 점을 발견했는데, 이 점에 그들은 놀랄 만큼 만장일치를 보였다. 헬렌 털크 박사는 "절대 이전 같지는 않았다."고 했고, 르네는 이누이트족과 활동을 하러 가기 전 "나는 나 자신에 대한 느낌이 좋았기에 남들이 같은 경험을 할 수 있도록 도와야 했다."고 했었다. 그 인디언 추장은 어렸을 때 가족과 부족이 아이였던 자신을 위해 **포틀래치** (제의극) 를 해줬던 게 그의 감정에 큰 영향을 미쳐 그걸 결코 잊은 적 없다면서 "나는 모든 사람과 함께 하는 사람이 됐고, 아직 **살아 있다.** 백인들의 세상에서 아주 우울해하는 우리 젊은이들이 그런 느낌을 갖게 되기를 원했다."라고 말했다.

이런 평소의 내 관찰 소견이 과연 타당한 것인지 알아보기 위해, 나는 드라마와 무대극 분야 37명의 숙달된 지도자와 교사, 11명의 연출가와 함께 몇 년 동안 조사연구 프로젝트를 수행했다[8]. 질문은 "당신은 왜 그 일을 하는가?"와 "왜 그렇게 헌신적으로 임하는가?"였는데, 그들은 그 이유를 명확하게 또는 인지할 만큼 알지는 못한다면서, 그보다는 깊은 내면의 욕구, 즉 자기감정에 반응한 것이라고 말했다. 이 연구는 애초의 내 관찰 소견을 굳히게 해주었고, 특히 **드라마 지도자, 교사, 연출가들은 자기감정을 그런 활동과 함께 다른 사람들에게도 쏟아 넣으면서 자신들 삶 역시 대단히 긍정적으로 변화될 수 있을 거라 생각한다**는 점을 보여주었다.

---

8) 원주: Richard Courtney, A Study od Drama and Theatre, Research Report (Toronto: Ontario Institute for Studies in Education, 1978).

1차적인 감정

나는 또 그들에게 활동에 대한 자신의 감정이 더 중요한지, 관련된 사람들에 대한 감정이 더 중요한지도 물었다. 그건 거장이라 할 드라마 교사 두 분께서 자신들의 일차적인 초점은 학습자(learner)라고 확실히 말한 바 있기 때문이었다. 브라이언 웨이는 자신이 드라마보다 사람들에게 더 관심이 있었다고 했고,[9] 도로시 히스코트는 자신은 먼저 교사이지, 드라마 교사는 그다음이라 평하며 자신을 남들을 위한 산파(midwife)로 여긴다고도 했다.[10] 그런 그녀의 생생한 은유는 그 조사연구에서 꼭 그대로 나오지는 않았다.

절대다수의 응답자들 말에 의하면 극적 행동이 활성화한 *1차적인 감정*은 다음과 같이 묶어진다.

- 타인들을 위한 *공감(empathy)* - 이탈리아어 'simpatico[11]'로 가장 잘 표현된다.
- 연희자로서 타인들에게 갖는 일체감과 신뢰
- 자발적인 극적 활동에 대한 신뢰(드라마는 허구이기에 모든 종류의 실험적 시도에 '안전'하다)
- 극적 행동의 *의의* (가치 부여)
- 활동 시의 즐거움, 만족감, 고양감
- 목적들을 달성할 수 있다는 *자신감*

모든 응답자가 위와 같은 '1차적인 감정들'의 묶음에 모두 동의했다고 해도, 그들이 단연코 가장 중요하다고 했던 건 타인들을 *위한(for)* 감정'이 먼저였고, 극적 행동 내에서의 감정은 그다음이었다.

이러한 드라마 지도자, 교사, 연출가들에 대해 **"사랑"**이라는 말을 사용하지 않고

---

9) 원주: Brian Way, Development through Drama (London: Longman, 1968).

10) 원주: Dorothy Heathcote: Collected Writings on Education and Drama, ed, Liz Johnson and Cecily O'Neil (London: Hutchinson, 1984).

11) 이탈리아어 simpatico는 호감이 가는, 호의적인, 공감/교감하는, 성질이 맞는 등의 뜻을 지닌다.

말하기는 어렵다. 그들에게는 타인들에 대한 진정한 사랑, 일체감과 공감이 있었다. 그들은 모두 각자의 방식대로 (때로는 나와 다른 방식으로) 타인들의 자발적 드라마에 몰두하기에 이타주의나 고결함이라는 말로는 불충분하다. 헌신, 애착, 애정, 친밀감(affinity), 우정, 호감 등과 같은 말들 역시 마찬가지다. 오직 '인간에 대한 사랑'만이 적절해 보인다. 그런 표현은 진부해 보일 수도 있겠는데, 응답자들이 사용한 문구 중에는 다음과 같은 것들이 있다.

- "다정한(loving) 관계"
- "함께하는 마음(togetherness)"
- 그들과 하나 되는 것: "우리는 하나"
- "서로 믿고 함께 나누는"
- 그들을 위해 느끼는/그들 입장이 되어(on their behalf) 느끼는/그들의 시각으로 느끼는
- 호혜적(reciprocal) 감정: "우리의 연결된/상호교감하는/공유하는 감정들."

2차적인 감정

지도자와 교사, 연출가들은 남들과 함께하면서 경험한 다른 많은 감정에 관해서도 언급했었다. 이런 *2차적인 감정들*은 모든 응답자에게 공통된 것은 아니었지만, 많은 이들이 공유하는 것이었다.

좋은 학습자와 그들이 **인생 초반에 영향력 높은 어떤 교사와의 일체감**으로 자신들의 삶이 변화되었다고 느끼는 감정 사이에 높은 상관성이 있는 건 세간에서 흔히 볼 수 있는 일이다. 거의 같은 상관관계가 드라마 지도자와 교사, 연출가들에게서도 존재한다. 그 점이 그들 모두에게 공통된 것은 아니지만, 그런 감정을 같이 지니고 있지 않은 사람 중에도 다수는 부모 중 한 명이나 양친 모두와 강한 일체감을 지니고 있었다.

응답자 대다수는 **다른 드라마 작업자들과 강한 유대감**을 지니고 있었다. 이런 관계는 직접적인 대면 접촉이나 멀리 떨어진 곳에서 이 분야 주요 작가와의 간접적인

연결을 통해, 즉 상대방과의 서신 교환이나 전화 통화를 통해서도 형성될 수 있다. 그들과 그들 같은 다른 사람들은 극적 활동으로 활성화된 *가치 체계와의 유대감을* 거의 같은 높은 비율로 느꼈다. 이 가치 체계는 극적, 미학적 활동, 유사성, 협의, 평화, 호혜, 협력, 그리고 삶의 질(quality)에 관해 긍정적이다. 그것은 현대 서구 사회의 지배적인 가치들인 공격성, 대립, 경쟁, 양(quantity) 그리고 금전적, 물질적 욕망과는 반대된다.

이 점은 특히 일반 학교(schools), 단과대학 및 종합대학교에서 활동하는 드라마 교사들에게 적용된다. *그들 중에는 서구 사회가 자발적 드라마(spontaneous drama)에 가치를 두지 않을 뿐 아니라, 그것이 지향하는 바에 반하는 움직임이 활발하다는 걸 강하게 체감하고 있었다.* 그들은 많은 사례를 인용했지만, 여기서는 한 가지만 소개하겠다.

브론웬 해리스 (실명은 아님) 는 훈련받은 드라마 교사로서 청소년과 청년 성인 중에서 낙오자(dropouts)와 주변인들(marginal people)에 깊은 관심을 두고 있었는데, 그녀는 그들과 함께한 작업이 매우 성공적이어서 많은 찬사를 받았었다. 결혼해서 세 아이를 낳은 뒤, 그녀는 1960년대 중반에 영국의 지적장애 여성 청소년을 위한 기숙학교로 돌아가, 자발적 드라마를 학습의 기본으로 활용하면서 일과 학생들에 대단히 헌신적인 열정을 기울였다. 나는 그녀의 반 학생들이 사회 인식, 즉 흥적 사고력, 타인에 관한 관심, 읽고 쓰는 능력에서 다른 학생들과 차이가 난다는 것을 알고 매우 놀랐었다. 그러나 그 학교 교장은 여학생들이 조용히 책상에 앉아 공부하기 ("아이들은 어른 앞에서 얌전히 입 다물고 있어야 한다."[12]) 를 원해서, 브론웬의 교수법을 좋아하지 않았기에, 내 반대에도 불구하고 그녀를 해고하고 말았다. 그 결과 그녀는 더 이상 취직할 수 없었다. 1년 후 그녀는 자신감을 잃고, 이렇게 말했다. "난 더 이상 쓸모가 없어요. 난 중요하지 않은데 그 아이들은 길을 잃을 거에요. 난 그 아이들을 정말 돕고 싶어요!" 그녀는 점점 우울해졌고, 결혼 생활도 파경을 맞았다가 얼마 후 30대 중반에 죽었다.

---

12) 15세기 영국 속담 'Children should be seen and not heard'를 우리말로 이해하기 쉽게 의역한 것임.

몇몇 드라마 실천가들은 "내가 편집증 환자라고 해서 아무도 날 쫓아오지 않는 건 아니다.[13]"라는 격언을 인용해서 이 일에 관한 자신들의 감정을 표현했었다. 이처럼 구체적인 사례들은 서구 사회 전반에 걸쳐서, 상당히 많이 찾아볼 수 있다.

그들이 **직무수행 상 겪는 심신 소진(working to exhaustion)**[14]에 대해서는 연출, 지도자, 교사들의 응답에서 흔한 일로 나타난다. 그렇다 보니 나는 버나드 쇼가 죽을 때 자신이 인류를 위한 봉사로 완전히 소진돼 없어지기를 바란다고 했던 말이 떠올랐다.

은유의 표출

우리는 은유(metaphor)를 사용하면 (말로든 다른 매체로든) 사람들의 무의식적인 감정에 대한 중요한 의미들을 표출할 수 있다는 걸 알게 되었다. 도로시 히스코트가 자신을 남들을 위한 산파로 느낀 바와 같이, 조사연구 응답자들도 자신들에 대한 감정을 은유로 표현했다.

드라마 실천가들이 자신을 은유적으로 표현한 가장 일반적인 말은 **정원사**였다. 이런 은유 뒤에 숨어있는 감정과 관련해 흥미로운 점은, 캐나다, 영국, 호주와 견주어 미국에서 활동하는 사람들은 그 함의를 다르게 사용한다는 점이다. 그 차이는 아리스토텔레스의 엇갈리는 두 가지 관점과 연관되어 있다.

- 인생이란 참나무로 자라는 도토리라는 관점. 즉 상향식 (캐나다, 영국, 호주)
- 참나무의 이상적인 본질은 도토리 안에 내재해/전승돼(inherited)있다는 관점. 즉 하향식 (미국)

간단히 말해서, 미국인들은 자신들을 도토리가 참나무가 되는 걸 **보장하는 (ensuring)** 정원사로 본 반면에 다른 나라 사람들은 도토리가 참나무로서의 **잠재력**

---

13) Just because I'm paranoid, doesn't mean there's nobody chasing me. 1961년 미국의 소설가 조셉 헬러 (Joseph Heller)의 소설 <캐치-22(Catch-22)>에 나와 유행하게 된 신조어.

14) job burnout이라고도 한다. 우리나라에서 이를 직무소진이라고 번역하는 경우가 많으나 적절치 않은 것 같아 채택하지 않았다.

을 충분히 발휘하도록 **돕는(helping)** 정원사로 보았다. 이 차이는 미묘하지만, 각기 다른 맥락/배경(context) 속의 드라마 활동가들에게 내재하는 가정(assumption)의 편차를 나타낸다. 이는 그들이 사용하는 방법의 차이도 어느 정도 설명한다.

주제를 벗어난 사안이지만 학교 내의 드라마 교사와 그렇지 않은 교사가 사용하는 은유도 비교해봤는데, 거기엔 세 가지 주요한 차이가 있었다.

- 드라마 교사들은 자신이나 학생들에 대해 절대 부정적인 은유를 사용하지 않았다. 드라마 교사가 아닌 교사들은 다음과 같은 언어적 은유를 사용했다. "이 교실에서 저는 가끔 경찰관이 돼요.", "저는 이 녀석들의 보모가 돼줘야 하죠.", "전 가끔 채찍을 꺼내 들 수밖에 없어요.", "쟤들은 '꼬마 천사'가 아니죠, 아시다시피.", "전 가끔 쟤들이 어떤 바위틈에서 기어 나왔는지 궁금해요."
- 비슷한 차이는 교사들이 신체 언어나 몸짓으로 하는 은유에서도 발견된다.
- 드라마 교사들은 히스코트의 "threshold"[15]란 말을 종종 은유적으로 이해할 때가 많았지만, 드라마 교사가 아닌 교사들은 대부분 그렇지 않았다.

자발적인 극적 행동을 통해 일어나는 깊고 의미 있는 감정에 관해 이야기할 때는 주로 연희자의 관점에서 이야기한다. 이 점은 연구저술에서 거의 보편적으로 다 그렇게 하지만, 여기서는 지금까지 교사, 지도자, 그리고 연출가에게 초점을 맞춘 감정의 중요성을 알아보았다.

연희자 (Players)

연희자의 관점으로 돌아가 생각해 볼 때, 우리는 그들의 감정이 하나의 사고 과정 전체의 부분이라는 것을 알 수 있다. 연희자로서 우리는 사고(상상과 감정)와

---

15) 원주: Dorothy Heathcote, 63-9. 역주: 문턱, 역치(閾値), 기준점, 임계/한계점 등으로 번역됨.

행동을 하나의 통일체로 경험한다. 사고(thought) + 행위(action)[16] = 극적 행동 (dramatic act). 그것들은 하나로 결합하여 의미를 만들어낸다. 우리는 그것들을 추상적이고 과거시제로만 분리할 수 있다. 그것들을 분리해서 현재시제로 살아볼 (live through) 수는 없는 것이다. 특히 예술가들은 즉시적인 행동으로 감정을 표현하는 것과 추상적인 표현의 이런 차이를 잘 안다. 피카소는 "예술은 **현존한다** (Art is,)"고 말했었고, 이사도라 던컨은 "만약 내가 의미하는 바를 말해줄 수 있다면, 춤을 출 이유가 없다."고 했었다. 모든 예술적이고 극적인 행동은 상상과 감정을 개별적으로/특유하게(in particulars)[17] 그리고 현재시제로 표현하고 전달한다.

상상/심상화(imagination)은 "만약 ~라면 어떨까?(what if?)"를 묻고, 감정 (feeling)은 "그게 맞는다고 느껴지나?"를 묻는다. 그리고 극적 행동(dramatic acts)은 "~인 것처럼(as if)"으로 기능한다. 드라마는 변형(transformation)**이다**[18]. 우리는 머릿속의/정신적(mental) 극화나 외적인(external) 극적 행동에 참여할 때 사물, 생각, 다른 사람, 우리 자신과 우리를 둘러싼 세계를 변형(transform)시킨다. 우리는 바꾸면서 학습한다. "재연(re-play)"[19]과 타인에 대한 신뢰의 감정을 통해서, 우리는 행동할 때 특정한 정신의 구조(유사성, 전체/부분, 연속체(continua)와 은유)와 동태(動態 dynamics)[20] (변환, 자발성, 치환) 를 활용한다. 이런 것들은 감정과 마찬가지로 대개 무의식적이다. 그것들은 우리가 **암묵적으로** 알고 있는 것들에 속한다. 그것들은 말로 표현하려고 하면 달라질 때가 많다. 마이클 폴라니의 말처럼 "우리가 아는 건 말할 수 있는 것보다 더 많다."[21] 정신적 구조(mental structure),

---

16) 저자 코트니는 act와 action을 구분해서 표현하고 있다. 그래서 이 책에서는 act는 결과적인 움직임(動)을 강조하고, action은 과정적인 행동을 만듦(爲)/행동화를 강조한다고 보고, act를 행동, action를 행위라고 옮겼다. act를 활동으로, action을 작동이라고 옮긴 경우도 가끔 있다.

17) particular(특정적, 개별적)는 general(일반적, 보편적, 개괄적)과 반대되는 개념.

18) 원문에서 Drama is a transformation. 이라고 is를 이탤릭체로 강조하였다.

19) 원주: Richard Courtney, Re-Play: Studies of Human Drama in Education (Toronto: Ontario Institute for Studies in Education Press, 1982)

20) dynamics: 우리말로 동태(動態), 동적 양태, 역학관계, 역동성 등으로 옮길 수 있겠는데, 앞으로 이런 번역어들을 문맥에 맞게 선택해 옮길 것이다.

21) 원주: Michael Polany, Personal Knowledge (New York: Harper and Row, 1962)

동적 양태(dynamics) 그리고 감정은 우리의 실효적/실능적[22] 지식(practical knowledge), 즉 우리가 세상에서 효율적으로 운용하는 "노하우(know-how)"의 주요한 요소들이다.

우리가 창조하는 극적 세계 (허구) 는 실제 세계와 병렬로 존재한다. 우리가 생각해내는 의미는 실재(actuality)에 바탕을 두고 있긴 하지만, 우리는 그것을 극적 세계를 배경으로 과연 그것이 맞는다고 느껴지는지(feel right)를 점검해본다. 사안을 극적으로 시험해보고 실수도 하면서 바로잡는 것이다. 이렇게 진실은 완전한 것이 아니라 연희자(player) 안에서는 **현존해있는(existing) 체감—현실(felt-reality)**로, 연희(play) 속에서는 **새롭게 생겨나는/탈바꿈하는(emerging)[23] 체감—현실**로서 자리 잡고 있다. 이런 두 가지 체감-현실(felt-reality)이 우리가 "지금 여기(here and now)"속에서 운용하는 가운데 공존하는 것이다.

극적 행동은 연희자가 상상하는 것(imagining)과 느끼는 것(feeling)(기의 the signified)을 나타내는 기표/기호표현(signifiers)이다. 관찰자 그리고/또는 청중이 연희자가 의미하는 바를 찾아내기 위해서는 그 기표(記表)에서 추론해야만 한다. 이런 상호작용은 가역적인 과정이다.

- 사고와 감정은 머릿속(정신)에 은유적으로 존재한다.
- 그것들이 연희자들에 의해 극적 행동으로 표현될 때는 상징적이다. 그들은 사회적 세계의 상징체계로부터 의미들을 가져온다.
- 관찰자와 청중은 그것들을 자기 자신의 내적 은유로 변환해서 이해한다.

---

22) practical은 우리말로 실제적, 실질적, 실천적, 실용적, 실행적, 실효적, 실능적, 실경험적 등 여러 가지로 번역될 수 있고, 실제적이란 역어가 가장 많이 쓰이고 있기는 하지만 이 책에서는 원저자가 본문 속에의 의도하는 의미에 맞춰 실효적, 실능적과 같은 역어를 채택하였다.

23) 여기서 emerging이라는 말은 없다가 새로 생기는 것이 아니라, 나비나 매미가 허물을 벗고 새롭게 모습을 갖추는 우화(羽化 emergence)처럼 기존에 있던(existing) 것에 새롭게 탈바꿈하는 것으로 이해하면 좋을 것이다.

이는 종종 "세상을 뒤집는 것(turning the world upside down)[24]"처럼 보인다.

연희자들(players) 사이의 관계는 대화적임과 동시에 극적이다. 이런 방식은 모든 해석의 기저를 이룬다. 우리는 자신을 남의 입장에 놓고 그 사람의 관점 (즉, **체감**-현실) 으로 여러 가지 사안을 보고 느낀다. 이렇게 틀에 박힌 사고와 편견을 거부하는 감정의 기반이 있는 것이고, 이는 특히 자발적인 극적 행위(action)를 통해서 학습되는 것이다.

감정과 힘

드라마는 우리의 감정을 강력하게 활성화한다. 이는 극장(playhouse)에서 가장 확연히 드러난다. 윌리 로만 역의 리 콥, 아치 라이스 역의 로렌스 올리비에, 욘 가브리엘 보크만 역의 프레드릭 바크, 클레오파트라 역의 에디스 에반스, 빕 역의 마르셀 마르소, 끌로델의 극에서 보여준 장 루이 바로와 마들렌 르노의 모습 — 이런 과거의 순간들은 대단히 강력한 아이콘으로 우리에게 남아있다.

우리의 감정은 그에 못지않게 우리가 즉흥극의 연희자나 지도자일 때도 활성화된다. 즉석에서 사고하고 반응하는 능동적 과정은 긴장감을 느끼게 하는데, 그건 기껏해야 전율을 느끼는 정도에 불과할 수 있다. 그것이 희극적으로 사용될 때는, 키이스 존스톤[25]이 연출했던 것과 같은,[26] 너무 우스워서 웃음을 참을 수 없는 그런 즉흥극으로 끝날 수도 있다.

---

24) 원주: "세상을 뒤집는다"라는 건 고대의 개념이다. 역할 바꾸기를 통해 인류는 질서/우주(cosmos)를 뒤집을 힘을 가졌었다 (예를 들면 샤먼(shaman)이나 바보제에서 보이는 (인격) 변환(transformation)). 이런 점은 서양 희극에 내재하게 되었다. (역주: 서구의 바보제에서 평민과 상류층의 역할 바꾸기 놀이가 행해졌었다.)

25) 키이스 존스톤(Keith Johnstone 1933~) — 영국 태생의 극작가, 배우, 연출가, 교육자. 즉흥 체계(Impro System)를 고안해낸 선구자.

26) 원주: Keith Johnston, Impro (London: Faber and Faber, 1979)

실생활 속 드라마에서도 그와 같은 강력한 감정이 일어날 수 있다. 실례로, 내 어머니는 당신의 어머니 역할을 계속 고수하셨다. 심지어 내가 할아버지가 되었을 때도 내게 어린아이 역할을 맡기면서 말이다! 나는 40년간 양파 알레르기가 있었고, 20년간 탄수화물 섭취를 줄이는 방법으로 감자를 먹지 않았다. 어머니는 이걸 *의식적으로는* 이해하셨지만, 내가 당신 집에서 식사할 때 당신께선 양파를 내오셨고, 나 역시 그걸 받았다. 또 어머니가 내 앞에 큰 접시를 놔두셨다 싶으면 어김없이 한 무더기의 감자를 주셨다. 어머니는 당신의 어머니 역할을 **무의식적으로** 수행한 것이지만, 이 책을 읽는 독자들은 그렇게 어머니와 함께 식사할 때 강력한 정서와 감정이 일어난다는 것을 쉽게 이해할 수 있을 것이다.

놀이(play)하는 아이들은 강력한 감정을 경험할 때가 많다. 그들은 자신의 극적 행동에 깊이 빠져서, 엄마가 밥 먹으라고 불러도 멈추고 싶어 하지 않는다. "상상의 동반자"를 잃어버리는 것은 아이들에게 트라우마가 될 수 있다. 그리고 놀이에서 어린이가 경험하는 완성감(feeling of completion)은 그것을 다시 경험하기 위해 평생 탐색하는 것으로 이어질 수 있다. 극적 행동을 할 때 느끼는 감정은 우리 삶에 여러 방식으로 강력하게 영향을 미칠 수 있는 것이다.

사고(思考)의 양식들

인간의 사고는 여러 가지 양식들(modes)의 복합체(complex)다. 이런 양식들의 유형은 이견이 좀 있긴 하지만, 일반적으로 인지적(cognitive), 정동적(affective), 정신운동적(psycomotor), 미학적인(aesthetic) 네 가지 양식이 있다고 한다. 이런 양식들은 추상 개념들(abstractions)로 머릿속에 실제로 존재하지는 않는다. 그것들은 경험의 영역에 관한 조망을 제공하는 지도로서, 사고들이 어떻게 군집을 이루는지를 보여줄 때가 많다 (항상 그런 것은 아니다).

인지적(cognitive) 사고는 특정한 것들에 대한 지식의 습득에서부터 분류, 포괄, 적용, 종합 등과 같은 높은 수준의 기능에 까지 걸쳐있다. 우리는 특정한 사항들 ("사실인 것들") 을 두고 미(美)나 도덕성 같은 추상개념으로 또는 명확히 서술되는

(specified) 논리를 가지고 생각할 때 이런 양식에 중점을 둔다.

정동(情動)적(affective) 사고는 공포와 분노 같은 기본적인 정서(emotion[27])에서부터 기분(moods)에까지 걸쳐있는데, 이는 일정 정도의 수용이나 거부를 내포한다. 우리는 겁을 먹거나 화가 날 때 이런 양식에 중점을 둔다.

정신운동적(psycomotor) 사고는 근(筋) 기능, 즉 운동 기능에서부터 신경과 근육의 공동작용이 필요한 기능에까지 걸쳐있다. 우리는 걷기, 달리기, 자전거 타기 등과 같은 활동에 관여할 때 이런 양식에 중점을 둔다.

미학적(aesthetic) 사고는 감정에 기초하고 있다. 우리는 상상하고, 선택하고, 판단하고, 우리가 좋아하는(like) 것과 가치 있게 여기는(appreciate) 것을 구별해내고, 직관과 통찰, 그리고 예감(hunch)을 사용할 때 이런 양식에 중점을 둔다.

이런 네 가지 사고 양식은 밀접하게 연관되어 있다. 비누와 개처럼 분리돼있고, 독립적인 어떤 것이 아니다. 이것들은 겹치고 뒤섞여있다. 모두 우리의 사고 속에 존재하고, 전적으로 인지적이거나 전적으로 정동적인 사고는 없다. 달라지는 건 우리가 어느 한 사고에 두는 중점이다. (그림2 참조)

그림2 사고의 양식들

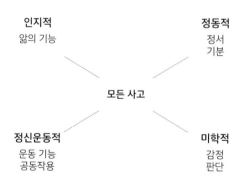

---

27) emotion과 affect는 우리말로 주로 정서와 정동으로 번역되나 정동과 정서로 뒤바꾸어 번역되기도 한다.

인지는 앎(knowing)과 관련되어 있다. 우리가 사용하는 통상적인 일상용어에서 안다는 것과 믿는다는 것 사이의 차이는 있다고 해도 거의 없다. 우리가 사정이 이러하다고 말할 때는 통상 그것이 집약적 견해(consensus)라 그렇다는 것을 의미한다. 배운다는 것은 변환(transformation)에 기초한 인지과정으로 그런 "알게 되는(coming to know)" 상태가 우리를 가상화(virtualizing)에서 실재화(actualizing)로 이끈다.

인지는 직관(intuition)과 통찰(insight)에서 미학적 사고 양식과 겹치게 된다. 우리는 그 두 가지 모두를 통해서 지식(knowledge)을 습득한다. 통찰은 갑자기 ("섬광처럼") 생겨나기 때문에 우리가 그 내적 작용을 알지 못한다. 우리는 그것들을 수용해서 우리 지식 저장고의 일부분이 되도록 할 수도 있고, 거부할 수도 있다.

우리가 정서(emotion) (정동적(affective)인 것) 와 감정(feeling) (미학적(aesthetic)인 것) 사이에 추상적인 구분을 둔다면, 정서는 미분화된 상태로 인지되면서 우리에게 갑자기 엄습해온다 — 사르트르가 "호랑이가 방으로 걸어 들어오면 무슨 일이 일어날까?"라고 물을 때처럼 말이다.[28] 그의 대답은 우리가 즉각 신체적 반응을 한다는 것이다 — 은유적으로 말해서 우리는 "떨거나 아찔해진다". 정서는 항상 특칭(特稱)적(particular)이다. 즉, 무언가 *어떤 것(thing)*에 대한 것이다 — 가령 어떤 호랑이에 대한 공포, 또는 어떤 인간에 대한 사랑처럼. 그리고 (극단적인 경우) 심지어 일부 우울증 환자들의 일반화된(비특정적) 공포나 분노도 공포나 분노 *에 대한/를 둘러싼(about)* 것이다.

반면에 감정은 반성적/성찰적(reflexive)이다. 예를 들어, 우리가 석양을 관조할 때 느끼는 감정은 정서보다 더 정확히 구별하는 반응이다. 감정은 항상 한 가지에만 초점을 맞추지도 않는다.

---

28) 원주: Jean-Paul Sartre, *Being and Nothingness*, trans. H.E. Barnes (New York: Washington Square, 1968).

정서와 감정은 연속체(continuum)의 양쪽 끝과 같이 작용한다. 그것들 사이에는 둘 중 한쪽으로 범주화할 수 없는 여러 가지 정도의 것들이 있었다. (예컨대, 우리는 사랑에 빠지는 것을 선택하는가?) 이는 기분(moods)에도 적용되지만, 기분은 미학적(aesthetic)이라기보다는 정동적(affective)인 경향이 있다.

행동의 양식들

사고(思考)와 행동의 양식은 서로 뒤얽혀있다. 우리가 누구인지를 나타내는 씨실과 날실인 것이다. 모든 사고는 그 안에 행위(action)의 잠재성을 지니고 있다. 모든 행위는 의식적이든 아니든 사고에 의해 추진된다.

사고와 행위의 결합(unity)은 일대일 관계가 아니다. 한편으로는, 사고가 전달하는 의미가 행동이 전달하는 의미와 다소 차이가 나기도 한다. 예를 들어, 우리는 다른 사람에게 자기가 꾼 꿈을 묘사하려고 할 때 이 점을 알게 된다. 그 꿈에 나온 인물을 언어 행위로 표현하면 다소 달라진다. 말이 그 인물에 관한 *감정*을 변화시키는 것이다. 이런 일은 우리가 상상하는 것을 극적 행동으로 변환시킬 때 유사하게 일어난다. 그러나 사고가 행동과 맺는 관계는 직접적인 복제가 아니라 하더라도, **우리 경험상으로는** 사실상 상동(相同 homologous) 관계다.

우리가 하는 행동은 실제로든 가정 속에서든 항상 상호작용적으로 나타난다. 이런 상호작용은 물리적 세계와 함께 일어나거나 타인과 함께 일어날 수 있다.

그러나 거기엔 모든 상호작용의 원형이 *인간 대 인간의 감정(person-to-person feeling)* 상호작용이라는 태생적 의미가 있다. 우리는 다른 사람*의* 동일성 확인(identification 신원확인) 후, 그다음에 그 사람*과의* 동일시(identification 일체감)를 이뤄낼 수 있다. 우리는 먼저 상대방이 *우리에게* 누구인지를 재인지(re-cognize)해야 하고, 그런 다음에 그 사람에게 공감(empathize)할 수 있는 것이다. 우리는 첫 번째 동일성 확인을 주로 기표(記表)에 기초해서 한다. 얼굴 표정, 자세, 몸짓, 옷차림 등등이 *우리에게* 그 타자를 확증해주는(establish) 것이다. 우리가 타자와 공감하는 건 우리 자신을 타자의 입장에 두고 — 정신적으로는 극화로, 신체적으로는 극적 행동으로 — 그들을 대신해서/그들의 입장에서(on their behalf) 생각하고 느낄 때이다. 행위/연기(action)에서 이는 가정된 "내가 누구"라는 "자기현시(Vaunt)"가 된다. 그 다음에 두 사람 사이의 드라마를 시작하는 최초의 발제(拔提)(proposition)가 이어진다.[29] 그런 다음 우리는 상호 작용을 하는 두 주인공이 되어 행위/연기(action)를 진행해나간다. 우리가 나누는 감정은 상호관계 중의 하나다 — "우리는 그것을 함께한다."

사회적 세계

우리 상호 간의 체감—의미들(felt-meaning)은 타자들과의 상호교환 행동과 연대감에 근거해 확증/설정됨(established)에 따라 우리의 사회적 세계를 구성한다. 우리는 일상적인 활동(activities)을 통해 다른 사람들과 함께 그들의 감정을 느끼면서 의미를 만들어낸다.

체감—의미(felt-meanings)는 약호(約號)화(codified)되어 관습이 될 수도 있지만, 돌에 새긴 글처럼 고정돼 있지는 않다. 체감—의미는 사회적 세계에서 기능할 때도 변환될 수 있다. 맥락(context)과 우리가 정하는 용도(use)에 따라 바뀌는 것이다. 우리의 사회적 세계에서 어떤 대상/물체(object)의 의미는 거기에 우리가 부여하는 기능에 따라 달라진다. 종이 한 장은 원고(原稿)로 쓰거나, 종이비행기로 접거나, 뭉쳐서 공이나 내 고양이의 "(장난감) 생쥐"로 만들 수도 있다. 교육연극에서 어떤 대상/물체는 종종 일반적인 의미와는 다른 방식으로 활용된다. 가령 즉흥극 모둠에서 짧은 막대를 당구 큣대, 지하철 손잡이, 검, 감옥 창살 등으로 활용할 수 있다. 대상/오브제(object)의 의미는 맥락과 용도 및 투영하는 감정에 따라 달라진다.

---

29) 원주: "Vaunt"와 proposition에 대해서는 Courtney, Drama and Intelligence, 32-3, 151 참조. (역주: 그 책의 우리말 번역서 <연극은 지적행위인가>에서는 vaunt를 역할 드러내기, proposition은 속내 드러내기로 번역한 바 있다.)

즉흥극을 하는 학생들은 허구적인 맥락에서 체감—의미의 실제적인(practical) 가능성을 실험하고 그것은 그들의 사회적 실재성/현실(reality)을 구축하는 기초가 된다.

사회적 세계에서의 감정들은 끊임없는 유동 속에 있다. 다른 사람들과의 상호관계 속에서 연희(play)되기는 하지만, 다시 재연(re-play)할 때는 달라지는 것이다. 이는 우리가 누구이고, 상대는 누구이며, 어떤 맥락인가가 결코 정확히 똑같지 않기 때문이다. 게다가 두 연희자(players)는 자신의 가치와 상대방의 가치를 활성화하고, 그래서 각각의 개별적/특유한 행동은 여러 차원의 의미와 감정을 배태하게 된다 — 거기엔 오래된 것들도 있고 새것들도 있다. 감정은 극적 행동들 속에 내재해 있다. 사실 행동은 감정이 주입되지 않는 한 극적일 수 없을 것이다.

이런 점들은 제1부에서 다루게 될 문제의 유형들인데, 거기서 우리는 주로 연희자에 초점을 맞추게 될 것이다. 사람들이 현재시제로 — "지금 여기"서 — 겪는 극적인 체감—경험의 유형에 관심을 두는 것이다.

그러나 제2부에서는 비슷한 문제지만, 드라마와 감정에 관한 학술적 **연구(study)**라는 또 다른 관점에서 살펴볼 것이다. 이는 사안들을 안에서 — 말하자면 연희자의 관점에서 — 살펴보는 게 아니라, 밖에서 그리고 과거 시제로 검토할 것이다. 제2부에서는 "그때 거기"의 극적 행동들에서 일어나는 일들에 중점을 둘 것이다.

PART I

드라마와 감정

1장 감정과 미학적 양식

"미학(aestetic)"이라는 용어에는 두 가지 주요한 의미가 있다. 처음 이 말은 1750년에 고대로부터 사상가들이 몰두해왔던 미(美)에 대한 탐색, 인식에 관한 철학적 탐구를 나타내는 신조어로 만들어졌다. 두 번째로 이 용어는 칸트가 특정한 형식의 *사고 양식*을 표현하는 데 썼었는데, 칸트가 — 콜리지부터 도스토옙스키까지, 하이데거부터 가다머까지, 그리고 후설부터 사르트르까지 — 큰 영향을 미침으로써 그런 용법으로 아주 흔히 쓰이게 되었다. 이 책에서는 바로 이 두 번째의 의미로 사용할 것이다. 이렇게 우리가 관심 있게 다룰 내용은 미학적 인식에 관계될 "미학의 이론"이 아니라, *사고 양식으로서의 드라마와 감정에 관한 미학적 이론*을 다루게 될 것이다.[1]

우리는 또 '속개념(屬槪念 the genus)'인 미학적(aesthetic) 사고와 '종개념(種槪念 the species)'인 예술적(artistic) 사고에도 구분을 두어야 한다. 즉, 모든 사고는 (예술을 창조하는 예술가들의 사고를 포함해서) 미학적 요소를 포함하고 있

지만, 그런 예술가들은 미학적 사고에 더해서 그것을 예술적 형태로 약호(約號)화(codify)하는 예술적 사고에 초점을 둔다.

감정

미학적 사고 양식의 초점은 감정(feeling)이다. 감정은 명확히 말하기 어렵다. 언어에 완전히 대응되지 못하기 때문이다. 감정에 관한 어떤 언어적 표현도 (지식에 기초한)인지적 표현보다 모호하다/다의적이다(ambiguous)[2]. 예를 들어, 시(詩)는 역사보다 모호하다/다의적이다. 인간의 감정은 언어적 표현보다 유형성(有形性)이 덜하기 때문에, 언어가 감정의 모든 면을 포착할 수는 없는 것이다.

감정은 일면 의식적이기도, 일면 무의식적이기도 한 정신활동이라 대개 부정확하고 모호할 수 있으며, 역설적일 수도 있다. 일반적으로 사용하는, "감정/느낌(feeling(s))"이라는 단어는 여러 가지 다른 상태와 작용(정서(emotion), 지각(perception), 촉각(touching) 등과 같은 것)을 나타내는 데 잘못 쓰이고 있는데, 여기서는 구분해서 쓰일 것이다.

미학적 사고의 기초로서, 감정은 다음과 같은 것들 사이에서 균형을 잘 잡고 있다.

- 정서(emotion)와 기분(mood)
- 직관(intuition), 통찰(insight), 예감(hunch) (인지(cognition)의 양상들)
- 기능장애로 인한 교란 상태 중에 한정된 정신운동적(psychomotor) 사고 (그림3 참조)

---

2) ambiguous, ambiguity라는 단어는 우리말로 모호한(성), 다의적(성), 양면적(성) 등으로 번역되는데, 본문의 맥락에 맞게 이들 중에서 적절한 번역어를 택해 옮겼다. 두 가지를 나타낼 필요가 있을 때는 병기하기도 하였다.

그림 3 감정과 미학적 양식

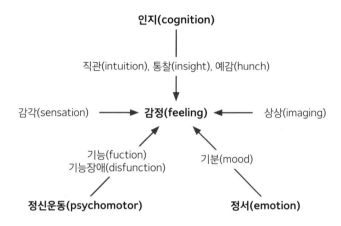

상상(想像 imagining)은 모든 **미학적** 사고와 행동에 중추적 역할을 하는 듯 보인다. 그러나 동시에 **모든** 정신적 과정에 어느 정도 내재해있기도 한다. 이것은 하나의 역설이다.

상상은 가능성(possibility)의 양식이다. 그것은 어떤 생각, 상황 또는 맥락에서 행동을 위한 다양한 길들을 열어준다. 그러면 우리는 그 길들 중에서 판단을 내리고 하나를 선택한다.

일상생활에서, 우리는 선택하고 판단할 때 감정에 중점을 둔다. 원래 우리는 아주 어렸을 때, 좋아하는 것과 싫어하는 것 사이에서 그렇게 했었다. 그러나 성숙해 가면서 우리는 **가치 있게 여기는(appreciate)** 것과 **좋아하는(like)** 것을 구분해낼 수 있다. 그 대신 과학과 사회과학이 우리에게 객관적 기준과 추론으로 판단하기를 요구한다. 그러나 실제로 기준은 아주 많은 과학자와 사회학자들에 의해 선택되며 그 이유는 "맞는다고 느껴지기(feel right)" 때문이다. 바로 감정이 미학적 양식을 **질적(qualitative)**으로 만드는 것이다. 우리가 평가하는데 사용하는 미학적 기준은 질(quality)의 기준이다.

감정과 반응

우리는 관념, 사람, 사물, 그리고 세계를 지각/인식(perception)으로서 경험한다. 지각은 우리에게 우리가 처음에 감정(feeling)을 통해 반응하는 감각(sensation)을 제공한다. 바로 그 감정반응이 행동으로 귀결되는 것이다. 로버트 W. 위트킨의 영향력 있는 책 <*감정의 지적 능력(The Intelligence of Feeling)*>[3]은 우리의 감정반응에 쌍둥이 같은 두 개의 극(極)이 있다는 점을 보여준다.

- 주관적/자각적 반응(Subject responses)

  이런 반응은 (머릿속의) 내적 사건들에 의해 촉진되며, 전적으로 연희자만 아는 내적 작용의 속성을 지닌다. 그러나 혹시 연희자가 내적 작용을 외적 행동으로 전환한다면 (나는 너무 행복해서 모자를 공중에 던진다), 그 반응은 주관적/자각적(自覺的) 반응이다.

- 객관적/타각적 반응(Object responses)

  이런 반응은 외적 사건들에 의해 촉진되며, 대상/객체의(objective) 변화로 발생하는 내적 행동들이다. 그러나 혹시 행위자가 내적 작용을 외적 행동으로 전환한다면 (교통 신호가 바뀌어 길을 건널 때, 나는 걷는 속도를 빠르게 한다), 그 반응은 *객관적/타각적(他覺的) 반응*이다.

위트킨은 만약 내가 가렵다면 (주관적 반응) 그래서 그때 긁는다면 (객관적 반응), 내 행동은 상호작용적이며, 또 그렇기 때문에 '*주관적/자각적 반사행동(subject reflex)*'이라고 말한다. 그러나 만약 내가 공을 잡으려고 손을 컵 모양으로 오므린다면 내 행동은 *객관적/타각적 반사행동(object reflex)*이다.[4]

두 종류의 감정은 내적 혹은 외적 행위로 귀결될 수 있다. 위트킨의 말에 따르면, 내가 세계 속에서 행동하는 이유는 내 존재(Being)가 세계 속에서 교란되기 때문이다. 행위의 쌍둥이 같은 양극(兩極)은 결과적으로 표현적인 것과 인상적인 것이 된

---

3) 원주: Robert W. Witkin, The Intelligence of Feeling (London: Heinemann, 1974) 5.

4) 원주: Witkin, The Intelligence of Feeling, 12.

다. **표현(表現)적인(expressive) 행위**는 주관적 반응이 내 감정을 지배해서 내 행위가 **감정-형상(feeling-form)**으로 귀결될 때 일어난다. 감정이 매체를 통해 투사되어 내 주관적 반응을 외면화하는 것이다. 그러나 **인상(印象)적(impressive) 행위**는 객관적 반응이 내 감정을 지배해서 내 행위가 **대상-형상(object-form)**로 귀결될 때 나타난다. 감정이 내 행위를 통해 투사되어 대상(실재 또는 가상의 대상)에 가 닿는 (onto) 것이다.

감정의 기능들

감정은 특성상 다음과 같은 세 가지 주요한 방식으로 작동한다.

• 비교를 거친다/상대적이다(Comparative)

우리는 감정을 주로 무의식적으로 그것들끼리 서로 비교한다. 그래서 만약 우리가 어떤 파티를 즐길 기대를 했으나 지난주 파티만큼 즐겁지 않다면, 오늘 파티는 시시하다고 판단해 일찍 자리를 뜰 것이다. 또는 치과에 가는 것에 대한 두려움이 갈 때마다 줄어들게 되면, 우리는 방문 약속을 더 정기적으로 잘 지키기 쉽다.

• 새롭게 도출(導出)/탈바꿈된다(Emergent)

감정은 맥락(context)으로부터 새롭게 도출되면서/탈바꿈하면서(emerge), 끊임없이 변화한다. 우리가 어떤 집에 들어갈 때 그곳의 분위기가 유쾌한지 불쾌한지를 느낄 수 있다. 더 오래 머무를수록, 이런 감정은 더 많이 새롭게 도출/현출(顯出)될 것이다 - 즉, 첫 느낌이 바뀌면서 또 다른 느낌이 생겨나는 것이다.

• 극적이다(Dramatic)

감정은 이중적(double)이라는 점에서 극적이다. 두 가지 감정이 이리저리 진동하다가 어느 하나에 중점이 주어지는 것이다. 흔히 사랑과 증오는 상당한 동족/친연 관계(akin)라고 한다. 우리는 둘 중 하나를 또 다른 면에서 경험하는 경향이 있다. 즉, 사랑을 증오의 관점에서 경험하고, 그 반대도 마찬가지다. (전경/배경 관계가 드러나는[5]) 이런 게슈탈트(gestalt)[6]가 정확히 극중인물과의 작용이다. 감정은 하나가 지배적이기 전까지 (가령 즐거움과 분노 사이에서) 왔다 갔다 진동(oscilliate)한다. 표현적 행위 속의 내 감정은, 매체(medium)에 투사될 때, 처음에 나의 주관적 반응을 그런 진동하는 움직임을 통해서 외면화한다. 그러나 인상적 행위 속의 내 감정은, 내 행위를 통해 대상에 직접(onto) 투사될 때, 나의 주관성(subjectivity)과 그 대상(object) 사이에서 진동한다.

우리는 **극적 행동이란 실효적인(practical) 방식으로 사고하고 느끼는 것**이라 할 수 있다. 즉, 모든 극적 행동 내에는 일상적 유형의 실효적 감정이 내재해있고, 그것으로 우리가 기능한다는 말이다. 게다가 내적인 생각과 외적인 행동은 우리에게 하나의 통일체로 체감된다. 그것들은 나눌 수 있는 이중적인 것은 아니다. 행동이 생각을 **나타낸다**거나, 생각이 행동을 **만들어낸다**거나, 행동이 우리 생각의 **결과**라는 말이 **아닌** 것이다. 우리 삶의 경험 속에서(즉, 그것이 존재한다고 **느끼면서**), 우리는 행동하면서 동시에 생각한다. 그렇게 하면서 우리는 우리의 생각을 말로 정확하게 옮기는 게 가능하지 않을 수 있다. 설사 어떻게 그렇게 할 수 있더라도 말이다. 이런 일례를 들자면 지도(map)는 영토(territory)가 **아니다.**[7] 사실 우리가 만약 생각-행위를 적절하게 말로 외면화할 수 있다면, 우리는 그렇게 할 것이고, 극적 행동을 사용할 필요가 전혀 없을 것이다.

극적 행동이 지니는/싣고 있는(carried) 감정의 유형은 보통 언어의 범위를 넘어선다. 그건 왜냐하면 그런 행동이 감정을 강하게 담고/띠고(charge) 있기 때문이다. 모든 매체는 의미를 전달하면서 감정을 싣고 있다. 그러나 이런 감정은 언어의 능력을 초과하는 의미를 제공한다. 따라서 이 책에서의 우리 과제는 글로 된 예시를 들 수 없을 때가 많아서 어렵다. 그런 예시가 사고-행동의 체감-의미를 왜곡하기

---

5) 원문에 없는 각주이지만, 역자가 이해를 돕기 위해 삽입함.

6) 게슈탈트(Gestalt)는 형태를 나타내는 독일어. 심리학, 철학 등에서 완전한 구조와 전체성을 지닌 통합된 전체로서의 형상과 상태를 가리킴. 부분만을 볼 때 이 전체적인 게슈탈트가 보이지 않는다.

7) 원주: Alfred Korzybsky, Science and Sanity (Lakefield, Conn.: Beacon Press, 1954) 여러 곳에.

때문에 의미가 독자에게 적절하게 전달될 수 없는 것이다.

매체는 감정을 싣고 있고(carry) 그래서 의미를 건네 보내는(transmit) 능력이 다양하다.[8] 극적 행동의 목적은 체감-의미를 남들에게 충실히 전달하는 데 있다. 말과 문자 언어는 드라마보다 더 정확한 의미를 전달하지만, 감정을 전달하는 건 덜 풍부하다. 숫자는 훨씬 더 정확한 의미를 전달하지만, 감정을 전달하는 건 훨씬 적다.

감정과 은유

은유와 상징은 감정을 담고 있다. 이런 감정은 특히 중요한 의미 — 말하자면 일상언어보다 더 많은 의미 — 를 전달한다. 은유는, 일반적으로 언어적인 것으로만 여겨지지만, 어떤 매체에든 구현될 수 있고, 상징도 마찬가지로 그럴 수 있다. 둘 다 발화(發話), 극적(드라마적 또는 무대극적) 행위, 무용, 문학(신화, 우화(寓話), 시 등), 시각예술, 음악 등의 매체에 내재할 수 있는 것이다. 게다가 은유의 의미는 대개 주관적이지만, 그것이 표현될 때 사회적 세계의 형상재들(形象材 figurative properties)과 만나 상징적 의미를 띨 수 있다. 즉, 자발적 드라마에서 연희자들이 은유를 사용해 자신들의 체감-의미를 표현할 때, 그 은유는 이미 강력한 힘을 갖고 있긴 하지만, 실연/연행(performance) 속에서 사회의 상징체계와 만날 때, 상징적 성질을 띠면서 훨씬 강한 체감력(feeling power)을 지니게 되는 것이다.

우리가 이런 은유의 힘을 실감할 때는, 리쾨르가 말한 바와 같이[9], 우리가 은유를 어떤 풀기 어려운 문제(enigma)의 해법으로 볼 때다. 은유는 두 사건이 하나로 재창조되는 변화를 만들어낸다(예를 들면 "그녀의 뺨에 핀 장미들"은 하나의 통합체

---

8) 원주: Richard Courtney, Drama and Intelligence: A Cognitive Theory (Montreal; McGill-Queen's University Press, 1990), 54-6.

9) 원주: Paul Ricouer, Rule of Metaphor: Multi-Disciplinary Stuides of Creation of the Creation of Meaning in Language, trans. Robert Czerny with Kathleen McLaughlin and John Costello, SJ. (Toronto: University of Toronto Press, 1974), 214.

로서, 그 체감-의미가 "장미"와 "그녀의 뺨"을 넘어선다). 이런 변화는 정확하게 즉흥극을 할 때 일어나는 일이다. 나의 은유가 당신의 은유와 "지금 여기"에서 만나 의미가 커지는 것을 두 사람 모두 느끼는 것이다. 그러므로 만약 나는 나 자신을 악한 경찰로 은유화(상상)하고, 당신은 당신 자신을 착한 도둑으로 은유화한다면, 우리가 함께 만드는 즉흥극에서 우리는 각자 혼자 했던 것보다 더 많은 체감-의미를 창출해낼 수 있다.

우리가 현재의 자아(self)을 과거의 자아와 구분할 때, 우리는 그것들이 모두 함께 우리를 은유화한다는 것을 느낀다. 여기에는 두 가지 특정한 변환(transformation)이 수반된다.

- 시간적 변환 - 자아에 변화가 있다.
- 공간적 변환 - 우리의 정신적(머릿속) 공간에 변화가 있다.

이것은 "그때 거기"와 비교해서 "지금 여기"의 힘을 느끼는 것이다. 이에 대해 플로이드 머렐은, "우리는 자아에 대한 인식을 소유하게 되는데, 그것은 그 자체 내부(inside)에 있기도 하고 동시에 그 자체 옆에 나란히(beside) 있기도 하다."[10]라고 말한다. *극적 은유의 체감력(feeling power)은 의식과 자의식을 창조해낸다.* 그 후로 우리의 의식적 자아는 하나의 기호(sign)로서 여기와 거기, 지금과 그때 사이를 오가며 진동한다. 우리는 우리 자신의 은유가 된다 — 우리 자신을 *"의상을 입은 연희자(costumed player)"인 것으로 느끼는 것*이다. 이런 일은 놀이나, 즉흥극, 사회생활, 제의, 무대극에서 느낄 수 있다.

어린이의 놀이는 자기충족적이고 자기지속적인 세계이다. 그 아이는 "마치 ~인 것처럼(as if)" 됨으로써, 허구적인 생각과 행동의 세계 속에서 살아간다. 이런 세계는

---

10) 원주: Floyd Merrell, Semiotic Foundations, Steps toward an Epistemology of Written Text (Bloomington: Indiana University Press, 1982), 64.

함께 병존(並存 exist alongside)[11]하면서 일상 세계에 영향을 미친다(비교하고, 새롭게 도출되고, 극화되는 것들을 통해). 아이들은 이런 허구 세계가 실재 세계의 은유로서 기능한다고 느낀다. 한 세계를 이용해 또 다른 세계를 시험하는 것이다. 이런 놀이 세계의 체감-현실을 바탕으로, 성인(成人)들은 미학적, 문화적 세계들을 구축하는데, 그 각각의 세계는 "뿌리 은유(root metaphor)[12]"에 기반한 어떤 기호체계를 가지고 있다.

뿌리 은유는 인간이 우주(cosmos)와 그 안에서의 인간의 입장/위상(place)을 이해하는 기호(sign)이다. 이 뿌리 은유는 패러다임, 세계 가설, 개념 원형, *에이도스(eidos)*[13], 세계관, 그리고 정신 모형(mental template) 등과 같은 다른 이름으로도 알려져 있다.[14] 뿌리 은유는 너무 강력해질 수 있어서, 감정 속에 너무 깊이 내장(內藏)될 수 있어서 그 은유 본래의 의미가 실종될 수 있다. 그러나 그것의 새로운 의미는 굉장한 설명력을 지닌다. 이 점의 고전적인 예는 우주의 질서(cosmos)와 인간이 기계라는 데카르트의 관점이다.[15] 머지않아 이 은유는 서구에서 아주 강력해졌고, 그래서 우주(the universe)가 "마치 기계인 것처럼(as if)" 보이는 게 아니라, "기계인 것으로(as)" 보였다.[16] 인간 역시 기계 "로" 보였을 때, 학교는 학생들에게 투입(input)을 집어넣기 위해 만들어졌고 학생들은 산출(output)을 만들어 내놓기를

11) 우리말 성경에서 '강림'이라고 번역되고 있는 성경의 '파루시아(παρουσία)'라는 말의 원뜻이 바로 be beside, exist alongside란 뜻이다.

12) 뿌리 은유는 한 문화에서 사물을 모델로 한 철학적 개념화(은유)가 오랫동안 뿌리를 내린 가장 근본적인 은유 구조라 할 수 있다.

13) 에이도스(eidos) - 이데아(idea)와 어원이 같은 고대 그리스어로 인류학에서 한 문화나 사회집단의 인지적, 지적 특성을 나타내는 데 쓰는 말이다.

14) 원주: Thomas S. Kuhn, The Structure of Scientific Revolutions, (Chicago: University of Chicago Press, 1962); Steven C. Pepper, World Hypothesis (Berkely: University of California Press, 1941); Max Black, "Models and Archetypes," in Philosophy in Education Research. ed. Harry S. Broudy, (New York: Wiley, 1973) n483-501; Gregory Bateson, Steps to an Ecology of Mind, (New York, Chandler, 1973).

15) 원주: René Descartes, cited in Colin Murray Turbayne, The Myth of Metaphor (New Haven, Conn: Yale University Press, 1962) 39.

16) 원주: Turbayne, The Myth of Metaphor; Karl H. Pribram, Languages of the Brain (Englewood Cliffs NJ.: (Prentice Hall: 1981) 참조.

요구받았다. 그리고 자발적 드라마(spontaneous drama) 활동은 그런 처리에 빠른 반응을 보이지 않기에 폄하되었다. (이것은 (디킨스의 소설에 나오는)[17] 기숙학교 두더보이즈홀(Do-the-boys Hall) 스퀴어스 교장의 철학이다.) 이런 현상을 설명하기 위해, 앤서니 윌든은 뿌리 은유가 "현실(reality)의 기본적 양상들을 보여주는 모델(model)인 것으로 여겨진다. 그러나 그 자체를 본떠서 현실을 만들어낼(model) 때도 많다."라고 하며[18], 빅터 W. 터너는 "설득력이 강한 뿌리 은유나 원형일수록, 경험적 반증으로부터 봉쇄되어 자기 인증 신화의 성격을 지니게 될 위험성이 크다."고 설명한다.[19]

뿌리 은유가 구축되는 밑바탕인 감정은 암묵적일 때가 많긴 하지만 자발적 드라마에서 매우 활발해진다. 그런 감정들은 보통 "어떤 종류의 것들이 세계를 구성하는지, 그것들이 어떻게 작용하는지, 서로 얼마나 잘 어울리는지, 그리고 대개 의미함축(implications)을 통해, 어떻게 알려질 수 있는지"[20]에 대한 잠재적 가정들(implicit assumptions)이다. 이런 감정들은 무의식적인 것으로 남아있을 수 있는 "세상의 근원적 이미지"[21]에 초점을 맞춘다. 그런 초점으로 인해, 종종 의식적인 다른 은유들과 모델들이 새롭게 생겨나는/도출되는(emerge) 것이다.[22] 자발적 드라마 속에서, 이것들은 "개념 렌즈" 또는 "인식론적 약호/코드(epistemic code)"가 될 수 있다.[23]

이렇게 자발적 드라마(spontaneous drama)에서 우리가 상상한 기호는 실제적인 것이 된다. 우리의 감정이 우리가 보고 믿는 것으로 진화(evolve)하는 것이다. 우리가

---

17) 역자 삽입.

18) 원주: Anthony Wilden, "Semiotics as Praxis: Strategy and Tactics," Semiotic Inquiry, I (1980): II.

19) 원주: Victor W. Turner, The Ritual Process Structure and Anti-Structure (Harmondsworth: Penguin, 1974,) 29.

20) 원주: C.A. Bowers, "Curriculum as Cultural Production: An Examination of Metaphor as a carrier of ideology," Teachers College Record, 82 (1980): 125.

21) 원주: Richard H. Brown, A Poetics for Sociology (New York: Cambridge University Press, 1978), 78.

22) 원주: Peter McLaren, School as a Ritual Performance (London: Routledge and Kegan Paul 1983), 562.

23) 원주: Bowers, "Curriculum as Cultural Production," 287.

자발적으로 역할 속에서 연기할 때, 우리는 실제적 세계와 병행하는 허구적 세계를 구성한다 — 한 세계를 다른 세계의 은유로 느끼는 것이다. 그때 한 세계의 잠재적 가정은 다른 세계에 영향을 미친다. 우리는 허구 세계라는 렌즈를 통해서 실재적 세계를 보고, 그 역도 마찬가지다.

이런 일은 극적 행동이 사용될 때는 언제든 일어난다는 점을 깨닫는 것이 중요하다. 이런 일은 일상생활에서도 즉흥극에서와 똑같이 벌어진다.

감정과 상징

상징은 은유보다 더 복잡한 형태의 기호화/표의(表意)작용(signification)이다. 따라서 상징이 만들어내는 감정도 더 복잡하다. 은유는 닮은꼴의 중첩/다중화(doubles)이다. "~인 것처럼(as if)의 가정"이 1 + 1 = 3을 만드는 것이다(예컨대, "장미" + "뺨" = "그녀의 뺨에 핀 장미"). 상징은 은유에서 비롯될 수 있지만, 더 많은 것을 의미/기호화한다(signify). 상징은 동시에 다양한 것들을 의미하거나, 사람마다 다른 것을 의미할 수 있고, 받아들여진 상징적 의미가 원래 의도했던 의미와 똑같지 않을 수도 있다. 자발적 드라마에 의해 활성화된 상징은 다면적이고, 부정확하며, 모호하면서, 풍부한 감정을 전한다.

우리가 극적 행동 내의 감정들을 상징적이라 이야기할 때, 그 감정들은 상호교환 관계 속에 있는 각각의 사람에게 상징적이다. 내가 하는 것은 내가 당신에게 (그리고 그래서 나에게) 누구인지를 확증해 보이며(establish), 당신이 하는 것은 당신이 내게 (그리고 그래서 당신에게) 누구인지를 확증해 보인다. 우리 사이에서, 우리의 체감-의미들은 대화적이다. 즉 다음과 같다.

- 서로 포개 넣을 수 있는 찬합세트(Chinese box)처럼 서로 연관된다.
- 꾸준히 진보한다 - 우리는 행동을 진전시켜 나간다.
- 다양하다 - 그것들의 복합적인 의미는 상징적이며, 어쩌면, 모호하고/다의적이고 역설적이다.

이런 감정들이 극적 행위에 내재해 있기 때문에, 즉흥극을 하는 사람들은 ***사회적 현실/실제성(reality)을 그들에 맞게 재구성***할 수 있다. 즉, 극적 행동이 연희자들을 고무해서 사회적 현실에 적응하도록 할 뿐 아니라 그것을 점차 변화해나가도록 하기도 하는 것이다. 이 점은 우리가 즉흥 연희자 그룹이 끊임없이 새로운 허구적 현실성을 창조해낸다는 점을 깨달을 때 불현듯 확연하게 보인다. 그때 자발적 드라마는 다음과 같은 특정한 유형의 감정들을 활성화한다.

- 지각적 연속성(perceptual continuity)을 느끼는 감정

  이것은 특히 미학적인 속성이다. 상징적 형상과 그 의미 사이에는 그 관계를 유형(類型 pattern)화하는 "유사성(likeness)"이 있다.

- 상징에 외적 존재가 있다고 느끼는 감정

  공유하고 있는 문화적 약호(code)가 상징들에 (당연하다고 여기는[24]) 가상의(assumed) 객관성/타각성(objective quality)을 부여한다.[25] 그것들은 우리에게 진짜로(real) 느껴진다.

모든 유형의 극적 행동은 이런 두 가지 감정으로부터 그 의미를 증대시킨다. 지각적 연속성을 세계에 투사하면 결과적으로 피드백이 이뤄진다. 그때 사고(thought)에는 상징의 가상된 객관성/타각성이 포함된다. 연희자들은 자기 행동의 상징적 의미가 외적 실재성(external reality)의 힘을 지닌다고 믿는다. 그러나 그 자발적 드라마를 변화시켜서, 그리고 그래서 상징적인 체감-의미도 변화시켜서, 연희자들은 자신들이 살고 있는 사회적 현실/실재성을 재창조하려고 시도한다.

상징적 모호성/다의성 안의 감정의 깊이는 우리를 사회적 현실/실재성의 창조와 재창조로 이끌 뿐만 아니라, 극적 행동이 상당한 ***이념적 효과(ideological effect)***를 지니도록 해준다. 우리는 이 점을 여러 가지 극적 형식 속에서 확인할 수 있다.

----

24) 역자 삽입.

25) 원주: Nancy Munn, ""Symbolism as a Ritual Context: Aspects of Symbolic Action," in Handbook of Social and Cultural Anthropology, ed. John J. Honigmann (Chicago: Rand-McNally, 1973.), 973.

사례들

극장에서 상징적 다의성은 관객들에게 대단히 강한 감정을 일으킬 수 있다. 예를 들어, **<태양 제국의 멸망[26](The Royal Hunt Of The Sun)>** 1막에서 발베르데가 거대한 나무 그리스도를 들고 등장할 때의 이념적 효과(ideological effect)가 바로 그렇다. 다른 예들은 그렇게 간단하지 않다. **<햄릿>**에서 클라우디우스가 왕관("왕을 상징하는 왕관")을 쓰고 처음 등장하는 장면도 엘리자베스 1세 시대의 관객들에게 그렇게 큰 이념적 효과가 있었을 것이다. 그들 대부분이 사전에 줄거리를 몰랐으니 말이다. 그들은 클라우디우스에게 진정한 왕권과 신의 은총을 부여했을 것이다. 그러나 이후에 클라우디우스가 자기 형인 왕을 살해했다는 것이 드러나자 그들은 다음 장면에서 왕관을 쓰고 등장한 그와 그의 왕관에 대해 다의성/양면성(ambiguity)을 느꼈을 것이다. 리어왕-어리석은 자의 관계, 오이디푸스의 "무죄인 유죄"의 양면성은 다른 적절한 사례들이다.

어쩌면 훨씬 더 의미 있는 것은 서구 극장 자체가 창출해낸 다의적 감정이다. 관객들이 그 희곡을 연기하는 연기자들과 병치(竝置)되고 또 극중극 — 상징적으로는 환상 속의 환상 — 과도 병치되면서 그들에게 내재한 다의성은 그 관람자들의 감정을 사로잡을 수 있다. 이는 셰익스피어, 세르반테스, 또는 피란델로 등과 같은 거장들에 의해 재창조될 때 특히 그렇다. 특정 이데올로기(클로델은 종교적, 브레히트는 정치적 이데올로기)와 연관될 때 그 효과는 상당히 클 수 있다. 즉흥극을 할 때도, 감정에 미치는 비슷한 효과를 연관 상징물 — 거울이나 주머니 속 봉투, 가면과 얼굴 등등 — 로 얻을 수 있다.

문화는 상징들을 둘러싸고 구조화되어 있다. 다의성이 그것들의 체감-의미를 사회적으로 유용하게 만들기 때문이다. 자발적 드라마에 의해 상징의 다의성들이 활성화될 때, 그것들은 질서나 무질서를 조장하는 큰 잠재력을 갖게 된다. 정치가들은 사회를 통제하기 위해 상징을 조작하며, 그것들이(히틀러의 집회들과 우(右)만자(卐字) 사용처럼) 극적 행동과 유사한 행동들 속에 배치될 때, 그 정서적 효과는 엄청나

---

26) 피터 셰퍼의 희곡 제목으로 1992년 박준용이 번역한 우리말 제목을 따랐다.

게 파괴적일 수 있다. 유사하게, 교육에서의 자유를 통제하려는 사람들은 종종 상징의 다의적 감정을 이용해서 그렇게 한다. 예를 들어, 금빛 별표(gold star), (영국의) 기숙사별 경쟁체제("house" system), 상(賞) 등으로 말이다. 더 극단적인 경우는 상징을 이용해 행위를 제의화/의례화하는 그런 학교들이다.[27] 그런 곳에서 자발적 드라마는 그들이 요구하는 감정과 행위를 밑받침하는 상징을 사용하지 않는 한 보통 권장되지 않는다. 이런 점은 특정 종교 재단의 학교에서 종종 관찰할 수 있다.

정치적 반대파들 역시 상징의 다의성을 조작할 수 있다. 정치권력을 가진 사람들은 종종 연극적인 상징의 효과, 특히 자발적인 상징들을 두려워한다. 20세기의 역사는 파시스트 정부에 의해 반정부 극단들이 해체되는 사건들로 점철되어 있는데, 당대의 가장 유명한 정치범 두 사람은 극작가 ― 나이지리아의 월레 소잉카와 체코슬로바키아의 바츨라프 하벨 ― 이었다. 1960년대부터 자유의 상징들을 활용하는 즉흥연기 그룹들은 유럽과 아프리카, 중미와 남미를 돌아다니면서, 관객들의 감정을 재빨리 사로잡았다. 이것은 전체주의 체제들에 상당한 영향을 주었고, 그것은 1989~90년에 있었던 자유 운동이 급작스럽게 성공하게 됐던 점을 특히 잘 설명해준다. 런던의 에드 버먼 같은 사회운동가들은 상징적 다의성과 자발적 드라마 속에서 일어나는 감정들을 결합했을 때 강한 영향력을 발휘한다. 그래서 버먼은 성탄절에 런던의 상점들에서 모든 산타클로스가 파업하도록 했고, 그것은 곧바로 모든 사람의 이목을 집중시켰다.

자발적 드라마는 상징적 다의성이나 카니발과 같은 분위기와 결합하면, 브라질의 리우 축제나 미국 뉴올리언스의 마르디 그라(Mardi Gras) 축제에서처럼, 극명하게 대조되는 감정을 야기할 수 있다. 만약 그것이 반구조(反構造 anti-structure)의 상징을 가지고 그렇게 한다면 (중세의 바보 축제와 같이), 대조적인 상징의 과잉을 통해 기득권층, 현 상황(status quo), 일반적인 행동 기준 또는 권력 당국을 모독하는 감정을 자아내서 무질서를 신속하게 전파할 수도 있다. 그러나 동시에 다의적으로 질서를 권장하는 그런 상징들의 입장에서(on behalf of)는 그것이 축하, 찬

_____

27) 원주: McLaren, Schooling as a Ritual Performance.

미, 그리고 환희의 감정을 일으킨다.

기독교는 다의적/양면적 상징들로 가득하다. 동정녀 잉태, 사람이었던 신, 등등이 그런 것이다. 기독교가 고개 숙인 자들을 일으켜 세울 때는 혁명적인 신앙이지만, 왼쪽 뺨을 내밀고, 독재자 카이사르[28]의 것을 카이사르에게 줄 때는 반혁명적이 되기도 한다.[29] 제의 속에 극화된 상징적 다의성/모호성 — 가령 그리스도의 살과 피로서의 빵과 와인 — 은 매우 강력한 감정을 전달한다.

이와 같은 상황들에서 일어나는 감정의 깊이가 적어도 부분적으로는 설명될 수 있는 건 **상징의 다의적인 힘이 잠재적으로 행위를 내포하고 있다**는 점 때문이다. 상징의 체감-의미는 가리키거나 볼 수 있는 것을 훨씬 넘어선다. 구체적인 경험 속에 직접 나타나지는 않는 것이다. 실제로, 우리가 상징을 극화할 때, 우리는 관계의 개념들로서가 아니면 직접 연관된 어떤 대상이나 행위도 찾아낼 수 없다. 그런 관계의 특성들은 간단히 또는 직접적으로 보이거나, 묘사되거나, 구현될 수 없다. 그래서 길버트 루이스는 "인간의 이상과 가치와 반가치들(counter-values)은 사람들이 특히나 상징을 필요로 하는 그런 종류의 것들인데, 왜냐하면 그것들이 비실체적이고 추상적이기 때문이다. 그것들은 확실히 파악하고 이해하기 어렵다. 그러나 가치와 이상은 실제처럼 느껴지고, 그것들을 고수하는 사람들에게는 개인적 유효성(validity)이 있다."[30]고 말할 수 있는 것이다.

상징들이 구현되는 드라마 또한 그 드라마가 표현하는 현실로 여겨질 수 있다. 즉, 상징이 되는 대신에, 잘못 받아들여져 행위로 대체되어버릴 수 있는 것이다. 그때, 그 문화 밖의 관찰자는 그런 것들을 모호한/다의적인 상징이라 여길 수 있을지도 모르지만, "그 행위자/연기자들(actor)에게는 더 이상 그렇지 않다."[31]

---

28) 카이사르(Caesar) - 영어로는 시저, 우리말 성경 중에는 가이사로 번역되어 있는 것도 있다.

29) 원주: I.M. Lewis, Social Anthropology in Perspective, (Harmondsworth, Penguin, 1976).

30) 원주: Gilwert Lewis, Day of Shining Red: An Essay on Understanding Ritual (Cambridge: Cambridge University, 1977), 57.

31) 원주: Lewis, Day of Shining Red, 58.

감정과 상징 학습

학습은 상징이 생성해내는 감정과 관련되어 있다. 학습 행위의 이상적인 모델은 우리가 "아하!"하고 매우 의미 있는 변화를 겪고 있다고 느끼는 순간이다. 이는 꼭 우리의 인격 구조가 근본적으로 변화된다는 얘기가 아니다. 그런 건 변증법적 유물론자[32]나, 사회결정론자[33]들의 관점으로, 그것도 점차 변화되고 있기는 하다. 또 학습이 일반적인 통념과 같이, 정보를 축적했다가 쉽게 생각날 수 있도록 하는 것도 아니다.

의미 있는 학습은 미학적이며, 사고의 **질**(quality)이 달라지는 것이다. 우리가 **무엇을** 생각하느냐보다는 우리가 **어떻게** 생각하느냐에 변화가 생기는 것이다. 즉, **어떻게**를 변화시킴으로써, 우리는 **무엇을** 더 효과적으로 다룰 수 있다. 이것은 흔히 "배우는 법을 배운다(learning to learn)"는 것으로, 감정, 상상, 자의식, 복합적인 개념 틀에 기초하고, 정보와 메타인지를 둘 다 함께 사용하는 것에도 의존한다. 이 것은 정확히 미학적 사고방식의 특징이다.

어떤 복합적 상징체계든 모두 감정으로서 기능한다. 사고방식으로서 작용하는 것이다. 사건들의 명확화, 체계화, 충분한 이해가 가능하게 해준다는 점에서 그런 것이다.[34] 그런 것들이 인지된다기보다는 암묵적인 것이라 하더라도 말이다. 극적 활동 속에서, 상징의 체감-의미는 그 자체의 인지적 지식을 정교화해 줄 뿐 아니라, 자율적인 상징 표상[35]도 구성해낸다. 자발적 드라마에서, 상징은 그 자체가 지닌 속성상 조작되고, 검토되고, 정돈되어 그 나름의 체감력(feeling power)을 지니게 될 수 있다. 이것은 특히, 환유(metonymy)가 극화되는 경우가 그렇다. "왕을 나타내는 왕관" 그리고 "배를 나타내는 돛"은 무대 쪽으로 현상(現像)되어 무대 디자인 예술의 정수를 보여준다.

---

32) 원주: Vladimir Lenin, Collected Works, (Moskow, 1931).

33) 원주: G.H. Mead, Mind, Self and Society. (Chicago: University of Chicago Press, 1934).

34) 원주: Howard Gardner, Frames of Mind. (New York, Basic Books, 1984).

35) 원주: David R. Olsen, "The Arts as Basic Skill," in the Art, Cognition, Basic Skills, ed. Stanley S. Madeja, St Louis Mo.: (CAMREL 1978), 59-81.

생각을 적절히 잘한다는(즉, 지적(intelligent)이라는) 건 상징 안에 내재해있는 감정을 다루는 데 능숙한 것이고 ─ 요구되는 가치 체계를 활성화하는 감정의 질에 중점을 두는 것이다. 이런 종류의 학습은 인식의 세계를 넘어서, 상징체계들에 대한 숙달과 그것들의 실재에의 적용을 향상한다.

감정과 기축 상징

뿌리 은유(root metaphors)가 있는 것과 마찬가지로 기축 상징(key symbols) ─ 주변에 운집되는 다른 상징들보다 지배적인 우위를 점하는 상징 ─ 이 있다. 기축 상징은 한 문화에서 다음과 같은 두 가지 근본적인 감정을 표현한다.

- 한 사회에서 문화적인 의미들의 통합(intergration)감. 기축 상징의 활용은 통합을 향한 움직임이다.
- 개인의 그 문화에의 소속(belonging)감. 기축 상징의 극적 활용은 집단의 결속력을 증진한다.

이런 두 가지 감정은 광범위하고 다양한 상징체계들에 문화 모델이나, 범용적 틀을 갖춰준다. 그것들은 한 문화에 내재해있는 지배적인 감정들과 주제들에 대한 결정적인 단서들을 제공해주기도 한다.[36] 그래서 입센과 스트린드베리의 희곡에 담긴 상징체계들은 각각 19세기 후반 노르웨이와 스웨덴의 체감-의미와 주제를 가리키는 매우 중요한 지표들이다.

기축 상징(가령, 서구의 십자가, 인도의 시바[37], 캐나다 태평양 북서 해안의 늑대 등과 같은 것)은 감정에 기반을 두고 있다. 그런 것들은 문화 구성원들에 의해 주로 직관적으로 각 개인의 암묵적이고 체감되는 지식의 일부분으로서 이해되고, 아주 다양한 맥락들과 상징 영역들 속에서 나타날 수 있다. 그것들에 대한 사람들의 감

---

36) 원주: Nels Johnson, "Palestian Refugee Ideology: An Inquiry of Key Metaphors," Journal of Anthropology Research, 34 (1978): 524-39.

37) 시바(shiva) - 힌두교의 세 주신(主神) 중의 하나로 파괴의 신.

정반응은 강렬하다. 그것들에 무관심한 사람은 거의 없다 — 매우 긍정적이거나 부정적인 방식으로 반응할 가능성이 크다.

극적 행동 속에서 표현될 때, 기축 상징들은 다른 상징적 행동보다 훨씬 많은 문화적 규약들에 둘러싸이기 쉽다. 그것들은 또 더 고도로 정교화되는 — 어휘와 언어 장식이 늘어나고, 몸짓과 동작은 더 섬세해지는 — 경향이 있다.[38] 기능의 측면에서, 기축 상징은 연속체의 다음 두 극으로부터 작동한다.

- 종합화(Synthesizing)

  일부 기축 상징들은 경험을 종합, 압축하거나 와해한다. 그리하여 자유의 여신상은 민주주의, 자유 기업 체제, 경쟁, 진보, 자유, 등등에 관한 감정을 함축한다. 이런 상징들은 분명히 뿌리 은유와 관련되어 있다.[39]

- 정교화(Elaborating)

  이런 기축 상징은 이전 경험과 유사한 것을 활용함으로써 주로 이중적인 방식으로 작동해 체감-의미를 제공한다. (열심히 일하는 가난한 소년이 성공한다) 호레이쇼 앨저[40] 신화는 현대 미국인의 사례인데, 여기에서의 상징 내용은 비교적 명확하고, 정돈되어있고, 논리정연하다. 이런 상징은 극적 행동과 다음과 같은 두 가지 방식으로 연관된다.

- 연희자들이 사용할 수 있는 범주와 지향으로서.
- 사회적 행동을 위한 전략으로서.

---

38) 원주: Johnson, "Palestian Refugee Ideology,"

39) 원주: Serry Ortner, "On Key Symbols," American Anthropologist, 75: 5 (October 1973): 1338-46.

40) 호레이쇼 앨저(Horatio Alger Jr. 1832~1899) - 미국의 아동문학가로 1870~80년대 베스트셀러 작가. 어려운 환경의 청소년이 역경을 딛고 성공한다는 자수성가 이야기를 담은 자기 계발 소설을 많이 썼다.

상징과 자아

상징은 자기성/자기다움(Selfhood) — 한 개인의 통일성 — 이라는 감정(feeling)과 연관된다. 그러나 역설적으로 우리는 우리 인격의 일부분만 개입된 역할을 계속 수행한다. 두 가지 근본적인 감정이 수반되는 것이다.

- 내적 자아의 온전성(The wholeness of the interior self)

  극적 자기표현을 할 때 우리는 자신이 온전한 개인이고, 하나의 통합된 인격체라고 느끼면서 다른 사람들과 온전한 자아로서 상호작용해간다. "상징적 행동은 당연히 자아의 총체성을 수반하는 행동이다. 갖가지 상징들은 다양한 잠재적 성장력(potency)을 지니고 있다. 성장력이 강하면 강할수록 자아의 개입도 더 총체적이다.[41]

- 역할의 단편성(The fragmentation of roles)

  남편/아내, 아들/딸, 부하/상사 등과 같은 역할 수행은 어른으로 성숙해가면서 더 많아진다. 다른 사람들은 우리의 역할을 접하고, 그것을 다시 우리에게 반영해 보여준다. 그것이 우리가 느끼는 우리 자신이다.

통상적인 사회생활에서 우리는 이 두 가지 느낌의 균형을 맞출 것 — 우리의 역할들이 자아로 통합되어 있을 것 — 을 요구받는다. 그러나 현대 사회는 점점 더 세분화하는 경향이 있고, 우리에게 더 많은 역할을 요구한다. 우리는 남들이 우리를 아는 만큼 우리 자신을 알기 때문에, 그리고 우리에게 점점 더 많은 역할을 반영해왔기 때문에, 우리의 인격이 점점 더 단편화되는 것을 느낄 수 있고, 더 많은 역할을 거부한다. 그래서 어떤 공무원이 자기 업무를 정확히 수행하긴 하지만 그 이상은 하지 않을 때 그는 정형화된다. 자기 역할에 수반되는 사람들을 유연하게 대하지 못하게 되는 것이다.[42]

---

41) 원주: Abner Cohen, Symbolic Action and the Structure of Self (London: Academic Press, 1977), 123.

42) 원주: R.K Merton, "Bureaucratic Structure and Personality," in Social Theory and Social Structure, ed. R.K. Merton (New York: Free Press 1957) 195-205.

자아의 특성은 학자들 간에 상당히 의견이 분분한 문제고, 그 자아의 감정에 영향을 미치는 상징의 특성 역시 마찬가지다. 예컨대, 다양한 유럽의 주요 전통들 사이에서도 상당한 차이가 있다. 알튀세르[43]는 자아가 사회경제적이고 역사적인 과정을 거쳐 형성된다고 보는 점에서 헤겔과 마르크스, 레닌을 따르고 있다. 반면에 라캉[44]은 프로이트의 이론을 따라 자기성(selfhood)에는 다음과 같은 세 가지 순위(order)가 있다고 주장한다.

- 상징적 자아(The symbolic self)

 이것은 아동이 상상적인 일체감(feeling of unity)을 경험하는 6~8개월 차 사이의 "거울 단계(The Mirror Phase)"에 시작된다. "상대편 이미지와의 동일시를 통해 총체적인 게슈탈트(total Gestalt)로서" 생겨나는 그것의 구체적인 예가 아이가 거울에 비친 자기 반사상(反射相)을 인식하는 경험이다.[45] 거울이나 다른 형태의 반사상들과 같은 상징들은 매우 중요한 의미를 띠면서(significant), 감정으로 채워지게 된다. 이런 자아는 다음 두 가지 자아로 이어진다.

- 상상적 자아(The imaginary self)

 이것은 초기적인 남과의 동일시/동일성 확인(identification)에 기초한다.

- 진짜 자아(the real self)

 이것은 기본 욕구(basic need)[46]를 충족한다.

---

43) 원주: Louis Althusser, Lenin and Philosophy, and Other Essays, trans. B. Brewster (London/New York: New Left Books/Monthly Review Press, 1971).

44) 원주: Jacques Lacan, "The Function of Language in Psycoanalysis, in The language of the Self, ed. A. Bilden (Baltimore: John Hopkins University Press, 1968).

45) 원주: J. Laplance and J.B. Pontalis, "The Language in Psycoanalysis, (London: Hogarth Press, 1973), 251.

46) 기본 욕구(basic need) - 개인적 차원에서 인간이 본능적, 충동적으로 뭔가를 구하거나 얻고 싶어 하는 생리적, 심리적 상태로 자존감, 생존권 등과 같은 말이 이 개념에 기초한 말이다.

이 책에 사용된 용어 중에서, 라캉의 상상적 자아는 허구적이거나 극적인 세계의 초점이 되고, 진짜 자아는 실재적 세계의 초점이 된다.

미국 학계에서 상징적 상호작용론(symbolic interactionism)은 특히 영향력이 큰 흐름이다. 한 사회의 지배적인 상징들은 하나의 사회적 자아를 만들어낸다고 케네스 버크와 다른 학자들이 말하는데[47], 그들이 특히 그러는 것이다. 자아는 우리가 세계, 특히 다른 사람들과 상호작용하는 드라마를 창조한다. 개인적인 자아의 감정은 주로 그 연기자, 표현형식, 장면, 의상 등의 상징들 속에서 구현된다. 그것들은 정치, 경제, 종교, 교육 등 영역의 "거장 상징(master symbols)"을 창조해내고, 그것이 일종의 감정 피드백(feeling feedback)에서 사회적 자아를 형성한다.

약간 다르게, 앤서니 윌든은 정신(mind)은 아날로그와 디지털 체계 둘 다에 의해 작동한다고 간주한다. 사회적 상징이 자아의 특성에 영향을 준다고 하더라도, "그 주체가 정신의 구성단위 속에 내재한다."는 것이다[48] 그래서 자아의 감정은 우선 개인적인 것이 먼저고, 사회적인 것은 그다음이 된다. 이 점에서 그는 그레고리 베이트슨과 많은 동시대 생물학계의 견해와 일치한다.[49] 그러나 동시대 많은 학문 분야의 학자들은, 그들 사이에 차이가 무엇이든, 상징이 감정과 다른 정신 작용에서 큰 의미가 있다고 여기는 것은 분명하다.

상상과 극적 행위

상징이 문화에 의해 구조화되고 사회적 감정을 생성해낸다고 하더라도, 개인에 의해 강하게 느껴지기도 하는 이유는 상징이 상상력(imagination)과 특별하게 연결되어 있기 때문이다. 우리는 상상(imaging)이 가능성을 잉태하는 것을 보아왔다.

---

47) 원주: Keneth Burkes, Language as Symbolic Action (Berkeley: University of California Press, 1965).

48) 원주: Anthony Wilden, Systems and Structure (London; Tavistock, 1972).

49) 원주: Bateson, Steps to an Ecology of Mind.

거기에는 "만약 ~라면 어떨까(What if)?"가 필요하다. 그러면서 상상은 일부 상징을 창조하고 이미 존재하는 다른 상징을 활용하기도 한다. 이런 것들은 내현적 행동이나 외현적 행동을 통해 실현된다.

미학적으로, 상상에 기초한 감정은 행동으로 변환될 때 더 커진다. ─ 특히 자발적인 극적 행동은 각자 자기 입장에서 생각하는 각각의 연희자들 사이의 매개체/매체(medium)이기 때문에 아주 높은 수준의 에너지를 가진다. 상상과 자발적인 극적 행동이 감정에 미치는 주요한 효과는 다음과 같다.

- 기억(Memory)

  그런 자발적 극적 행동이 기억을 활성화하고, 그 기억을 새로운 맥락에 위치시켜 감정을 재충전한다.

- 무의식적(Unconscious)

  그런 행동이 무의식적인 감정과 은유를 활성화하면서 동시에 상징에 연관된 힘을 증가시킨다. 그것들은 허구 세계와 현실 세계 양자 모두를 드러내고 명확히 한다.

- 구조와 동태(動態 dynamics)

  그런 행동이 오래된 정신적 구조(structures)와 동태(dynamics) 속에 내재해있는 감정들을 되살아나게 하고, 새로운 감정들을 만들어낸다. 자발적 극적 행동 속에 있는 가능성을 실현하면서, 이런 감정은 풍부해지고, 그 자체의 구조와 동태를 강화한다.

- 틀(Frames)

  그런 행동이 감정이 작동할 수 있는 실효적이고 사회적인 정신 틀을 제공한다.[50] 드라마는 특히 틀(예: 극중극)을 활성화하고, 현실과 환상(허구)의 감정에 관해 특별히 중요한 의미를 지닌다.

----

50) 원주: Gregory Baum, Religion and Alienation: The Theoretical Reading of Sociology (New York, Paulist Press, 1973).

- 실효적/실능적 지식(Practical Knowledge)

  연희자들이 암묵적인 요소와 명시적인 요소의 독특한 조합으로, 극적 행위(action)을 진전시켜 나가는 것에 대한 실효적/실능적 지식("know-how"[51])을 지니게 된다. 그들은 늘 미래의 칼날 위에서 자기를 표현하게 되는 "지금 여기"에서 연기한다. 이것이 감정에 미치는 두 가지 주요한 효과는 다음과 같다.

  - 연희자의 집중 속에서 감정이 최고조로 유지되도록 한다.
  - 어떤 관객 속에서든 그런 행동들이 그 행동을 넘어서는 다른 감정(기저 텍스트 subtext[52])의 표시 (상징)라는 느낌을 지니게 한다.

- 자아 개념(Self-concept)

  이런 극적 행동들은 자아 개념이 형성되는 감정에 주요한 효과를 미친다. 자아와 역할은 상호 작용해서 자아가 계속 발달해갈 수 있도록 한다. 자아가 역할을 불완전하게 수행하는 것을 막아야 하기 때문이다.

---

51) 굳이 우리말로 풀이하자면 '어떻게 하는지를 아는 지식', '할 줄 아는 지식'이라 하겠다.
52) 기저 텍스트(subtext) - 근저에 깔린 뜻, 언외의 뜻.

요약

즉흥극에서, 우리의 상상이 실연(實演)될 때 상상은 감정과 융합된다. 극적 행동은 실효적/실능적으로 생각하고 느끼는 것이다. 그 목적은 체감-의미(felt-meanings)를 다른 사람들에게 전달하는 것이며, 그것은 은유적으로 이루어진다. 우리는 우리 자신을 하나의 은유 ("역할을 수행하는 연희자") 라고 느끼는 데다, 그 행동도 은유적으로 강력한 것이다 — 드라마는 의식과 자의식을 창조한다. 자발적 드라마에서의 미학적인 감정은 즉흥 연기자의 자기성/자기다움(Selfhood)을 계속 되풀이한다.

이것은 오늘날 교육에 중요하다. 사회가 우리에게 사회의 기준을 따르라는 압박이 강해지면 강해질수록, 우리는 그저 자아의 한 단편에 불과한 역할들을 더 많이 활용해야 한다. 자아를 더 많이 개입시키기 위해서 우리는 사회적 역할을 확장해야만 한다. 그럴 때 우리가 자신감과 자존감을 기르고 유지하고 향상할 수 있는 것이다. 이것은 다른 사람들과 사회로부터 소외되어 자존감에 상처받은 그런 사람들에게 정말로 실효적인/실능적인(practical) 중요성을 지닌다. 여기에는 여성, 어린이, 청소년, 소수 문화 구성원, 정서적 또는 신체적 장애인, 불우한 사람, 사회적 약자, 창의력이 뛰어난 사람들, 경계인들이 일반적으로 포함된다. 극적 행위는 연희자들에게 실제로(real) 자신들과 다른 이들의 삶에 대해 선택과 판단, 책임감을 지니게 한다.

실생활, 즉흥극, 교육연극, 연극치료에서의 자발적 드라마는 매우 활기찬 감정과 그 활동에 대한 애착을 갖게 한다. 그것은 활동적이고, 진전되어가고, 진정성 있고, 실효적인 가설 안에서 상상을 외형화한다. 극적인 가설은 미학적 특성을 지닌 상징적인 동태(dynamic)다. 그런 상징들은, 롤로 메이가 우리에게 말하듯[53], 각 개인의 자아상(self-image)을 형성하는 데 있어 핵심적인 역할을 한다.

---

53) 원주: Rollo May, "The Significance of Symbols", in May, ed., Symbolism in the Religion and Literature, (New York, George Braziller, 1961).

드라마는 사회적 실재를 구성하는 데도 이어진다. 역설적으로, 극적인 행위(action)는 뿌리 은유들 — 모형(母型)으로 작동하는 세계관의 기호/표지(signs)들 — 을 만들어내고, 그것은 사회에 깊이 내재해, 이후의 극적 행동들(acts)에 더 진전된 의미를 부여한다. 드라마를 통해서,

- 우리의 감정은 우리가 보고 믿는 것으로 진화한다.
- 우리는 지각적 연속성이 있다고 느낀다.
- 우리는 상징 속에 외적인 존재가 있다고 느낀다.
- 우리는 상징의 다의적인 힘은 그 안에 내재하는 행위(action)가 있다고 느낀다.
- 우리는 사회적으로 현실/실재성(reality)을 구성한다.

끝부분에서 언급된 내용에 관해서는 2장에서 더 살펴보도록 하겠다.

2장 감정과 제의

감정은 제의적인 행동을 포함한 모든 사회적 행동들(acts)에 수반된다. 이 장에서 우리는 사회적이며 제의적인 행동, 다른 사람에게 영향을 주는 사고와 감정에 관한 외현적인(overt) 표현들을 살펴볼 것이다. 그러나 사고/생각 또한 *내현적인 행위/작용(covert action)이다.* 사고/생각에는 비록 일어나지 않더라도 상징 활동이 내포해 있는 것이다. 즉 *사고는 정신의 활동(act)이지만 그것이 외면화(externalized)되면 사회생활의 기호/표지(sign)가 된다.* 우리는 그런 기호의 특성을 어떻게 말할 수 있을까?

사회적 행동의 특성

사회의 주요한 기호들은 자아를 표현하는 행동(acts) ― 사람들이 일상생활에서 수행하는 표의(表意)적인(significant) 극적 연행/실연(dramatic performance) ― 이다. 사회적 행태/행실(behaviour)의 초점은 행위(action)에 있고 거기서 체감-의미(기의)는 사회적 연행(performance) (기표) 속에 내재해있다.

기축(基軸)적인(key) 사회적 행동은 관련된 각각의 사람들 모두에게 중요하다. 하워드 가드너에게 있어 개인의 지적 능력은 양면적이다. 자아를 이해하는 측면과 타인과 관련해서 자아를 이해하는 측면이 있는 것이다. 이 두 가지는 아주 긴밀하게 연결되어 있어서, 관계 속 개인의(interpersonal) 기호와 내면적 개인의(intrapersonal) 기호는 자신과 타인 모두에게 영향을 준다. 우리는 이론적으로 사회적 행동을 다음과 같이 *극적이고, 상징적이며 제의적/의식(儀式)적*이라고 상정한다.

사회적 과정은 어린이들의 놀이나 즉흥극, 무대극 공연과 마찬가지로 극적이다. 왜냐하면 우리는 자기표현의 드라마를 통해 주위 환경을 이해하기 때문이다. 사회생활은 우리가 우리 자신을 "의상을 입은 연희자"로 볼 때 창조된다. 자아가 주역/주동인물(protagonist)이면서 타인은 상대역/반동인물(antagonist)이거나 우리를 위한 코러스(chorus)다. 역설적으로, 우리 역시 자신이 주역인 다른 사람들에게는 상대역이거나 코러스다.

이렇게 인간의 사회적 드라마는 동시(同時)적 연행들의 복합체다. 우리 각자는 같이 하는 다양한 연행들 속에서 주역과 상대역, 코러스 역을 번갈아 하지만, 우리 자신이 현재시제, 그 극적 순간 속에서 주역으로서 존재한다고 *느낀다(feel)*.

사회생활을 이해하는 데에는 케네스 버크의 드라마티즘/극적행위론(dramatism)[1]이 영향을 끼쳐 왔다. 그에게 있어 언어와 사고는 극적 행위(dramatic action)의 양식이다. 기축적인 사회적 연행(key social performance)에 관해서, 사회학자인 휴 던컨은 "사회극(sociodrama)"라고 불렀고, 인류학자 빅터 터너는 "사회적 드라마(social drama)"라고 명명했는데, 그들에게 그것은 "(자기를 비추어보는)[2] 반성(反省)적/재귀(再歸)적(reflexive) 과정을 유도하고 포함하며, 그러한 반성성/재

---

1) 드라마티즘(dramatism) - 케네스 버크가 창시한 용어로 인간의 삶 자체가 드라마라는 관점에서 모든 문화현상이 청중과의 상호작용을 통한 커뮤니케이션 행위에 토대를 두고 있다는 이론. 극적 행위론으로 번역되기도 한다.

2) 역자 삽입.

귀성(reflexivity)이 합당한 위치를 찾을 수 있는 문화적 틀을 창조해내는 것"이다.[3] 이러한 시각은 인간의 사고 과정에서 일어나는 일과 유사하다. 사고와 사회생활 둘 다 극적이라고 보는 것은 *세상은 무대(Theatrum Mundi)*라는 관념처럼 은유적으로 생각하는 것이다. 그것을 작동하게 하는 유비(類比 analogy)는 "사회적 관계의 직물과 섬유이며, 사회적 시각의 바로 그런 바탕이 극적인 방식으로 생각하는 숙고(consideration)을 초래(招來)한다".[4] 그 어떤 경우든, 애브너 코헨이 밝힌 바와 같이, 사회적 드라마는 상징적인 세계와 정치적인 세계를 통합한다.

인간의 삶은 특별한 종류의 허구를 만들어낸다. *상징적인 연행(performance)은 동적이고 지속적(ongoing)이며 사회적인 하나의 복합 기호다. 상징적인 연행은 평범한/세속적인(mundane) 것을 의미심장한/표의적인(significant) 것 — 상징적으로 중요한 것 — 으로 변환한다.* 사회적 드라마는 상징적인 행동의 형식이다. 딜타이와 카시러, 만하임, 콜링우드, 워프 등의 학자들은 상징적인 경험을 사회 속에서 행위(action)의 한 형식으로 작동하는 정신 작용/활동(activity)으로 생각한다. 그런 연극학적(dramaturgical) 모델은 인간이 상징 언어 속에 살고 있다는 점을 나타낸다.[5] 인간이란 존재는 상징적인 것을 필요로 한다. "일관성 있는 상징체계 안에 삶을 펼치지 않아도 되는 사람은 없고 … 상징적인 경계들이 개인적인 경험 정리(organizing)에 필요한 것이다."[6] 상징적 행위(action)는 사람들이 속해 있는 집단과 문화를 그냥 평범하게 경험하는 것 이상으로 경험할 수 있게 한다. "(상징은)종합되어 그 문화의 표현적인 체계를 — 거의 또 다른 하나의 언어로 — 구성한다.[7] 이

3) 원주: Victor W. Turner, From Ritual to Theatre: The Human Seriousness of Play (New York: Performing Arts Journal Publications, 1982), 91.

4) 원주: R.S. Perinbanayagam, "The Definition of the Situation: An Analysis of the Ethnomethodological and Dramaturgical View," Sociological Quarterly, 15 (Fall 1974): 534.

5) 원주: Miles Richardson, "Putting Death in Its Place in Spanish America and the American South: Application of the Dramaturgical Model to Religious Behaviour," paper presented at the Wenner-Gren Foundation for Anthropological Research Symposium no. 89, "Theatre and Ritual." The Asia Society, New York (Summer, 1982).

6) 원주: Mary Douglas, Natural Symbols: Explorations in Cosmology (New York: Random House, 1973), 72-3.

7) 원주: Robert Harrison, "Where Have All the Rituals Gone?" in The Imagination of Reality: Essay in

는 부족사회에서나 산업사회에서나 모두 마찬가지다.[8]

은유는 사회적 행위에 체감-의미를 부여한다. 이런 사회적 행위가 일어나는 문화
는 그 내부의 상징적 연행들이 누적된 효과들 ― 빅터 터너가 "뿌리(root) 패러다
임"이라고 부르는 것들 ― 을 통해 지향점으로 표정(表定) 된다. 다시 말해서, **"뿌리
패러다임"들은 뿌리 은유들에 의해 살이 붙여진다.** 그것들은 "한 문화의 근본적 약
호/코드들(codes)"[9]인 상징적 체감-의미의 체계이며, 그것들이 행위자(actor)의 마
음속에 있는 은유와 패러다임으로 사회적 행위에 하나의 상징 형식을 제공하는 것
이다. 문화를 "상징인류학"의 관점에서는 하나의 상징체계로 본다. 그것은 잡다한
이질적인 의미들과 심지어 역설과 모호함까지도 통합한다.[10]

이를 더 단순화해 말하자면, 우리가 생각하고 느끼는 방식은 은유로 구성되어 다
음 두 가지를 동시에 이해하게 된다.

- 평범하고/세속적(mundane)이고 상습적인(habitual) 세계
- 우리가 만들어내는 허구적(fictional) 세계

허구적인 세계는 평범한/세속적인 세계에 체감-의미를 부여해준다. 우리의 사고
는 항상 이중적이다. 우리가 이 세계 (다른 사람들도 포함하는 세계) 에서 행동할 때,

Southeast Asian Coherence Systems, ed. A.L. Becker and Aram A. Yengoyan, (Norwood, NJ: Ablex
Publishing, 1980), 55.

8) 원주: David A. Frank, "'Shalom Achshav' ― Rituals of the Israeli Peace Movement," Communication
Monographs, 48 (September 1981).

9) 원주: Michel Foucault, Discipline and Punish: The Birth of the Prison (New York: Pantheon Books,
1973).

10) 원주: Myth, Symbol and Culture, ed. Clifford Geertz, (New York: Norton, 1971); Sherry Ortner,
"On Key Symbols," American Anthropologist, 75:5 (October 1973): 1338-46; David M. Schneider,
American Kinship (Englewood Cliffs, NJ: Prentice Hall, 1968); Victor W. Turner, The Ritual Process:
Structure and Anti-Structure (Harmondsworth: Penguin, 1974), 29 참조.

- 우리는 행동으로 우리 사고의 은유를 외형화/외면화한다.

- 우리의 은유는 타인의 외형화된 은유와 만나서 사회적 세계 속에 상징을 만들어낸다.

- 동시에 그것들은 우리의 문화적 세계 - 우리 조상들에게 내재했던/전승되어온(inherited) 은유들로 오랜 시간 누적되어 상징화된 것들 - 와도 만난다.

사회생활에서 일부 대단히 의미 깊은/표의적인(significant) 행동들은 제의 (rituals)이다.

제의의 특성

제의(rituals)는 "특별한 경험"이자, 사회문화적 체감-의미(felt-meaning) 속에서 상징을 재현하고 종합하고, 유포하는 기표(signifier)다.[11] 제의는 항상 종교적 행위라고 여겨질 수도 있지만, 현대 학자들은 제의를 단지 예배나 숭배와만 관련짓지는 않는다 (어떤 경우엔 그럴 수도 있지만). 더 적절히 말하자면, *제의/의식/의례 (ritual)는 (정해진)[12] 모델을 모방해서 실연하는 사회적이고 상징적인 행위다.* 그래서 제의에는 극적이고 감동이 깃들어있는 특성이 있다.

체감-기호로서의 제의

제의는 격식을 갖춘(formal), *체감되는(felt)* 극적 기호의 한 유형이다. 극적 행위 중에는 일부 (놀이처럼) 덜 격식적인 유형도 있지만, 두 가지 ― 무대극(theatre)과 제의(ritual) ― 는 대단히 격식적이다. 무대극은 극적 행위를 예술 형식으로 약호화하는 반면에, 제의는 그와는 달리 사회적, 문화적 목적에 맞춘 반복을 통해 약호화한다. 둘 다 감정에 기반한다.

---

11) 원주: Nancy Munn, "Symbolism in a Ritual Context: Aspects of Symbolic Action," in Handbook of Social and Cultural Anthropology, ed. John J. Honigmann (Chicago: Rand-McNally, 1973) 973.

12) 역자 삽입.

제의적 행동(ritual act)의 수행자/연행자(performer)는 시간의 통일을 통해 감정의 강도를 고조시킨다. 제의적 행동은 반복을 통해 그 원형과 일치하게 된다. 행동과 모델이 융합되면서 시간은 작동되지 않는다. 모델이 되는 행동(과거)과 제의적 행동(현재)은 같은 시간의 실연/연행(performance) 안에서 통일되고, 시간을 와해한다. 과거와 현재가 하나가 되는 것이다. 이런 행동은 하나의 체감-기호(felt-sign)다. 제의 행위자는 일상 세계와 결별한다. 고양된 현실/실재성(reality)로 받아들여지는 그 허구적 세계에 중점을 두는 것이다.

놀이와 드라마, 제의 행위의 일치점은 수행자(performer)가 허구적 사고와 행동에 부여하는 대단히 의미 깊은/표의적인 감정에서 찾을 수 있다. 차이점은 제의 집행자가 독특하고 대단히 격식을 갖춘 방식으로 모델을 극화함으로써 그렇게 한다는 점이다.

제의의 정의는 이례적으로 다양하다. 이 새로운 연구 분야는 제의학(ritology)이라 불리면서 현대 세계에서 존속할 수 있는 정의들을 제공하기 시작했다. 로널드 그라임스에 의하면, 제의는 두 가지를 불러일으키는 상징적 행위 형식이다. 몸짓들(gestures) ─ 동적 상징 행동들로 이루어진 환기(喚起)적 리듬 구현(enactment) ─ 과 몸가짐들(postures) ─ 행위의 상징적 차분함(stilling) ─ 이 그것들이다. 그래서 제의는 "구현/행동화되는(enacted) 은유이자, 체현/체화되는(embodied) 리듬이다."[13]

제의 내에서, 기호(sign)와 지시 대상(referent) 사이의 관계는 지표(指標)적(indexical)이나 자기 연계적/자기 참조적(self-referential)일 수 있다.[14] 그뿐 아니라 제의는 단순히 체감-의미만을 반영하지 않는다. *제의는 체감-의미[15]를 명료화*

---

13) 원주: Ronald L. Grimes, cited in Peter L. McLaren, Schooling as a Ritual Performance (London: Routledge and Kegan Paul, 1983), 29.

14) 원주: Roy A. Rappaport, "Concluding Remarks on Ritual and Reflexivity," Semiotica, 30: 1/2. (1980): 181-93.

15) 원주: Roland A. Delattre, "Ritual Resourcefulness and Cultural Pluralism," Soundings, 61 (1978): 283-301.

하고, *상황(states of affairs)*을 *현존하는 것으로 만들어낸다(bring into being)*.[16] 제의는 상징을 사용하는 방식에 있어서 관습(habits)이나 관행(routines)과 구별될 수 있다. 제의는 관행을 수반할 수 있으나, 제의도 전달하는 정보를 넘어서는 체감-의미를 지니고 있다.[17]

이런 체감-의미는 피터 맥라렌(Peter McLaren)이 다음과 같이 지적한 것처럼, 그 보유특성과 기능의 관점에서 살펴볼 수 있다.

- *보유 특성들(properties)*. 제의는 다음과 같은 보유 특성들을 지닌다.

  - 매체가 메시지의 일부분인 형식
  - 상징 군집들이 이루는 내용
  - 극적 속성(dramatic quality)
  - 인격 발달을 지향하는 심리적, 사회적 통합체
  - 텍스트로서 권위를 지닐 수 있는 언어
  - 반복, "특별한 행태(behaviour)" 또는 양식화라는 격식성과 환기(喚起)적 표현 양식
  - 특별한 원칙을 중심으로 한 선택안들의 레퍼토리
  - 가족구조 그리고/또는 등급과 연관될 수 있는 약호들(codes)
  - 여섯 가지 양식(의식화(ritualization), 예의 차림(decorum), 의전(ceremony), 예배(liturgy), 주술 (magic), 경축(celebration)) : 일반적으로 한 번에 한 가지가 우위를 차지한다.

- *기능들(functions)*. 제의는 다음과 같은 점에서 기능적이다.

  - 메타언어처럼 (중심/주변 또는 형상/배경 관계와 같이) 기능하는 틀 역할을 한다.
  - "자발적인 불신의 유보"를 조장한다.
  - 정보를 다른 맥락들 속에 분류함으로써 소통한다.
  - 참가자를 사회적 신분이나 의식(意識) 상태로 변환시킨다.

---

16) 원주: McLaren, Schooling as a Ritual Performance, 562.
17) 원주: Barbara Meyerhoff, "We Don't Wrap Herring in a Printed Page: Fusion, Fictions and Continuity in Secular Ritual," in Secular Ritual (Amsterdam: Royal Van Gorcum, 1977).

- 독특한 리듬으로 체감-의미를 조율(negotiate)하거나 명료화한다.
- 신성의 아우라(aura)를 불러일으킨다.
- 참가자에게 독특한 유형의 "제의적 지식"을 제공한다.
- 컨벤션 효과를 미치는 수행력(performative force)을 지니고 있다.
- 그것이 자리 잡고 있는 사회문화적 세계를 구상(具象)화/물화(物化)(reify)한다.
- 지배적인 사회 질서의 가치를 뒤집을 수도 있다.
- 참가자에게 자기 해석 과정과 주류 문화에서의 자기 위치를 대면하고 성찰하게 한다.
- 이항 대립적(binary) 경험 (예: 물질적/도덕적 경험)[18] 을 사위일체(quaternity) 속으로 융합한다.

제의에서의 체감-의미는 특별한 문화적 약호/코드(code)가 되는데, 그 약호들은,

• 삶 속의 사건들을 이해하고, 풀이/해석(interpret)하고, 조율해내기(negotiate) 위한 상징적 기호들을 내포한다.
• 사회적 행위자(social actor)를 위한 세계를 창조함으로써 기의(signified)와 기표(signifier)를 통합한다.
• 상징들과 복합적인 관계를 지닌다.

체감-상징으로서의 제의

뿌리 은유들은 사회적 드라마의 초점인 연결된 상징들[19] 주위로 모여 군집을 이룬다. 이것은 그 뿌리 은유를 확장하고, 그래서 제의 속에 약호화되어 있는 상징의 군집들을 확장한다. 상징적인 의미와 감정은 사회적 드라마에서보다 제의 속에서 더 상호 연결되어 있고, 사회적 드라마에서의 상징적 관계들은 조금 더 개방적이다.

....

18) 원주: McLaren, Schooling as a Ritual Performance.
19) 원주: Urban. T. Holmes, "Liminality and Liturgy," Worship, 47:7 (August 1977): 58-75.

제의의 상징 능력은 세계관(world view)²⁰을 효과적으로 구성한다. 그것은 "세상 사 돌아가는 이치(the way things are)"에 대한 개념을 창조하고, 한 문화의 질서를, 최소한 부분적으로라도, 정당화해준다. 상징이 개인 자아상의 중요한 한 부분을 창조하기 때문이다.²¹ 그러므로 상징이 제의 속에서 재창조될 때, 그것은 자신감(confidence)과 자존감(self-worth)이라는 감정을 강화해준다.

제의가 지니는 바로 이런 상징 능력이 많은 제의 집행자들이 제의에 관해 가지는 헌신의 감정을 설명해준다.²² 상징의 다의성(ambiguity)도 설득력을 높여주긴 하지만 말이다. *제의의 상징 능력은 그것이 생성해내는 감정 안에 있으며, 그것은 극적 특성(dramatic character)에 기인한다.*²³ 그러나 일단 상징이 유관적합성(relevance)을 잃게 되면, 그 상징들이 연관된 제의는 감정을 자아내는 면이 덜 하다.²⁴

초기 사회의 제의

오래전 고대 사회에서 제의와 신화는 하나였다. 제의는 신화의 실경험적인 (practical) 극적 모방이었다. "우리는 신들이 태초에 했던 일을 해야만 한다." 고대 인도 경전에는 이렇게 적혀 있다. 신화는 제의로 재현해야만 했던 이야기들이었다. 따라서 우리는 "제의적인 신화"를 다음과 같이 말할 수 있다. 신화(이야기) + 제의 (행위) = 제의적인 신화. 따라서 기표 = 구현/재현(enactment)의 힘이고, 기의 = 신화적인(mythological) 힘이다.

---

20) 저자가 앞에서 세계관이라는 말을 뿌리 은유의 별칭으로 소개한 바 있음.

21) 원주: Rollo May, "The Significance of Symbols," in Symbolism, in Religion and Literature, ed. May (New York: George Braziller, 1961).

22) 원주: Abner Cohen, Symbolic Action and the Structure of the Self (London: Academic Press, 1977), 123.

23) 원주: Umberto Eco, A Theory of Semiotics (Bloomington: Indiana University Press, 1976); I.M. Lewis, Social Anthropology in Perspective (Harmondsworth: Penguin, 1976).

24) 원주: Munn, "Symbolism in a Ritual Context"; Grimes, Beginnings in Ritual Studies.

모든 문화의 기원 신화는 죽음과 부활의 제의로 행해졌다. 그 제의에서 물을 사용하는 것은 죽음과 부활을 암시했다. "물과의 접촉은 언제나 소생을 불러온다."[25]는 말처럼. 많은 문화에서 생식과 출산은 대지가 수행하는 전형적 행동의 소우주적 버전이었다. 그래서 대지는 대지모신(大地母神 Earth Mother)이었고, 종종 그 여신의 무릎 위로 표상되기도 하는 한편, 이집트 문헌들에 나오는, "땅 위에 앉다(sit on the ground)"라는 표현은 "출산"을 의미했다. 기독교인들에게 일요일은 부활을 기념하는 축제인가 하면, 유대인들의 마차 빵(Matzoth)[26]과 유월절 축제는 소생과 부활의 기호표현/기표이었다.

비슷한 연행(performance)이 현대의 부족 문화들에서도 행해진다. 호주 원주민들은 지금도 주술적인 바위 그림(암각화와 그림문자)을 창작하거나 되살리고, 신화를, 특히 드림타임(Dreamtime)[27] 때 일어났던 일 (신화) 을 연행함으로써 "다른 현실"을 재현한다. 드림타임의 재-창조가 일어나는 신성한 장소에서 각각의 행위자(actor)는 조상-정령을 재구현(re-enact)한다(환생시킨다). 또한 노인들의 코러스는 "자신들이 목격했던 제의 속에서 극화되어온 조상들의 삶 속에서 창세 기원 장면을 기념하는 전통적인 시가(詩歌)를 암송한다."[28] 과거 시간(신화), 현재 시간(제의 행위 "지금 여기"), 미래 시간(일어날 일)은, "영원한 현재" (총체적 실연) ─ 많은 제의-신화의 공통 요소 ─ 속으로 와해되어 없어진다. 비슷한 연행이 오늘날 밴쿠버섬 코스트 살리시(Coast Salish)족의 정령 춤과 일본 북부 아이누족의 곰 제의 등에서도 행해진다.

이런 공동체 사회의 제의-신화와 더불어, 모든 수렵 문화에는 그 사회의 안녕을 위해 일하는 주술사-사제인 샤먼(shaman)의 연행이 있었다. 그들이 입문식(initiation)을 치를 때 입문자의 옛 인격은 "죽어야(killed)" 하고, 샤먼의 새롭고

---

25) 원주: Mircea Eliade, The Sacred and the Profane (New York: Harcourt, Brace, 1959), 130.

26) 마차 빵(Matzoth) - 유월절에 먹는 마른 빵으로 누룩을 넣지 않고 크래커처럼 만든 빵.

27) 드림타임(Dreamtime) - 호주 원주민들이 창조의 정령들이 풍경, 동물, 인간 등을 창조하고 도구, 언어, 문화 등을 전해준 창세 신화 시기를 원주민 현지어로 츄쿠파(Tjukurpa)라고 부르는 것을 영어로 번역한 것.

28) 원주: T.G.H. Strehlow, Aranada Traditions (Melbourne, Australia, 1947), 56-7.

강력한 인격으로 "다시 태어나야(reborn)" 한다. 그런 모든 의식에서는 죽음과 부활이란 관념(idea)을 기념한다.

제의의 세계에서 행위자/연기자(actor)("의상을 입은 연희자(player)")로서의 개인은 정령이나 신과 같은 초월적 존재로 변환(transform)된다. 극단적인 경우에는 빙의(憑依)/신들림(possession)이 일어난다. 행위자와 역할이 하나가 되는 것이다. 나중에 행위자는 자아로서 존속한다. 그런 은유적 관계의 이중성은 제의 수행자가 생각하는 것 속에 존재한다고 체감된다. 동시에 그가 하는 것(연행)은 상징성을 띤다. 은유와 상징은 구현된 제의-신화의 핵심으로 체감된다.

그런 복합적인 기호는 그 제의적 신화 내에서 물체/오브제(object)로도 전이된다. 신성한 돌인 하나의 돌은 두 가지, 즉 평범한 돌 그 자체(self)이자 초자연적인 현실(reality)이다. 여기에 모든 사회 어린이들의 놀이를 통한 학습과 일치하는 점이 있다. 연극적인 놀이를 하는 사람은 은유와 상징 두 가지 모두인 것으로 체감된다. 그리고 동시에 연극적인 놀이에 사용되는 물체/오브제 (가령, 장난감) 도 그 두 가지 속성을 띠게 된다.

메소포타미아, 이집트, 인도, 중국 그리고 아메리카의 최초 농경 문명은 원시적인 사냥 의식(hunting ritual)을 변화시켰다. 농부에게 농작물은 생존에 필수적이었다. "죽음"의 겨울에도 불구하고 소생(蘇生)의 봄에 씨앗은 옥수수로 자랐다. 그렇게 초목은 "부활했다." 제의-신화 전통에서 역사적인 변화가 일어난 예는 오늘날 아메리카 남서부 지역 인디언들인 호피족과 푸에블로족에게서 나타난다. 유럽인들이 처음 도착했을 때 그곳에선 사냥이 농업으로 바뀌고 있었다.

고대 근동(Near East) 지역에서는 농업이 완전히 정착되자, 죽음과 부활의 제의는 작물, 인간 및 다른 모든 생명체와 우주 그리고 초월적인 존재(신)에 영향을 끼치는 것으로 체감되었다. 그 각각의 존재는, 신의 역할을 맡은 왕-연기자가 제의화된 죽음과 부활을 겪을 때, 죽었다가 살아나는 것으로 체감되었다. 이런 하나의 강력한 제의는 모든 삶에 영향을 미쳤다. 여러 날에 걸친 큰 축제들이 생겨났고, 그 속에서 왕은 신(수메르의 다무지, 바빌론의 마르두크, 이집트의 오시리스/호루스)으로서, 백성들의 전형적인 모범으로서 연기했다. 이런 연행(performance)들 속에서 원형적인(archetypal) 행동은 극화되었고, 시간은 무의미해졌다. 연기자는, 비록 세속의 현재에 존재하지만, 생명이 창조했던 신화적 시대를 연기해왔고, 매년 그 일을 반복했었다. 달리 말해서, 극적인 재창조(re-creation)가 다시 한번 창조를 일으킨 것이었다.

이렇게, 농경 사회에는 수렵 문화보다 훨씬 복합적인 제의가 있긴 하지만, 제의 행위의 근본적인 효과는 다음과 같이 비슷하다.

- 제의는 은유적이고 상징적인 것으로 체감된다.
- 제의는 그것에 약호화, 질서화, 종합화된 감정을 부여하면서 존재를 재창조한다.
- (제의는 첨부) 모델을 실재적인 것으로 만드는 극화된 기호를 통해 시간을 와해시킴으로써 이것을 달성한다.

통과 의례와 강화 의례

통과 의례(rites of passage)와 강화 의례(rites of intensification)는 제의의 두 가지 주요한 형태이다. 이 둘을 추상적으로는 구분할 수 있지만, 많은 제의 연행에는 이 두 가지가 다 포함된다. 강화 의례는 감정의 깊이 면에서 다소 큰 차이를 지니지만, 가능한 한 같은 강도로 인간과 신성(神性) — 초자연적 존재, 신 또는 하느님 — 을 통합하려고 한다. 고대 부족의 제의-신화는 그 행위자/무용수들이 신성한 모델을 모방해서 그것과 하나가 되지 않으면, 자신들을 진정한 인간으로 여기지 않는 연행(performance)이었다. 오늘날 미국, 시베리아, 호주, 동남아시아 등 무속/샤머니즘 풍속을 지닌 지역의 행위자/연기자(actor)는 정령들이 접신(接神)한/빙의된(possessed) 상태가 될 수 있다, 비슷한 사례로, 그리스도는 모든 기독교인의 모델이다.

통과 의례는 사회적 지위가 달라지는 개인의 사회적 변화들(출생, 어른이 됨, 결혼, 죽음)을 기념한다. 그 변화들은 모두 다음 세 가지 단계를 포함한다.

- 개인이 속해 있던 집단에서 *분리(separation)되는 단계*로, 보통 상징적인 "죽음"으로 표현된다.

- *문턱(liminal) 단계*, 또는 상징적인 틈(hiatus) 단계로, 그 개인이 두 집단 사이에 있는 모호한 상태다.

- 개인이 새로운 집단에 *결속(aggregation)되는 단계*로, 보통 상징적인 "부활"[29]로 표현된다.

통과 의례 중 고전적인 사례(어쩌면 역사적인 원형)는 샤먼의 입문식(initiations)이다. 세 단계 구조는 많은 제의에 일반적이며, 오늘날 연행되고 있는 것들로는 가톨릭 신자의 첫영성체와 학문상 새로운 지위로 나아감을 나타내는 학위 수여식 등과 같이 다양하다. 모든 경우에, 성공적인 입문자는 새로운 신분의 기호 또는 모델에 따라 행동할 것이라 기대된다.

문턱 단계는, 터너와 다른 학자들이 밝힌 바처럼, 매우 이색적인 극적 행동들이 허용될 수 있는 단계다. 그것은 하나의 상징적 틈으로서, "사이에(in between)" 있는 것처럼 느껴지며, 따라서 "이것도 아니고 저것도 아닌" 상태이다. 다양한 문화에서 문턱 단계는 2월 29일처럼 중간에 낀 상태다(intercalary). 묵은해가 끝난 후이지만 새해가 시작되기 전이라 아주 마법 같고 강력하게 느껴지는 그런 시간인 것이다. 이것은 "뒤죽박죽 상태(topsyturvydom)"가 발생하는 시간이며, 사회적 지위가 뒤바뀌는 중세의 바보제와 같이 세상을 뒤집는 의식이자 극적 행동이다. 부족사회의 입문식(initiations)에서, 그것은 정령들이 이리저리 돌아다닐 때이며, 많은 제의에서 가장 다채로운 의상과 가면을 보여준다.

각각의 사회에는 강화 의례 그리고/또는 통과 의례라는 제의적 구조에 대한 고유의 기호가 있고, 개인의 행동들은 그에 연관된다.

---

29) 원주: Arnold Van Gennep, Rites of Passage (Chicago: University of Chicago Press, 1960); Victor W. Turner, The Drums of Affliction (Oxford: Clarendon Press, 1968).

그런 행위자(actor)의 연행은 은유에 기초를 두고 있다. 즉, 행위자가 자신이 모델 "인 것처럼(as if)" 생각하는 것이다. 그러나 무대극과 제의의 행위가 비슷하기는 하지만, 똑같은 것은 아니다. 제의적 구조 내에서의 한 연행은, 무대극에서보다는 의미가 덜 흩어지는, 보다 상징적인 감정을 띤다.[30] 두 가지 모두와 구별되는 (평소의) 상습적 행위는 그 자체만을 뜻할 뿐이다. 그것은 평범한/세속적인 세계에 존재하고, 그것의 표의 작용(signification)은 더 단순한 약호 속에 있다. 그러나 무대극과 제의 행위는 체감-의미를 전달되는 정보의 단순한 수준을 넘어서 높여온 상징적 맥락 속에서 그 행위자를 살아있는 은유로 만든다.[31] 뒤르켕과 다른 학자들에게 제의는 일종의 상징 행위이며, 거기서 기표(記表)는 실연되는 기호이고 기의(記意)는 상징적인 체감-의미다. 이런 체감-의미는 무대극의 행동보다 더 열려 있다. 그러나 제의의 상징적 중요성은 과도한 우연성 또는 높은 엔트로피(불확실성/무질서도)[32]와 엄격한 구조 또는 높은 중복성(redundancy) 사이에서 다양하게 달라진다. 그래서 "발생 초기의 제의는 격식적인 예배보다 더 이색적이고 덜 정적(靜的)이다."[33]

제의는 현대 사회에서 "예술작품"의 한 형태로 기능한다는 명석한 견해가 이미 있어 왔다.[34] 제의는 현시(顯示)적(manifest), 잠재적(latent)인 내용을 다 가지고 있기에[35] 미학적인 체감-의미를 담고 있다. 그리고 이런 점은 무대 이벤트(theatre events) 분석에서도 이미 밝혀져 왔었다.[36] 제의는 "문화기술적(文化記述

---

30) 원주: 제의의 기능을 에른스트 카시러(Ernst Cassirer)는 The Philosophy of Symbolic Forms, 3 vols., trans. Ralph Manheim (New Haven, Conn.: Yale University Press, 1957)에서 자아와 외부 세계를 상징적으로 통합하는 것이라고 말한다. 수잔 랭어(Suzanne K. Langer) (Feeling and Form [New York: Scribner's, 1953])에게 있어, 제의는 예술 같은 것이다: 둘다 경험의 상징적 진실로의 변환인 것이다.

31) 원주: Meyerhoff, "We Don't Wrap Herring."

32) ( )안은 역자가 entropy에 대한 이해를 돕기 위해 삽입한 것임.

33) 원주: McLaren, Schooling as a Ritual Performance, 41.

34) 원주: Victor W. Turner, "Process, System and Symbol: A New Anthropological Synthesis," Daedalus, 106: 3 (Summer 1977): 73.

35) 원주: P.G. Clancy, "The Place of Ritual in Schools: Some Observations," Unicorn, 3 (March 1977).

36) 원주: Ronald L. Grimes, Symbol and Conquest: Public Ritual and Drama in Santa Fe, New Mexico (Ithaca, NY: Cornell University Press, 1976).

的 ethnographic)인 드라마"다.[37] 은유와 상징이 형이상학적인 체감-의미를 나타내는 하나의 형식으로 통합되는 것이다.

제의는 우리가 하는 모든 것에 스며들어 있다. 제의는 그 하나의 상징체계로서의 내재적 구조들을 통해[38] 우리에게 체감-현실(felt-reality)을[39] 제공한다. 우리의 행동은 그것들 내에서 극적인 놀이[40] 안에서와 마찬가지로 작용하지만, 미학적인 형식을 통해[41] 작용한다.

몇몇 현대의 제의는 초기 제의적 신화의 유물이거나 잔류물이다. 투우, 운동 경기, 게임, 경주(競走), 기념석 설치 같은 것들이 그것이다. 그런 것들은 현재의 행동을 "기원(起源 origin)"의 행동과 통일함으로써 여전히 시간에 집중한다. 이런 점은 올림픽 경기의 경우 분명하지만, 다른 경우에는 그것을 하는 사람들에게 그 기원이 잊혀버렸을 수 있다.

다른 공적 행사들은 더 분명하게 역사적 선례에 기초를 둔 제의다. 군주의 대관식, 국회의 개회식, 대통령 취임식, 노동절 가두 행진 – 전 세계의 이런저런 행사들은 최초의 그런 제의를 모방함으로써 국가의 안정을 도모하는 의식(儀式)적인 제의이다. 그 모든 것들이 강력한 감정을 불러일으킨다는 점은 참가하는 이들 모두가 알고 있는 일이다.

다른 현대의 제의들로 세속적인 미디어의 신화에 기초한 것들이 있다. 무대극, 라디오, 비디오, 영화, 텔레비전은 우리의 감정에 직접 영향을 미친다. 각각의 형식은

37) 원주: Victor W. Turner, Process, Performance and Pilgrimage: A Study in Comparative Symbology (New Delhi: Concept Publishing, 1979).
38) 원주: Hans Georg Gadamer, Truth and Method (London: Sheed and Ward, 1976).
39) 원주: Clifford Geertz, "Religion as a Cultural System," in Reader in Comparative Religion, An Anthropological Approach, 2nd ed. (New York: Harper and Row, 1965).
40) 원주: Johan Huizinga, Homo Ludens (Boston: Beacon Press, 1955).
41) 원주: Turner, "Process, System and Symbol."

일상생활에 한층 고양된 강력함을 제공하고, 또 모방의 제제(提題)인 모델, 기호들과 함께 작동하기도 한다. 결과적으로 사람들은 미디어 영웅들의 행태와 패션을 모방하려는 경향이 있다. 그런 사람들은 그 모델의 실제성(reality)을 자신의 실제성과 융합하려고 한다 — 사실 불경스러운 행위지만, 그것은 산업사회에서 강렬한 체감-의미를 제공할 수 있는 것으로, 산업사회 이전 문화에서 종교적 기호와 모델을 사용했던 것과 같은 것이다.

제의 집행자들은 제의를 통해 자신의 내적인 사고와 감정을 외부 세계에 연관시킨다. 그들은 그 주위 환경의 요소들을 체감-의미의 새롭고 의미 깊은(significant) 층위를 생성하는, 고양된 유형으로 재창조하려 한다. 이것은 공감, 동일시, 의인화의 과정에 기초하고 있다는 점에서 극적이다. **제의적인 행위에는 다음 두 가지 층위의 체감-의미가 있다.**

- 실재의 체감-의미

  행위자(actor)와 그의 행위가 일상생활의 차원에서 존재한다. 그것을 "지금 여기"에서 느끼는 것이다.

- 허구의 체감-의미

  행위자와 그의 행위가 상징적 차원에서 존재한다. 그것을 의식(儀式)화된 허구의 차원에서 느끼는 것이다. 이는 강렬한 느낌을 불러일으키면서 깊은 의미를 지닌다(significant).

이런 의미에서, 고대와 현대의 제의가 내용 면에서 차이가 나기는 하지만, 체감-의미의 층위로 볼 때는 차이가 훨씬 덜하다. 그래서 **오늘날의 산업사회에서 우리는 다음과 같은 것들을 구분할 수 있다.**

- 제의(ritual): 작동되는/효력을 미치는(operative) 행위로서 형식화/격식화(formalized)되어 있다. 이런 일은 인형에 침을 꽂거나, 팝스타를 모방한 옷차림으로 남들에게 인상적으로 보이려 하는 것처럼, 작동됐던/일어났던 일(what is done)을 기념(記念)해 표를 내는(mark out) 하나의 관용(慣用)적 방식(formula)이다.

- 의식(ceremony) : 그 정교함/정성(elaborateness)이 일어나는 일(occasion)을 고양하면서 거기에 미학적 표현을 부여한다. 테이프를 끊고 도로를 개통하는 것이 그런 예다.
- 성찬식/성례/성사(sacraments) : 여기에서는 물질과 형식이 그 행동의 유효성에 필수적이다.

각각의 경우마다 그 행동의 극적인 특성은 작동되는/효력을 미치는(operative) 행위의 논리에 기반을 두고 있다. 그것은 그것이 설정된 의식(ceremony)의 기능을 높여주게 된다. 그러나 동시에 제의는 그 문화의 규범들을 어떤 미학적 매트릭스/망(網) 내에 캡슐에 넣듯 압축해 넣는다. 부족의 제의는 일관된 하나의 우주를 창조하는 반면에, 현대 제의는 다양한 하위 세계를 창조한다.[42]

제의는 현대 생활에 광범위하게 스며들어, 특히 사회적인 실제성/현실(reality)을 구축한다.[43] 이런 의미에서, 제의와 미학적인 체감-의미는 아주 비슷하다. 제의화할 현대 신화들은 많다. 실제 영웅과 가상의 영웅은, 그들이 역사나 모험담에서 나오든 대중음악, 영화 또는 텔레비전에서 나오든, 여전히 인간의 삶에서 중요한 역할을 한다. 사실 신화적인 이미지는, 제의 속에 파편화되거나 숨겨져 있더라도, 거의 모든 곳에서 찾아볼 수 있다.

세속적 제의와 종교적 제의의 기원은 모두 종교적 숭배. 이 점은 우리가 정치적 종교라고 부르는 것에서 나타난다. 예컨대, 프랑스 혁명의 제의적인 재판, 또는 독일 나치의 "생활 축제(life festival)" 같은 것이 그런 것이다. 실생활 속에서 진짜 축제 분위기가 당연히 차지해야 할 자리는 빈 곳으로 남아있을 수 없다. 어떤 이유에서든, 진짜 축제가 더는 거행되지 않을 때, 인위적인 축제로 바뀌는 경향은 커진다.

---

42) 원주: Douglas, Natural Symbols.
43) 원주: Delattre, "Ritual Resourcefulness."

제의와 무대극

제의의 미학적 특성은 무대극 형식으로도 드러난다. 무대극(theatre)의 기원은 제의 드라마(ritual drama)다. 범용화된 행위들은 사회적 의식(儀式)에서 중요한 반면에, 제의라는 사회적 생활 그 자체는 무대극을 통해 예술 형태로 약호화될 수 있다. 이런 관점은 각자 다양한 신조를 지닌 연극학자들이 공유하고 있다.[44] 연극연출가인 리처드 쉐크너는 제의와 무대극의 관계를 다양한 실제 상황 속에서 탐구했다.[45] 그의 관점에서, 제의와 무대극은 다음과 같이 연관되어 있다.

- 연행(performance)의 삶을 변화시키는 효과는 오락이나 비평을 목적으로 한 연행의 감상/평가(appreciation)과 연관된다.
- 연행자의 (입문식에서와 같은) 다른 상태로의 변환 양태/변신(transformation)은 연행자가 허구 세계로 가는 변환과 결부된다.

그러나 제의와 무대극은 구별될 수 있다. 제의는 무대극처럼 연행자와 관객을 분리하지 않는다.[46] 제의에서, 연행자는 성서적 의미의 "목격자들(witnesses)"에게 둘러싸여 있다. 예컨대, 캐나다 북서부 해안 인디언들의 포틀래치에 (그 극적 속성이 무엇이든) 참석하는 모든 사람은 그 특별한 제의적 사건을 "목격"하고, 그 자리에서 그 유효성을 입증한다(validate). 그러나 서구의 상업극을 참관하는 관객들은 오락과 감상을 목적으로 한다. 현대 아방가르드(avant garde)[47] 경향의 많은 무대극 공연들이 제의화했다는 사실은 이 근본적인 차이를 바꾸지 않는다. 그럼에도 제의와 무대극은 기표와 기의의 관점에서 둘 다 미학적이다.

---

44) 원주: 20세기 초에 혁명적인 작업자들이 지금 이 시대의 사상가들과 같은 생각을 지녔었다; 예를 들면, Ernest Theodore Kirby, Ur-Drama: The Origins of Theatre (New York: New York University Press, 1975); James L. Peacock, Rites of Modernization: Symbolic and Social Aspects of Indonesian Proletarian Drama (Chicago: University of Chicago Press, 1968)가 있다. E.J 버튼(E.J. Burton (개인적으로 유포한 논문, 1985)에게 있어서는, 똑같은 극적 자극(impulse)이 모든 유형의 제의 - 실생활, 교육, 사회 그리고 무대극에서의 제의 - 에 녹아들어 있다.

45) 원주: Richard Schechner and Mady Schuman, Ritual, Play and Performance: Readings in the Social Sciences/Theatre (New York: Seabury Press, 1976).

46) 원주: Turner, From Ritual to Theatre.

47) 원주: Jerzy Grotowski, Towards a Poor Theatre (New York: Simon and Schuster, 1968).

제의와 드라마

요컨대, ***제의는 미학적인 것과 결부되는 특별한 유형의 극적 행위다.*** 실제로 놀이와 미학적, 예술적, 제의적 행위 사이에는 서로 가족처럼 매우 닮은 유사성이 있다. 이런 유사성은 그것들의 극적 속성 — 행위자의 은유적 정신 구조에서 유래할 뿐만 아니라, 각각 상징성을 지닌 문화적 형식 내에서 일어난다는 점 — 때문이다. 모든 경우에 연행자는 "의상을 입은 연희자"다. 각각의 행동 유형은 다음과 같은 것을 지닌다.

- 다중구조에 기인한 중요한 관념 (뿌리 은유와 세계관) 을 창조하는 힘
- 신화적인 구성 요소 ("줄거리")
- 행위(action)의 구성 요소 – 체화/체현(embodied)되거나 실연(performed)되는 체감-의미

이 모든 것들은 상징적 감정을 전달한다. 이런 유사점들은 무대극(theatre)의 기원을 하나의 예술 형식으로 볼 때 가장 명백해지지만, 그것들은 종교적, 세속적 제의, 고대와 현대의 제의, 모든 유형의 인간 유희(human play), 그리고 모든 미학적 창조물 속에도 존재한다. 간단히 말해, ***놀이와 미학적, 예술적, 제의적 행위들은 인간의 삶에서 존재론적이고 인식론적인 체감-의미를 지닌 기호들(signs)이다.***

제의와 학습

제의와 학습의 연결점은 무엇인가? 학습은 매개(mediation)를 통해서 일어난다. 즉, 내적인 것과 외적인 것의 동적 양태가 감정이 실린 매개체/매체(medium) 상에 집중되는 것이다. 충분한 감정은 우리 안에 변화를 만들어내고, <*연극은 지적행위인가(Drama and Intelligence)*>[48]에서 보았듯이, 우리는 우리 자신을 변환시킬 때 배운다.

---

48) 리처드 코트니의 저서 <Drama and Intelligence>는 우리나라에서 2007년 <연극은 지적행위인가>라는 제목으로 번역, 출간되었다.

어린이들에게, 가장 중요한 매체는 놀이다. 우리는 어른이 되면서, 점차 언어, 각종 예술, 각종 학문이라는 매체를 사용한다. 제의 또한 매체이기에, 다음 두 가지 면에서 학습과 밀접한 관계가 있다.

- 우리의 제의적 행위는 우리가 제의와 그 함의를 배우는 것을 돕는다.
- 우리의 행위가 어떤 매체로 하든, 체감-의미를 내포하고 있다면, 제의적인 속성이 있는 것이고, 그래서 우리는 매체도 메시지도 함께 배운다.

학교 교육(Schooling)

피터 맥라렌은 제의가 다음 두 가지 중요한 방식으로 교실 상호작용에서 중요한 변수라고 말한다.

- 은유와 상징, 그리고 교사와 학교가 채택한 패턴에 담긴 메시지를 통해 학습에 영향을 끼친다.
- 교수와 학습 모두를 분명히 해주는 개념적 모델로서 작용한다. 학교생활에서의 일상적인 제의는 지배적인 상징과 은유를 통해 암묵적으로 학습 과정을 형성한다.

체감-의미가 실린 제의는 "사회심리적 운송 수단(psycosocial vessel)"으로, 그 속에서 우리는 사회적 행위자로서 우리의 내적 욕구들과 우리 문화의 요구들 사이에서 균형을 찾는다. 이런 감정들은 연속체의 양극처럼 달라지는 수많은 방식으로 제의화될 수 있다고 말해져 왔다.

- 그것들은 외적 구조, 의미의 망 구조(network) 또는 미로가 될 수 있고, 그것들을 통해 우리는 배운다.
- 그것들은, 가령 신체의 은유처럼, 연행자의 신원확인/동일시/일체감(identification)을 기호화(signify)한다는 점에서, 상징적인 몸짓(gestures)을 수반할 수 있다.[49]

---

49) 원주: Grimes, Beginnings in Ritual Studies.

그 각각은 사회의 지배적인 은유를 체현하는 제의적 구조 안에서 연행된다. 그 둘은 만난다 — 그리고 우리는 배운다. 달리 말하면, 문화적 상징들 안에서 우리의 은유적인 행동들을 제의화함으로써, 우리는 미학적 세계를 창조할 줄 알게 될 수 있는 것이다.

학교 교육의 제의는 체감-과정(felt-processes)으로 다음과 같은 것들이 수반될 수 있다.

- 한 제도의 전통적인 틀 짜기(framing) 장치 - 학교 회의체들, 교사의 반복되는 일과(日課) 등과 같은 것들
- 사회가 결정한 대로 학교 교육을 수행하기 위한 문화적 구조. 예컨대, 기존 사회 질서를 정당화하는 의미, 취향, 태도, 규범의 체계
- 학생들이 기존의 제의적 틀(frameworks) 안에서 살아 있는 은유로서 하는 상징 행위들. "학생들은 교류(transaction)와 상호작용(interaction)에 의미를 부여"[50]하고, 그러는 가운데, 기존의 느낌과 제의적 틀을 강화하고/거나 변경한다. 학생들의 행동은 얼마나 잘 또는 못 배우는지를 결정한다.

그래서 맥라렌은 제의가 다음과 같다고 말할 수 있다.

- 중요한 규범과 가치를 암묵적으로 가르치는 숨겨진 교육과정의 일상적인 상호작용 속에 함축되어 있다.
- 교사들에게 침투해있는 다양한 소재, 이데올로기 그리고 텍스트 속에서 계획되고 발견되는 공식적인 교육과정의 구성과 전개에 결부되어 있다.
- 교육자들이 학교에서 일어나는 일을 계획하고, 조직하고 평가하기 위해 사용하는 근본적인 관점들과 연결되어 있다.

이런 속성들은 감정을 통해 영향이 나타나게 된다. 학교 교육의 제의에 관한 맥

---

50) 원주: McLaren, Schooling as a Ritual Performance, appendix B.

라렌의 설명은 우리가 제의 속에서 감정이 다음과 같은 질문들에 어떻게 결부되는 지를 물을 수 있는 광범위한 배경적 근거를 제공한다.

- 우리가 알고 있는 것은 무엇인가?
- 우리는 우리가 아는 것을 어떻게 배우는가?
- 미학적 지식과 미학적 학습의 관계는 무엇인가?

성숙(Maturation)

제의 활용의 진화는 학습 스타일(style)의 전조가 된다. 어린이들의 제의가 발전해가면서, 학습은 성숙해간다 — 개인적 학습과, 사회적 학습 모두.

제의와 개인의 지적 능력 성장이 밀접하게 연결되어 있다는 점은 에릭 에릭슨이 밝힌 바 있다. 인간의 제의화는 유아의 언어 습득 이전 경험에 기초하며, 그 경험은 "대대로 어른과 아이 사이에 이어지는 지속적인 상호 일체감/동일시(identification)의 토대"를 제공한다. 일체감과 공감이라는 기본적인 감정은, 아기가 어머니와의 관계에서 학습하게 되면서, 유아기 행동들 속에서 제의화된다. 그러나 에릭슨에게 제의화는 "의미 있는 간격을 두고 반복적인 맥락에서 되풀이하는 최소 두 사람 간의 합의된 상호놀이(interplay)로 이루어져야 하며, 이런 상호놀이는 두 참가자 모두에게 적응할만한 가치가 있어야 한다."[51]

초기의 제의화(ritualization)는 자신감과 자존감의 성장에 중요하다. 제의화된 학습은 강한 자아(ego)를 형성하며, 그것이 없이는 개인의 지적 능력 학습이 잘 이뤄지지 않는다. 이것은 관계 속 개인의(interpersonal) 성장과 내면적 개인의(intrapersonal) 성장에 모두 적용된다. 이것을 바탕으로 에릭슨은 유아기부터 청소년기 그리고 그 너머까지, 제의화를 추적하는 인간 학습의 생활사를 설명한다.[52]

---

51) 원주: Erik H. Erikson, Childhood- and Society (New York: Norton, 1966).

52) 원주: 이는 아동심리학에서의 발견이 뒷받침해주고 있다; 예를 들면, Melanie Klein, Narrative of Child

이런 제의화는 복합적인 사회심리적 통합과정의 근본이 되는 "~인 것처럼(as if)"이라는 미적 학습 내에서 형성된다.[53] 에릭슨에 의하면, 공감과 동일시에 근거해서, 성숙하는 개인은 자신이 마주하는 (행동의) 모범/패턴 (제의) 을 배우고, 그것을 집단의 구성원들과 어떻게 공유할 수 있는지를 배운다. 다시 말해서, 제의를 통해 다음과 같은 것을 배우는 것이다.

- 어떻게 다른 사람들과 의사소통하는지
- 어떻게 미분화 상태의 정서(raw emotion)를 감정(feeling)으로 돌리는지
- 어떻게 공동의 유대가 집단을 서로 연결하는지

극적 행동이 이런 학습을 확립하는 데 중요하다는 점은 아무리 강조해도 지나치지 않다. 이런 학습은 다른 모든 형태의 학습에 필수적이다.

제의를 통해 우리는 다음 세 종류의 사회적 학습을 달성한다.

- 사회 질서에 적응한다.
- 사회 질서를 확립한다.
- 사회 질서를 유지한다.[54]

우리는 우리에게 유용한 제의를 사용하면서, 사회 질서 내에서 행동한다. 우리는 우리 자신보다 사회 질서와 제의 구조를 우위에 놓을 줄 알게 된다. 종교적 제의에

Analysis (London: Hogarth Press, 1932); David W. Winnicott, Playing and Reality (Harmondsworth: Penguin, 1974); Otto Weininger; Play and Education: The Basic Tool for Early Childhood Learning (Springfield, Ill.: Charles C. Thomas, 1979, 1982)이 있다.

53) 원주: Aidan Kavanagh; "The Role of Ritual in Personal Development," in The Roots of Ritual, ed. James Shaughnessy (Grand Rapids: W.B. Eerdmans Publishing, 1973).

54) 원주: Rappaport, "Concluding Remarks."

서 그렇게 한다면, 거기엔 우리의 수용과 그에 따른 의무도 수반한다. 그 신성한 것은 가장 확고부동한 불변의 제의이기 때문이다. "이렇게, 예배의 질서를 수행함으로써, 연행자는 받아들이고, 자신뿐만 아니라 남들에게도 자신이 예배 질서의 성전(聖典)에 규정/약호화돼있는(encoded) 것이면 무엇이든 받아들인다는 것을 나타낸다."[55]

이렇게 행동의 틀을 수용하는 것은 신성한 것이든 아니든 모든 연행에 본연적으로 내재해있다.

제의는 태생적으로 수사학적(rhetorical)이다. 행하는 것이 믿는 것이고, 미르체아 엘리아데가 잘 표현한 것처럼, 사람은 자신이 연행하는 것이 될 수 있다. 제의는 믿음을 요구하지만, 확신을 방해하는 비판적 사고를 가능하게 하는 인지적 메커니즘을 거치지 않는다.[56]

더 정확히 말해, 이런 믿음은 체감-의미에 기초하고 있다. 그러나 동시에, 개인이 행하는 것은 사회적 질서를 수립하는 데 도움이 된다. 예컨대, 학교 교육의 세속적 제의에서, 그 제의의 틀 안에 있는 교사와 학생의 행동은 모두 그 틀을 유지하거나 변경함으로써 그 틀에 영향을 미친다.

이런 행동의 기반은 감정이다. 우리는 우리가 알고 있고 지속되기를 바라는 체감-의미에 기초하여 제의의 틀을 유지한다. 우리가 현재 느끼는 감정이 우리에게 만족스럽지 않을 때는 그런 틀을 바꾼다. 교실에서 기표 (행위) 는 많은 기의가 상호작용한 결과로, 그 모든 기의는 체감-의미에 기반을 두고 있으며, 행위에 영향을 미치는 힘을 가져온다. 즉, 제의는 그 본연적인 감정의 수위 때문에 모든 형태의 성숙을 위한 학습에서 쓰이는 하나의 강력한 방법이다.

55) 원주: Roy A. Rappaport, Ecology, Meaning and Religion (Richmond, Calif.: Atlantic Books, 1979), 84.
56) 원주: Barbara. Meyerhoff, "Rites of Passage: Process and Paradox," in Celebration Studies in Festivity and Ritual, ed. Victor Turner (Washington, DC: Smithsonian Institute Press, 1982), 28.

생각하는 법 배우기

제의화는 우리에게 작동되는(in action) 은유적 사고의 실제적인 예시를 제공한다. 그것은 그런 사고방식을 경험을 통해 배울 수 있도록 한다. 예컨대 예배는 언어화된 은유, 신체화된 은유를 모두 포함하는 표현적이고, 의사소통적인 이벤트다. 우리가 그것들을 재연(re-play)해 작동시킬 때, 우리는 통찰(insight)과 몰입(commitment) 모두와 연관되는 체감-의미를 생성하는 일을 하는, 잊어버렸던 방법을 재학습한다.

학습되는 건 유사성(similarity)과 다의성/모호성(ambiguity)의 체감력(feeling power)이다. 왜냐하면, 제의는 현존하면서도 손에 잡히지 않고, 이해할 수 있으면서도 불가사의하며, 인간적이면서도 비인간적(impersonal)이기 때문이다. 제의는 우리에게 상호작용(interaction), 즉 나누어진 두 영역을 인지적이면서 정서적인 관계로 만드는 힘을 가르쳐 준다. 또 우리 존재의 기반인, 전체성(wholeness)을 갖춘 실제성(reality)을 드러내는 현시(顯示 disclosure)의 힘, 즉 불현듯 찾아오는 통찰이나 여명처럼 밝아오는 깨달음, 육감, 직관의 가치를 가르쳐 주기도 한다.

제의의 체화된(embodied) 은유를 다룸으로써, 우리는 분석보다는 감정(feeling)을 다룰 줄 알게 된다. **행해진(done)** 것과 행해진 것에 **함의된(implied)** 것 모두에서 의미와 감정을 발견할 줄 알게 되는 것이다. 제의의 은유와 상징은 모두 축자적 의미를 넘어서는데, 그것들을 다룸으로써, 우리는 암묵적인 감정을 드러내는 법을 배운다. 이는 우리가 경험의 인지적 속성을 전체론적(holistic)으로 병합 흡수(assimilate)해서, 우리의 통찰 안에 형성될 수 있도록 해준다.

제의는 우리가 불확실성(uncertainty)을 처리할 수 있도록 돕는다. 제의에 내재해있는 은유적이고 모호한 감정으로부터, 우리는 한 가지 답은 없고 가능한 답이 다양하다는 점을 배운다. 이렇게 우리는 틀에 박히고 범주적인 사고를 넘어서서 다의성/모호성(ambiguity)를 받아들여 — 사물을 다양한 관점에서 보고 — 원근법적/조망적(perspectival)으로 생각하고 느낄 줄 알게 되는 것이다. 이런 사례는 집단 참여가 개시되고, 집단 화합의 가치가 학습되는 가톨릭 미사에서 볼 수 있다. 가톨릭 사제의 연행은 집단의 정체성에 초점을 두고 있다. 그러나 동시에 그의 역할은 다중적(ambiguous)이다. 그는 그 자신이면서 하느님이고, 그 신과 신도들 둘 모두에게 말을 걸고 그들을 대표하며, 제단 계단을 올라감으로써 육체적으로 사람의 수준에서 "더 높은 차원"으로 이동했다가 다시 돌아온다. 사제가 느끼고 수행/연행하는 것 (그가 부여한 체감-의미) 과 우리가 느끼고 배우는 것은 유한한 인간과 신성한 신 사이의 은유적이고 다의적인 관계이다.

제의로부터 우리는 상징적 표현의 근본적인 속성과 그것을 생각하고 느끼는 방법을 배운다. 이런 상징적인 체감-의미는 항상 다음 두 가지 서로 연결된 층위에서 발생한다.

- 문화와 전통에서 유래한 관습적이고 객관적/타각적인 의미
- 정서(emotion)와 감정(feeling)에 연관된 개인적이고 주관적/자각적인 의미

이런 체감-학습은 일반지능(general intelligence)의 상징적 속성으로 그리고 언어 지능, 공간 지능, 논리수학 지능 등 각각의 개별적 지능으로 전이된다.

미학적인 학습

제의의 한 가지 기능은, 모든 매체가 다 그렇듯, 내면과 외부를 연결하는 것이다. 이것은 특히 체감-관계다. 감정의 영향에 따라 잘 기능하기도 하고, 그렇지 않기도 한 것이다. 그래서 그것은 우리가 미학적이고 허구적인 세계를 창조하는 방법을 배우는 데 있어 주요한 요인이다. 제의와 예술 양자를 통해, 우리는 경험을 상징적 진실로 바꿀 줄 알게 되는 것이다.

신성하든 세속적이든, 제의는 우리에게 배울 줄 알게 하는 힘을 유지하고 있다. 중세의 미사에서, 제의적 연행은 신에게 보내는 교신(交信)이었고, 그 학습된 상징적 진실은 미학적이면서 철학적이었다. 그러나 중세 시대의 교회 제의가 세속화되기 시작했을 때 (서기 900년경), 예술 형태의 하나로 연극/무대극(theatre)이 출현

했었다. 수 세기에 걸쳐, 점점 세속화가 확대되면서, 연극 형식도 다양해졌다. 오늘날 극장, 영화, 텔레비전과 일반적인 현대 미디어 안에서의 연행도 상징적, 미학적, 존재론적인 학습된 진실과 감정을 제공한다. 신성하든 세속적이든 모든 제의적 연행에서, 우리는 미학적 세계를 창조하고 발전시킬 줄 알게 되는 것이다.

우리는 그런 식으로 우리의 상상을 외면화해서 경험을 변화시킬 줄 알게 된다. 상상력의 발달은 가능성의 학습이다. 상상에 대한 개방성이 우리를 미래로 향하게 하는 것이다. 현재시제의 행위를 미래로 이끄는 것은 바로 그런 연행(performance)의 상상적 기반이다.

연행으로서의 제의

제의는 격식화된(formalized) 유형의 극적 연행(dramatic performance)이다. 인간의 연행이 지닌 기능은 한 인간을 자기 존재의 기초들과 맥이 닿도록 해서, 한 인간이 발전, 성장할 수 있는 "살아 있고 역동적인 [존재의] 관계망(web)을 지속적으로 재구성"하도록 하는 것이다. 달리 말하면, "제의에서 생겨나는 의식(意識) 또는 경험의 재형성(re-shaping)은 분명히 주체(subject)와 편의상 현실(reality)라고 부를 수 있는 것 사이의 관계를 재편하는 것이다. 제의적 상징(ritual symbolism)은 언제나 '현실' [의 표상들(representations)] 을 재편(reorganizing)하는 것과 동시에 자아의 표상들을 재편하는 것 두 가지 요소로 작동한다."[57] 연행은 개인적 학습과 사회적 학습의 발달을 균형적으로 조화시킨다.

제의는 또 우리가 직관과 감정에 기초한 행위를 통해 배울 수 있게도 한다. 우리의 연행은 기표(記表)이지만, 그것을 통해 우리가 배우는 것은 주로 암묵적이고 체감(felt)되는 것이다. 이것은 새로운 기의(記意)가 된다.[58] 모든 연행/수행 표현

---

57) 원주: Ortner의 말을 Meyerhoff, "Rites of Passage," 129에서 인용.
58) 원주: 현대 학자들은 이 문제를 다양한 방식으로 거론해왔다: 그들은 "수행적 발화(performative

(performative)[59]에는 체감-효력(felt-force)이 있지만, 제의는 명시적/외현적인 의미를 지닐 수도 있다. "제의는... 연행/수행하는 구현/행동화(enactment)의 정확성을 보장할 뿐만 아니라 그것이 전달하는 연행/수행 표현들을 명시적/외현적으로 만들기도 하고, 일반적으로 그것들을 영향력/설득력 있게(weighty)도 만든다. 어떤 메시지가 참여를 통해 전달되면, 그 메시지는 그 속성상 불명확하지 않다."[60] 그래서 올슨은 문자 텍스트는 구두로 했다면 지니지 못할 힘을 연설(speech)에 제공한다는 점에서 수행적 전거(典據 authority)를 지닌다고 주장하지만,[61] 자크 데리다는 말하기(speech)는 연행적인 생명력이 있지만 글쓰기는 말(speech)을 고정된 형식에 넣기 때문에 "죽음"이라고 주장한다.[62]

표의적인(significant) 인간의 연행에는 모두 상호연결된 몇 가지 종류의 행위들이 포함된다. 사회적 상호작용, 드라마, 그리고 역할, 제의(신성한 것과 불경스러운 것), 놀이, 미학적 행위, 연극을 포함한 예술적 행위가 그런 것들이다. 이런 종류의 연행은 각각 나름의 중점을 가지고, 다음과 같은 특성들을 공유한다.

- 초점은 기표(signifier)로서의 자아의 표상인, "의상을 입은 연희자"의 행동이다.

- 은유, 상징, 그리고 신화의 암묵적 지식(knowledge) - 주로 체감되는 다양한 종류의 앎(knowing) - 이 내현적(implicitly)으로 표의(表意)/기호화(signified)되어 있다. 논변(論辨)적(discursive) 지식은 보통 연행 속에 (일부의 제의를 제외하고는) 표의되지 않고, 그

---

utterances)" (John Langshaw Austin, How to Do Things with Words [Oxford: Oxford University Press, 1962]), "발화 행동(speech acts)" (John R. Searle, Speech Acts: An Essay and the Philosophy of Language [Cambridge: Cambridge University Press, 1969]), "실효적 행동(operative acts)" (John Skorupski, Symbol and Theory: A Philosophical Study of Theories of Religion in Social Anthropology [Cambridge: Cambridge University Press, 1976]), and "사실적 행동(factive acts)" (Doherty의 말을 James L. Richmond, Race and Education [1973]에서 인용) 과 같은 용어로 설명한다.

59) performative는 우리말로 연행이라고도, 수행이라고도 번역된다. 현재 우리나라 심리학계, 언어학계에서 수행이라는 표현을 많이 쓰고 있다.

60) 원주: Rappaport, Ecology, Meaning and Religion, 190.

61) 원주: David R. Olsen, Jeremy Anglin, et al,. eds., The Social Foundations of Language and Thought: Essays in Honour of Jerome S. Bruner (New York: Norton, 1980).

62) 원주: Jacques Derrida, Dissemination, trans. Barbara Johnson (Chicago: University of Chicago Press, 1981), 91.

결과로서 생길 수 있다.

- 상상된 생각은, "의상을 입은 연희자" 속의 체현(embodiment)을 통해 의미 있는 시간과 공간에서 소리 (음성이나 음악), 무대배경, 조명 등이 어쩌면 추가되어 표현된다.

- 모든 행위는 사회적이다. 참가자들 사이의 의사소통이 태생적으로 함의되어 있는 것이다.

- 행위자와 역할이 구별되는 정도는 연행의 형식에 따라 다양하다.

- 모두 구체적인 "미학적 세계" 속에 현재시제로, 존재하며, 그것은 실재적(actual) 세계와 병행 (되고 융합) 된다.

이런 특성이 있는 인간의 연행은 지식으로 이어진다.

연행적/수행적인 앎(Performative Knowing)과 감정

인간의 연행/실연(performance)은 다음 세 가지 측면에서 성취되는 앎 (knowing)의 방식이다.

- 연행자에 의해

 지식이 발생하는 건 연행이 세상 또는 세상 속 연행자의 위상/입장(place)을 변화시키기 때문이다. 우리는 인식하고 상상해 오던 것을 현재시제에서 재연(re-play)한다. 연행 행위 가 우리가 생각한 것을 존재하는 것으로 변환시키는 것이다. 그러나 그렇게 하면서, 우리 의 연행은 그것이 만들어지는 맥락을 변화시킨다.

- 참여자들에 의해

 연행은 그것의 참여자들에게 지식을 전달한다.

- 목격자(관객)에 의해

 관찰자는 그 표현을 인식함으로써 지식을 얻게 된다.[63]

---

63) 원주: Theodore Jennings, "On Ritual Knowledge," Journal of Religion, 62:2 (April 1982): 111-27.

어떤 방식으로든 연행 지식이 취득되고, 그 결과로 생기는 앎은 우리에게 직접
적인 체감-의미를 준다. 그것은 간접적으로만 정보를 준다(informative). **연행에
서 얻는 지식(즉, 표의되는 것과 우리가 학습하는 것)은 경험되는 것이다. 그것은
특히 논변(論辨)적이지 않고 암묵적이다.** 그것은 명시적/외현적이기보다는 내밀
(personal)하며, 두뇌적이기보다는 신체적이고, 명상적이기보다는 활동적이며, 사
색적이기보다는 변화 생성적(transformative)이다.

연희자(player)가 얻는 연행적/수행적 지식(performative knowledge)은 자발
성(spontaneity)과 특별한 관련이 있다. 모레노가 옳게 지적한 것처럼, **자발성은 행
동 그 자체보다는 행동하겠다는 용의/마음의 준비(readiness) 속에 존재한다.**[64] 그러
나 연행자(performer)는 행동에 대해 생각하지 않고, 그것을 수행/연행(perform)
한다. 더 정확히 말해 몸이 연행 안에서 적절한 몸짓을 "발견하는" 것이다. 바로 그
런 체화/체현(embodiment) 안에서 그리고 그것을 통해서 우리는 체감-의미를 획
득하고 지식을 얻는 것이다. 이런 종류의 지식은 감정, 실행(doing), 행위(action)와
상동 관계(homologous)이다.

이것은 연행적 지식에 지력이 필요한(intellectual) 의미가 없음을 의미하지 않
는다. 오히려 그런 지식은 주로 암묵적으로 얻어지지만, 인식을 위한 감정적 기초
를 제공하기도 한다. 사르트르가 말한 바처럼, 상상력은 인지적, 정서적인 종합
(synthesis)을 가져오고[65], 그래서 윌리스는 연행이 인지적 재종합을 구성한다고 말
한다.[66] **자발적 드라마는 우리의 앎(knowing)을 재현(re-play)해**, 우리가 지닌 기존의

---

64) 원주: Jacob L. Moreno, "The Creativity of Personality," New York University Bulletin, Arts and
   Sciences, 46:4. (January 1966): 19-24.

65) 원주: Jean-Paul Sartre, Being and Nothingness, trans. H.E. Barnes (New York: Washington Square, 1953).

66) 원주: A.F.C. Wallace, Religion: An Anthropological View(New York: Random House, 1966). 많은 현
   대의 연구들은 학습에서의 신체의 중요성을 고찰해왔다. 그래서, 예를 들면, 우리는 인간 공간학적/사회
   적 거리(proxemic) 관계들 - 강력한 문화적 규칙들에 영향받는, 기호표현의 저의가 실리는 선택범위를 제
   공하는 공간적 약호들 - 을 배운다. (Edward T. Hall, The Hidden Dimension [New York: Doubleday,
   1966]); 각각의 문화는 무한한 잠재력으로부터 엄격히 제한된 수의 인간 동작의 단위들을 선택한다.
   (Ray L. Birdwhistell, Kinesics and Context: Essays on Body Motion Communication [Philadelphia:
   University of Pennsylvania Press, 1971]), 그러나 몸짓 "언어"에서는 낌새/징후(indication)가 표의

인지적 지식을 하나의 가설로서 외부 세계 내에서 시험하고, 그것이 맞는다고 느껴지는지를 물어 **볼 수 있게 한다.**

연행의 참관자/관람자(spectator)가 얻는 지식은 다소 다르다. 참관자는 먼저, 그 연행 경험을 목격하고, 둘째, 연행적으로 알려지는 것을 성찰적으로 알게 된다 — 이는 연행적 지식을 재인식하는 것이다.

그러나 암묵적인 앎의 양식과 명시적인 앎의 양식은 연행의 극적 속성 안에서 통합된다. 어떠한 연행이든 이중적인 방식으로 존재한다. 미학적 세계에서 연행자는 이미 알고 상상한 것을 취해서 그것을 그다음 맥락인, 현재시제 안에서, 재현하는 것이다. 이런 의미에서 인식은 재종합되는 것이다. 그러나 세속적이고 일상적인 세상에서 행위자는 (가상의) 목격자다. 그가 두 번째 층위에서 성찰적 지식을 얻는 것이다. 행위자는 연행자이면서 동시에 자기 연행의 (가상의) 목격자이기도 하기에, 총체적인 지식을 얻는다.

체현과 도덕성

연행/실연(performance)은 체현(體現 embodied)된다. 즉, 행위자가 실행하는 것은 신체를 포함한 총체적 자아를 가지고 하는 것이다. 그래서 우리는 "몸으로 깊이 느껴(in our bones)" 알게 된다. 극적인 특성(dramatic character)은 연행적/수행적 지식과 학습에 육화적(肉化的 incarnate) 속성을 제공한다. 정신적 인식으로 (noetically) 작동하면서, 실행(doing)의 패턴을 제공하고, 세계를 창조하고 변형하는 힘을 지니는 것이다.[67]

(signification)에 앞선다. (Julia Kristeva, "Problemes de la Structuration du Texte", Nouvelle Critique, 5:10 [1968]: 55-64). 엘람은 그것을 "몸짓의 주요한 역할은 - 특히 무대 위에서 - 해당 발화의 저의성을 암시하는 것이다. 동시적인 움직임은 화자가 (그리고 그래서 그 인물이) 그 일련의 순차적 발언을 하면서 그것이 질문이든, 명령, 요구, 긍정 등등이든 그런 발화 행동을 수행하고 있다는 점을 강조 또는 명확히 하기도 하는 구실을 할 것이다." (Keir Elam, The Semiotics of Theatre and Drama [London: Methuen, 1980]).

67) 원주: Evan M. Zuesse, "Meditation on Ritual," Journal of the American Academy of Religion, 44:35 (1975): 518.

이런 경우에, 신체는 기표이지만, "의식(consciousness)과 신체(body) 둘 다"를 통합해 "그 세계를 몸짓으로 드러내놓는다."[68]. 거기엔 단순한 움직임 이상의 것이 포함된다. 움직임(movement)이 몸짓(gesture)이 되는 것이다. 그러나 단순한 움직임은 상징 이전의 것인 반면, 몸짓은 상징적 의미와 행위의 감정에 중점을 둔다. 바꿔 말하면, 몸짓은 "특정한 가치, 경향, 생활 양식(lifestyle)으로 이어지거나 그런 것들을 강화하는 것만이 아니라, 그에 상응하는 사고와 감정의 패턴을 발생시키기도 하는 것이다."[69]

연행은 그 행동 내에서 좋고 나쁨이 평가되는 사정(事情 states of affairs)을 확증(確證)한다(establish). 즉, **연행은 도덕성을 체화/체현한다**는 말이다. 행동한다는 것은 도덕적인 선택과 판단을 한다는 것이다. 연행이 잘 될수록, 우리의 도덕적 학습은 향상된다. 이는 특히 어린이들의 극적인 놀이에서 그러하다. 놀이를 하는 동안 그들은 도덕적 행위의 효과에 관해 가설을 세운다. 연행이 그들에게 즉흥극 안에서 여러 가지 도덕적 가능성을 시험해보고, 그 가운데 선택할 수 있도록 해주는 것이다. 어떤 선택이 어떤 맥락에서 성공적인지를 발견함으로써, 어린이들은 도덕적 학습을 증진한다.

이와 마찬가지로, 미학적 행위의 선택은 항상 도덕적이다. 미학적 연행은 미학적이기도 하고 도덕적이기도 한 기표(記表)다.

전체(Wholes)

연행을 통해 우리는 총체적으로, 이항 대립적(binary) 형태보다는 사위일체(quartinity)로 생각하는 법을 배운다. 레비스트로스[70]와 다른 학자들은 사고, 지식,

---

68) 원주: Grimes, Beginnings in Ritual Studies.

69) 원주: Rappaport, "Concluding Remarks."

70) 원주: Claude Lévi-Strauss, The Scope of Anthropology, trans. S.D. Paul and R.A. Paul (London: Cape, 1967).

학습이 이항(二項) 대립(binary opposition)의 조합으로 약호화된다고 가정해왔었다. 예컨대 흑/백, 날것/익힌 것, 친구/적 등이다. 그러나 이런 견해는 실제 관계의 가상적인 표상이다. 실제 관계는 "한 층위에서의 대립이 아니라 위계적인 층위들 사이에서의 구별"[71]인 것이다. 사실, 이항/이원적 대립은 "내가 아닌 것(非我)"과 구별되는 존재론적인 "나(我)"에 근거한 아주 단순한 구별이다. 그런 구별은 데카르트의 기계 은유의 연장이고, 기계론적 사고 특유의 추상적 관념이다.

우리에게 이원적 대립의 부적절성을 가르쳐주는 것이 바로 연행이다. 극적 행위 내에서의 둘 중 하나(Either/or)는 틀에 박힌(stereotypical) 연행이나 아주 어린 아이들의 특성인 이차원적 놀이로 이어진다. 좀 더 나이 든 아이들에게 그것은 퇴행을 의미한다. 연행에서 학습되는 것은 이원 대립적(binary) 구조로는 불충분하고, 세속적인 세계든 미학적인 세계든 모두 다, 우리가 그 안에서 제대로 기능하고자 한다면, 더 미묘한 작동 양식이 요구된다는 것이다. 그런 양식은 우리가 이미 살펴본 바와 같이 사위일체(quaternity)다.

극적 행위 속의 사위일체라는 동적 양태/역학관계(dynamic)는 특히 이원 대립적(binary)이지 않다. 극적 행위의 두 요소는 닮은꼴/중첩되는 것(doubles)이다. ─ 그것들은 대립이 아니라 유사성에 기초한다. 닮은꼴의 이중관계는 감정의 동적 진동을 통해, 그 자체가 이중화된다.

요약

우리의 자기표현(self-presentation) 행동은 사회적이다. 그런 행동은 일상생활을 극적, 상징적 그리고 제의화된 표의성(significance)을 지닌 사건/이벤트로 변환시킨다. 제의는 모델의 모방으로 연행되며, 그 모방은 예배부터 일상적 사건의 제의화에 걸쳐서 광범위하게 행해지고 있다. 놀이와 드라마, 제의의 통합은 연행자

---

71) 원주: Anthony Wilden, "Semiotics as Praxis: Strategy and Tactics," Semiotic Inquiry, I (1980).

가 하는 허구적 사고와 행동에 부여되는 대단히 표의적인/의미 깊은(significant) 감정에 달려있다. 제의 집행자는 시간을 통일함으로써 강렬한 감정의 고조를 만들어낸다. 체감-의미를 투영하고 명료화하면서, 제의의 상징적이고 극적인 힘을 통해 효과적으로 세계관을 형성하고 상황을 현존하는 것으로 만들어내는 것(bring ... into being)이다.

제의는 특유한 유형의 극적 행위로, 미학적인 것과 결부된다. 그러나 무대극에서 예술적인 형태로 표출되기도 한다. 실제로 놀이, 미학적, 예술적, 제의적 행위들은 인간의 삶에서 존재론적이고 인식론적인 체감-의미를 지니는 기호들이다. 제의화는 학교 교육에서 우리가 아는 것과 배우는 방법 — 우리의 사회적 학습과 사고방식 — 에 영향을 미친다. 실제로 모든 극적 행동은 제의적 요소를 다른 것들보다 좀 더 많이 가지고 있다.

제의는 연행적/수행적 앎, 사고, 학습을 세 가지 측면에서 — 연행자에 의해, 참여자들에 의해, 목격자 (만약 있다면 관객) 에 의해 — 활성화하기도 한다. 연행에서 얻는 지식은 경험되는 것으로, 특히 논변적이지 않고 암묵적이다. 연행은 도덕성을 체화하고 우리에게 이원적 대립이 극적 행동들을 이해하는 방식으로서 적절하지 않음을 가르쳐 준다.

3장 감정의 구조

이 장에서는 극적 행동과 감정을, 첫 번째는 사고(思考)의 구조, 두 번째는 의미의 구조와 관련하여 살펴보겠다. **감정은 드라마에서 표현되는 모든 구조의 핵심이다.** 사실, 감정은 모든 정신 작용과 외적 행동의 중핵(core)을 이루고 있다.

사고와 감정

정신적 구조들(mental structures)은 이미지들을 조합해서 사고(思考)의 작동 단위로 만든다. 그런 구조들은 각각 감정(feeling) 속성이 있는 나름의 동적 양태(dynamics)를 지니고, 기의(記意 signifieds)로서 주위 환경에 영향을 미친다. 그것들의 특성과 용도는 복잡하다. 학자들은 그 어려운 현상을 이해하기 위해 오랜 세월 노력해 왔다. 롤랑 바르트조차도 자신의 인간 프로젝트를 "우리 시대의 지적 상상력"의 구조를 발견하는 것이라고 보았다.[1] 우리에게 의미가 있는 곳에 체계(system)가 있다고 가르쳐 준 사람도 바로 롤랑 바르트였다.

----

1)   원주: Roland Barthes, Système de la Mode (Paris: Seuil, 1967), 12.

정신적 구조

정신적 구성 개념들(mental contructs)의 에너지는 그레마스가 세계에 대한 개념(conceptions of the world)이라고 부르는 것을 창조한다.[2] 우리가 지각한 것으로부터 심상(image)이 형성되고, 그것들은 상상(imaging)이란 양태로 결합해 정신적 구조가 된다. 우리는 그것들을 기호(sign)를 통해 시험해본다. 그것들은 행위(action)를 통해 다양한 매체(media)로 환경에 전해진다. 우리는 환경의 요소들을 통합해 우리의 관념(idea)을 형성하고 그것들을 적절히 바꿔가면서(adapt), 세계 속에 이런 정신적 구조를 나타내는 것이다. 이렇게 **우리는 정신적 세계를 창조해낸다.** 이런 용도로 우리가 가장 흔히 사용하는 매체들에는 자아 (자기표현의 드라마를 통해), 언어 (이야기 나누기와 글쓰기를 통해), 움직임 (몸짓, 자세 등), 숫자 그리고 예술이라는 매체가 있다. 이것들은 정신적 세계를 기호화/표의(signify)하고, *각각 체감-세계를 나타낸다/표상한다(represent).*

우리의 사고는 실재성(actuality)에 기반을 두고 있지만, 정신적 구성은 준독립적인 방식으로 작동한다. 우리는 전통적인 철학자의 유니콘[3]을 그림으로써 세계 속에 정신적 구조를 표상할 수 있다. 그러나 유니콘은 그 각 부분이 다른 동물들에 대한 우리의 인식을 통해 창조되었다 하더라도 실제로 존재하지는 않는다. 달리 말하면,

- 매체를 통해 우리가 창조한 현실/실제성(reality)은 전적으로 정신적이다.
- 거기에 꼭 내용이 있어야 할 필요는 없다. 매체가 메시지다.[4]
- 우리는 매체를 통해서 우리를 둘러싼 세계를 이해한다.[5]
- 그 매체의 기표(記表)를 통해 다른 사람들이 우리의 체감-사고(felt-thought)를 추론한다.

---

2) 원주: A.-J. Greimas, Structural Semantics (Lincoln: Nebraska University Press, 1983), 121.

3) 철학자의 유니콘(philosophor's unicorn) - 연금술사(philosopher)들이 만들려고 했던 금이 실제로 존재할 수 없다는 뜻으로 쓴 말.

4) 원주: H. Marshall McLuhan, Understanding Media: The Extensions of Man (London: Routledge and Kegan Paul, 1964).

5) 원주: Floyd Merrell, Semiotic Foundations: Steps toward an Epistemology of Written Texts (Bloomington: Indiana University Press, 1982), 15.

우리는 이런 구성개념을 만들어내 환경의 혼란을 정리하고, 다양성 속에서 일체감을 충족시킨다. 가장 주된 정신적 구조는 **구별(differentiation)**이다. 그것은 어떤 하나가 또 다른 것과 연관되어 — 유사하게 또는 다르게 — 보이는 게슈탈트 과정의 결과이다. 이 게슈탈트는 정신 에너지의 주요한 원천이다. 다른 모든 구조와 개념 안에 깊이 자리 잡은 게슈탈트는 항상 이중으로 느껴진다. 따라서 우리는 **체감-개념(felt-concepts)**에 대해, **인지적 개념과 상응하지만, 감정에 기초하고 암묵적일 때가 많다**고 이야기할 수 있다.

그 이중 개념(인지적-미학적)은 **호모사피엔스**만큼이나 오래되었다. 네안데르탈 인조차도 (생명을 주는 피를 표상하는) 오커(ochre)라고 불리는 적갈토와 알록달록한 꽃들을 무덤 위에 뿌려, 두 가지 세계 — 속계(俗界)와 영계(靈界) — 의 존재를 나타냈었다. 구석기 시대 수렵 문화의 주술사와 샤먼들은, 공존하는 두 세계 속에서 행동했었다. 자신으로서는 세속 세계에서, 접신/빙의했을 때는 영적 세계에서 다양하게 체현(體現)되는 신령으로서 행동한 것이다. 오늘날의 샤먼 또한 이런 이중 구조를 구사(驅使)한다.

이런 이중의 에너지가 극적 행위를 밑받침한다. "마치 ~인 것처럼(as if)" 존재하는 것은 하나 속에 둘이 존재하는 것이다. "가면과 얼굴" — 자기 자신의 은유 — 인 것이다. 우리는 모두 "의상을 입은 연희자들"이다. 이 점은 피타고라스, 아우구스투스 카이사르, 세르반테스, 셰익스피어와 피란델로에게서 실제와 환상의 무대 은유("모든 세상은 무대")가 되었다. 그것은 프로이트의 무의식을 지닌 정신 분석으로 들어갔고, 이제 심리학에서 흔히 거론되고 있으며, 역할 이론, 드라마티즘/극적행위론, 사회적 실재성 구성 등으로 현대 사회학 속에 내재해있다. 이런 것들이 가장 명백한 예이다.

허구적 세계

원시 시대부터 우리는 실재적인 것(진짜인 것)과 실재의 표상(정말 진짜는 아닌 것)의 차이를 구별할 줄 안다. 우리는 사고하면서 그 둘의 존재를 인정한다. 그런 인정은 인지적으로 이뤄질 수 있지만, 감정이 주된 기반이다. "마치 ~인 것처럼(as if)"은 플라톤이 말한 "위대한 거짓말"이고, 어니스트 베커의 말로는 죽음의 공포를 막기 위해 우리가 만든 것이다.[6] 그것은 헤라클레이토스와 소크라테스 이전 자연철학자들의 놀이 세계(play world)이자, 칸트, 루소부터 하이데거, 가다머, 데리다 등 현대 철학자들의 미학적 세계(aesthetic world)이기도 하다.

정신은 실재적인 것들을 극화해서 "놀이 세계"(즉 "미학적 세계")라는 허구를 만들어낸다. 그때 **드라마라는 과정**이 우리에게 그 세계를 창조해준다. 우리의 자발적인 극화(spontaneous dramatization)가 실재의 닮은꼴(double)이라고 느껴지는 것을 기호화하는 상징적 행동들을 가져오는 것이다. 허구의 구조는 외부 세계와 상당한 정도로 일치/상응(correspond)한다. 하지만 상상(imaging)이 드라마 과정에 내재해있기에, 허구의 정신적 구조도 무한한 다양성을 만들어낼 잠재력을 지니고 있다. *감정은 그런 이중성(the double)의 토대이지만, 실제 세계와 허구적 세계가 공존하고 그것들의 작동이 중첩되는 극화의 기반은 창의적 상상이다.* 그런데 그런 이중적인 것들을 이중화하는 것 — 그래서 사위일체(quaternity)인 것 — 이 바로 극중극이다.

구성개념의 기호
어떤 정신적 구조에 — "불기", "앉기", "달리기" 등과 같은 개념으로 — 이름을 붙이는 건 또 다른 문제다. 이름은 기호가 된다. 이름을 붙임으로써 우리는 어떤 정신적 구조의 외현화/명시화(manifestation)를 특정한 방식으로 보게 된다. 비트겐슈타인은 이름은 내용을 가리키지는 않는다고 했다.[7] 그렇다기보다 이름은 세상에 대한 특정한 관점이나 틀 — 상상적인 것 — 을 나타낸다. 그러나 어떤 관점도 표상된 물체와 사건에 대한 총체적 지식을 제공하지는 않는다. 그것은 다른 관점에서 보면 다를 수밖에 없다.[8]

6) 원주: Ernest Becker, The Denial of Death (New York: Free Press, 1973).

7) 원주: Ludwig Wittgenstein, Philosophical Investigations, trans. G.E.M. Anscombe (New York: Macmillan, 1953), 200E.

8) 원주: 이것은 현대 정보이론(Jeremy Campbell, Grammatical Man: Information, Entropy, Language and Life [New York: Simon and Schuster, 1982])과 인식론(Karl R. Popper, Objective Knowledge

우리의 정신적 구성개념과 그 이름은 세계에 대한 관점이기 때문에, 단어, 언어, 개념의 의미와 세계관들 사이, 그리고 실재적/허구적인 것과 세속적/미학적인 것 사이에는 항상 어느 정도의 중첩이 있기 마련이다.[9]

이런 요인들은 의사소통에 영향을 미친다. 관점의 차이, 정신적 구성개념과 기호와의 차이는 의사소통의 단절로 이어질 수 있다. 플로이드 머렐이 말한 바와 같이, 우리가 고안해낸 실제성(reality)은 관례(convention)에 의해 특정한 관점에 얽매여 있다. 그러나 우리는 생물학적, 문화적, 그리고 개인적 차원에서 지속적으로 정신적 구조를 생성해내고, "그 각각 계속 이어지는 차원을 가지고 더 큰 자유의 변수들(parameters)을 향유한다."[10] 동시에, 우리의 정신적 실제성이 그런 방식으로 구성되기 때문에, 거기에 있는 것을 *보는(see)* 것이 가능하다. 그것이 거기에 있다고 *여겨진다(supposed)*고 우리가 *믿기(believe)* 때문이다.[11] 달리 말하면, 다의성/모호성(ambiguity)이 표의 작용(signification)의 필수적인 부분인 것이다. 그리고 다의성/모호성은, 드라마에 내재해, 주로 *체감(felt)된다*.

이원성 대 이중성

실생활에서의 양존성(兩存性 two-ness)은 다음과 같이 분화해왔다.

• 인지적인(cognitive) 형태로의 (서로 다른 점이 있는[12]) 이원성/쌍대성(duality)
• 미학적인(aesthetic) 형태로의 (서로 닮은 점이 있는[13]) 이중성(the double)

[London: Oxford University Press, 1972]) 양쪽 모두의 견해이다.

9) 원주: Umberto Eco, A Theory of Semiotics (Bloomington: Indiana University Press, 1976); Umberto Eco, Semiotics and the Philosophy of Language (Bloomington, Indiana University Press, 1984).

10) 원주: Merrell, Semiotic Foundations, 24.

11) 원주: Charles Sanders Peirce, Collected Papers, ed. C. Hartshorne and P. Weiss, vols. 1-6 (Cambridge: Harvard University Press, 1931), 5.220.

12) 이해를 돕기 위해 역자가 삽입.

13) 위와 같음.

제대로 말하자면, 감정은 양 측면 모두에 내재하는 요소다. 그러나 서구의 기계론적인 사고에서는 불행히도 냉정하게 객관적이고 이분법적이 되려고 노력함으로써 감정을 이원성(duality)으로부터 빼내려는 경향이 있어 왔다.

이원성/쌍대성(duality)은 지난 많은 세기 동안 서구의 근본적인 개념이었다. 플라톤에게는 이상계(the ideal)와 현상계(the real)라는 두 가지 별개 차원의 실제성(reality)이 있었다. 유대교-기독교의 전통에서는 영혼과 물욕적인 자아 사이에 — 정신/육체의 이분법 — 이라는 — 분열이 있었다.

여러 세기 동안, 이원성(duality)과 이중성(the double)은 연속체의 양극단과 같은 긴장 관계 속에 있었다. 그러나 데카르트와 뉴턴에 이르러 이원성은 이항 대립적인(binary) 것이 되어버렸고, 그때부터 그것이 서구 세계를 지배했었다. 이런 분할은 선/악, 옳고/그름, 지성/감성, 의식/무의식 등 반대되는 개념들에 의지했다. 이런 분할은 지난 삼백 년간 서구 사상에 스며들었다.

19세기에는 두 가지 형태의 이항 대립 원리(binarism)가 우세했었다. 결정론과 변증법적 방법론이 그것이었다.

- 결정론자들에게는, 두 가지 차원의 정신이 있었는데, 내현적인 것이 외현적인 것을 결정했다. *다윈*은 모든 생명은 진화에 의해 결정된다고 했고, 마르크스는 외현적인 인간의 행태(behaviour)는 내현적인 역사-경제적인 힘에 의해 결정된다고 생각했다. 프로이트에게 의식은 무의식에 의해 결정되는 것이었다. 프레이저와 다른 초기 인류학자들에게 현시대의 행동은 과거부터 이어오는 주제와 구조에 의해 결정되는 것이었다. 극적 행동이 결정돼버릴 때, 즉흥의 자유는 부정된다. 그럴 때, 결정론을 부정했던 입센과 스트린드베리, 그리고 쇼의 희곡이 그들이 살던 시대에 이상하고, 전위적이라 여겨졌던 것은 그다지 놀라운 일이 아니다.
- 18세기 후반부터, 흔히 우주와 정신의 과정은 *변증법적*이라고 여겨졌다. 헤겔이 상술했던 것처럼, 정립(thesis)과 반정립(antithesis)의 이원성/쌍대성은 제3의 과정인 종합(synthesis) - 또 하나의 새로운 정립 - 으로 나아가게 된다. 이것은 이원체 관계를 삼원체 관계로 확장하였다. 마르크스는 이를 넘겨받아, 현대로 전했다. 그런 변증론(dialectic)을 부인하고 대화론(dialogism)를 옹호한 학자들(부버, 바흐친, 버크, 맥루안 등)과 그 점을 예시한 사무엘 베케트 같은 극작가들 또한 이상하게 여겨질 수 있었다.

이원성(duality)이나 이항 대립론/이분법(binarism)은 결정론 그리고/또는 변증론으로서, 계속해서 많은 통념적 사고를 뒷받침하고 있다. 우리는 환경 속의 대상들을, 어떤 순서로, 겹치지 않고, 독특하게 인식 가능한 것들로 지각한다. 이것은 시공간적이고, 물질적이며, 객관적인(즉, 감정이 담기지 않은) 세계관을 취한다. 많은 물리학자에게 수(數)의 양적인 측면은 주된 관심사였다.[14] 그러나 버트런드 러셀이 논평했듯이, 수학은 유일하게 내용이 없는, 즉 전적으로 추상적인, 지적 학문이다. 수, 지식 그리고 정신에 관한 많은 현대의 견해들은 여전히 이항 대립적이다. 정신적 구조에서 감정을 배제하고 있는 것이다.[15]

그러나 이분법/이항 대립론(binarism)이 드러내는 인간 존재의 그림은 우리의 자발적 드라마 경험과는 맞지 않는다. 그와는 대조적으로, 이 책의 관점은 이원적 사고 구조가 존재하되, 그것이 정신의 원초적인 모습은 아니라는 것이다. *사고의 근본적인 양존성(two-ness)은 이중적(double)인 것이며, 그것이 이중화되었을 때(극중극)는 사위일체(quaternity)다. 이것은 모든 자발적 극적 행동의 기초이며, 이것은 확고하게 감정에 좌우된다.*

---

14) 원주: 어떤 벽의 길이를 재는 건 실제로는 비교, 즉 비율 - 벽 길이의 표준 미터법에 대한 비율 - 이다. 길이 측정에는 수의 기수적, 서수적 양 측면이 같이 수반된다. 기수는 크기나 부피를 나타내고 서수는 서열이나 순서를 표현하는데, 측정은 두 가지 모두를 함의하는 것이다. Roger S. Jones, Physics as Metaphor (New York: New American Library, 1982) 참조.

15) 원주: 이원성(duality)은, 예를 들면, 일부 구조주의자들(Jonathan Culler, Structuralist Poetics [Ithaca, NY: Cornell University Press, 1975]; Claude Lévi-Strauss, Totemism, trans. R. Needham [Boston: Beacon Press, 1968])이 생각하는 것이지만, 모두는 아니며 그것은 일부 기호학 연구의 토대다. (Peirce, Collected Papers; Ferdinand de Saussure, Course in General Linguistics [New York: McGraw-Hill, 1966]). 조지 켈리(George Kelly) (The Psychology of Personal Constructs, 2 vols. [New York: Norton, 1955])는 각 개인이 자신이 현실에 맞추려고 하는 양극(兩極)의 패턴을 가지고 "개인적 구성개념"을 창조한다고 말했다. 이원적 요소를 지닌 사고에 대한 현대 이론의 사례는 많다. 피아제(Piaget)의 놀이와 모방, 제롬 브루너(Jerome Bruner)의 직관과 지성 (On Knowing: Essays for the Left Hand [Cambridge: Harvard University Press, 1962]), 마이클 폴라니(Michael Polanyi)의 혁신적(innovative) 제어방식과 고정된(fixed) 제어방식(Personal Knowledge [New York: Harper and Row, 1962]), 그리고 현대 신경학이 파악한 양쪽 뇌반구(210~211쪽 참조)가 그런 이론에 포함된다. 이항관계는 컴퓨터 과학과 인공지능 개발의 기초였다. (Norbert Weiner, The Human Use of Human Beings [New York: Doubleday, 1950]).

감정과 정신적 구조

정신적 구조의 양존성(two-ness)은 아주 단순하게 한편으로는 인지적으로, 다른 한편으로는 정서적-미학적으로 보일지도 모른다. 그러나 이 문제는 매우 복잡해서 확실히 그렇다고 할 수는 없다. **감정은 모든 정신적 구조에 중추적 역할을 한다.** 이는 정신과 삶, 우주를 이해하는 방법으로서 보편성을 지닌 사위일체(quaternity)로 볼 때 가장 잘 보인다. 사위일체는 전체의 감정을 가장 잘 나타내준다. 다양성 속의 일체성, 에너지의 조화로의 변환 — 그것이 극적 행동의 목적이기도 하다 — 을 나타내주는 것이다.

현대 철학자들 가운데 스티븐 C. 페퍼는 정신이 이항 대립적 구조를 지니기보다는 이중성에 기초를 두고 구조화된다고 말했었다.[16] 두 쌍은 네 가지의 세계 구성, 즉 뿌리 은유를 만들고, 그것에 개인들은 새로운 지식을 대입한다. (그림 4 참조) 이런 쌍들 중 두 가지인 형식론(formism)과 기계론(mechanism)은 분석적 이론인 반면, 다른 두 가지인 맥락론(contextualism)과 유기체론(organicism)은 종합적 이론이다. 형식론과 맥락론은 분산적인 구성개념인 반면, 기계론과 유기체론은 통합적이다. 페퍼의 시각은 당대에 상당히 급진적인 것으로 여겨졌지만 새로운 건 아니었다. 사실 사고에 전체론적인(holistic) 사중 구조가 있다는 개념은 인류의 역사만큼이나 오래된 것으로 보인다. 보편적으로 그런 개념으로는 감정은 원초적인(primordial) 것이라 여겨졌고, 천 년간 그런 생각은 이해의 방식으로 달리 비길 데 없는 것이었다.

그림 4 페퍼의 세계 가설

형식론

맥락론 ——————— 유기체론

기계론

16) 원주: Stephen C. Pepper, World Hypotheses (Berkeley: University of California Press, 1942), 142.

이오니아[17]인들이 과학을 시작했을 때, 이원성과 이중성/사위일체는 둘 다 서구에서 공존했었다. 플라톤은 이런 병행론(parallelism)을 가장 잘 설명했었다. 한편으로, 형상(Form)이란 관념론적 세계(예컨대 미, 진리 등)를 생각해내고 일상 세속의 존재는 그 모방(추상의 극화)이라고 봤던 점에서, 그의 사고는 이원적이었다. 그러나 다른 한 편으로, 플라톤은 사위일체의 개념을 사용하기도 했다. 그의 <대화론(Timaeus)>에서 세계 혼(물리적 우주 법칙)의 생성은 다음 네 가지 요소 — 같음/다름, 그리고 나눌 수 있음/나눌 수 없음 — 의 복합이었다. 이런 생각은 페퍼의 구조와 아주 흡사하다.

그러나 플라톤은 더 나아갔다. 그는 두 쌍이 모두 그림 5에서와 같이 중간 지점에서 만난다고 말했다. 다섯 번째 위치는 오점형(quincunx)[18]을 이루는데, 이것은 통합자(unifier)이다. 같은 책에서(36B), 플라톤은 이런 배열에서 네 가지 위치는 '생성하는 힘이 있는' 반면, 다섯 번째는 그것들을 모두 하나의 전체로 만든다고 말했다.[19] 이것은 그레마스의 기호 사각형과 매우 닮았다.

이원성/쌍대성과 사위일체라는 대립적인 관념은 수 세기 동안 근본적인 지성계 논쟁의 초점이었다. 오늘날 이분법(binarism)과 감정을 담지 않는 객관성은 정량화가 가능한(quantifiable) 방법을 사용하는 과학기술 사상가들의 지지를 받아왔다. 대조적으로 사위일체는 합리적이고 질적인 방법으로 감정을 인정하는 전체론적인 사상가들의 지지를 받아왔다. 그러나 그들 역시 정량화(quantification)를 상대적 효용을 지닌 것으로 인식하고 있다. 우리가 이제 살펴볼 것처럼, *사위일체는 미학적 사고와 감정, 그리고 극적 행위에 중대한 영향을 미치는 정신의 다양한 관점을 위한 기초를 형성한다.* 감정에 대한 명쾌한 설명은 어렵기 때문에, 우리는 감정이

---

17) 이오니아(Ionian) - 고대 그리스인들이 살던 곳으로 에게해와 면한 아나톨리아(현재 터키)의 서남부를 이르던 고대의 지명. BC 1200년 이전에 히타이트 제국과 이웃했고, 초기 그리스인들은 아시아라고 불렀다.

18) 오점형(quincunx) - 주사위에서 5를 나타내는 모양과 같은 5점형의 배열형식으로서 그중 넷은 사각형의 변두리에, 그리고 하나는 중심부에 위치하는 배열을 말한다.

19) 원주: Carl Gustav Jung이 "A Psychological Approach to the Trinity," in Psychology and Religion (London: Routledge and Kegan Paul, 1958), 123-7에서 인용한 내용.

사고 구조와 맺는 관련성을 살펴보기 위해, 정의(定義)보다는 사례를 활용할 수밖에 없다.

그림 5 플라톤의 사위일체

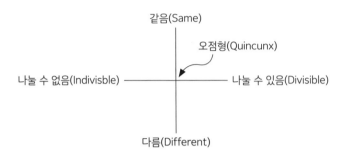

부족 문화

현대 수렵 사회에서는, 구석기 시대와 마찬가지로, 모든 현상을 둘이나 넷의 구조로 사고한다.[20] 네 개의 기본 별자리(cardinal) 방향과 네 개의 풍향(N/S/E/W)이라는 근본적 관념들은 모두 우주의 정신적 극화이며, 제의 드라마에서 모든 삶의 기표(signifier)가 되는 전형(典型)/패러다임이다.[21] 전체성(wholeness)과 일체성(unity)의 감정은 그 핵심에 있다. 호주와 발리의 원주민들 가운데 있는 신성한 공간이 바로 그렇듯이 말이다.

숫자의 질적인 체감-개념은 북아메리카 원주민들의 사고 속에 내재해있다. 샤머니즘을 믿는 모든 사람에게, 실제 세상은 환상이며 영적인 세상이 실제다. 카를로스 카스테네다에 의해 유명해진 '다른 실제(The other reality)'라는 말은 허구 세계의 극적 창조를 보여주는 고전적인 사례다.[22] 세속의 세계에 존재한다고 여겨지는

---

20) 원주: Mircea Eliade, The Sacred and the Profane (New York: Harcourt, Brace, 1959).

21) 원주: Eliade, The Sacred and the Profane, 47.

22) 원주: Carlos Casteneda, The Teachings of Don Juan: A Yaqui Way of Knowledge (New York:

것은 아무것도 없다. 수(numbers)의 회귀적이고, 율동적이며, 반복적인 특성은 원소들의 주기적 구조와 또 동물들의 삶이나 천체 변화에서 보이는 그와 똑같은 유사성을 통해 알 수 있다. 비슷한 예로, 현대 물리학자들은 원자 내 전자에서도 많은 반복적 대칭들을 확인하고, 예술가들은 음악의 옥타브 중 더 높은 주파수 내에서 더 낮은 음정이 반복되는 점을 발견한다. 숫자에서, 수열은 대응의 일부로 보이며, 그 역도 마찬가지다. 실제와 체감-개념은 분리될 수 없다.[23]

　부족 문화에서, 숫자의 환상과 모순은 감정의 다중적 기표 속에서 존재하나 둘은 원초적이다.

• 하나 = 둘, 둘 = 셋, 그리고 셋 = 넷

뉴멕시코의 테와족 인디언들은 생물이든 무생물이든 모든 사물이 이중적(double)이라고 느낀다. 본질/물질, 영혼/형태, 실제/환상 등 늘 두 가지 요소가 있는 것이다.[24] 캐나다 북서 해안에 있는 남부 콰키우틀족 인디언들은 늑대가 늑대의 옷을 입은 영혼이며, 인간은 인간의 옷을 입은 영혼이라고 생각한다.[25] 기호로서의 둘은 은유의 핵심이다. 둘은 차이 사이의 닮음 - 감각의 이중성, 두 감각이 하나로 보이는 것 - 이다.[26] 물리학자인 로저 S. 존스는 "은유의 작가와 수신자는, 말하자면, 암묵적인 '~인 것처럼(as if)'에의 동의를 공모하는 것"이라고 말했다.[27] 극적 사고의 속성인 "~인 것처럼(as if)"은 자신들의 제의 드라마에서 살아있는 은유를 만들어내는 아메리카 원주민들 사이의 양존성(two-ness)에 스며들어 있다.

Ballantine, 1968), and Other volumes.

23) 원주: Jones, Physics as Metaphor, 148-9.

24) 원주: Alfonso Ortiz, New Perspectives on the Pueblos (Albuquerque: University of New Mexico Press, 1972), 143.

25) 원주: Richard Courtney, "The Dramatic Metaphor and Learning," in Creative Drama in a Developmental context, ed. Judith Kase-Polisini (Lanham, Md.: University Press of America, 1985), 39-64.

26) 원주: Colin Murray Turbayne, The Myth of Metaphor (New Haven: Yale University Press, 1962), 22.

27) 원주: Jones, Physics as Metaphor, 4.

둘(Two)은 복잡해지면서 세 가지 우주적 층위를 만들어낸다. 하나의 일상 세계가 있지만, 영적 세계가 천상 세계(Upper World)와 지하 세계(Nether world)로 이분되는 것이다.[28] 그래서 2 = 3이 된다.

그 3개의 우주적 기호는 4이기도 하다: 그런 세 층위가 "샤머니즘적 사다리" ["우주목/세계수(the cosmic tree)", 세계의 축(axis mundi), 서구 민속에서의 오월제 기둥(maypole)] 로 연결되는 것이다. 그것을 통해 샤먼은 세 층위를 옮겨 다닐 수 있다. 그런 행위는 네 번째 지점을 창조해내고, 그 동적 체계(dynamism)는 넷을 통합하기도 하고, 그것들을 해체해 새로운 것을 창조하기도 한다. (이것은 그레마스의 기호 사각형과 매우 유사하다.) 다시 말해서, 3 = 4이다.

• 넷 = 다섯

아메리카 원주민들은 네 가지 바람이 네 가지 방향에서 그 공동체 자체로 불어온다 - 넷의 중심은 다섯이다 - 고 역설한다. 다섯은 5점형(Quincunx)을 이룬다. 이것은 "세계의 배꼽(the navel of the world)"을 나타내는 기호다. 이것은 바빌로니아인들 사이에서 바벨탑 부근에 존재했었다. 몇백 년 전 차코 협곡에 살던 아나사지족[29] 선조들이 그랬던 것처럼, 오늘날 호피족과 푸에블로족 인디언들의 신성한 지성소(至聖所) 키바(Kiva[30])에는 바닥 정 중앙에 시파푸(sipapu[31])가 있다. 시파푸(sipapu)는 신성한 구멍으로 "세계의 배꼽" - 지상(Earth)의 거대한 뱀을 품고 있는 대모지신(Mother Earth)과의 접촉 지점 - 이다. (그림 6 참조) 이런 관념은 그 모든 신성한 공간들을 포함할 미국 남서부 전역에 광범위하게 퍼져있다.

---

28) 원주: 역사적으로 이것이 후대 천국과 지옥 개념의 기원이었다.

29) 아나사지(Anasazi) 문화 - AD 100년경부터 미국 애리조나, 뉴멕시코, 콜로라도, 유타 접경지역에서 발달했던 인디언 문화.

30) 키바(Kiva) - 북미 푸에블로(Pueblo)족 인디언들의 지하실 큰 방. 종교의식이나 회의를 할 때 쓴다.

31) 시파푸(sipapu) - 고대의 선조들이 세상으로 나올 수 있는 포탈을 상징하는 작은 구멍이나 자국.

그림 6 미국 남서부 호피족과 푸에블로족 인디언의 사위일체

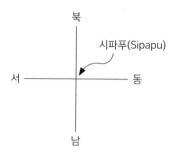

알폰소 오티즈는 테와족에게 사방(四方) 개념은 모든 제의의 주요한 정신적 구조라고 말해준다. 그들에게 정신은 사위일체를 통해 설명될 수 있는 체감-실체(felt-entity)다. 이 점은 중앙아메리카의 고대 문화에도 똑같이 아주 근본적인 것이었다. 예를 들어, 이 점은 고대 언덕에서 흔히 발견되는데, 더 높은 자아를 나타내는 마야의 신, 케찰코아틀[32]은 네 가지 기본 별자리 방향을 표시하는 표장(標章)이나 십자가를 걸치고 있었다.[33]

이런 숫자와의 관련성은 플레인스(Plains)[34] 인디언들에게도 존재한다. 치유의 바퀴(Medicine Wheel)[35]의 위대한 힘들(Great Powers) 중 일부가 되는 것은 네 방향을 동시에 인식하는 것이었다. 플레인스 인디언들에게 한 방향의 능력만 소유한 자는 절대로 가깝게 느껴지거나 감정이 깃들지 못할 사람이다. (그림 7 참조)[36]

---

32) 케찰코아틀(Quetzalcoatl) - 고대 아즈텍족의 주신으로 날개가 있는 뱀의 모습을 하고 있다.

33) 원주: Joseph Campbell, The Masks of God, 4 vols. (New York: Viking, 1968), 1:210-15.

34) 플레인스(Plains) - 미국 대평원 지대(Great Plains)를 말함.

35) 치유의 바퀴(Medicine Wheel) - 신성한 원을 표현하고 있는 아메리카 인디언들의 의식(儀式) 도구.

36) 원주: Hyemeyohsts Storm, Seven Arrows (New York: Ballantine, 1972), 6.

그림 7 플레인스 인디언들의 사위일체

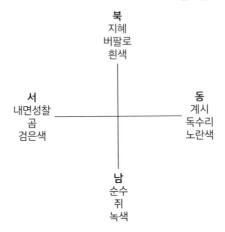

북
지혜
버팔로
흰색

서
내면성찰
곰
검은색

동
계시
독수리
노란색

남
순수
쥐
녹색

그래서 아직도 전통적 방식으로 생각하는 현대의 아메리카 원주민들에게 숫자는 디지털적, 추상적, 개별적인 것을 의미하지 않는다. 오히려 어떤 숫자라도 다른 숫자와 겹쳐 보인다. 어떤 숫자라도 완전히 별개의 것이 아니다. 그들의 모든 정신 구조에서와 같이, 감정은 원초적이고 일체성은 다양성보다 우선한다.

부족사회 원주민들의 사위일체는 다음과 같다.

- 감정을 바탕으로 구성된다.
- 극적 행위에서 생성된다.
- 차후의 모든 정신적 구조의 심층 구조다.
- 모든 부족민적 사고에 근저를 이루는 기의다.
- 미학적 속성을 지닌 구조다.

제의 드라마는 원초적인 기표이며, 모든 예술은 그런 목적을 위해 창조된다. 발리 원주민들이 말하듯, "우리에게 예술이란 없다 — 우리는 그저 모든 일을 잘 해낼 뿐이다!"

서구에서의 사위일체

서양의 관념 속에서 4는 세속적, 영적 영역 모두에서 체계와 질서의 기호다. 아주 오래전부터, 4는 달의 네 가지 변화 단계, 사계절, 세상의 네 모퉁이, 그리고 4가지 차원계(planes)[37] — 붓다계(Buddhic), 아스트랄계(astral), 멘탈계(mental), 물질계(physical) — 에서 우주적 질서로 나타났다. 사위일체(quaternity)는 서구의 모든 종교적 질서 관념의 근저를 이룬다. (유대교의) 카발라[38]는 그 네 가지 필수적인 점들(points) 속에 질서를 내재하고 있다. 유대인들의 종교적 안정성은 제단의 사각형 속에 있었다. 초기의 기독교에는 삼위일체에 더해 네 번째 어둡고 여성적인 존재가 있었다. 이집트인들 사이에서 천상의 네 모퉁이를 지탱하는 네 명의 신은 호루스의 자손들이었다.[39] 프리메이슨(Masonry)에서, "흔들리지 않는 중심(the still center)"이라는 제단에는 네 개의 점이 있으며 그 거룩한 마스터(Master)의 설치는 그 네 "합(plus)"을 당겨 모은다.

질서는 우주와 공동체를 포함한다. 기독교 선교 이전 아일랜드 켈트족 사상에서, 에이레(Eire)[40] 그 자체는 질서 잡힌 우주를 가리키는 사위일체였다. 얼스터(N), 코노트(W), 먼스터(S), 렌스터(E) 지역이 타라(Tara)[41] 언덕, 이시나흐(Uisneach)[42] 언덕에서 오점형(Quincunx)으로 융합되는 것이다. 타라(Tara)는 고유한 사위일체 — 4안에 있는 4 — 를 가지고 있었다. 그 자체 내에 작은 규모로, 멀(Mull) 섬에 똑같은 우주적 계획이 재현되었던 것이다.[43] 그 고대의 풍수지리학/흙점(geomancy) 역시 4방위(fourfold)의 드라마였다.

37) 서양의 신비주의/밀교(mysticism) 또는 신지학(神智學 theosophy)이라 불리는 철학에서 우주를 여러 가지로 분류할 때 쓰는 플레인(plane)이란 말을 번역한 것임. 주로 차원, 계(界), 차원계 등으로 번역된다.

38) 카발라(Kabbala) - 유대교의 신비주의/밀교 사상을 일컫는 말로 '전통', '구전'을 의미한다.

39) 원주: Wallis Budge, Gods of the Egyptians (repr. New York: Dover, 1969), 1:210.

40) 에이레(Eire) - 아일랜드(Ireland) 공화국의 옛 이름.

41) 타라(Tara) - 아일랜드 공화국 동북부, 더블린 서북방의 마을. 고대 아일랜드 제왕(諸王)의 본거지(Hill of Tara).

42) 이시나흐(Uisneach, Ushnagh) - 여기서 말한 4개 지역이 교차한다고 알려진 지점으로 '아일랜드의 배꼽'이라고 불린다. 아일랜드어 발음으로는 아시나흐, 영어 발음으로는 유이스니치다.

43) 원주: E.J. Burton, 개인적으로 배포한 논문 (1985).

도형적으로, 사위일체는 사각형 (수동적으로 결합해있는 전체) 또는 마름모꼴, 오각형 (능동적 차원(plaine)) 형태로 표상될 수 있다. 사위일체는 고대 근동 지역에, 그리고 이후에는 유럽의 사상과 제의 드라마에 스며들어 있었다. 몇 가지 사례는 다음과 같다.

이집트

둘/넷은 정신, 삶, 그리고 우주를 의미/기호화했다. 측정의 단위들은 사위일체에 근거했다. 대피라미드(the Great Pyramid)[44]의 밑면은 사각형이며 그 둘레가 어떤 원의 원주와 동일하고 그 원주의 반지름이 그 피라미드의 높이다 — 원을 사각형화하는 극화로서 디자인된 것이다. 피라미드 텍스트[45]에는 네 가지 신과 네 가지 정령이 언급되어 있다.[46]

태양신 라(Re)는 서쪽으로 진 후 지하세계로 여행하다가 다음 날 새 아침에 동쪽에서 나타났는데, 그의 여행은 네 단위로 표현되었었다. 이것은 생명을 주는 물, 삶 그리고 죽음, 그리고 태양이 밤에 지나가야 하는 지하 호수와 관련되어 있다.[47] 아몬 신을 모시는 카르나크 신전에는, 이 4가지 여행이 제의 드라마로 구현/상연되어있다. 거기에 사제들이 배를 타고 행렬을 지어 마치 태양이 밤을 건너는 과정의 일부 "인 것처럼(as if)" 연극을 하듯 과시하며 건너는 가공(架空)의 호수가 포함돼 있었던 것이다. 숫자는 구현된(enacted) 은유 중의 하나다.[48]

---

44) 대피라미드(the Great Pyramid) - 이집트 카이로 기자(Giza)에 있는 피라미드들 중 가장 크고 오래된 쿠푸의 피라미드를 말함. 세계 7대 불가사의에 속함.

45) 피라미드 텍스트(pyramid text) - 고대 이집트 장례(葬禮) 문서의 하나로, 피라미드의 묘실에 기록된 것을 말함.

46) 원주: Wallis Budge, The Literature of the Ancient Egyptians (London: Dent, 1914), 21.

47) 원주: Juan Eduardo Cirlot, A Dictionary of Symbols, trans, Jack Sage (New York: Philosophical Library, 1962).

48) 원주: 이런 개념들은 켈트 신화와 그리스 신화에 반영되었다.

넷의 힘은 고왕국 아비도스의 오시리스신 제의 드라마[49]와 그 거대한 호루스신 축제 놀이에 내재해있었다.[50] 신화에는 네 명의 발명의 신이 있었고 그중 한 명은 최고신이었다. 그리고 제의에는 네 명의 주요 캐릭터(오시리스, 이시스, 그들의 자손인 호루스와 세트)가 있었다. 그들 밑에는 전체/부분으로 배치된 양존(two-ness) 구조가 있었다. 질서/합리가 전체였고, 무질서/비합리가 부분이었다. 오시리스 왕(질서)은 세트(혼돈)에 의해 극복되고, 세트는 새로운 왕 호루스(질서)에 의해 극복되었다. 이런 우주적 드라마의 무대화는 지상의 삶(계절의 변화)과 정신적인 삶(합리적인 삶과 비합리적인 삶)에 대한 감정을 기호화한 것이었다.

메네스[51]가 위쪽(Upper) 왕국과 아래쪽(Lower) 왕국을 통합했을 때, 이집트는 하나 안의 둘(Two in One)이 되어, 살아있는 극적 은유로 계속 존속했었다. 두 개의 왕좌, 두 개의 왕관, 두 개의 곡물창고 등이 있었던 것이다. 하나는 다른 하나의 닮은꼴(double)로 여겨졌다. 심지어 파라오가 스스로 그 나라의 제의적인 춤을 연행할 때 두 번 해야 하기도 했다. 이런 관념이 더욱 복잡해져서, 한 신이 여러 역할을 맡아 새들, 동물들, 그리고 다른 형상들의 역할도 하게 되었다(예컨대, 태양신 라(Re)가 떠오를 때 하는 역할과 중천에 떠 있을 때 하는 역할이 달랐던 점 등). 인간에겐 다양한 영혼이 있었다. 이집트인들은 (샤머니즘 문화를 지녔던 그들의 누비아족 선조들처럼) 사람들과 우주, 삶을 무수히 많은 환상으로 극화했었다. 그들의 그런 제의적 연행은 체감-의미에 기초한 것이었다.

이런 생각은 토트[52] 신에게 집중되었다. 발명의 신 중 하나로서, 그의 주된 역할은 달이었다. 그래서 사제-배우는 은빛 마스크를 썼고, "참모습이 뭔지 알기 힘들었

---

49) 원주: Ann Rosalie David, Religious Ritual at Abydos (Warminster, UK: Aris and. Phillips, 1973).

50) 원주: 이 제의 드라마의 두 가지 상연 가능한 판본이 있다: H.W. Fairman, The Triumph of Horus (London: Batsford, 1974); Richard Courtney, Lord of the Sky (Jackson's Point, Ont.: Bison Books, 1989).

51) 메네스(Menes) - 기원전 3100년경 이집트 제1왕조를 창건한 파라오.

52) 토트(Thoth) - 이집트의 지혜, 학문, 마법의 신. 숫자, 문자의 발명자로서, 신(神)들의 서기 역(役)을 했다. 따오기(ibis) 또는 비비(baboon)의 머리를 가진 사람 모습을 하고 있으며, 그리스인들은 헤르메스와 동일시했다.

다(slippery)." 그러나 그가 다른 신들의 역할도 수행해서[53] 사실 (샤먼처럼) 모습을 바꾸는 자가 되었지만, 이제는 롤 모델처럼 되었다. 토트는, 5로서, 극화를 통해 모두를 통합했다. 그리스에서 비슷한 역할을 담당했던 헤르메스처럼, 토트는 체감-전체성의 기반에서 개념적인 숫자들을 의인화 (극화) 해 보여주었다. 역사적 우연성으로, 아비도스의 제의 드라마는 아이스킬로스의 최초의 비극과 동시에 거의 무대극/연극이 되었다.

메소포타미아

메소포타미아에서의 세속적/영적의 이중 관계는 이집트의 것보다 구조적으로는 더 간단했으나, 개념적으로는 더 세련된 것이었다. 숫자로 기호화/표의(signified)된 것은 인간의 비극적 조건, 즉 삶 속의 죽음에 관한 감정이었고, 이것은 그리스인들이 디오니소스 극장에서 공연했던 것보다 몇백 년 전이었다. 세속적인 삶과 성스러운 삶은 피라미드 ("지구라트"[54]) 꼭대기에 있는 신전에서 만나는 거울 이미지(닮은꼴 double)였다. 그곳에서 신과 여신은 성스러운 성관계를 가졌고(신화), 그 모습은 '성스러운 결혼'으로서 매년 세계를 통합하는 제의 드라마로, 왕과 여사제에 의해 구현/상연(enacted)되었다(제의). 이것은 수 세기 동안 되풀이되면서 현대 유럽의 민족적 전통에 전승되었다. 그런 제의 드라마는 다양한 힘들(force) ― 사위일체들(방향, 계절 등)과 다양한 이중적 힘들 ― 을 통합해 실연되는 의식(儀式) 속에서 모든 삶을 소생(renew)시키는 네 배의 힘(즉, 감정의 밀도)을 창조해낸다.

피타고라스

피타고라스는 최초로 상징적 의미가 사위일체에서 나온다고 본 사람이라고 이야기된다. 그에게 있어, 부분보다 전체가 더 크다는 감정은 유일자인 신(the One)

---

53) 원주: C.J. Bleeker, Hathor and Thoth, Two Key Figures of the Ancient Egyptian Religion (Leiden: Brill, 1973).

54) 지구라트(Ziggurat) - 고대 메소포타미아의 흙벽돌과 성탑처럼 쌓아 올린 신전.

에 버금가는 중요한 것이었다. 3은 고난(물질세계)을 의미했지만, 사람들은 자신의 프시케(psyche 정신, 영혼)를 사위일체를 통해 회복할 수 있었다. "성스러운 4는 영원히 흐르는 자연의 뿌리이자 원천"[55]이었던 것이다. 무아경에 이른 샤먼으로서 파타고라스는 큰 영향력을 미쳤다. 다른 사람들에게서 내적이고 극적인 변화를 유발함으로써 그들을 변화시킨 것이다. 죽어서 지하에 묻혔다는 말을 듣던 그는 죽음과 부활의 샤머니즘적 제의 드라마에서 되살아났다. 수학자로서 그는 수의 마법을 지배했고, 천재적인 음악가로서, "오르페우스처럼 우주 속의 비밀스러운 음악적 대응물을 발견"[56]해낸 것이다.

피타고라스는 테아트룸 문디(Theatrum Mundi)("모든 세상은 무대")를 말한 첫 번째 사람이라고 이야기된다. 사람들이 역할을 수행하며 살아가는 실제의 삶은 환상인 반면, 실재성(reality)은 오직 영적 세계에 (샤먼의 경우처럼) 존재한다고 했기 때문이다. 또 흙, 공기, 불, 물을 지성, 지식, 의견, 감각의 옷을 입은 프시케로 번역한 사람도 피타고라스였다. "우리가 지적인 존재인 것은 바로 이것 때문이다."[57] 피타고라스는 의식적으로(consciously) 삶은 드라마라는 생각에서 4와 5를 통합했다.

기독교와 연금술

십자가는 도상학적(iconographic) 사위일체다. 거의 모든 십자가는 사방위에서 유래했고, 다양성 속의 일체감이라는 감정을 일으킨다. 성서에는 사위일체가 풍부하다. 즉, 천국의 네 가지 바람[58], 그리고 땅의 네 모퉁이[59]를 맡는 요한계시록의 네 천사는 분명한 사례다. 성 그레고리에게 있어서, 사람들은 일곱 가지 속성의 몸과 영혼으로 구성되어 있다. 셋은 영적인 것인 반면, 물질적인 넷은 ─ 심리적 "기질

---

55) 원주: Peter Gorman, Pythagoras - A Life (London: Routledge and Kegan Paul, 1979).

56) 원주: Gorman, Pythagoras - A Life.

57) 원주: Herman Diels, The Older Sophists (New York: Columbia University Press, 1972), 282.

58) 원주: 다니엘서 7:2.

59) 원주: 요한계시록 7:1.

(humours)"이 그렇듯 — 뜨겁고, 차갑고, 촉촉하고, 메마른 물질이다.

후자의 개념은, 오래된 것으로, 연금술사들에게 널리 퍼져있었다. 그들은 "심령술적 금(psychic gold)"을 만들려는 연금술(鍊金術) 탐구에서 사위일체/오점형을 세계의 네 가지 변형단계와 연결해, 원소들의 기호였던 색깔에 **니그레도**(흑색), **데알바티오**(백색), **루베팍티오**(적색), **치트리니타스**(금색) 등의 이름을 붙였다.[60] 이것들을 시험해보면서 연금술사들은 상당한 힘이 담긴 감정을 느꼈다.

미사는 많은 사위일체와 신과의 일체감을 표의(表意)/기호화했다. 이것은 비잔틴 제의에서 가장 잘 나타난다.[61] 여기서 빵(성체)은 넷으로 부서져, [그림 8]과 같이 표시된다. 이것은 "예수 그리스도가 승리한다"는 것을 뜻하며, 사위일체로 배열됨으로써, 체감-권능(felt-power)과 전체성(wholeness)의 특성을 갖는다. 중세 후반의 기본적인 형태인 호노리우스[62]의 미사는 의식(意識)적으로 극적이어서 사제를 '배우(actor)'라고 얘기했고, 교회는 '극장(theatre)'이라고 했었다.

그림 8 비잔틴 제의의 사위일체

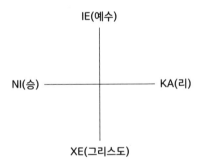

60) 원주: Carl Gustav Jung, "Archetypes and the Collective Unconscious," trans. R.F.C. Hull, in Collected Works of C. G. Jung, vol. 9 (Princeton: Princeton University Press, 1959).

61) 원주: Jung, Psychology and Religion.

62) 호노리우스(Honorius 384~423) - 서로마 제국 황제(395~423).

페퍼의 뿌리 은유(root metaphor)는 특히 네 가지 요소의 상호작용에서, 연금술의 사위일체와 아주 유사하다. 뜨거움과 메마름은 남성적이고 능동적인 반면, 촉촉함과 차가움은 여성적이고 수동적인 것이었다. "the Royal Art(최고의 기술)"나 "the Art of Alchemy"이라 불렸던 연금술(the spagyric art라고도 불림, "spagyric"은 "분리하기"와 "합치기"를 뜻함)[63]은 분석적 요소와 종합적 요소의 결합이었다 ― 페퍼도 같은 방식으로 뿌리 은유를 설명한다.

르네상스 시대에는 연금술이 교회와 국가의 반대에 대처하기 어렵게 되었지만, "헤르마(herm)"[64]는 방방곡곡에 세워졌었다. 머큐리(=헤르메스)를 형상화한 이 사각기둥은 ― 태양을 세상의 주인이자 만물의 씨를 뿌리는 자로 극화하기 위해 ― 머리와 남근만 있다. 사각기둥의 네 면은 세계의 사방 각처와 사계절을 상징했다.[65] 연금술은 오늘날 우리가 과학적이라 부르는 것만큼 일관성 있는 은유적인 숫자를 통해 정교한 기호체계를 발전시켰다.[66]

그러나 데카르트와 뉴턴이 기계 은유를 사용한 이후로, 사위일체는 마술, 마법, "흑주술(the black art)"로 왜곡되었다. 이런 압력으로 인해 그것은 결국 시들해져 단순한 민속이나 블레이크와 터너 같은 "이상한" 예술가가 하는 명상쯤으로 치부되었고 그 결과 기계론자들은 그것을 무시해도 괜찮은 것으로 여기게 되었다. 그러나 이런 체감-개념으로 극화된 감정은, 우리에게 예술적인 연행과 작품으로 남아있다. 기계 과학이 설명할 수 없는 통찰, 예감, 감정으로 드러나는 우리 무의식의 빼놓을 수 없는 한 부분으로서, 그리고 즉흥극의 필수 불가결한 구성 요소들로서 말이다.

---

63) 원주: Ralph Metzner, Maps of Consciousness (New York: Collier, 1971), 여러 곳에.
64) 헤르마(herm) ― 윗부분에 헤르메스의 두상이 있는 각주(角柱) 기둥. 그리스의 전통을 이어받아 로마인들도 많이 세웠다. 우리의 장승처럼 곳곳의 길거리에 세워져 경계석, 표지석, 이정표로 쓰였다.
65) 원주: Cirlot, A Dictionary of Symbols, 256-7.
66) 원주: Malcolm Crick, Explorations in Language and Meaning (New York: Wiley, 1976), 148.

아시아의 사위일체

다양성 속의 일체감이라는 원초적 감정을 나타내는 사위일체는 동양에서 훨씬 강하게 작용하고 그곳에서는 체감-의미(felt-meaning)가 주로 사중(四重 fourfold) 관계다. 이런 관계는 기호(signs)를 통해 교류되었고, 어떻게든 극화되어 온 것일 때가 많았다. 몇 가지 간단한 동양의 사례는 다음과 같다.

고대 힌두 경전에서, 신성한 흰 코끼리는 자아(정신)였다. 그 다리들의 사위일체는 영혼이 태어나는 세속의 자연을 의미한다. 완성되고 자족적인 것은 무엇이든지 그 "네 다리(catuh-pada)"로 굳건히 서 있는 것으로 극화되었다. 힌두교 신들의 구성 체계는 너무도 복잡하지만, 브라마, 비슈누, 시바, 그리고 여신 샤크티는 (각각 그들의 많은 역할 중 하나) 우주의 원그림을 통해 강력한 사위일체로 발전하였다. 조물주 브라마는 연꽃의 중앙에 앉아, 네 개의 얼굴을 사용해 우주를 지배하고, 네 번의 *유가(yurgas)* (즉 주기(週期))를 포괄한다.[67] 브라마의 네 개의 얼굴은 르네상스 시대의 헤르마("herms"), 네 명의 쿠마라(Kumaras 페르시아 전통 속의 천사), 황도십이궁(zodiac)의 고정된 네 개의 별자리, 그리고 생명의 나무(또는 세계의 축) 밑동에서 발원한 네 갈래 낙원의 강 등과 닮았다.[68] 오점형(Quincunx)은 모든 것을 완성한다. "다섯이 있는 곳에 신이 있고" "다섯 번째는 행동의 결실이다."[69] 이런 체감-개념들은 산스크리트 궁정 연희와 현대의 카타칼리[70] 제의 드라마의 기반을 이룬다.

고대 중국에서 사위일체는 오점형과 병존했다. 거기에는 토(土)가 (*시파푸*처럼) 중앙을 차지하는[71] 다섯 가지 요소, 오행(목, 화, 토, 금, 수)이 있었고, 연금술의 기호

---

67) 원주: Heinrich Zimmer, in Myths and Symbols in Indian Art and Civilization, ed. Joseph Campbell (Princeton: Princeton University Press, 1946), 52.

68) 원주: Cirlot, A Dictionary of Symbols.

69) 원주: 일반적인 힌두교 속설.

70) 카타칼리(Kathakali) - 남인도 지역의 힌두 문학에 기초한 고전 무용의 형식을 가리키는 말로, 카타(Katha)는 '이야기', 칼리(Kali)는 '예술'을 의미한다.

71) 원주: 기호로서의 4(四)는 중국 사상에서 큰 역할을 한다. 예컨대, 기원전 2세기 한(漢) 왕조에서 관(棺)은 4개의 다른 나무로 된 판자들로 만들어졌다; 관 위로는 천국의 4지점에 따른 색색의 휘장이 드리워지는가

들과 유사했다. 사각형은 낮은 물질계(physical plane)을 의미한다. 죽음에는 다른 존재의 차원계(plane)로의 전이, 또는 변환이 있다.[72]

티벳 밀교(密教 mysticism)에서의 사위일체는 인도, 중국의 사위일체와 관련되어 있지만, 연금술의 기호와도 닮았다. 티벳에서 육체의 성스러운 사원은 네 개의 위대한 요소(혹은 네 개의 문)로 구성되어 있다. (그림 9 참조) 그것들은 아주 중요한 심령적 힘(psychic force)과 법칙을 표상한다.

그림 9 티벳의 사위일체

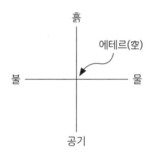

티벳의 많은 수도원에서, 이런 체감-개념은 봄포(Bompo)[73] 샤머니즘의 무서운 제의 드라마로 연결된다. 만약 다섯 가지 요소의 상징이 삼차원의 형태로 서로 겹친다면, 그것들은 티벳의 사리탑 초르텐(Chorten), 즉 과거 불자의 유해를 담는 용기 역할을 했던 아주 특별한 종교적 기념물의 매우 중요한 요소가 된다. 그러나 그것들은 순수한 상징적인 구조물, 또는 조형적 만다라다.[74]

하면 그 4면에는 4방위를 기호화하는 동물들이 장식되었다; 맨 위에는 휘장이 당겨져 피라미드형을 이루며 북극을 기호화했고, 북두칠성이 전체적으로 분산돼 그려져 있었다. 이 별자리는 거대한 용, 태양이 밤에 천해(天海)를 항해하는 마차로 알려져 있었다. 지는 해는 죽음의 은유였기 때문에 죽음은 "밤바다 여행"으로 알려져 있었다 - 이는 이집트와 그리스와 유사점이 있다. 그 사위일체가 기호화한 것은 삶/죽음, 사계절, 그리고 우주의 궁극적 의미였다.

72) 원주: Yolande Jacobi, Complex/Archetype/Symbol in the Psychology of C.G. Jung (Princeton: Princeton University Press, 1959), 184.

73) 봄포(Bompo)는 타망 언어로 '샤먼'을 뜻한다.

74) 원주: Lama Anagarika Govinda, Foundations of Tibetan Mysticism (New York: Samuel Weiser, 1969).

만다라

만다라(mandala)는 종교적 예술 형식으로, 강화 의례를 통해 성스러운 힘의 공간을 창조해낸다. 그것은 어디에서나 일어난다. 그것은 내면적 극화에서 비롯되어 그 허구 세계의 체감-개념(felt-concepts)이 쉽게 변형될 수 있는 형태로 외형화된다. 다양한 모양으로 된 수많은 만다라가 있지만, 그 각각의 기반은 사위일체다.[75] 그러나 만다라는 단순히 성스러운 공간 그 이상이다. 이것은 우주에 대한 극적인 지도(그리고 정신이 우주를 이해하는 방법)이며, 제의적 상징이고 그 실연(實演)이 삶의 구조를 드러내는 다능적 기호이기도 하다.

티벳의 만다라는 시각적인 사중(四重) 체계 안에 있는 정신의 잠재적 일체성과 부분의 전체 속으로의 통합을 표의(表意)/기호화한다. 하나의 기호로서 두 가지가 역설 속에 존재한다. 모든 사람은 이미 부처이지만, 망상을 초월해야만 부처가 될 수 있고; 모든 것은 공(空)이지만, 모든 것은 실체(entities)로 구성되어 있으며; 성취라는 건 없지만, 사람들에겐 무한히 풍부한 가능성이 있고; 모든 존재의 조화와 그 독특한 전개가 있지만, 모든 것은 절대적인 자유를 가지고 총체적으로 변화할 수 있다는 것이다.[76] 이렇게 대립에 체감-개념(felt-concepts)으로서의 유사성과 일체성이 전제되어 있다.

힌두교의 만다라 즉, 얀트라(*Yantra*, 스리(=님)의 바퀴)에는 "신비한 매트릭스"(*빈두(the bindu)*, 즉 오점형)의 중간 지점이 있다. 이것에는 단순히 우주론적인 의미만 있는 것이 아니라, 4개가 모이는 가운데 초점이 "모든 것이 자아(the Ego) 속에 반영되어 있다"[77]는 정신적 이해를 가리키기도 한다.

75) 원주: Giuseppe Tucci, The Theory and Practice of the Mandala (New York: Samuel Weiser, 1969).

76) 원주: The World Is as Sharp as a Knife: An Anthology in Honour of Wilson Duff (Vancouver: British Columbia Provincial Museum, 1981).

77) 원주: Tucci, The Theory and Practice of the Mandala.
원주: José and Miriam Arguelles, Mandala (Berkeley: Shambhala Press, 1972), 92.

다른 형태의 만다라도 많다. 미국 남서부에 있는 나바호족과 호피족의 모래 그림들은 궁극적인 본원의 의미를 제공하면서도, 특정한 맥락 속에서 그렇게 한다. 이 만다라는 초기 기독교와 비잔틴 그리고 켈틱 신앙과 예술에서 기본적인 주제였다. 유사(有史) 이래로 동서양에서, 원이라는 기호는 사위일체와 오점형을 둘러싸 왔었다. 이 점은 유럽의 대성당들의 예술적 형태들과 보쉬, 다빈치, 라파엘, 보티첼리, 그리고 많은 르네상스 작가들의 작품들 속에 반영돼 있다. 흙, 공기, 불, 그리고 물은 "기질(humours)"의 심리학을 기호화한 것이었고, 그것은 셰익스피어와 존슨에게도 전승되면서, 수백 년 동안 인격을 이해하는 최고의 방법이었다. 일체화시키는 제의의 주제는 파괴적인 에너지가 차이의 체감-조화(felt-harmony)를 통해 변형되는 것이다.[78]

숫자와 미학적 사고

우리는 기호로서의 숫자가 정신적 구조를 — 내적이든 외적이든 감정과 극화를 통해 — 이해하는 데 보편적으로 쓰여 왔다는 점을 — 살펴보았다. 극적 행위 속에서 표현되는 기의(記意)와 같이, 숫자의 구조는 한 문화 내에서만이 아니라 문화들 사이에서도 많은 의미를 지닌다. 우리는 또한 은유로서의 숫자가 기표(記表)의 한 부분이라는 것도 살펴보았다. 즉, 정신적 구조 간의 관계에 대한 역동론/동적 관계론(dynamism)[79]이 은유적인 숫자로 표현되는 경향이 있는 것이다. 우리의 정신은 확실히, 아마도 DNA와 우리가 물려받은 신체적 유산을 통해서인지, 우리가 은유적 숫자에 상상적이고 극적이며 체감적인 관계를 지니게 해준다. 가능한 사례 중에서 보면, 미학적인 사고와 극적 행위 내에서의 숫자들은 은유와 다음 두 가지 유형의 관련을 지닌다.

---

78) 원주: José and Miriam Arguelles, Mandala (Berkeley: Shambhala Press, 1972), 92.

79) dynamism은 동적 체계, 동적 관계론 또는 역동론(力動論)으로 번역될 수 있는데, 여기서는 데카르트 등의 자연학에서 보이는 기계론에 반대하여 모든 현상을 힘과 그 작용으로 인한 것으로 보는 세계관을 가리킨다. 역동설(力動說), 역본설(力本說), 물력론(物力論)으로 번역되기도 한다.

- 행위에 영향을 준다.

숫자의 은유적인 힘은 우리가 세속적인 세계에서 활동하는 방식에 영향을 준다. 삶과 죽음에 대한, 그리고 존재의 특성에 대한 믿음을 통해서, 정신은 인간과 신성에 대한 믿음의 기표(記表) 그리고/또는 기의(記意)로서의 숫자를 사용해 작동하는데, 이런 허구는 일상에 영향을 끼친다. 교육연극에서의 현대적인 사례는 개연성 있는 가설(그 자체로 은유)을 무의식적으로 즉흥극에서 사용하면서도 연희자들이 말로는 설명할 수 없을 때 일어난다.

- 예술에 영향을 준다.

숫자의 은유적인 힘은 예술에 영향을 준다. 그림이나 시는 그 안에 숫자의 은유를 담을 수 있다. (예컨대 "황금분할(the golden mean)" 또는 시각예술에서의 만다라 구조) 우리가 예술작품을 만들거나 인지할 때, 우리의 정신적인 숫자의 은유는 예술작품 안에 있는 그것들과 보통 무의식적으로 소통한다. 이는 특히 드라마와 무대극에 적용된다.

의미의 구조들

"*이런* 즉흥극에 담겨있고 전달되는 의미들은 무엇이고, 그것들은 어떻게 구조화되는가?" 그러나 의미의 체감-구조는 복잡하고 모호하며 역설적일 때도 많다. 그것은 기호론적인 문제만큼이나 의미론적인 문제를 제기한다. 때로는 암묵적이어서 말로 언급하기가 어렵다. 극적 행위에서 의미는 보여주기의 문제지 말하기의 문제가 아니다. 그래서, 다시 한번 우리는 사례에 의존할 수밖에 없다.

미궁

많은 기호학자는 사전을 불만족스럽게 여긴다. 많은 기호(예컨대 단어나 극적 행동)는 일대일로 의미를 지닌 약호(約號)가 아니라 아주 다양한 의미를 담고 있다. 많은 이들이 백과사전도 거의 똑같이 불충분하다고 여기며, 의미는 미궁(迷宮)과 같다고 생각한다. 그러나 미궁 모델은 움베르토 에코에게는 불충분했다. 그래서 그는 사실상 무한한 의미 해석의 모델로 (뿌리줄기처럼 얽혀있는) 망(網 net)을 제시했다.[80] 미궁(labyrinth), 미로(maze), 그리고 망(網 net)은 상상적이면서, 암묵적이고 체감적인 지식을 기반으로 한 많은 언외의(implied) 의미를 내포하고 있다. 그것들은 다차원적이기 때문에, **체감-의미의 구조들에 관한 3차원적인 은유다.**

미궁은 어떻게 체감-의미의 모델을 제공할 수 있을까? 미궁에 관한 가장 오래된 최초의 설명은 그 기능을 무시했지만, 우리는 미궁에서 제의 드라마가 수행되었다는 것을 안다. 알려진 가장 오래된 미궁은 기원전 1800년경 이집트 엘 파이윰의 메디네트에 지어졌다. 하와라에 있는 파라오 아메넴헤트 3세[81]의 피라미드 무덤에서 8km 정도 떨어진 곳이다. 기원전 475년경 헤로도토스는 이것이 피라미드조차 능가한다고 말했다.[82] 이 미궁에는 반대편 문이 있는 실내 궁정(court)이 12개, 서로 통하는 궁정도 12개, 그리고 300개가 넘는 두 종류의 방들 — 방문객들에게 오픈된 지상의 방들과 방부 처리된 왕들과 성스러운 악어들의 무덤들이 있는 지하의 방들 — 이 있었다. 그것들은 모두 하나의 벽으로 둘러싸여 있었고, 대부분 하얀 돌로 지어졌는데, 석고와 방해석일 가능성이 크다. AD 18년 스트라본[83]은 보수상태가 안 좋은 이 미궁을 발견했다. 거기엔 거대한 궁전(palace)이 하나 있었는데, 그 궁전은 예전에 거기에 **놈(nome)**이라 불리는 여러 개의 행정구역(district)이 있었을 만큼이나 많은 궁전(palace); 기둥들로 둘러싸이고 서로 인접해있는 — 모두 일렬로 하나의 건물을 이루고 있는 — 똑같은 수의 궁정(court)들; 수많은 긴 포장 보도(步道); 어떤 외부인도 안내자 없이는 출구를 찾을 수 없도록 구불구불하고 서로 통하는 통로들로 이루어져 있었다.[84] 헤로도투스와 스트라본이 묘사했던 주된 내용은 발굴을 통해 사실이라는 것이 확인되었다.[85] 이 미궁은 정말 엄청난 규모의 구조물이었다.

---

80) 원주: Eco, A Theory of Semiotics and Semiotics and the Philosophy of Language.

81) 아메넴헤트 3세(Amenemhat III ?~BC 1814년) - 이집트 중왕국 제12대 왕조 6대 파라오.

82) 원주: Audrey Selincourt, ed. Herodotus (Harmondsworth: Penguin, 1955), 160.

83) 스트라본(Strabo 기원전(BC) 33/34~기원후(AD) 24년경) - 고대 그리스의 지리학자, 역사가, 철학자. 프톨레마이오스와 함께 고대 그리스에서 가장 뛰어난 지리학자로 일컬어진다.

84) 원주: Strabo (XVII) 1:37.

85) 원주: Paul Edwards의 말을 An Exploration in Religious Education (Independence, Mo.: Harold, 1967), 174에서 인용.

이집트 미궁에 함축된 의미의 구조는 미노스 문명[86]의 중심지 크노소스[87]에 있는 크레타 미궁과 견주어 보면 더 잘 이해된다. 아마도 이집트 미궁보다 오래되었을 그곳은 기원전 1364년 이전에 지어졌었다.[88] 아서 에번스 경[89]의 견해가 있긴 하지만, 크레타 문명은 아마도 고대에 신석기 시대 황소 죽음 숭배 사상을 지녔던 메소포타미아인들이 그곳으로 이주했을 때 시작했을 것이다. 그 황소는 (그리스 신화의) 괴물 미노타우로스가 되었다. 크노소스에 있는 궁전은 네크로폴리스(거대한 공동묘지)면서 동시에 미궁이었다(그에 비해, 이집트는 그 둘을 분리했다). 바닥은 아주 부드러운 재질, 특히 이집트의 것과 같은 석고로 만들어져서, 그 위를 걸으면 바로 손상이 갈 수밖에 없었다. 실제로, 이 건축물은 결코 진짜 궁전으로 쓸 목적이 아니었다. 이 미궁은 저승세계(Netherworld)의 기표였다. 이집트에서 장례 제의를 감독했던 크레타의 전문가들 (케프티우인) 은 시신을 바싹 말려 미라로 만드는 방식 대신 방부처리 방식을 썼다. 그들은 죽음의 제의 드라마에서 사자(死者)들의 나라를 극화했던 것이다.[90] 크레타의 제의는 먼 옛날 최초에는 자연 동굴에서 시작됐었고, 인공 동굴로 옮겨갔다가, 그다음은 공들여 만든 분묘(墳墓)로, 마지막에는 면적이 20,000m²인 장묘(莊廟) 궁전으로 바뀐 것이었다. 풍족한 계급의 시신은 그들이 살아있는 '것처럼(as if)' 다루어졌다. 크노소스의 그림들은 그들의 많은 연예, 오락 행위들을 보여준다. 선형문자 B[91]로 된 점토판에는 장례 비용을 치를 유산과 죽은 자의 영혼을 위한 식량이 표시되어 있었고, 그것들에서 우리는 주재신(主宰神)이 지모신(地母神 Earth Mother) 시토,[92] 즉 데메테르였다는 것을 알 수 있는데, 그녀의 딸 페르세포나는 엘레우시스에서 부활의 상징이 되었다. 크노소스의 미궁-공동묘지 안에는 죽은 자를 위해 제의적 게임과 연희를 벌이는 극장, 즉 넓고 층층이 올

---

86) 미노스 문명 - 크레타 문명이라고도 하고, 시기는 B.C. 3000~1100년경이다.

87) 크노소스(Knossos) - 크레타섬 북안 중부의 도시 이라크리온의 남쪽 5km에 있는 미노스 문명의 유적지. 아서 에번스가 1900년부터 발굴하여 복원함.

88) 원주: Hans Georg Wunderlich, The Secret of Crete, trans. Richard Winston (New York: Macmillan, 1974), 314.

89) 원주: Sir Arthur Evans, The Palace of Minos, 4 vols. (London: Macmillan, 1921-35).

90) 원주: Wunderlich, The Secret of Crete.

91) 선형문자 B - 크레타섬에서 발견된 두 가지 초기 문자 체계 중 두 번째 것

92) 시토(Sito) - 곡식(grain)을 뜻했던 고대 그리스어. 데메테르가 She of Sito라고도 불렸다.

라가는 좌석 계단으로 둘러싸인 작은 직사각형의 연기 공간이 있었다. 파이스토스[93]에는 훨씬 더 넓은 공간과 함께 옆에 두 번째 열의 좌석들이 있었다. 길게 포장된 신성한 길(the Sacred Way)은 곧장 극장으로 이어졌다.

달리 말해서, *크레타의 미궁은 죽음과 부활의 체감-의미를 극화한 3차원적 은유였다.* 그것이 전한 의미들은 복합적으로 구상된 것이었다. 제물을 바치는 희생제와 함께 죽음과 부활을 다루는 제의 드라마에서 죽은 자는 살아있는 것 "처럼(as if)" 행동했던 것이다.[94] 크노소스는 사위일체, 오점형 그리고 원 모양(circle)을 지닌 그 건축물을 막다른 길들, 위아래 방들, 긴 복도들, 거대한 안뜰들과 혼합했다. 이것은 "존재의 비밀"을 나타낸 것이라고 이야기된다. 지모신(地母神)의 제의 드라마를 (그리스 밀교처럼) 거기서 재연했던 것일까? 그건 말하기 어렵다. 그러나 미노스의 동전은 그럴 가능성을 보여준다. 그 동전에는 중앙에 미궁의 표장(標章)이 약호화된 사위일체 구성으로, 장미, 초승달, 황소 또는 여신과 함께, 표현돼있다. 미궁의 체감-의미(felt-meaning) 구조는 특히 다차원적이라 다양한 해석이 가능하다.[95]

로마인들의 미노타우로스와 미궁 신화에 대한 설명은 그리스인들로부터 유래한 것이었다. 플루타르코스[96](XI)는 춤이 그리스에서 생겨났다고 했는데, 오늘날 크레타에서는 결혼 축하연 전에 미궁의 춤을 춘다.[97] 즉 그 가장 오래된 전통에서 유래된 다차원적인 체감-의미의 구조가 여전히 작동하고 있는 것이다. 죽은 자와 미궁

---

93) 파이스토스(Phaistos) - 크레타 섬 중남부에 있던 고대 도시. 크노소스에 이어서 크레타 문명이 번성한 도시로, 궁전 유적이나 선형문자 A를 새긴 점토판, 도기 등이 발굴되었다.

94) 원주: W.H. Matthews, Mazes and Labyrinths (New York: Dover [1922] 1970), 70.

95) 원주: 크레타의 미노타우로스와 테세우스에 대한 그리스 신화는 크레타 미궁이 활발한 종교적 성지였을 때보다 훨씬 후대의 것이었다. 그것의 네크로폴리스(공동묘지)에 대한 묘사가 얼마나 진실된 것인지를 말하기 어렵지만, 현존하는 유적과 비교해봐도 좀 너무 단순해 보이는 면이 있다. 실제로 분더리히(Wunderlich) (The Secret of Crete) 의 크노소스에 대한 묘사는 아주 복잡한 구조를 이루고 있어 에코(Eco)의 "Q 모델"이 지니는 다차원적 망 구조의 의미와 닮았다. 그러나 분명한 것은 크레타 미궁은 기호 또는 모델이었으며, 삶, 우주의 의미와 인간의 정신이 존재를 파악하는 방법을 전달했다는 점이다.

96) 플루타르코스(Plutarch 46년~119년 이후) - <플루타르코스 영웅전>의 저자로 널리 알려진 고대 그리스 시대의 철학자, 정치가 겸 작가.

97) 원주: Evans, The Palace of Minos.

을 연결한 사람도 플리니우스였다. 그가 한 에트루리아인 장군을 위해 지어진 어떤 놀라운 분묘를 논할 때, 거기에 어떤 거대한 지하 미궁이 있다고 했던 것이다.[98] 비슷한 한 에트루리아 건축물은, 호라티우스 가문과 쿠리아티우스 가문의 무덤으로 알려졌는데, 기원후 19세기 후반까지 알바노에 존재했었다.[99] 연금술과 만다라의 제의와 마찬가지로 미궁의 제의도 비밀에 싸여있었다. 미궁의 모양을 단순화한 디자인이 들어간 큰 메달은 로마 제국 전역으로 전해졌고, 거기에 함께 압착돼버린 비밀은 드러나지 않고 있다.[100]

그런 창작물들의 완전한 의미는 어림짐작의 수준에 머물러있지만, *그것들이 미학적인 생각과 감정, 극화로부터 새롭게 생겨나*, 충동과 매체 사이를 왔다갔다하던 진동이 일련의 행위들을 — 건축, 회화, 조각, 음악, 춤, 그리고 드라마에서 — 창조해냈던 점은 분명하다. 근본적으로 그런 체감-의미 구조는 "사느냐, 죽느냐, 그것이 문제로다 ..."에 대한 대답을 암시한다.

초기 기독교 도상(圖像)에는 미궁이 빠져 있다.[101] 최초로 알려진 기독교의 미궁은 오를레앙빌(알제리)[102]에서 발견되었고, 기원전 4세기부터 시작된 것으로 생각된다. 여기에는 로마와 기독교의 전통이 섞여 있었다. 중앙의 암호문(대각선을 제외하고 어느 방향에서도 읽을 수 있음)에는 *거룩한 교회(Sancta Ecclesia)*라고 새겨져 있었다. 기독교의 미궁에 크레타의 극화 전통이 남아 있었던 것이다. 그것은 "존재의 비밀"에 관한 기호로서 예루살렘이나 트로이 같은 우주적 규모의 도시의 배치를 실재

---

98) 원주: 끝이 뾰족하거나 원추형인 기둥들이 아규이에우스(Agyieus 아폴로의 별명) 동전이라 불리는 동전에서 보이는데, 아규이에우스는 델로스(Delos)와 델포이(Delphi)에 신전을 처음 세운 신이었다; 그 둘은 모두 남근(男根)의 기호표현이자 죽음 뒤의 삶을 의미했다. 체인 줄로 종을 매단 "페타수스(petasus 고대 그리스 시대의 차양 모자)"는 "(고대 도시) 도도나(Dodona)에서 과거에 행해졌던 대로" 딸랑거리는 소리를 내는데, 역시 그런 일이 일어났던 크레타의 네크로폴리스와의 연관을 나타낸다고 봐도 무방할 것 같다.

99) 원주: 19세기의 여러 서책에 도해가 실려있다.

100) 원주: 미궁을 주제로 한 것은 전 유럽에 걸쳐 기원 1세기 로마 시대 모자이크 세공품에서 발견된다 (Matthews, Mazes and Labyrinths). 그중 하나는 오스트리아 잘츠부르크에서 원형 손상 없이 보존돼왔는데, 그 중앙에 테세우스가 미노타우로스를 막 죽이려 하는 장면이 그려져 있다.

101) 원주: Matthews, Mazes and Labyrinths.

102) 오를레앙빌(Orléansville) - 아프리카 알제리 북부 엘 아스남(El Asnam)의 옛 프랑스식 이름.

하는 형태로 재연했다.[103] 이런 전통은 바빌론에서부터 기독교 성당까지 계속된다. 기독교의 미궁은 영국 레스터셔주 손튼에서 간단한 핵심적 문양으로 나타나는 사각의 나선형에서부터, 유명한 샤르트르 대성당까지 다양하다. 기독교의 전통은, 미궁의 길을 걷는 것이 예루살렘을 향한 순례와 영적으로 — 극화를 통해 기표가 되는 은유적인 기의로서 — 동등한 일이라고 말했던 것이다.

따라서 **미궁의 구조는 고정된 형태가 아니었다. 그것은 존재의 의미를 은유했고, 단순한 약호를 넘어 미학적, 예술적, 감정적 그리고 도덕적 (혹은 종교적) 다중성으로 나아갔던 것이다.** 이와 똑같은 구조가 정확히 자발적인 극적 행동의 구조다.

미로(Maze)

가장 흔한 미로(Maze)는 포장 보도와 잔디로 된 것들이다. 영국에만도 44개 이상의 잔디 미로가 청동기 시대나 그보다 더 이른 시기부터 있었고, 그 밖의 미로도 전 세계적으로 수백 개가 알려져 있다. 그것들은 미궁의 특성이 있고, 존재의 기표로서 사위일체나 오점형과 매우 밀접하게 연관되어 있다. 그곳들은 **투르비용**(tourbillion: 에너지의 소용돌이, 혹은 물질계에서 아스트랄계로 전이되는 곳) 이라고 부르는 땅 아래에 있는 힘을 밟고 걷는다 여기는 곳으로, 그 힘을 받는 지점은 신성한 배꼽인 **옴파로스(omphalos)** 위에서 추는 신성한 춤에 의해 생성되는 것이었다.[104] 잔디 미로들이 고대의 성소(聖所)나 언덕 꼭대기와 비슷하게 구성된 점을 고려하면, 미로들 중 일부가 사르트르 성당의 포장된 미로와 닮은 점이 많은 것은 놀랄 일이 아니다. 미궁에서 파생된 미로는 중세 말기와 르네상스 초기에 만들어졌다. 바닥에 미로가 있는 기독교 건축물에는 성당과 교회가 포함된다.

103) 원주: Nigel Pennick, The Ancient Science of Geomancy: Man in Harmony with the Earth (London: Thames and Hudson, 1979), 64.

104) 원주: Pennick, The Ancient Science of Geomancy, 65.

그런데 여기에는 역사적인 의의도 있다. 고대 전설에 따르면, 웨일스의 양치기들은 그들이 카이드로이아(Caerdroia: Caer는 "성벽"이며, droia는 "트로이의"를 뜻하니 "트로이의 성벽"이라는 뜻)라고 부르는 잔디 미로를 깎는다, 왜냐하면 고대의 전설에 따르면, 아이네아스(Aeneas)의 증손자가 해방된 트로이 전쟁 포로들을 위한 새로운 도시[105]를 건립하기 위해 갔던 웨일즈가 카이드로이아 뉴이드(Caerdroia-Newydd) ― 트로이의 신도시 ― 라고 불렸기 때문이다. 초서[106]가 살던 시대에도 트로이를 영국(Britain)에 비교하는 것은 흔한 은유였다. 또한 존 리드게이트[107]는 영국을 "마치" 트로이"인 것처럼(as if)" 극화했다. 미로 이름이 로마 시대의 구전설화나 인근에서 발견된 로마 시대 도자기와 동전과 연관된 것은 잔디 미로가 비슷한 기원을 지니고 있다는 것을 말해준다. 이렇게 *미로의 체감-의미 구조는 미궁의 그것과 비슷하며, 차이점은 그 미로가 만들어지는 특정한 맥락에 맞게 고쳐졌다는 점이다.*

제의적인 춤과 게임

엘리자베스 시대의 미로들은 점점 위락(慰樂)적인(recreational) 목적으로 사용되었다. 그러나 시골 지역에서는 특정한 계절마다 그 마을 젊은 부부들이 그곳을 따라 걸음으로써 이교(異敎)적 풍취를 유지했었다. 그 체감-의미의 망 구조(network)로서의 "제의적인 결혼"은 도싯주 핌페른의 트로이 타운이 "명절 때 젊은이들과 학생들이 많이 찾는다고 설명될 때"[108], 민속화 되는 과정에 있었던 것이다. 장검(長劍 Sword) 춤과 모리스(Morris) 춤은, 사위일체와 잔디 미로 전통에도 공통된 다른 문양들에 세심한 주의를 기울이면서, 오늘날에도 공연된다. 민속학자들은 적어도 로마 박물학자 플리니우스[109]만큼이나 오래되었을 사방치기

---

105) 원주: Drychy Prit Oesoedd (1740)의 말을 Matthews, Mazes and Labyrinths에서 인용.

106) 제프리 초서(Geoffrey Chaucer 1343~1400) - 영국의 시인, <캔터베리 이야기>의 저자.

107) 존 리드게이트(John Lydgate 1370~1450) - 영국의 시인. 도덕적이고 신앙적인 장편 시를 주로 썼다.

108) 원주: John Aubrey, ed. Remaines of Gentilisme and Judaisme, ed. J. Britten (W. Satchell, Peyton and Co., 1686). See also W. Treves, Highways and Byways in Dorset (London: Macmillan, 1952), 325.

109) 플리니우스(Pliny A.D. 23-79) - 로마의 박물학자, <박물지(Natural History)>의 저자.

(Hopscotch)[110]라는 게임이 미로나 미궁과 연관돼있다고 여긴다.[111] 땅에 그려진 문양은 사위일체, 오점형, 그리고 원과 밀접하게 관련된 기호다. 이 게임의 다른 버전에서 돌을 던지는 것은 운명을 결정하는 바빌론의 제의에서 왔다. 그리고 (성경) 사무엘기에 나와 있는 것처럼[112], 폴짝폴짝 뛰는 것은 알려진 최초의 시기로는 파라오가 토지 의식(land ceremony) 때 춘 제의적인 춤과 관련되어 있을 수도 있다. 지금은 민속으로 축소되었지만, 제의적인 춤과 게임은 가장 오래된 고대의 전통에서 유래한 체감-의미의 망 구조이다.

표면적으로 크레타에서 카이드로이아까지, 그리고 이집트 미궁에서 샤르트르 대성당과 오늘날의 사방치기까지 이르는 그것들은 서로 거리가 멀어 보인다. 그러나 과연 그럴까? *미궁과 미로와 망(net)은 각각 모든 인간이 직면하는 근원적인 질문 — 삶과 죽음의 의미는 무엇인가? — 에 초점을 둔 체감-의미의 구조 군집(structure clusters)을 나타낸다.* 우리가 이런 의미 구조들이 무엇인지에 대해 정확히 말할 수 없다는 사실은 그저 그것들이 미학적이고 암묵적이며, 감정에 기반을 두고 있다는 사실을 나타낼 뿐이다. 그것들은 명쾌한 언어로 해답을 주지 않는다.

제임스 프레이저 경과 같은 초기의 인류학자들은 이런 체감-의미의 구조를 명확히 밝히려고 노력했었다. 그는 현대의 미궁 춤이 하늘 (또는 지하세계) 을 지나는 태양의 길과 봄이 겨울잠에서 깨어나는 것 — 원시 시대의 비슷한 행사들 — 을 상징하는 것이라고 보았다. 어떤 행사들이 고대에 특정한 의미가 있었다고 해서, "지금 여기"에서도 같은 의미를 지니진 않는다. 다음 세대로 전승되는 것은 체감-의미의 구조였다. 체감-의미가 취하는 형식이지, 체감-의미 그 자체가 아닌 것이다. 인지 구조와 체감-의미의 구조는 모두 기본적으로 내용이 아니라 형식(form)에 의미가

---

110) 홉스코치(Hopscotch) - 땅바닥에 놀이판을 그려 노는 전통 놀이로 전 세계에 분포하는 놀이이다. 우리나라에서는 사방치기라고 한다. 혼자서 또는 여러 명이 할 수 있는 어린이들의 놀이로 선을 긋는 유형이 여러 종류인데, 어떤 것이든 선을 밟지 않고 뛰어넘어야 한다. 모든 칸에는 숫자가 적혀 있어서, 순서대로 밟아나간다.

111) 원주: Lady Alice Gomme, Traditional Games in England and Wales, 2 vols. (repr. New York: Doubleday, 1974), 1:223.

112) 원주: I Samuel 13:32-3.

있다. 프레이저는 칠코틴족 인디언의 풍습을 인용하면서도 이 점을 설명했다. 그들은 일식(日蝕)이 진행되는 동안, 마치 천상에서 — 혹은 어둠의 나라에서 — 해가 그 여행을 끝내는 것을 돕는 것처럼 장대에 기대 원 주위를 걸었다. 이집트 태양신 라(Re)의 야행(Night Journey)과 죽음-부활의 보편적인 드라마의 유사성은 구조적인 것이다.[113]

미궁의 비밀을 게임이나 오락, 민속, 어린이들의 활동에서 바로 찾을 수는 없지만, 크노소스에서부터 로마의 서사시 <아이네이스/이니드(Aeneid)>[114]에 묘사된 트로이 게임들(lusus Troyae)과 트로이 타운들, 그리고 그것들과 연관된 스포츠들까지 계속 이어지는, 일련의 구조적인 체감-의미의 계통이 있다. 이런 행위들이 특정한 (로마의 영국 정복과 같은) 역사적 사건 때문에 체감-의미를 담고 있을 수도 있지만, 그것들의 구조(사위일체, 오점형, 원 등)는 삶과 죽음에 관한 질문과 연관되어 있다. 이런 구조는 우주의 존재와 인간의 존재 둘 다를 기호화/표의(表意)하는 제의 드라마 — "신성한 결혼", 제의적 대항 경기, 운명 결정 게임, 태양의 지하세계로의 여행, 죽은 자를 위한 의식과 관련된 게임 — 에서 사용된다. 이렇게 이런 제의 드라마들이 우리에게 민속으로 전해 내려올 때 중요한 것은 그 체감-의미 구조이다.

이렇게 근본적인 인간 행동과 공연장에서의 연극공연이 모두 존재라는 핵심적인 문제에 중점을 둔다는 것은 결코 우연이 아니다. 삶이란 무엇인가? 죽음이란 무엇인가? 죽은 다음에 삶이 있는가? 미궁에서의 죽음의 의식이 중점을 둔 문제들과 햄릿이 어떤 유명한 해골("아아, 불쌍한 요리크[115]!(Alas, poor Yorick!)")을 붙들고 중점을 둔 문제들에는 똑같이 미궁 같은 구조에 대한 체감-의미가 있다.

---

113) 원주: 플리니우스는 "우리는 이집트 등지의 미궁을 우리가 지금 모자이크식 포장 보도에서 보는 것과 비교하거나 아이들의 오락을 위한 잔디밭에 형성된 미로에 비교해서는 안 된다."(Pliny xxxvi, 19, 4)고 지적한다.

114) 아이네이스/이니드(Aeneid) - 로마시인 베르길리우스가 아이네아스(Aeneas)의 일대기를 소재로 쓴 장편 서사시. 그리스어로는 아이네이스, 영어로는 이니드라고 발음한다.

115) 요리크(Yorick) - 셰익스피어의 <햄릿>에서 무덤 파는 사람이 해골을 파 올린 어릿광대의 이름.

그러나 우리는 어째서 인지적 정확성과 범주화와 이름 붙이기로 그것들을 설명할 수 없는가? 미궁은, 고대의 미스터리 유적들과 같이, 비밀이었다. 그 둘은 이중의 기능 — 성스러운 믿음을 보호하기 위해 외부와 차단하는 기능, 그리고 허락된 참가자들을 수용하는 기능[116] — 이 있었다. 그러나 *그것들이 비밀이었던 이유는 그럴 수밖에 없기 때문이었다. 말로 설명될 수 없었던 것이다.* 즉 미궁, 미스터리 유적, 제의 드라마, 만다라, 십자가와 다른 위대한 감정 (힘) 의 표현들은 단순한 기호보다 훨씬 많은 의미를 교류하는 기표였다. 그것들을 고도의 표의적인/의미심장한 행위로 연행하면서, 인류는 특정한 유형의 — 공연될 때마다 우리에게 다른 경험을 주는 <햄릿>과 유사한 구조의 — 의미를 체득(體得)했다.

모든 종류의 현대적 극적 행위에는 비슷한 유형의 체감-의미 구조가 있지만, 내용은 각각 다르다. 그런 의미 구조는 미학적이다. 그것은 현세적/세속적(실행될 행위)이기도 하면서 허구적(상상된 행동의 의미)이기도 하다. 그 체감-의미 구조는 — 논변(論辨)적이기보다는 암묵적이고 개인적인/내밀한 — 특별한 앎(knowing)의 방식을 제공한다. 이런 앎은 일상적이고 영적인 두 가지 속성을 다 가지며, 결국 하나의 통일체다 — 그것은 하나의 역설이다. 그것은 존재에 대한 화두들(concerns)을 표출해낸다. 다시 말해, 미궁, 미로, 만다라, 십자가, 공연장에서 하는 연극, 그리고 우리의 즉흥적 자기표현의 특성은 미학적이고 다의적인 기의(記意)의 매우 복합적인 기표(記表)인 것이다. 그것들은 감정의 의미를 표상하는 물리적이고 극적인 방식들이다. 사위일체와 오점형의 복합적인 상호관계에 의존하는 그것들은 — 다면적 가치를 지닌(multivalent) 기호체계 — 특별히 의미의 부호들이 넘쳐 나는(over-coded) 망 구조(network) — 다. 예컨대 이 점은 연희자 대부분이 그 연희에 기울이는 몰입을 설명해줄 수 있을지 모른다.

---

116) 원주: Jackson Knight, Elysion: Ancient Greek and Roman Beliefs concerning Life after Death (London: Rider, 1970).

요약

극적 행위에는 구조가 지닌 미학적인 기저 텍스트(subtext)가 있어, 그것이 감정을 표현하고 우리의 체감-세계를 창조해낸다. 이런 목적으로, 우리가 사용하는 매체는 자아(자기표현), 언어(말), 그리고 움직임(몸짓, 자세 등)이다. 우리는 꼭 내용이 없이도, 전적으로 정신적인 실제(reality)들을 창조해낸다. 그것들을 통해 우리는 우리를 둘러싸고 있는 세계를 이해하고 그 기표들을 통해 다른 사람들은 우리의 체감-사고를 추론하는 것이다. 우리는 그런 구성 개념(constructs)들을 창조해 환경을 일목요연화/질서화(order) ― 다양성 속의 일체감을 충족하도록 ― 한다.

기본적인 정신 구조는 구별(differentiation), 어떤 것이 또 다른 것과 관련되어 ― 유사하거나 다르게 ― 보이는 게슈탈트(gestalt)다. 이 게슈탈트는, 정신 에너지의 주된 원천으로, **호모 사피엔스(homo sapiens)**만큼이나 오래되었다. 이것은 언제나 이중적인 것으로 느껴지고, 모든 연극 행동의 기저를 이룬다. '마치 ~인 것처럼(as if)'이 되는 것은 하나 속에 둘이 존재하는 것, 즉 "가면(mask)과 얼굴(face)" ― 어떤 한 자체의 은유 ― 이다.

어렸을 때부터, 우리는 실제적인 것 (진짜인 것) 과 실제적인 것의 표상(정말 진짜는 아닌 것)의 차이를 구별하는 법을 배운다. 정신은 실제적인 것을 극화해 "놀이 세계(the play world)" (또는 미학적 세계) 라는 허구를 창조해낸다. 그러면 실재 세계와 허구 세계는 공존하고, 그것들의 작용은 중첩된다.

감정은 인지적인 이원성과 미학적인 이중성 양쪽 모두에 내재해있다. 데카르트적 사고는 냉철하게 객관적이고 이분법적(binary)이려고 노력하면서 이원성에서 감정을 배제해왔다. 이와는 대조적으로, 모든 극적 행동의 기본 구조는 바로 이중성을 다시 이중화하는 (사위일체) 극중극이었다. 그것은 확실히 감정에 기초해 있다. 정신에 관한 다양한 견해들은 사위일체는 모든 사고의 구조이며, 단지 미학적 사고만의 구조도 아니라고 주장한다. 이런 관점에서, 하나의 기호로서의 2(이중성)는 은유의 초점이다. 이것은 3이라는 우주적 층위로 정교해지고, 그 3가지 층위는 네 번째 지점인 '샤머니즘적 사다리'로 연결되며, 그것은 행위로 창조된다. 사위일체의 중간 지점은 오점형(5)을 이룬다.

　다양한 사례들은 이런 정신적 구조가 원초적인 것임을 보여준다. 부족사회의 드라마에서는 일체성이 다양성보다 우선하며, 숫자는 문자적 의미만큼 상징적인 의미도 지닌다. 이런 사위일체 구조는 미학적(감정적) 속성을 지니며, 그 이후(즉, 부족사회 이후)에 이어진 모든 정신적 구조들의 심층 구조로, 우리 자신의 정신적 구조도 포함한다. 사례는 많이 있다. 가령 미궁은 체감-의미 구조의 3차원적인 은유다. 오늘날 극적 행위에는 비슷한 유형의 체감-의미 구조가 담겨있지만, 그 내용은 다양하다.

4장 전체론과 감정의 동적 양태

감정(feeling)과 정서(emotion) 사이의 넓은 스펙트럼에는 수많은 동적 양태 (dynamics)가 있다. 사실 너무 많아서, 어떤 유형학(typology)도 그것들 모두를 포착해내지 못해왔다.

정신적 동태(動態)/역학관계(dynamics)로서의 감정(feeling)은 작용/활동 (activity)이지, 물체나 상태가 아니다. 그것은 두 개 이상의 정신적 양태(aspects) 사이에서 작동하고, 그 모형(model)은 은유다. 즉, 감정은 "장미"와 "그녀의 뺨" 사이에서 우리가 "그녀의 뺨에 핀 장미들"이라는 은유를 창조해낼 때 생겨나는 것이다. 감정에 의해 만들어지는 에너지는 끊임없이 왔다갔다하는 진동 속에 있다. 그 동적 양태(動的樣態)는 다음 세 가지 방식으로 구조들 사이에서 이리저리 왔다갔다 진동한다.

- 관련된 대상들의 구조에 대한 관념들 사이에서 (예: 장미, 뺨 그리고 그것들의 상호작용)

- 가능한 것들의 상상적 구조들 사이에서

- 그러한 가능성들을 극적 행동을 통해 매체로 확장함으로써

더 나아가, 우리는 원래의 그 은유적 상호작용이 즉흥극과 교육연극에서 재연(re-play)될 때, 그것이 너무 재정비되어 사실상 새로운 감정인지도 계속 알아본다.

우리가 살펴본 바처럼, 인간 유기체 속의 에너지와 감정 그 두 가지의 근원은 바로 구별(differentiation)의 게슈탈트다. 이는 전체적인 관점에서 감정들과 동태들을 논하기 위한 것이다. 전체론은 어째서 감정들과 동태들에 대한 설명력을 지니는 것일까?

전체론과 정신

전체론(holism)에 관해서는 다양한 견해가 있다. 몇 가지 사전적 정의들로는, 실제성(reality)의 기본적 구성 요소들인 실체/독립체들(entities)의 총체; 하나로 합치하거나 함께 작동하는 부분들의 일관된 체계; 부분들의 합보다 더 큰 실체/존재들; 그리고 전체와 부분의 유기적이고/이거나 기능적인 관계 같은 것들이 있다. 여기서 사용하는 정신의 모델은 전체론이 인간을 개별적인 부분들의 집합체가 아니라, 유기적 전체로 본다는 관점에 기초한다. 그것은 일체성과 유사성이 대립, 이분법, 디지털적인 것보다 우선한다고 여긴다. 사고와 행동은 하나의 총체로서 경험되며, 감정은 사고와 행위의 모든 양태에 내재해있다. 이런 전체론의 모델은 다음과 같은 개념에 근거해있다.

- 유기체

  인간이나 다른 생명체들을 목적과 의도에 따라 특징지어지는 유기체로 여긴다. 이런 생각은 인간의 자기 선택(self-choice)과 자기 통제(self-government), 자기 규제(self-regulation)에 중점을 두는 것이다.

- 과정

  삶, 인간환경과 자연환경, 그리고 우주를 과정으로 본다. 이런 생각은 객관/주관의 이분법(dichotomy)을 해체해서 하나의 총체적인(total) 지속적(ongoing) 움직임으로 보는 것이다.

- 에너지

  에너지를 삶의 필수적인 작용력(force)으로 보는 현대적 관점을 받아들인다. 사고와 감정, 행동, 학습은 모두 에너지가 있다(energetic). 그것들은 모두 몸/마음의 이원성/쌍대성을 방지하는 동적 양태(dynamics)에 의해 활성화된다. 그것들은 환경과 활력적 관계를 맺고 있는 자아 (뇌, 정신, 육체) 의 총체성으로 작용한다. 그리고 언어적 측면에서, 그것들은 주로 명사적이기보다는 동사적이다. 전체론은 특정한 맥락이나 환경 (사회적인 것) 내에서 총체적 자아 (개인적인 것) 를 활기차게 전개하는 과정에 초점을 맞춘다.

- 전체/부분의 게슈탈트(Gestalt)

  구별(differentiation)은 부분/부분에서 형성되는 게 아니라 전체/부분 사이의 진동에서 형성된다. 우리는 어떤 순간에는 전체를 "볼(see)" 수 있고, 또 다른 순간에는 부분을 볼 수 있다. 그리고 우리는 이것을 반대로도 할 수 있다.

- 감정

  감정은 유기체의 농적 양태, ㄱ 생각과 행동에서 빼놓을 수 없는 부분이다. 이것은 전체/부분 사이의 진동에서 생겨난다.

- 극적 행위

  실재/허구 세계의 이중적 창조는 모든 유기체의 행동이 극적이고 대화적인 점을 확고히 한다. 이것은 구별(differentiation)에서부터 시작한다. 상상 속에서의 전체/부분 간 에너지 진동은 "~인 것처럼(as if)" 행동할 때 외면화된다.

- 관점

  자신을 다른 사람의 입장에 놓는 것은 (실재적이고 허구적인) 두 가지 관점과 감정을 어떤 사건에서든 체득할 수 있도록 하며, 그것들이 비교되면서 그 사건에 대한 우리의 이해/감지(sense)를 구성한다. 그 모델은 예술, 과학 그리고 사회과학이란 것이 전체적 과정에 대한 관점들이며, 모두 상대적 효용성을 지닌다는 걸 당연시한다. 정신, 뇌, 생태체계(ecology), 행태체계(ethology), 사회 그리고 문화를 가치 있는 하나의 관점으로 이어질 수 있는 추상개념들로 - 하나의 전체적 실체에 대한 부분적 이해로 - 본다.

이런 요소들의 상호 의존은 전체/부분의 관계와 극적 행동의 특성을 이해하는 데 기호학적 연구 방법이 유용한 이유 중의 하나이다. 기호학은 기표/기의를 통해 연구하는 분석적 방법으로, 유기적이고, 과정적이며, 활력적인 전체 내에서 중첩되는 (그러나 꼭 별개의 것일 필요는 없는) 부분들을 분명히 인식할 수 있는 방법이다. **극적 관점에서 볼 때, 행동은 총체적인 기표이고, 생각과 감정은 총체적인 기의이다.**

전체론적인 사고와 행동

어떻게 앎의 주체(that knows)가 그 주체를 알 수 있을까? 인식 대상(the known)의 어떤 기표(記表)든 인식 주체(the knower)를 포함해야 한다. 정신의 모델들은 우리의 감정과 사고, 행동, 그리고 학습 활동을 반영하는 은유이자 기호다. 그것은 역사상, 다양한 관점을 만들어왔던 가치들에 결정적으로 의존한다.

그리스인들은 정신이나 영혼을 우주의 부분이라고 보았다. 사람들, 신들, 우주들, 그리고 자연 사이에는 일체화된 관계가 존재했던 것이다. 플라톤에게, 영혼은 날개 달린 두 마리 말이 끄는 쌍두마차로 인간 본성 내의 긴장을 상징하는 것이었다. 그러나 그는 한 마리는 끌어 올렸고, 다른 하나는 끌어 내렸다. 영혼도 테세우스가 괴물을 죽인 모든 영웅처럼 미노타우로스를 죽였던 크레타의 미궁으로 상징화되었다. 즉 비합리적인 것들이 이성(reason)에 의해 힘을 못 쓰게 됐음을 은유했던 것이다. **소프로쉬네**(sophrosyne "지나침이 없음") 에 의해 지배되고, **하르모니아**(harmonia "조화")로 특징지어지는 문명화된 정신이 생겨났다. 플라톤이 비합리적인 디오니소스와 비극에 반대한 것은 놀랄 일이 아니다. 그런 안타까운 시각은 결국 인간에 관한 인문학을 사회 속에서 개인이 하는 작업으로 초점을 좁히게 하고 말았다.

아우구스티누스[1]는 조화가 아담의 추방으로 무너진 것이라고 말했다. 아담의 영혼이 죄에 의해 자기 스스로와 갈라서게 된 것처럼, 인간 사회도 이기심에 의해 갈

---

1) 아우구스티누스(Augustine 354~430) - 로마 제국의 식민지였던 아프리카 알제리와 로마에서 활동했던 초기 기독교 신학자이자 성직자로 서방 기독교에서 교부(教父)로 존경받는다.

라졌다. 통일성과 조화 이상의 지식을 얻게 됨으로써, 아담은 우주와 그 자신의 영혼 사이의 균형을 깨뜨렸다. 그런 단절/죄(breach)은 구원을 의미하는 십자가상으로 치유되었다. 이 시점까지만 해도, 감정은 서양 사상의 모든 정신 모델에 내재해 있었다.

그러나 데카르트는 정신/육체, 주체/객체, 감정/인지, 인식 주체(knower)/인식 대상(known)을 나누었고, 그 결과 기계론적인 뿌리 은유 속에서, (자신을) 관조하는 정신(the Observing Mind)은 "기계 주위를 떠도는 유령"[2]처럼 떨어진 채로 남아있게 되었다. 홉스는 정신을 물질적 원인으로 격하시키기까지 하는가 하면, 로크는 정신을 지각 정보가 글씨를 쓰는 빈 석판으로 묘사했다. 19세기 무렵 정신은 미리 결정돼있는 것처럼 보였다. 헤겔은 그것이 추상적 범주들과 이성의 관념들(the ideals of reason)로 형성된 것이라고 말했다. 마르크스는 경제적 관계로 형성되었다고 생각했다. 제러미 벤담은 그것을 사회적 원자들(social atoms)이 고통을 피하고 쾌락을 추구하는 것으로 보았다. 다윈은 적자생존의 결과로 간주했다. 실험적 경험론(experimentalism)의[3] 등장과 함께 정신은 완전히 기계장치(mechanism)가 되었다. 그것은 마치 "가동될 준비가 되어있는 유기체적 기계 조합"[4] 혹은 "완전히 혼자서 유지되는 로봇"[5]과도 같아서, 스키너는 인간이 자유롭지 못하다고 말할 수 있었다.[6]

그에 반해서, 칸트가 상상을 우선시하고 변증법이 출현하면서, 진동 모델(oscillating model)의 씨앗이 다시 시작되었다. 헤겔의 변증법은 이원 대립론적

2) 원주: Gilbert Ryle, The Concept of Mind (New York: Harper and Row, 1949).

3) 실험적 경험론(experimentalism) - 존 듀이(John Dewey)가 실용주의(pragmatism)를 집대성하면서 이름을 붙인 철학 이론. 그는 하나의 사물이나 생각에서 중요한 것은 행동의 도구로서 갖는 가치이며, 어떤 생각이 진리인지는 유용성에 달렸다고 주장했다. 실험주의라고도 번역되며, 듀이가 도구주의(instrumentalism)라고 부르기도 했다.

4) 원주: J.B. Watson, cited in Floyd Matson, Image and Affection in Behaviour (Matson Publishing, 1913).

5) 원주: Clark L. Hull, Principles of Behavior (New York: Appleton, 1943).

6) 원주: B.F. Skinner, Science and Human Behavior (New York: Macmillan, 1953).

(binary)이긴 하지만 삼원론으로 확장되었다. 그 변증법은 마르크스와 프로이트를 포함한 다른 사람들에게 받아들여졌다. 프로이트는 더 큰 무의식이 과거의 경험들로부터 만들어져서 현재의 의식을 결정한다고 생각했다. 그러나 그 둘 사이의 **움직임**(the movement) 속에는 전의식(前意識 preconscious)이 있었고, 그것이 꿈의 상징이나 신경증적 환상, 최면, 말실수를 통해 정신적 사건들을 상기했다. 다시 말해, 프로이트의 정신 모델이 결정론적이라 하더라도, 그는 과정과 흐름에 중점을 두기도 했던 것이다. 그가 글을 쓰기 시작한 그 당시 전기가 가정용과 산업용으로 활용되었던 것은 단순한 우연의 일치가 아니었다. 칸트와 프로이트의 씨앗들로부터, 진동 모델은 자라났다.

융은 프로이트의 의식과 무의식의 개념뿐만 아니라 다른 부수적인 아이디어들도 빌렸지만, 두 사람 간의 차이는 깊었다. 프로이트의 정신 모델과 비교해볼 때, 융의 정신 모델은 더 유기적이고 포괄적이었다. 융에게 정신은 단순히 생겨난 것이 아니었다. 그것은 목적이 있었고, 비인과적인 동시성(synchronicity)의 원리[7] — 합(synthesis) 또는 창조된 전체(created whole)를 통한 효능감(effectance) — 를 이용하는 것이었다. 과정적인 움직임이 여전히 삼원론적이었던 프로이트와는 달리, 융은 진동(oscillation)을 사위일체와 관련시켰다. 진동은 네 개의 축(axe)에 기반한 것으로, 사고/감정과 감각/직관이 그것이었다. 이 사위일체는 내용과는 독립적인 것이었다. 더 나아가 이론적으로 무한한 조합이 (오점형을 통해서) 가능했다.[8]

---

7) 원주: 융도 개인적인 어렴풋한 기억과 억압된 내용(repressed materials)을 지닌 개인 무의식과 모든 인류가 공유했던 집단 무의식 - "전승된/내재하는 가능성으로서의 정신기능… 뇌 구조"를 구분한다: (Carl Gustav Jung, Aion: Researches into the Phenomenology of the Self, trans. R.F.C. Hull (London: Routledge and Kegan Paul, 1959]). 융의 집단 무의식 개념은 드 소쉬르, 프라하 학파의 학자들과 다양한 다른 기호학자들이 공유하고 있다.

8) 원주: 정신은 다양한 부분들 사이의 진동을 통해 역동성을 갖는다는 견해는 다른 학자들과 공유하고 있다. 에리히 프롬(Erich Fromm) (The Heart of Man (New York: Harper and Row, 1966]) 은 우리는 정신적으로 한 연속체의 두 양극 사이에서 선택 - 쇠퇴와 성장 - 을 만들어낸다고 말했다. 오토 랭크(Otto Rank) (The Myth of the Birth of the Hero and Other Writings [New York: Vintage Books, 1914]) 와 어니스트 베커(Ernest Becker) (The Denial of Death [New York: Free Press, 1973]) 는 삶과 죽음 사이의 진동 - 정신이 죽음을 거부하고 죽음-속-삶이란 고통스러운 역설 자체를 없앤다 - 을 제시했다. 베커는 우리가 죽음을 거부하기 위해 이데올로기를 창조해낸다고 하는 반면에, 실반 톰킨스(Silvan Tomkins) ("Left and Right: A Basic Dimension of Ideology," in The Study of Lives: Essays on Personality in

개인의 내적 삶에 초점을 맞추는 실존주의자들에게 진동은 근본적인 모델이 되었다. 그 개인은 적어도 한 가지 이상의 대립 쌍의 모임이었고, 자유와 제한 사이에 포착된 "반은 천사이며 반은 짐승"이었으며, 반은 본성 속에 반은 죽음의 공포 속에 사는 존재였다.[9] 이런 역설은 무감무심(無感無心)한 우주 속에 사는 인간이라는 부조리성(absurdity)를 나타냄으로써 통합되었다. 정신은 기대와 현실[10] 사이에서 진동하는 두려움을 느끼면서 두 종류의 이성(reason)을 가지고 작동한다. 기술적인(technical) 이성은 인과관계를 다루며 이원론적 질문에 가(可)/부(不)의 답을 주기 때문에 불안감을 자아낸다. 포괄적(encompassing) 이성은 대안을 다루고 전체론적으로 둘 다/그리고라는 답을 주기 때문에 존재를 발전시킨다.[11]

인지적, 정서적, 미학적, 그리고 정신운동적인 것은 진동하는 동적 양태를 지닌 하나의 전체다. 정신은 타자들을 개별적인 기호들 — 독자적 존재들 — 로 보는 경향이 있기 때문에, 대인관계(interpersonal relationship)는 우리를 대상화하려는 타자들의 항구적인 시도에 맞서 우리 존재의 유동성을 주장하는 항구적인 투쟁인 것이다.[12] 이런 생각들은 깊은 체감을 담아 표현되면서, 실험적 경험론자들의 차갑고 거리감 있는 설명과 대조를 이뤘다. 비슷한 방식으로, 랭(Laing)[13]은 현대 정신의학이 정신의 상태에 대해 잘못된 객관화를 했다고 비난했다.[14] 타자들에게 잘못된 라벨 (객관화된 기호) 을 붙이면, 그것은 잘못된 자아의 창조를 부추긴다.

종종 실존주의자들이 아닌 다수의 현대 사상가들도 정신적 구조들은 그 본래 갖추고 있는 진동의 동태/역동성(dynamics)에 의해 통합되며, 이런 것은 주로 *체감*

....

　　　Honor of Henry A. Murray, ed. Robert W. White [New York: Atherton, 1963]) 는 이데올로기가 정신의 가장 주요한 특징이다: 그것은 우리가 세계 속에서 작동하는 진동하는 가설들을 제공한다고 말한다.

9)　원주: Soren Kierkegaard, Sickness unto Death (New York: Anchor, 1954).

10)　원주: Rollo May, The Meaning of Anxiety (New York: Norton, 1977).

11)　원주: Paul Tillich, The Courage to Be (London: Collins, 1952).

12)　원주: Jean-Paul Sartre, Being and Nothingness, trans. H.E. Barnes (New York: Washington Square, 1953).

13)　로널드 랭(Ronald David Laing 1927~1989) - 영국의 정신과 의사. 반(反)정신 의학의 대표적 제창자.

14)　원주: R.D. Laing, The Divided Self (Harmondsworth: Penguin, 1965).

되는(felt) 것이라고 믿는다. 이런 관점을 따르는 기호학자들에게, 기호는 끊임없는 변화 속에 있고, 정신은 지속적인 과정 중에 있는 것이다. 기표(記表)는 바뀐다. 행동이 기의(記意)를 나타내지만, 그 기의 역시 달라지는 것이다. 우리가 이런 사건들을 엿볼 수 있는 건 연희자들이 사용하는 가면과 역할을 통해서, 그리고 그들이 만들어내는 허구 세계로부터의 추론을 통해서다. 그때 학습과 학습의 기호는 모두 진동하는 감정을 나타낸다.

정신과 두뇌

현대의 뇌 연구 결과는, 그 함의로만 본다면, 감정을 부각해 준다. 그것이 두 가지 상호연결된 — 수평축(좌반구와 우반구)와 수직축(뇌하부와 뇌상부) 상의 — 작용들 사이에 일어나는 일체성과 다양성의 긴장에 기초한 사위일체의 모델을 보여주는 것이다. 그러나 아쉽게도, 많은 연구는 어느 한 축만 다루었고 둘 다를 종합한 연구는 극히 드물었다 (그림 10 참조).

그림10 신경학적 사위일체

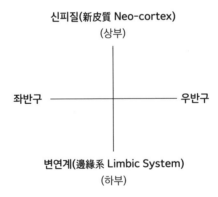

신피질(新皮質 Neo-cortex)
(상부)

좌반구 ——————— 우반구

변연계(邊緣系 Limbic System)
(하부)

수평축 상의 작용에는 두 가지 유형이 있다. 좌반구는 언어적이고 합리적인 양식으로 논리적이고 분석적인 사고를 주로 담당하며, 몸의 오른쪽 부분과 연결되어 있다. 우반구는 전체론적인 양식으로 동시적이고 관계적인 사고(공간적 방향, 예술적인 시도, 공예, 신체 이미지, 표정 인식 등)를 주로 담당하며, 몸의 왼쪽 부분과 연결되어 있다.

이런 수평축 상의 두 가지 정신의 양식은 이원성/쌍대성(duality)이 아니라 서로 역동적으로 관련된 닮은꼴/이중성(double)이다. 즉, 그것들 사이의 연결부분(뇌들보 corpus callosum)은 은유와 같이, 부분의 합 이상의 통합을 허용하며, 현대의 연구에 의하면 개인들 간에 상당한 차이가 나타난다. 그러나 우반구의 비언어적 반응은 좌반구의 언어적이고 논리적인 반응보다 더 빠르다. 이것을 현재의 연구 용어로 바꾸어 말하면, 좌우 반구는 디지털적 구조가 아니다. 그보다는 우반구가 더 원초적인 것으로 보인다. 언어적/논리적인 것은 비언어적/관계적인 맥락 속에서 작동하는 것처럼 보이는 것이다. 좌우 반구가 균형을 이루는 게슈탈트(gestalt)는 좋은 정신 발달을 위해 필수적이다.

수직축 상의 작용들은 다르다. 맥린-파페즈의 이론[15]에 의하면, 뇌심부(변연계)와 뇌상부 (신피질) 사이의 해부학적 구조와 기능에는 차이가 있다. 뇌심부는 본능적이고 정서적인 행동 — 인간이 파충류 이하의 하등 동물들과 공유하는 오래된 구조 — 을 좌우하고, 뇌상부, 즉 신피질은 이성적, 언어적, 논리적 그리고 상징적인 — 인간 특유의 — 사고를 좌우한다.

뇌의 수평, 수직축 상의 작용들은 사위일체와 매우 유사한 정신-생물학적 (psycho-biological) 차이가 있다. 정신은 단순히 이원성의 이분법으로나, 투입과 산출의 기계적 체계로나, 또는 조건화된 반응의 연속으로서 설명될 수 없다. 정신은 그 부분들 사이에 역학관계/동적 양태(dynamics)가 있는 전체이며, 거기서 감정은 그 모든 작용에 스며든다. 실제로, 신경학적인 정신의 양식은 비유, 다의적 상징의 복잡성, 기호 사각형과 매우 유사함을 나타내고 있다(<Drama and Intelligence(연극은 지적행위인가)>에 서술되어 있다).

---

15) 원주: P.D. MacLean, "Psychosomatic Disease and the 'Visceral Brain': Recent Developments Bearing on, the Papez Theory of Emotion," Psychosomatic Medicine, II (1949).

다른 전체론적 모델

오늘날 현대의 사상가들은 다른 정신 모델에 대해 논쟁하고 있는데, 그들 중 다수는 전체론적이다. 여기서 그들에 대한 우리의 관심사는 그들이 극적 행위에서의 감정의 중요성에 대한 우리의 시각을 넓혀주느냐 하는 것이다.

현대의 많은 모델은 은유로서의 정신에 집중된다. 줄리언 제인스[16]는 그런 모델을 대중화시켰다. 정신은 물리적 세계에서 행태(behaviour)의 은유(metaphor) 또는 유사체/아날로그(analogue)로 작동한다는 것이다. 그래서 의식(意識)은 은유적이다. 그것은 영역을 나타내는 지도(map)다. 뇌와 그것이 관계항(referents)을 이루는 요소들 사이의 동태/역학관계(dynamic)인 것이다. 제인스는 의식이 다음과 같은 것을 통해 정신 작용을 하나로 만든다고 말한다.

- 공간화(spatialization) - 시간과 공간의 차원들

- 발췌(exertion) - 선택된 영역들의 지도들

- "주체로서의 나(I)"와 "객체로서의 나(Me)"의 유사체(analogue) - 실행(doing)을 하고 실행의 대상이 되기(being done by)를 기대하는, 시간과 공간 속에서 움직이는 우리 자아의 투사된 의인화

- 서사(敍事 narration) - 합치(congruence)와 속행(續行 sequence)을 위한 사건들의 선택

- 화의(和議)/조정(conciliation) - 생각의 의식적인 상호 동화(assimilation)[17]

이러한 모델은, 구조론/구조주의에 기반한 것으로, 융과 그 밖의 학자들로부터 파생한 것이다. 비록 인기는 있지만, 드라마티즘/극적행위론과는 아주 약간의 접점만 있을 뿐이다.

---

16) 줄리언 제인스(Julian Jaynes 1920~1997) - <양원적 정신의 해체와 의식의 기원>(1976)이란 저서로 알려진 미국의 심리학자.

17) 원주: Julian Jaynes, The Origins of Consciousness and the Breakdown of the Bicameral Mind (Boston: Houghton, Mifflin, 1976).

더 중요한 것은 개념적으로 유사성과 은유에 기초한 홀로그램 모델이다. 칼 프리브램[18]은 감각피질(과 기타) 세포들이 홀로그램 식으로 코드화한다는 것을 보여준다. 각각의 부분이 전체가 아는 것을 아는 것이다. 그 전체 유기체의 개방적이고 유목적(有目的)적인 시스템은 진동을 통해 환경을 대상으로 작동하는 한편, 감정을 포함하는 주관적 경험은 그 뇌의 **그런 구조**를 바꾼다.[19] 그렇다면 그것은 미학적 사고와 학습에 매우 중요하다. 홀로그램적인 관계가 더 많이 쓰일수록, 그것들이 더 강해지는 것이다. 이 주제에 관해서는 8장에서 살펴볼 것이다.

중요한 것은, 현대의 모델들 다수가 대화와 역설이 있는 은유와 연결된다는 점이다. 그중 상당수는 마르틴 부버[20]를 따르는데, 그는 자신의 정신 모델에 무대 은유(theatre metaphor)를 사용했다. 부버, 바흐친 등에게 있어, 정신은 변증법이 아니라 대화에 집중한다.[21] 삼원(三元)적 구조가 아닌 것이다. **대화의 형태는 두 발화자가 만들어내는 이중의 게슈탈트(gestalt)다** — 심리적인 것들과 사회적인 것들이 상호 의존적으로 존재하는 사위일체인 것이다. 극적인 감정은 정신의 우화(羽化)/탈바꿈(emergence)에 중요한 열쇠이다. 인간이 몰두할 곳은, 사람이 대상으로 보이는 "나와 그것(I and It)"이 아니라, 체감-과정적 관계인 "나와 너(I and Thou)"여야 하는 것이다. 진리의 객관적 개념(추상 개념)에서는 두 대립체(contraries) 중 하나만이 진실일 수 있지만, 우리가 살고 극화하는 바의 삶의 현실에서는 그것들이 분리될 수 없다. 차이의 일체화는 대화의 가장 핵심에 있는 비전(祕傳)의 진리(mystery) 중 하나다.[22]

---

18) 칼 프리브램(Karl Pribram 1919~2015) - 미국의 뇌생리학자, 신경외과 의사. 실험을 통해 좌우뇌가 완전히 분리된 것이 아니라 서로 유기적으로 연결돼 있고, 기억이 뇌 속의 특정한 부분에 있는 것이 아니라 뇌 전체에 분산되어 뇌 전체가 함께 기억하고 있어 뇌의 작용이 홀로그램적임을 증명했다.

19) 원주: Karl H. Pribram, Languages of the Brain (Englewood Cliffs, NJ: Prentice Hall, 1981).

20) 마르틴 부버(Martin Buber 1878~1965) - 독일의 유대인 사상가, 이스라엘 히브리대 사회철학 교수.

21) 원주: Martin Buber, I and Thou (New York: Scribner's, 1958).

22) 원주: Maurice S. Friedman, Martin Buber: The Life of Dialogue (New York: Harper, 1969).

아서 쾨슬러[23]는 행위의 통일은 이중적 동태/역학관계(double dynamic), 둘 이상의 사고 매트릭스 (또는 준거틀) 의 이중 연상(bi-sociation)[24]을 나타내는 기표이기에, 역설의 두 부분이 함께 연결돼 있고 그것이 큰 에너지를 방출해 상당한 체감력을 지닌다고 말한다.[25] 이런 관점에서 은유와 드라마는 자기 발견적/직감적인(heuristic) 장치다. 그것들은 같지 않은 범주들의 유사점을, 그 대립체들(contraries)과 그 역설(paradox)을 통해서만이 아니라 거의 관계없는 생각이나 경계를 넘어서는 직관적인 도약 속에서도 재검토한다. 프랭크 배런에 따르면[26], 질서/무질서, 확신/의심, 자아 건강성(ego-strength)/불안, 폐쇄성/개방성, 이성적/직관적과 같은, 역설은 창조성의 핵심(crux)이다. 쾨슬러는 "홀론(holon)" ("전체(whole)"와 "원자(atom)"를 합성한 이중적인 가공(架空)의 존재) 란 것을 상정하고, 그것이 이중 연상(bi-sociation)의 교차점에서 생겨나며, 에너지와 감정의 기원이라고 설명한다.

주요한 전체론적인 생각 중 하나는 진동을 "시너지"로 확장한다. 두 가지 동태/역학관계(dynamics)가 서로를 발전시키고 나선형으로 진전된다는 것이다. 이것은 물리학[27]이나 심리학[28] 등 다양한 분야의 생각에 영향을 미쳐 왔다. 이것은 폰 베르탈란피[29]의 일반체계 이론[30]을 통해 생물학계에도 전해지는데, 그 이론은 생명은 점

23) 아서 쾨슬러(Arthur Koestler 1905~1983) - 헝가리 출생의 영국 소설가, 언론인, 사회철학자.

24) 이중 연상(bi-sociation) - 서로 관계없는 두 가지 요소를 연결하여 연상하거나, 전혀 무관한 두 가지 사고 패턴에서 가져온 요소들을 하나의 새로운 패턴으로 만드는 것을 말함.

25) 원주: Arthur Koestler, The Act of Creation (New York: Macmillan, 1964).

26) 원주: Frank Barron, Creativity and Personal Freedom (Princeton: Princeton University Press, 1968).

27) 원주: R. Buckminster Fuller, Synergetics (New York: Macmillan, 1975).

28) 원주: Abraham H. Maslow, Motivation and Personality (New York: Harper and Row, 1954).

29) 폰 베르탈란피(Ludwig von Bertalanffy 1901~1972) - 오스트리아 출신의 이론생물학자. 개체발생에 관한 기계론과 생기론(生氣論)의 대립은 복잡한 시스템인 생체가 가진 높은 조절 기능을 고려함으로써 해결할 수 있다고 유기체론을 주장.

30) 일반체계 이론(general system theory) - 1930년대 생물학자 베르탈란피가 창시한 개념으로, 체계라는 것을 서로 관계하는 요소의 집합으로 보고, 생물학, 물리학 등의 자연과학 분야로부터 사회학, 심리학, 정신병리학, 인류학, 역사학, 심지어는 철학 등에도 적용할 수 있는 체계의 개념을 통해, 환경과 상호작용하는 인간 행동과 사회 현상 및 문화 현상까지를 전반적으로 설명하고자 하였다.

점 더 높은 비율로 구별(differentiation)을 전개해간다고 말한다[31]. 전체는 부분으로 축소될 수 없으며; 그것들의 발전된 형태는 이전의 형태와는 질적으로 다르고; 정신을 포함한 모든 유기체는 동적이며 환경과의 상호작용 속에 열려 있다는 것이다. 또 다른 생물학자인 조너스 소크[32]도 부버, 배런, 윌리엄 블레이크 등과 같이 역설에 동의한다. 생명은 반대를 조화시키며, 정신은 물리적, 화학적, 생물학적, 사회생물학적 시스템을 결합해 그러한 자질을 발휘한다는 면에서 그런 것이다. 그레고리 베이트슨[33]은 시너지의 진동은 정신이 인공두뇌학적 시스템과 같은 특징을 갖는 점이라고 밝힌다. 문제는 분열 생성(schismogenesis) ― "생각의 구조 속에서 점점 커지는 균열"[34] ― 에서 발생한다고 그는 말한다. 반대/갈등이 아닌, 닮음/조화는 그런 모형의 구조적 기초다. 이런 모델과 현대 정보이론 사이에는 유사성이 있다. 현대 정보이론에서 구조적인 역학관계/동태는 내용과는 무관하며, 거기서는 '매체 그 자체가 메시지'[35]다. 이런 뿌리 은유 속에서 사위일체(quaternity)는 진동이 작동하는 신경회로의 토대다. 그러나 또 오점형(cuincunx)을 통해 무한대로 확장할 수도 있다 (최소한 이론적으로는 그렇다).

현대의 전체론적 모델이 함의하는 바들은 주목할 만하다. **정신은 확률(probability)** (현대 정보이론, 과학, 수학의 토대)**의 문제를 다루며, 그것은 가설과 추정의 측면에서 기능한다. 거기에 활용되는 상상력은 가능성(possibility)을 만들어낸다.**

우리가 이미 살펴봤듯이, 상상은 은유적이고 행위와 밀접히 연결되어 있고, 상징

31) 원주: Ludwig Von Bertalanffy, Robots, Men and Minds (New York: George Braziller, 1967).

32) 원주: Jonas Salk, Man Unfolding (New York: Harper and Row, 1972); Jonas Salk, *Survival of the Wisest (New York: Harper and Row, 1973).*
역주: 조너스 소크(Jonas Edward Salk 1914~1995) - 미국의 의학 연구자 및 바이러스학자. 소아마비 백신을 개발한 것으로 유명함.

33) 그레고리 베이트슨(Gregory Bateson 1904~1980) - 영국의 인류학자, 사회과학자, 언어학자, 시각인류학 연구자, 기호학자, 대표작으로 <마음의 생태학(Steps to an Ecology of Mind)>(1972)와 <마음과 자연(Mind and Nature)>(1979) 등이 있다.

34) 원주: Gregory Bateson, Steps to an Ecology of mind (New York: Chandler, 1972).

35) 원주: Jeremy Campbell, Grammatical Man: information, Entropy, Language and Life (New York: Simon and Schuster, 1982).

화의 기본이며, 미학적인 속성이 있다. 이렇게 전체론자들이 은유적으로 정신을 사위일체로 이해할 때, 그들은 삶을 희비극으로 그려낸다. 그 희비극 속에서 정신은 대화를 통해서, 그리고 현세적/세속적이고 인간적인 감정들을 넘어, 그리고 사고, 행동, 학습에 대한 이해를 넘어, 메타 수준에서 삶을 풀어내는 것이다. 기표로서의 학습 행동에 대한 모델과 연결되는 사위일체는 강력한 설명 도구가 된다.

진동과 에너지

현대 과학에서 물질은 궁극적으로 에너지로 환원할 수 있고, 에너지는 그 자체로 질량을 지닌다는 점을 보여준다. 달리 말해서, 에너지는 물질이 **행하는(does)** 어떤 것(something)이 아니라, 물질이 **존재하는(is) 양태(what)**다. 마찬가지로 **에너지는 드라마의 존재 양태(what drama is)다.** 자아와 세계의 관계는, 극적 행동에서의 자아들의 상호관계도 포함해서, 에너지가 관계의 구조를 변조해가는(modifies) 교류(transaction)다. 감각 작용들은 활발하고, 서로 관련되어 있으며, 상호작용적인 체계다.[36] 그것들은 통합된 활동 (실재적이기도 허구적이기도 한) 속에서 상호작용함으로써, 사람들을 포함해, 경험되는 세계와 적극적으로 공조(共助 co-operate)한다. 그 세계는 — 빛, 소리, 공기, 열, 날씨, 계절, 그리고 생명을 지닌 유기체적 경험이라는 — 자연의 리듬으로 우리의 감각들에 영향을 미친다. 우리는 삶을, 변조되고 끝없이 고동치는 모든 존재의 리듬감 있는 교류로서, 서로서로 그리고 전체와 함께, 경험한다.[37]

어떤 의미에서 감정(feeling)과 정서(emotion)는 비교하는/상대적인(comparative) 방식으로 경험된다. 그것들이 그런 리듬감 있는 교류와 유사하거나 다르다는 점에서 그렇다. 우리의 두려움이 호랑이가 방으로 걸어 들어올 때 생긴다면, 그때 우리가

---

36) 원주: James J. Gibson, The Senses Considered as Perceptual Systems (Boston: Houghton, Mifflin, 1966).

37) 원주: John W. Dixon, Jr, "The Metaphoric Transformation: An Essay on the Physiology of the Imagination," Sociological Analysis, 34:1 (1973): 61-2.

하게 되는 교류(transaction)는 우리 집 고양이가 방으로 걸어 들어올 때의 경험과는 매우 다르다. 리듬이 바뀌고 교류가 달라진 것이다. 그리고 호랑이일 때는 고양이일 때의 일상적인 경험과는 다른 감정과 정서를 가진다는 것을 우리는 인식한다.

우리는 극적 활동에 참여하면서, 에너지를 리듬감 있게 교류한다. 당신과 나는 함께 연결되어 원상(原象 pattern)과 반영상(reflex)의 모습으로 행동한다. *극적인 관점에서 의식(consciousness)은 자기를 인식(self-aware)하면서 동시에 타자로서의 상대방을 인식하는 것이다.* 자아와 다른-자아 간의 역학관계(dynamics)는 다양한 은유적 관계 — 여기-저기, 이것-저것, 내면-외면 등 — 를 설정한다 — 여러 가지 것들이 체감-의미와 목적으로 변환되는데, 그것들을 우리가 '하나인 것(a thing)'으로 (잘못) 볼 수 있는 것이다.[38] *감정은 그 변환에 수반되지만, 정도는 각각 다르다.* 자기인식은 우리의 체감-반응과 목적을 구체적으로 만들어낸다. 자발적인 극적 행동에서, 실생활이나 즉흥극에서, 우리의 반응은 그 행위를 계속 진전시켜 나가려는 목적으로 이어진다.

요컨대, 우리는 분석적인 지성이 우리를 가르쳤던 것처럼, 정신과 세계를 단순히 객관적인 것들 (또는 명목적 존재) 이라고 생각해서는 안 된다. 우리는 과정이 물체만큼 실제적이고, 관계가 물질만큼 실질적이며, 리듬이 근육의 배열만큼 우리 경험의 상당 부분이라는 사실을 받아들여야 한다. 이 점은 드라마에서 특히 그렇다. 극적인 관점에서 보면, 개별적인 자아나 개별적인 자연 같은 건 없다. 우리는 자연의 질서와 끊임없는 상호작용 속에 있으며, 그 작용이 일어나는 활기차고 극적인 과정은 은유적이다. 우리는 서사(narratives)를 행동화/구현(enact)하고, 세계에 대한 우리의 이해를 형성하는 신화를 제의화한다. 그런 과정이 바로 '문화'이다. 문화는 은유이고, 인간 상호 교류(transaction)를 위한 수단이다.[39] 은유는 우리가 **행하는 (do)** 것이고, 흔히 말하는 바와 같이, 우리는 그 결과와 함께 살고 있다.

---

38) 원주: Dixon, "The Metaphoric Transformation," 63.

39) 원주: Dixon, "The Metaphoric Transformation," 64.

은유와 움직임

은유화(metaphorization)는 이중의 과정으로부터 시작된다. 일단 그 맹아(萌芽)는 실재적/허구적의 닮은꼴/이중화(double)로 작동하고, 은유화는 다음 단계이다. 이것은 정신의 기본적인 행동이다. 그러나 우리가 살펴보았듯이, 은유는 상상에 기초한 동태/역학관계(dynamic)다. 극적인 특성이 있고, 계속 과정 중에 있는(in process), 지속적인 이중화(double) 활동인 것이다. "그녀의 빰에 핀 장미들"이라는 예를 다시 한번 들어 보면, 빰 = 실재적인 것, 장미 = 허구적인 것. 그러나 새로운 전체로서 합쳐지면 은유가 일어난다. 즉 우리가 살펴본 것처럼, 1 + 1 = 3이다.

그러나, 이것은 이 문제를 명목론적으로, 인지론적으로 언급하는 것이다. 과정론적으로 다시 말하면, "장미"와 "빰" 사이의 역학관계/동태(dynamic)는 그것들 상호관계상 더 큰 동적 양태를 만들어낸다. 이런 과정적 은유는

- 하나의 과정으로서 시간 속에 존재한다.
- 하나의 움직임(movement)이지 형태가 아니다.
- 체감-의미를 만들어낸다.
- 에너지로 작용한다.

이와 똑같이, 문화와 사회 그 자체도 마찬가지로 과정적(processual)이라는 게 바로 빅터 W. 터너의 관점이다.[40] 체감-역학관계(felt-dynamics)에 내재한 움직임은 항상 합목적적(purposive)이다. 그래서 비교를 거치거나/상대적이거나(comparitive) 순차적(sequential)일 수 있지만, 꼭 그런 건 아니다. 종종 하나의 참조틀/연계틀에서 다른 틀로 진동하거나 도약하는 움직임을 지니고, 그래서 연상, 공감각 그리고 유사한 유형의 체감-사고를 활성화하기도 한다.

모든 형태의 자발적인 극적 활동은 다음과 같은 유사한 동태(dynamic)를 지닌다.

---

40) 원주: Victor W. Turner, The Ritual Process: Structure and Anti-Structure (Harmondsworth: Penguin, 1974).

- 사람들 사이에 과정으로서 시간 (현재시제) 속에 존재한다.

- 지속적인 움직임 속에 있어 절대 정적이지 않다.

- 연희자들 사이에서 에너지로 기능하며, 만약 청중이 있다면, 연희자(players)와 관람자 (spectators) 사이에서도 그렇다.

연희자들은 행동하면서 은유적으로 생각하고 느낀다. 그래서 그들의 연희가 체감-역학관계/동태(felt-dynamics)에 근거하고 있다는 것은 놀랄 일이 아니다.

어떤 면에서 보면, 모든 은유와 극적 행동이 두 에너지 사이의 도약이다. 은유적이고 극적인 구조 체계는 하나의 논리적 류(類 class)에서 다른 류(類) 사이의 도약을 가능하게 한다 — 인간의 창조적 행태에 힘을 불어넣는 것이다. 특정한 순간에, 각각의 연희자들은 메시지를 생성해내는 다양한 기호 중에서 선택할 수 있고, 기호를 중계(relay)하는 행동을 고름으로써, 그들은 새로운 세계를 구성하거나 기존의 세계를 재구성한다. 불연속적인 것들이 연속적인 것이 되고, 연속적인 것들이 불연속적인 것이 되는 — 그리고 감정이 변하는 — 것이다.[41] 달리 말하면, 내적 관계들의 감정을 가지고 연희(play)하거나 재연(replay)하는 것은 창조적 행동을 위한 기반이다. 이런 유형의 정신적이고/이거나, 극적인 연희는 결국 꿈, 시(詩), 상상, 자발적 즉흥극, 신비한 종교 체험, 과학적 창의성, 그리고 모든 유비(類比)적(analogical) 행동을 포함하는 무한한 수의 가능성 있는 창조적 연희를 만들어낸다. 아무튼 잠재적으로, 모든 인간 행동은 감정을 가지고 하는 우리의 연희에 기원을 두고 있다. 흥미롭게도 각각의 이런 행동에는 그 나름의 감정이 있다. 어떤 은유도, 어떤 극적 행동도 아주 똑같지는 않다.

실생활과 즉흥극 속의 자발적 드라마에서, 감정은 다음과 같은 것들에 따라, 매우 다양한 변수를 가지는 것으로 보인다.

---

41) 원주: Floyd Merrell, Semiotic Foundations: Steps toward an Epistemology Written Texts (Bloomington: Indiana University Press, 1982), 41-2.

- 그 행위의 양면 (예 : "장미"와 "뺨")

- 그 창조되는 관계

- 둘 이상의 그 관계자들

- 그 맥락

- 그 행위를 지속할 필요성

- 그 플롯, 주제, 장르

그러나 이런 유형화(類型化)가 감정의 특유성을 충분히 설명하지는 못한다.

플로이드 메렐은 이를 설명하는 데 도움이 되는 두 가지 사례를 든다. 첫째로, 우리가 다른 종교로 개종했다면, 그것은 하나의 정신 구조에서 다른 구조로 옮겨간 것이다. 우리는 대체 감정이 있는 다른 영역/세계(realm) 속에서 살아갈 줄 안다. 둘째로, 우리 목적에 더 부합하게 말하자면, 우리가 어떤 예술적 정신 구조 (가령, 비올라 스폴린[42]의 즉흥극 형식) 속에서 작업한다면, 우리는 암묵적으로 특정한 관습, 행태 양식, 감정의 범위를 유지한다. 그러나 혹시 우리가 예술적 시각을 바꿔야 하거나 (가령, 키이스 존스톤의 즉흥극 스타일에 맞춰)[43], 우리의 창조적 행태를 어떤 식으로 교체해야 한다면, 그때 우리는 다른 영역으로 옮겨가는 것이다. 그 영역에는 잠재적으로 무한한 수의 많은 대안이 존재한다. 우리에게는 지금 두 종류의 다른 감정이 있고, 적어도 이론상으로는, 잠재적으로 무한한 그런 조합이 있다. 그러나 어떤 맥락에서든 택할 수 있는 감정의 수는 이론적으로 한계가 있다. 은유적이고 극적인 과정들을 가지고 연희하는 것은 선택을 만들어내는 것이다.[44]

---

42) 비올라 스폴린(Viola Spolin 1906~1994) - 미국의 연극교육자, 연출가. 배우들이 현재의 순간에 집중하고 선택할 수 있도록 하는 창의적인 연출기법을 만들었다.

43) 원주: Keith Johnstone, Impro (London: Faber and Faber, 1979).

44) 원주: 리쾨르(Ricoeur)는, 야콥슨(Jakobsen)의 은유와 환유에 관한 유명한 논문을 다루면서, (은유와 환유 같은) 그런 특성의 예는 풍부하다고 지적한다: "시적 형상들을 보면 때로는 리얼리즘에서처럼 환유가, 때로는 낭만주의에서처럼 은유가 우위를 점한다. 회화에서는 환유를 입체주의(cubism), 은유는 초현실주의(surrealism)와 연결해 말할 수 있다. 영화에서는 D.W. 그리피스(D.W. Griffith)의 제유법적 클로즈업과 환유적 몽타주가 찰리 채플린의 은유적 몽타주와 대조된다." (The Philosophy of Paul Ricoeur, ed.

은유와 극적 행동의 창조적인 면은 (대표상(代表像)으로 쓰는)[45] 아이콘 같은 (iconic) 속성이 있다는 점이다. 두 감정 사이의 유사성 — 통일체(unity)이기도 한 이 중적인 것(double) — 을 창조해내 일체화(in one)하는 것이다. 이 점은 연희자가 그 것들 사이에 끼어들 수 있도록 해준다. 그것들이 통일체이기 때문에, 그 개입은 그 감 정 양면 모두에 영향을 끼친다. 이것이 우리가 은유라는 "연희/놀이(play)"에 관해 이 야기할 수 있는 이유이다. 연희자(player)에게는 그 병렬 구조를 정교화(elaborate) 할 선택권이 주어진다. 이것이 일어나면, 그 연희/놀이는 새로운 감정들을 창조하고 그에 따른 동적 양태/역학관계들(dynamics)이 새로운 – 즉, 연희자에게 새로운 — 상황 속에서 작동한다. "좋은 은유는 유사하지 않은 것들 사이에 있는 유사성에 관 한 직관적인 인식을 함축하고 있다."라고 말한 사람은 바로 아리스토텔레스다.[46]

극적 연희(dramatic play)는 살아있는 은유다. 은유 안에서 우리는 이중의 의미를 가지고 연희한다. "문제의 양면을 보거나" 생각의 "뒤집기/이면(flip)"를 만드는 것이 다. 이것은 끊임없이 왔다갔다하며(alternate), "전환(switch)"하는 것이다 — 실 재적인 것과 허구적인 것 사이에서 말이다 — 그 각각은 서로를 닮는다.[47] 누가 나폴 레옹 "인 것처럼(as if)" 연기하는 것은 두 가지 일을 하는 것이다. 나폴레옹이기도 하고 자기 자아이기도 하면서 — 두 가지 모두를 느끼는 것이다. 유사성은 둘 다 현

Charles Reagan and David Stewart [Boston: Beacon Press, 1978], 177-8). 그러나 리쾨르는 혹시 그런 특성이 별개의 범주들로 확대된다면, 훨씬 가치가 떨어질 것이라고 경고한다.

45) 이해를 돕기 위해 역자가 삽입.

46) 원주: 그러나 아리스토텔레스의 말에도 불구하고, 우리는 은유를 배운다. 우선, 우리는 "이중성/닮음(the double)" 안에서 효율적으로 생각하고 행동할 줄 알게 될 때, 창조할 줄 알게된다. 그런 학습에 기본이 되 는 것은 두 가지 이해: "긴장, 모순, 논란은 중재/조정(reconciliation)의 반대편일 뿐이며, 그 조정 속에 서 은유가 '이치에 맞는다/뜻이 통한다(make sense)'"는 이해와 "유사성(resemblance)은 그 자체가 서술 적 사실이며, 모순이 긴장 속에 자리 잡는 똑같은 측면들 사이에서 작동한다"는 이해 두 가지다. (Ricoeur, Philosophy, 195). 이런 학습은 놀이에 그 기초를 두고 있다.

47) 원주: 이 과정에 대한 또 하나의 시각은 은유를 일종의 "범주 오인(誤認)" - "어떤 범주에 속하는 사실을 또 다른 범주에 적합한 어법/표현형식(idioms)으로 표현하는 것" - 으로 보는 것이다: (Ryle, The Concept of Mind, 10). 시, 소설 또는 노래에서의 은유는 어떤 한 사물을 그것을 닮은 또 다른 사물의 측면에서 언 급하는 것이다. (Ricoeur, Philosophy, 197). 선화(線畫), 채색화, 조각에서의 은유는 어떤 것을 통상 지각 하는 방식과 - 유사성이 있기는 하지만 - 다른 방식으로 지각하는 것이다. 같은 방식으로, 아이들이 "엄마 아빠" 놀이를 할 때도 "범주 오인"이 수반된다: 그들은 "닮은꼴/이중적인 것(double) (실재적인 것과 상상 되는 것)"의 양면 간에 정신적 "뒤집기(flip)"를 하는 것이다.

재 속에 살아있다는 사실에 있다 — 자아는 실재의 현재에, 나폴레옹은 허구의 현재에 말이다. 인간인 행위자 (실생활에서든 연극에서든) 는 특정한 속성의 감정 – 성공했을 때의 성취감, 더 강한 자아개념, 타인을 상대하는 자신감 — 을 만들어내는 은유적 질서화/정리(order)의 기호다.

체감-학습의 핵심 요인들

전체론적 시각에서 볼 때, 에너지의 진동은 우리에게 각각 서로 밀접하게 관련된 학습의 가장 중요한 두 요인을 생각해보게 한다.

- 직관(intuition)과 능력(skill)은 둘 다 창의적 인간이 되고 문제를 해결하는 데 필요하다.

아리스토텔레스의 관점에서 보면 "치환 은유(epiphor)"[48]와 "병치 은유(diaphor)"[49]는 하나이다. 시각(視覺 vision)과 구조는 공존하는 것이다. 놀이(play)하는 어린이는 이것이 역설(paradox)이라는 점을 배운다. 이것을 진 코헨[50]은 "의미상의 엉뚱함(semiotic impertinence)"[51]이라 하고, 리쾨르는 "동일성(identity)과 차별성(difference)을 대비시키며 통합하는 유사성(resemblance)의 개념구조"[52]라고 한다. 놀이의 창조성에는 예술가의 창조성을 닮은 특별한 감정이 있다. "은유의 다중적 지시항/관계항들(referents) 사이의 유사성 인지, 어떤 미학적 경험을 갈망하는 사람, 그리고 시적 허용이 가능성이 없어 보이는 것들을 가능한 한 많이 포함하려고 노력[53]하는 것이다.

....

48) 치환 은유(epiphor) - 원관념과 보조관념 사이의 유사성과 차별성 중 유사성이 강조되는 은유. 직접적으로 A는 B라고 언급하는 전통적인 은유를 말한다.

49) 병치 은유(diaphor) - 원관념과 보조관념 사이의 유사성과 차별성 중 차별성이 강조되는 은유. 직접적으로 A는 B라고 언급하지는 않지만, 맥락과 구조를 통해 은유하는 것으로 현대시에 이런 경향이 많다. 치환은유와 병치은유라는 말은 P. 휠라이트가 아리스토텔레스의 이론에 기초하여 은유를 병치와 치환의 방식으로 구분하여 만들어 낸 말이다.

50) 셀마 진 코헨(Selma Jeanne Cohen 1920~2005) - 미국 시카고 출생. 예술로서의 춤에 헌신한 역사학자, 교사, 작가, 편집자.

51) 원주: Selma Jeanne Cohen, ed., The Modern Dance (Middleton, Conn.: Wesleyan University Press, 1966).

52) 원주: Ricoeur, Philosophy, 196.

53) 원주: Herrschberges (1943), 434, cited in Ricoeur, Philosophy.

놀이에서, 어린이들은 자신들이 창조한 세계를 가능한 한 확장하려고 노력한다는 것을 느끼면서, 놀이가 허락하는 한 그 세계의 다양성들을 통합한다. 노력한 뒤의 성취감은 그들이 자신과 세계를 이해하는 방법이 된다. 한번 습관이 되면, 이런 만족감은 나중에 과제를 완수하고자 하는 욕구의 기반 – 성인 생활에서 매우 귀중한 기초능력(generic skill) - 이 된다.

• 틀 사이의 도약은 범주들을 만들고 깨는 것으로 전이될 수 있다.
"의상을 입은 연희자"는 두 가지 방식으로 틀(frames)을 만들고 깨는 법을 배운다. 첫째로, 은유적으로 생각하고 행동함으로써, 연희자는 어떤 것들은 같다고 느껴지지만, 다르게 느껴지는 것도 있다는 걸 알게 된다 - 그 행위자/연기자(actor)는 범주를 구성하기 시작한다. 은유는 주로 동일성과 유사성 - 차이에도 불구하고 사물들이 일치하는 점 - 에 기초한다. 이렇게 학습하는 동안 류(類 class)의 식별(identified)이 이뤄질 수 있고, 동일성 개념을 통해 지식이 생성될 수 있다.
둘째로, 은유적으로 생각하고 행동함(acting)으로써, 연희자는 그 행동/연기(acting)이 범주를 깰 수 있다는 점을 알게 되기도 한다. 연희자가 그 행동/연기이 논리적일 수 있다는 것을 알게 될 때, 인지적인 것을 미학적인 것으로 전환해서 비논리적으로 변할 수도 있고, 혹은 그 반대로 할 수도 있다. 은유에 내재해있는 동일성과 유사성은 차별성을 통합한다. 경계를 허물고, (기존의) 류(類 classes)와 범주(categories)로부터 벗어나는 것이다. 같은 방식으로, 뒤집기(inversions: "세상을 뒤집는 것", "뒤죽박죽 상태")는 축제 때처럼 광장한 흥분감과 높은 창의성을 불러일으킬 수 있다.

여기서 광범위하게 언급했던, 감정의 이런 두 가지 측면은, 매우 복합적인 과정적 관계들을 만들어낼 수 있다.

진동과 감정

감정들은 진동한다. 이런 일이 일어나는 건 은유와 극적 행동 — 모든 정신 과정 속 에너지 움직임의 특정한 사례들 — 에서다. 이런 에너지는 지속적인 움직임 속에 있으며 극(極)과 극(極) 사이에서 왔다갔다 진동한다. 실제로, "소립자(sub-nuclear particles)[54] 이상의 모든 것은 그 자체와 다른 것, 존재와 비존재, 사이를 왔다 갔다 진동한다. 똑같은 강물에 발을 두 번 담글 수는 없다."[55]

뇌파를 처음으로 진동체(oscillator)에 비유한 사람은 노버트 위너[56]였다. 뇌의 활동과 모든 자연현상은 주기적인 파동 함수들에 의해 좌우되며, 각자 다른 주파수의 파동 펄스를 방출한다.[57] 메렐이 설명했듯이, 진동체의 주파수는 다른 주파수의 자극/충격(impulse)으로 달라질 수 있고, 따라서 그 구조는 직선적이지 않다.[58] 뇌에는 1초에 거의 10번 진동하는 주파수를 가진 진동체들이 많다. 이런 주파수들은 서로 끌어당겨 — 한 덩어리로 뭉쳐 — 질 수 있다. 이것은 다른 영역으로부터의 뇌파 생성이 급감하는 것으로 이어진다. 감정에 담긴 에너지의 힘은 비직선적일 뿐만 아니라, 진동이 한 극(極)으로 되돌아올 때 결코 이전과 같을 수 없다 — 모든 연인이 하는 말처럼...

이렇게 우리는 **진동은 사고의 모든 동적 양태들(dynamics)의 특성**이라는 점을 알게 되었다. 우리가 A와 B를 연결할 때, 진동은 에너지 (메시지, 정보) 를 A에서 B로 전송(傳送)하면서, 차이점을 인식하는 가운데 A와 B의 대비를 통합한다. 혹시 진동이 메시지를 B에서 A로 되돌린다면, 에너지는 바뀐다 — 따라서 A는 처음의 경우와는 같지 않게 된다. 이것은 은유와 극적 행위 속에 있는 감정의 진동을 설명하기도 한다.

----

54) 물질을 이루는 가장 작은 단위의 물질을 소립자라고 한다. 현재는 약 300여 종의 많은 소립자가 알려져 있으며 가장 먼저 발견된 소립자는 전자이다. (출처: 두산백과)

55) 원주: Merrell, Semiotic Foundations, 57.

56) 원주: Norbert Weiner, The Human Use of Human Beings (New York: Doubleday, 1948), 199.

57) 원주: David Bohm, "Quantum Theory as an Indication of a New Order in Physics," in Foundations of Physics I (Toronto: University of Toronto Press, 1971, 1979); Albrecht and Thorell de Valois, "Cortical Cells: Bar and Edge Detectors or Spatial Frequency Filters?" in Frontiers in Visual Science, ed, S. Cool and E. L. Smith (New York Springer-Verlag, 1978), 544-556; Pribram, Languages of the Brain 참조.

58) 원주: Merrell, Semiotic Foundations, 57.

시간

은유화(metaphorization)를 할 때, 어떤 특정한 순간에 착상된 하나의 정신적 구조는 또 다른 특정 순간에 역동적인 "도약"에 의해 착상되는 두 번째 정신 구조와 연결된다. 거의 같은 방식으로, 2개 언어를 구사하는 사람은 자신이 영어와 불어를 동시에 쓰는 것을 당연시할 수 있을 것이다. 그러나 실재적으로, 어떤 유형이든 두 가지 정신적 틀이 연결되어 작동하는 것은 정신적 "뒤집기(flip)"나 "전환(switch)"에 의해 이뤄짐이 틀림없다.

마찬가지로, 사고와 행동도 동시에 존재하는 것처럼 잘못 보일 수도 있다. 사실, 사고와 행동은, 시간의 단위가 극히 작다고 하더라도, 교대로 진동하면서 작동한다. 결과적인 시간 단위는 감정으로서, 우리의 뇌파 수치로서 경험될 수 있다.[59]

극화(dramatization)는 다음과 같이 시간과 이중의 관련성을 지닌다.

- 극화는 은유(metaphor)처럼 "시간을 멈춘다." 아날로그/유사체(類似體)적인 것으로서의 은유의 두 가지 요소는 시간상으로 병행된다. 사람이 사자라고 말하거나, 사자 역할을 하는 것은, (겉보기에) 두 가지 (사람, 사자) 를 하나로 축소해, 그것들이 실제로는 그렇지 않은 데도 하나의 시간 틀 속에 존재하는 것처럼 보이게 하는 것이다.
- 극화는 환유(metonymy)처럼 순차적인 시간 속에 존재한다. 디지털적인 것으로서의 그것은 명시성/외현성(the explicit)을 확장한다. 두 대상을 연접(連接)하는(contiguous)[60] 것으로 만듦으로써, 거기엔 순서(sequence)가 함의되어 있다.

사고와 행동은 "~하면 어떨까(what if?)"라는 사고와 "~인 것처럼(as if)"이라는 행동 — 상상적인 사고와 극적인 행동 — 을 번갈아 하는 것(alternation)으로서 진동한다. 이런 진동을 허락하는 구조적 유사성은 실재적인 관념(idea)과 극적인 관념 사이, 은유의 두 양면 사이, 극히 작다 하더라도 정도가 다른 감정들 사이에 있는

---

59) 원주: Merrell, Semiotic Foundations, 61.

60) 보통 국내 번역에서 환유와 관련되는 contiguous/contiguity를 번역할 때 주로 인접(성)이라고 번역하고 근접(성)이라고 번역할 때도 있지만, 역자는 연접성(連接性)이라고 번역하는 게 더 적합하다고 보았다.

"간극(gap)"이다.

보는 것(Seeing)의 종류

상상과 극적 행위의 이중 과정이 지닌 역동적 체감력은 비트겐슈타인의 "~같이/로 보기(seeing as)"[61]라는 개념을 사용해 설명할 수 있다. 이것으로 우리는 과정의 양식(mode)들 — 보기(seeing), ~같이/로 보기(seeing as), "마치 ~인 것처럼" 보기(seeing "as if")를 구별할 수 있다.[62] 이런 구분은 당연히 추상적 개념이다. 경험적으로, 이 양식들은 통합된 전체이다. 그것들은 다음과 같다.

• 보기(SEEING) - 직접 경험

우리는 직접적으로 몸을 통해 환경과 관계함으로써 인지한다 (보고, 듣고, 냄새 맡고, 맛보고, 만지고, 느낀다). 이런 과정은 다음과 같은 것들에 대한 감정들을 포함한다.

- 경계가 있는 실체들(bounded entities). 우리는 우리가 경험하는 자아와 대상들이 구별되고 경계가 있는 실체라고 느낀다.

- 공간 구조. 우리는 우리의 자아와 대상들이 우리가(위/아래, 안/밖, 앞/뒤 등으로) 작동하는 방식과 유사한 방향성을 지닌다고 느낀다. 그것들은 "우리가 준거(準據)해 사는(live by) 은유들이다".

- 시간. 우리는 (a) 자아와 대상들이 움직임 속에 있거나, (b) 시간의 움직임 속에서 정지해있다고 느낀다 — 그때 우리는 시작/중간/끝 그리고 순서를 알게 된다.

- 게슈탈트(Gestalt). (a) 양식(Modes): 지각적, 운동적, 기능적, 목적, 등. (b) 차원(Dimensions): 부분/전체, 연속체(continua), 부각(highlighting), 인과관계(causation), 원형(prototypes) 등. (c) 대상들의 내재적/상호작용적 영향력[63]

61) 원주: Ludwig Wittgenstein, Philosophical investigations, trans. G.E.M. Anscombe (New York: Macmillan, 1953)

62) 영어적 표현에 의한 구분이라, 우리말로는 이 세 가지를 구분해 표현하는 게 모호할 수 있다.

63) 원주: George Lakoff and Mark Johnson, Metaphors We Live By (Chicago: University of Chicago Press, 1980), 176-7.

- ~같이/로 보기(SEEING AS) - "마음의 눈으로 그리기"

비트겐슈타인에게 있어, 직접 경험을 가리키는 "나는 이것을 ~이라고 본다"와 "나는 이것을 ~같이(as) 본다" 사이에는 구별이 있다. 후자는 "이런 이미지가 있다"[64]는 것, 즉 심상화/상상(imagination)다. 리쾨르는 "반(半)-사고, 반(半)-경험'으로서의, '~같이(as) 보기'는 감각과 이미지를 동시에 지니는 직관적인 관계이다."[65]라고 말한다. 헤스터는 이것을 "직관적인 경험-행동"[66]이라고 말했다. 이것은 유사성의 시작이다. 대상과 이미지가 유사성이 있는 것 "으로 보이는(seen as)" 것이다. 이것은 꼭 은유나, 가설(hypothesis), 또는 확인(verification)은 아니지만, "~가 아닌 것 같이(as not) 보기"를 포함한다. 실제로, 이것은 뒤에 이어지는 은유의 기반이다.

- 마치 ~인 것처럼 보기(SEEING "AS IF") - "이중화된" 것(the "double")

이것은 "마치 ~인 것처럼(as if)"이란 생각의 일체화(상상+극적 행위) 속에서 존재를 은유하는 것이다. 유사성(similarity)(은유)와 연접성(contiguity)(환유)을 통해 정신의 동태(dynamics)는 실재와 허구 사이를 진동한다. 직접 경험(보기)은 은유화된다. 각각의 체감하는 양식(위의 보기(seeing) - 직접 경험)은 은유를 통해 간접적인 의미를 갖게 되는 것이다.[67]

내적 상상(imaging)은 외면화되어 작동되면서 생산적인 상상력(imagination)을 갖춘다. (칸트적 의미로) "이 서사의 과정은 '이미지를 만들어내고', 그 자체가 의미론적 유추(類推 analogy)의 매개체인 것이다."[68] "마치 ~인 것처럼" 보기는 "마치 ~인 것처럼" 행동하기를 내포한다. 즉 매체 - 말(문학), 숫자(수학, 과학), 물감이나 다른 재료들(시각예술), 신체(춤), 소리(음악), 총체적 자아(실생활과 연극에서의 "의상을 입은 연희자") - 속에서 그 이중화된 것을 표현하고 체감하는 것이다.

---

64) 원주: Wittgenstein, Philosophical investigations, 2: ix.

65) 원주: Paul Ricoeur, "The Function of Fiction in Shaping Reality," the Pennsylvania State University (February 1977)에서 발표된 논문, 213.

66) 원주: Marcus B. Hester, The Meaning of Poetic Metaphor: An Analysis in Light of Wittgenstein's Claim That Meaning Is Use (The Hague: Mouton, 1967), 180.

67) 원주: Lakoff and Johnson, Metaphors We Live By, 178-9.

68) 원주: Ricoeur, "The Function of Fiction in Shaping Reality," 200.

요약

실생활과 즉흥극의 자발적 드라마는 전체론적(holistic)이다. 정신적 동태(dynamic)로서의 감정은 활동/작용(activity)이고, 그 모델은 은유이다. 극적인 놀이는 정신적 구조들 사이에서 진동에 의해 감정이 생성되는 살아있는 은유다. 따라서 극적 행동은 체감-사고(기의)의 기표다. 우리가 이런 과정을 파악할 수 있는 것은 서로 연결된 두 가지 정신 작용 – 수평축(좌반구와 우반구) 그리고 수직축(뇌상부와 뇌하부) — 사이에서의 일체성/다양성의 긴장에 기반한 사위일체 모델을 통해서다. 다른 유용한 모델에는 홀로그램, 대화, 이중 연상(bi-sociation), 시너지가 포함된다. 과학에서와 마찬가지로 에너지는 물질이 *행하는(does)* 것이 아니라 그 물질의 *존재(is)* 양태이기에 에너지는 드라마다. 극적 행위 내에서:

- 의식(consciousness)은 자기 인식이면서 동시에 상호 행동 속에 있는 상대방으로서의 타자에 관한 인식이기도 하다.
- 동적 양태/역학관계(dynamics)는 은유적이다 - 과정은 물체처럼 실재적이고, 관계는 물질처럼 실질적이며, 리듬은 우리의 경험 속에 내재해있다.
- 사건은 시간(현재시제) 속에 사람들 사이의 과정으로서, 정적(靜的)인 형태가 아닌 연속적인 움직임으로서 존재한다. 이 과정은 에너지로 기능하는 체감-의미를 만들어낸다.
- 시간에는 이중의 관계가 있다. 드라마는 은유처럼 "시간을 멈추기"도 하고, 환유처럼 순차적인 시간 속에 존재하기도 한다.
- 에너지와 감정은 연희자들 사이에서 (그리고 연희자와 참관자/관람자들 사이에서) 많은 변수가 있는 진동을 통해서 작동한다.
- 우리는 서사(narrative)를 행동화/구현(enact)하고 세상 - 우리의 문화 - 에 대한 우리의 이해를 형상화하는 신화를 제의화(ritualize) 한다.

이상의 내용에 이어 다음 5장에서는 전체로서의 정신이 극적 행동 내에서 하는 작용들을 살펴보도록 하겠다.

5장 감정과 정신

극적 행위 내에서의 감정은 세상에서 정신이 작용하는 방식의 핵심적 양태 (aspect)다. 나는 이미 이 점을 정신의 구조와 동태와 관련하여 4장에서 검토해봤었다. 이제 나는 전체로서의 정신에 주목해 볼 수 있겠다. 우선 나의 <**연극은 *지적행위인가(Drama and Intelligence)*>**의 몇 가지 관점을 요약해보겠는데, 내가 전에 썼던 그 책과 같은 입장을 포함할 수도 있겠으나, 또 다른 시각에서 다뤄볼 것이다. 그런 후 무대극 예술을 포함한 드라마와 감정에 관련되는 모든 정신에 대해 살펴보도록 하겠다.

드라마와 인지/앎(knowing)

정신(mind)은 사람들이 세상을 어떻게 인식하는지를 다루기 위해 우리가 창조한 통합된 추상개념이다. 그런 인식이 이뤄지는 인지과정(knowledge process)을 통해 우리는 주변에 보이는 외견상의 혼돈(chaos)을 머릿속에서 지능적으로 정리/질서화(order)할 수 있다.

앎/인지(knowlege)의 두 가지 형태를 논한 버트런드 러셀은 우리는 "면식(acqu
aintance)에 의한 인지" 즉 직접적인 경험적 증거를 통해서나, "서술(description)
에 의한 인지" 즉 증거에 대한 담화(talking)를 통해서 작동한다고 말한다.[1] 러셀에
게 있어 그 두 가지는 앎/인지(knowing)에 필수적이다. 왜냐면 그가 살던 당대의
많은 인식론자들(epistemologists)과 같이, 인지에 대해 과학적으로 객관적인 서
술을 이뤄내고자 했기 때문이었다.

그러나 다른 사람들은 과학적인 것이 인지/지식(knowledge)의 유일한 형태는
아니라고 말한다. 마이클 폴라니는 러셀의 "면식에 의한 인지"와 유사한 암묵적인
인지[2]의 방식이 있다고 주장한다. 이런 암묵적인 인지/지식(tacit knowing)은 논변
적인 인지/지식(dircursive knowing)와는 준-독립적이면서, 그런 인지의 기초를
이룬다. 신화, 종교, 그리고 예술은, 비록 과학적 인지와 똑같지는 않지만, 여전히 유
효한 인지/앎의 방식들을 체현(embody)한다는 말도 있어 왔다. 그렇게, "악보, 케
이크 레시피, 수학적 증명에서나 시(詩)의 '내면을 이해(get inside)'할 때도, 그 묵
시적이거나 명시적인 명령/지시(injunction)을 따라 재-경험하는 것은 간접적이라
하더라도, 원래의 경험을, 이해하는 가장 확실한 길이다."[3]

극적 행위가 그러하듯, 경험을 "지금 여기(here and now)"에서 재연(re-play)하
는 것은, 다음과 같은 앎/인지의 방식이다.

- 논변적인 인지보다 구별이나 정확도가 덜하다.
- 사건의 체감-의미를 통합하는데, 논변적인 인지는 그런 통합을 이뤄낼 가능성이 작다.
- 다른 기호들을 참조하거나 예시로 삼으면 곧바로, 지속적인 흐름에 속하게 되는 하나의 기
  호이다.

1) 원주: Bertrand Russell, Human Knowledge (London: Allen and Unwin, 1948).

2) 원주: Michael Polanyi, Science, Faith and Society (Chicago: University of Chicago Press, 1964).

3) 원주: Floyd Merrell, Semiotic Foundations; Steps toward an Epistemology of Written Texts
   (Bloomington: Indiana University Press, 1982), ix-x.

그러나 정신은 크게 두 가지 종류의 인지/앎(knowing)를 다룬다고 했던 러셀의 말은 맞았다. "서술에 의한 인지/지식(knowledge)"은, 과거 시제에만 존재하는 것으로, 정신의 일반화 또는 추상화 능력에서 생겨난다. "면식에 의한 인지/지식"은 유기체(organism)에 깊이 내장되어 있다. 우리가 극화할 때 — "의상을 입은 연희자"라는 매체**일(are)** 때 — 우리 자체가 바로 *(현재시제로의)*[4] 지식(knowledge)인 *(is)* 것이다 — 그것은 외견상 "생각도 하지 않고"[5] 매우 복잡한 기능들을 발휘하는 것처럼 보인다. 그러나 정신은 *선험적으로(a priori)* 일반화하는 능력들을 지니고 있기도 하다. 이런 능력들이 있어서 우리는 추상화가 만든 구조적 틀 안에서부터 특정한 것들을 경험할 수 있다. 이를 달리 표현하면, 우리의 경험은 *(현재시제로의)* 지식인*(is)* 구조망(structural grid)[6]을 통해 자동으로 걸러진다고 하겠다. 정보이론가들은 그 망이 유전적으로 내재해있는 것이란 점을 추가하곤 한다.[7]

따라서, 우리는 전체로서의 정신(mind as a whole)은 다음과 같은 인지 특성이 있다고 말할 수 있다.

• 암묵적인 앎/인지(tacit knowing)가 기본이 된다(fundamental).

많은 학자들은 인지가 궁극적으로 어느 정도 예지적(precognitive)이고, 무의식적(unconscious)인 경험의 단계에 근거한다는 데 동의한다.[8] 환경으로부터, 매체를 만드는

---

4) 저자 코트니가 원문에서 is를 이탤릭체로 강조한 점에 대한 이해를 돕기 위해 역자가 삽입.

5) 원주: Adriaan D. Groot, "Perception and Memory Versus Thought: Some Old Ideas and Recent Findings," in Problem Solving, ed. B. Klienmuntz (New York: Wiley, 1966), 19-50.

6) 원주: Merrell, Semiotic Foundations, 2.

7) 원주: Jeremy Campbell, Grammatical Man: Information, Entropy, Language and Life (New York: Simon and Schuster, 1982).

8) 원주: Rudolf Arnheim, Visual Thinking (Berkeley; University of California Press, 1969); Peter Berger and Thomas Luckmaun, The Social Construction of Reality (New York: Doubleday, 1966); Jerome S. Bruner, Contemporary Approaches to Cognition: A Symposium Held at the University of Colorado (Cambridge: Harvard University Press, 1957); E.H. Gombrich, Art and Illusion (London: Phaidon, 1960); Ulrich Neisser, Cognitive Psychology (Englewood. Cliffs, NJ: Prentice Hall, 1967); A. Paivio, Imagery and Verbal Processes (New York: Holt, Rinehart and Winston, 1971); Jean Piaget and Barbel Inhelder, with H. Sinclair-deZwart, Memory and Intelligence (London: Routledge and Kegan Paul, 1973); Michael Polanyi, Personal Knowledge (New York: Harper and Row, 1962); Karl R. Popper,

행위를 통해, 우리는 세계에 대한 가설 - "만약 내가 이렇게 하면, 어떻게 될까?" - 을 만들고 거기에 경험을 맞추려고 노력한다. 그때 인지/지식(knowledge)은

- 암묵적이거나, 암시적이다.
- 경험 안에서 일어난다/생겨난다.
- 직관과 연관된다.

암묵적 인지/지식의 내용은 사람들의 변화하는 욕구를 반영하고, 절대적인 진리는 포함하지 않는다. 진리는 사람들 각자의 의도, 욕구, 논리, 세계관, 언어, 그리고 문화에 따라 상대적이다. 그리고 주로 *체감된다(felt)*.

• 경험적인 앎/인지가 논변적인 앎/인지에 우선한다.

'~안에서 아는 것(knowing in)'은 '~에 대해/~을 둘러싸고 아는 것(knowing about)'에 앞선다. 실생활과 극적인 "지금 여기" 둘 다의 안에서, 우리는 주로 암묵적이고 무의식적인 인지/지식(knowledge)를 얻는다. 그것을 우리가 성찰(reflection) 속에서 재해석함으로써 논변적이 되는 것이다. 그 두 가지 앎/인지(knowing)은 우리가 아는 방식에 내재해 있을 수 있지만, 훌륭한 운동선수, 무용가, 장인들의 지식(knowledge)은 말로 논할 수 없는 체화된 지식일 수 있다 - 우리가 극적 행위를 경험할 때의 앎/인지와 상당히 닮았다.

• 암묵적 인지/지식(knowledge)는 주로 시간적 차원에 존재하지만, 논변적 인지/지식은 주로 공간적 차원에 존재한다.

데리다는 말하기(speech)는 삶이고 글쓰기(writing)는 죽음이라고 말할 때[9], 담화/이야기(talk)를 시간 속에 - "마치" 살아있는 "것처럼(as if)" - 존재하는 연속적 과정으로 은유했다. 글쓰기가 고대 근동(Near East) 지역에서 발달했을 때, 이오니아(Ionian) 과학자들은 신화들이 객관적으로 "진실"이 아니라는 것을 발견했다. 글쓰기는 신화들을 "고정했다(fixed)." 신화를 "시간 밖"으로 가져와서 공간의 차원 (역사) 에 놓고 거기에서 원하는 것을 찾은 것이다. 이야기(talk)와 시간은 구술문화(oral culture)의 핵심적인 차원들

Objective Knowledge (London: Oxford University Press, 1972)와 많은 의미론자들 참조.

9) 원주: Jacques Derrida, Dissemination (Chicago: University of Chicago Press, 1981), 143.

이다. 그들은 서구의 객관적인 학문 - 문학, 수학, 과학, 연역 논리나 언어학 - 을 발전시키지 못했다 - 그럴 내생(內生)적 가능성은 가지고 있었지만 말이다. 그러나 "말하기와 글쓰기는 물론 둘 사이에 독립성과 상호작용이 존재하긴 하지만, 상호보완적인 양식에 적용된다."[10]

• 암묵적 인지와 논변적 인지는 예술적이고 미학적인 인지 방식에서 특유의 의의/표의성(signification)을 지닌다.

미학적인 앎/인지 (속개념) 의 방식은 감정을 기초로 한다. 우리의 판단은 대개 암묵적이고 직관적인 것이다. 예술적인 앎/인지(종개념)에는 추가적인 요소들이 있다. 즉, 예술가들은 주로 암시적인(implicit) 지식을 사용하고 관객들은 암시적, 논변적 지식을 혼합하지만, 비평가들은 논변적인(discursive) 지식을 사용하는 것이다. 특정한 예술들은 그 형태에 따라 앎/인지(knowing)의 방식이 다양하다.

- 시간적 형태 (무대극, 춤, 음악) 에서 예술가와 관객은 많은 암묵적 지식을 얻는다.
- 공간적 형태 (회화, 조각, 건축) 에서 예술가들은 암묵적으로 알지만, 감상자들은 암시적, 논변적인 앎의 방식을 모두 사용한다.

• 인지/지식의 사위일체 - 암묵적/논변적, 실재적/허구적 - 가 있다. 이중적인 것들(the doubles)이 사위일체 구조를 함께 만들어내는 것이다.

암묵적 지식과 논변적 지식은 모두 허구적일 수도 실재적일 수도 있다. 결국, 앎/인지(knowing)는 사위일체로 표현할 수 있는 하나의 전체다. (그림11 참조)

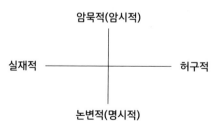

그림11 지식의 사위일체

암묵적(암시적)

실재적 ─────────── 허구적

논변적(명시적)

---

10) 원주: Merrell, Semiotic Foundations, 5.

유사성과 윤곽 그리기(trace)

우리는 오늘날 우리가 정신을 이해하는 근본적인 구조가 유사성의 게슈탈트 (gestalt)라는 점을 살펴보았다. 그에 수반되는 형식에는 이중성(the double), 유사성/차별성, 전체/부분, 그리고 은유가 포함된다.

이런 현대적 관점의 의의는 그리스로부터 유래되어 서구 사상들에 녹아있는 근본적인 모델 — 대립(opposition) — 과 비교할 때 명확해진다. 전쟁은 아리아인들 (Aryans)과 그 부족으로서 그리스를 침략한 도리아인들(Dorians)에게 기본적인 은유였다 — 사실, 그리스 문명이 성장한 몇 세기 후에, 대립과 경쟁은 그 도시국가에 만연할(endemic) 정도가 되었다. 올림픽 경기와 디오니소스 극장에서의 연극경연은 가장 눈에 띄는 사례였다. 아리스토텔레스는 정신에는 전쟁 혹은 경쟁에 관여하는 다양한 부분들이 있다고 말했다. 이원론적인 생각을 지녔던 그는 서로 명확히 구분되는 범주들을 만들어냈다. 전쟁(warfare)은 널리 퍼져서 레이코프와 존슨이 <삶으로서의 은유(The Metaphors We Live By)>[11]에서, 전쟁은 오늘날의 영어 속에서 가장 흔히 일어나는 일이라고 주장할 정도가 되었다.

그러나 아인슈타인 혁명 이후로, 정신의 기본적 구조를 유사성으로 보는 학자들이 많아졌다. 그리하여 그리스인들과 대조되는 그림이 제시되었다. 전쟁이 아닌 평화에 중점을 둔 것이다. 대조(contrast)와 모순/상치(相馳)(contradiction)은 아리스토텔레스식의 "대립(opposition)"이 아니라 연속체 상의 양극 — 더 혹은 덜 유사한 사항들 — 으로 보인다 — 그러면서 범주들이 흐릿한 경계를 지닐 뿐일 때가 많다. 데리다는 사례로 쓰이는 경험적인 현실을 아는 것과 사례의 도움으로 우리가 포착할 수 있는 본질을 아는 것의 차이를 잘 알고 있다.[12] 롤랑 바르트도 모든 인간 행동

---

11) 원주: George Lakoff and Mark Johnson, Metaphors We Live By (Chicago: University of Chicago Press, 1980)
역주: <The Metaphors We Live By>는 직역하면 '우리가 준거해 살아가는 은유'이지만, 2006년 출간된 노양진, 나익주 번역의 번역서 제목을 따랐다.

12) 원주: Jacques Derrida, Margins of Philosophy, trans. A. Bass (Chicago: University of Chicago Press, 1982).

이 이중의 의미를 제공한다는 점을 — 찰리 채플린이 (세상을 제대로 볼 줄 모르는)[13] 눈먼/자각없는(blind) 사람으로서 그리고 그가 못 보는 문제들로서 연기함으로써 눈멈(blindness)과 그 눈멈의 반영상(mirror)을 둘 다 보여줬다는 점을 — 밝힌 바 있다.[14] 이런 관점에서 감정은 전체로서의 정신에 내재해 있는 것이기에 매우 중요하다. 암묵적이고 명시적인 앎의 방식으로, 그리고 정신의 전체와 부분 사이에서 진동하는 동적 체계/역동론(dynamism)와 의도(intention)에 내재해있는 것이다.

드라마의 관점 역시 이런 정신 모델에 들어맞는다. "마치 ~인 것처럼(as if)" 행동하는 것은 차이가 있을 뿐인 똑같은 존재가 되는 것(to be)이다. 역할은 개인의 한 양태(aspect)이고, 적합한 역할은 홀로그램과 매우 비슷하다 — 전체가 고스란히 담겨있는(replica) 즉흥극의 한 부분이다.

말하기와 글쓰기의 관계를 탐구하던, 데리다는, 언어와 사고가 기초하고 있는 차이의 개념이 제1의 요소가 될 수 없음을 발견했다. **동일성(sameness)과 차이성(difference)을 동시에 느끼는 감정**[15]인 "윤곽 그리기(trace)"[16]이란 개념이 그 이전에 존재한다는 것이다. 실제로, 우리는 갓난아기가 며칠 동안 어떤 소리와 그 배경음을 구분하지 못하거나, 시각적 환경 속에서 특정한 빛을 구별하지 못한다는 것을 거의 1세기 동안 알고 있었다. 더군다나 그 "윤곽 그리기(trace)"는 논변적 지식에서 명시적일 수 있는 이원론적 대립으로 이어지지 않는다. 1920년대에, 비고츠키는 어린이가 언어를 배울 때, 다음과 같다고 말했었다.

---

13) 롤랑 바르트가 말한 의미를 좀 더 이해하기 쉽도록 역자가 삽입.

14) 원주: Roland Barthes, Le Plaisir du Texte (Paris: Seuil, 1973), 40.

15) 원주: Anette Lavers, Roland Barthes: Structuralism and After (Cambridge, Mass.: Harvard University Press, 1982), 170.

16) 데리다의 trace(불어로는 trait)란 말은 우리나라에서는 '흔적', '자취', '선취(線取)'라고 번역되고 '흔적'으로 번역되는 경우가 대부분이다. 그러나 이 명사는 '흔적', '윤곽'이란 명사적 의미만 있는 것이 아니라, 선 긋기, 표현, 간추림, 끌기 등의 동사적 의미도 있는 말이다. 그래서 현재의 역어 중에선 '선취(線取)'라는 역어가 가장 적절해 보이지만 좀 더 쉬운 표현으로 '윤곽 그리기'란 역어를 채택하였다. '사물의 대강의 테두리'라는 뜻을 가진 윤곽(輪郭)의 국어 사전적 의미에 따라, '(명시적으로 구분하지 않고) 흐릿하게 대략 (전체적) 윤곽(선)을 그림'이란 뜻으로 이해하면 좋을 것이다.

- 한 단어로 시작해서, 두세 단어로 연결한다 … 부분에서 전체로 나아가는 것이다. 한편, 의미와 관련하여, 어린이의 첫 번째 단어는 완전한 문장이다 … 말하기의 외적 양상과 의미적인 양상은 반대의 방향으로 발달한다 — 전자는 개별적인 것(the particular)에서 전체(the whole)로, 단어에서 문장으로 발달하고, 그리고 후자는 전체에서 개별적인 것으로, 문장에서 단어로 발달한다.[17]

정신의 동적 체계(dynamism)와 의도(intention)가 부분과 전체, 전체와 부분 사이의 진동에 있다는 점에서, 우리는 "윤곽 그리기(trace)"가 다음과 같다고 생각할 수 있다.

- 정신에 내재하는 부분/전체의 기반
- 한편으로는 은유적 관계의 시작, 그리고 다른 한편으로는 역할 (또는 가면) 관계의 시작
- 감정과 드라마가 지닌 이중성들(the doubles)의 기초

이런 관점에서, "윤곽 그리기(trace)" 작용은 우리의 지각 방식에 영향을 주고, 그 결과 우리가 "알게 되는" 것에 영향을 미친다. 정신은 단순히 실재를 그대로 따르거나, 기호만 전적으로 드러내는 데 동반하기를 거부한다. **모든 기호는 투명해지는 경향이 있다.** 즉, 현실과 허구를 함께 연결해서 알도록 하는 것이다. 연극 공연장이나 영화관에서 우리는 "불신의 자발적 유보"를 통해 상연되는 행위 속으로 빠져든다. 그러나 동시에, 우리는 암묵적으로 그 메시지의 매체를 알게 된다. 우리가 예술형태란 것들을 만들어낼 때도 사정은 비슷하다. 그것들은 인간 연희자의 전체론적(holistic) 표의 작용(signification)을 위한 정신적 "대체(substitute) 기호들"이다. 이런 문제는 그림12에 도해 되어있다. 결국 우리는 그에 수반되는 앎/인지의 유형이 인식론적이면서도, 존재론적이라는 점에 주목해야 한다.[18]

---

17) 원주: L.S. Vygotsky, Thought and Language, trans. Eugenia Haniman and Gertrude Vakar (Cambridge. Mass.: MIT Press, 1962), 126.

18) 원주: 우리는 소설의 단어들이나 회화의 색상과 형태들을 바라볼 때, 언제나 어떤 특정한 관점이나 참조틀/연계틀을 통해서 본다. "보게(see)" 될 줄 알았던 것을 "보는(see)" 것이다. 그래서 "어떤 면에서 '보는 것(see)'은 아는 것(knowing)의 한 형태이며, 아는 것은 인지(cognition)이고, 재인지/깨달음(re-cognition)은 다시 아는 것이라고 말할 수 있다"(Merrell, Semiotic Foundations, 72). 재연(re-play)은 맥루안이 말한 바와 같이 재인지(recognition)다. 우리가 원래 가졌던 사고와 행위가 구조를 응축하기도 하

[그림12] "윤곽 그리기(trace)"을 통한 앎/인지

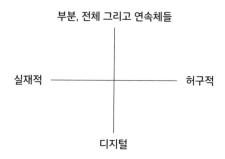

미학적-예술적 인지와 감정

미학적 인지(aesthetic knowing)는, 이 책과 <연극은 *지적행위인가(Drama and Intelligence)*>에서 자세히 살펴본 바와 같이, 종(種)개념인 예술적 인지(artistic knowing)에 대한 속(屬)개념이다. 예술적 인지는 예술 작품과 예술 매체와 관련하여 일어나지만, 미학적 인지/지식(knowledge)의 요소들을 여전히 반영한다. 예술적인 것이 미학적인 것의 종(種)개념이라면, 앎/인지(knowing)에 있어서 그 차이는 무엇일까? 무대극 예술에 비해 자발적 드라마에서는 우리가 무엇을 아는/인지하는(know) 것일까?

기호학에서 프라하학파는 예술에서 기호체계의 창조적 활용을 통해 생겨나는 인지/지식의 유형 연구에 집중했다.[19] 얀 무카로프스키[20]는, 카를 뷜러의 발화 행동 분석에 기초해서, 예술에는 4대 인지/지식 기능이 있다고 말한다. 이것들은 그림13에

고 그 암묵적인 인지를 증가시키기도 함으로써 우리의 정신 구조에 영향을 미쳤다가 우리가 그것들을 다시 생각(re-think)하고 재반응(re-act)할 때 새로운 맥락에서 그것들의 의미를 재창조하는 것이다.

19) 원주: Ladislav Matejka and Irwin R. Titunik, Semiotics of Art (Cambridge, Mass.: MIT Press, 1976).

20) 얀 무카로프스키(Jan Mukarovsky 1891~1975) - 체코의 문학, 언어, 미학 이론가이자 프라하 카를 대학의 교수로 초기 프라하 구조주의 및 러시아 형식주의의 발전과 연관성을 지닌다. 카를 뷜러가 말한 언어의 3가지 기능에 미학을 추가하여 기호학의 언어적 관점을 문학과 예술로 확장하고 문학작품의 자율적 기능과 의사소통 기능을 강조했다.

나타나 있다. 무카로프스키는 3가지 실제적인 기능이 모든 예술에 있어서 미학적 기능에 종속돼 있다고 말한다. 그러나 미학적인 것은 또한 놀이와 자발적 드라마를 포함한, 모든 인간 활동에 **잠재적으로** 수반된다.[21] 예술의 4중 인지 구조가 지닌 이런 역설은 고대의 사위일체(quaternity)로부터 내려오는 것으로, 그레마스가 말한 기호 사각형의 선구(先驅) 격이다.

[그림13] 무카로프스키의 예술의 인지 기능

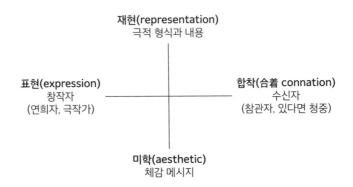

무카로프스키는, 미학적 인지를 융의 집합적 무의식에 관련시키면서, 예술작품은 예술가의 의식이나, 지각자의 어떤 정신 상태나, 인공산물(artifact)로 보는 예술작품과 동일시(identified)될 수 없는 기호라고 말한다. 무카로프스키의 관점에서 볼 때:

예술작품은 공동체 전체의 의식 속에 자리 잡은 "미학적 대상(aesthetic object)"으로서 존재한다. 지각할 수 있는 인공산물(artifact)은 단지, 이런 비물질적인 미학적 대상과 관련하여, 그것의 외현적 기표일 뿐이다. 인공산물로 유발된 개별적인 의식 상태들은 그것들이 공통으로 지닌 것들의 측면에서만 미학적 대상을 재현(represent)한다.

---

21) 원주: Matejka and Titunik, Semiotics of Art, 275-6.

각각의 예술작품은 독립적인 기호로서 다음과 같은 것들로 구성된다. [1] 지각할 수 있는 기표로서 기능하는 인공산물; [2] 집단의식에 새겨져 있고(registered), "표의 작용(signification)"으로서 기능하는 "미학적 대상"; [3] 기호화/기의(記意)가 되는(signified) 것과의 관계[22]

이런 견해는, 내가 이전에 예술작품을 미학적 대상으로 보고, 그것이 창작자와 지각자의 주관성 사이를 왔다 갔다 진동한다고 했던 입장과[23] 상당한 유사점들이 있다.

페트르 보가티레프가 밝혔듯이, 무대는 모든 것들을 변환(transform)시키면서, 그것들에 실재 세계에서는 없는 표의력(signifying power)을 부여해준다. 벨트루스키도 그 말을 따라 무대 위의 모든 것은 기호라고 했다.[24] 그러나 우리는 그런 것들을 예술적인 것으로 바라보면서, 세속적/일상적인 것으로 인지하기도 하는데, 이는 배우의 풍모(presence), 움직임, 그리고 발화에도 물리적 대상들만큼 적용된다. 이런 예술적 인지의 형태는 자연주의극에서는 간접적이지만, 브레히트의 극에서는 직접적이다.

하나의 기호로 이해되는 연극/무대극(theatre)은 복잡하지만, 벨트루스키의 회화적/시각적 기호(pictorial sign)에 대한 분석[25]은 (그림14 참조) 모든 예술적 기호들에 관한 상당히 흥미로운 시사점을 지니고 있다. 다음 두 가지 사이에는 차이가 있다.

- 기표와 기의가 연접성 (환유) 에 의해 연결되는 언어적 기호와
- 기표와 기의가 다양한 예술 형식 내에서 관계를 갖는 방식들

---

22) 원주: Matejka and Titunik, Semiotics of Art, 8-9.

23) 원주: Richard Courtney, Play, Drama and Thought: The Intellectual Background to Dramatic Education (4th rev. ed. Toronto: Simon and Pierre, [1968], 1989).

24) 원주: Matejka and Titunik, Semiotics of Art, ch. 8.

25) 원주: Matejka and Titunik, Semiotics of Art, 245-64.

[그림14] 벨트루스키의 예술적 인지의 사위일체

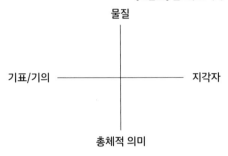

E. H. 곰브리치처럼[26], 벨트루스키[27]는 예술 대상들이 하나의 의미가 아닌 전 범위에 걸친 다양한 의미들을 지닌다고 말한다. 그것들이 제공하는 인지/지식 (knowledge)은 감정으로 가득 차 있고, 은유적이기보다는 상징적이다. 제의적이 거나 무대극적인 예술을 통한 앎/인지(knowing)는 언어만큼 문화에 구속받는다 (culture-bound). 그러나 그 기표/기의의 관계는 창의적인 예술가에 의해 자유롭 게 바뀔 수 있다.

공연 예술에서, 미학적 인지(knowing)와 예술적 인지는 서로 병행한다. 공연 (performance)에서의 기호는 다음과 같은 것들을 포함해서 많은 부차적 의미들 을 부여한다.

• 선택

기호들이 선택되어 더 고양된 형태의 앎/인지를 제공한다.

• 다의성(polysemy)

그 기호들은 잠재적으로 무한한 범위의 문화적 인지/지식을 생성해내고, 그 결과로 의미 의 불확실성을 지닌다.

---

26) 원주: E.H. Gombrich, J. Hochberg, and Max Black, Art, Perception and Reality (Baltimore: John Hopkins University Press, 1972).

27) 이리 벨트루스키(Jiri Veltruský 1919~1994) - 체코의 구조주의 학자로 프라하학파의 일원. 연극(theatre) 에 대한 기호학적 분석을 담은 저서가 많다.

• 자기-연계/언급(self-reference)와 사회적-연계/언급(social-reference)[28]

그 기호는 내적으로 그 공연 그 자체 (허구) 를 연계해 보도록 하면서(refer to) 그것이 공연되고 있는 사회를 연계해 보도록 한다.

• 주관적/객관적 변동

단검은 의상의 부분이 될 수도 있고 (객관적), 살인의 기표가 될 수도 있다 (주관적). 이는 "전경화(前景化 foregrounding)"와 관련된다. 하나의 기호는 관객들이 주목하는 주된 부분이 될 수도 있고 그 주목과 멀어질 수도 있는 것이다.[29]

• 미학

공연은 그 나름의 독자적인(sui generis) 미학을 지닌다. 그것은 감정들로 구성되어 있고, 감정들을 전달한다. 그것은 인간의 선택과 판단으로부터 야기되며, 인간의 삶에 대한 질적인 언표(言表 statement)를 만들어낸다.

이런 각각의 요소들은 예술적인 앎/인지와 사회적 상호작용 내에서의 앎/인지 양쪽 모두에 영향을 미친다.

이 점은 특히 직시(直示 deixis) — 어떤 것을 가리키거나 나타내는 "언어들"의 요소 — 의 면에서 그렇다. 예를 들어, 언어적 직시에는 대명사 ("나", "너", "이것", "저것") 와 부사 ("여기", "지금") 가 포함된다. 다른 예로는 손가락으로 가리키는 것이나, 누군가 밖에 있음을 나타내는 문 두드리는 소리 등이 있다.[30]

무대극에서의 직시는 근원적 기호이다. 예를 들어, "자기현시(The Vaunt)" ("나는 ~다") 는 우리에게 제의/의식(ritual)에서 연극(theatre)이 막 생겨나려고 한다

28) 영어의 reference, refer to는 참조, 언급, 지시 등으로 흔히 번역되나 여기서는 '연계(連繫)해 보도록 한다' 라고 번역하였다.

29) 원주: Keir Elam, The Semiotics of Theatre and Drama (London: Methuen, 1980), 5-18.

30) 원주: Elam, The Semiotics of Theatre and Drama, 22.

는 것을 알려준다 — 아이스킬로스의 그리스 비극, 영국의 민속놀이인 무언가면 놀이(Mummers' Play), 혹은 일본의 노(能)에서처럼 말이다. 두 가지 자기현시가 함께 주동 인물과 반동 인물의 만남을 나타낸다. 그러나, 역설적이게도, 직시(deixis)는 분명히 예술적인 의미와 앎/인지의 요소인 한편, 극적인 사회적 상호작용 속의 핵심 요소이기도 하다. "나/여기/지금"이란 개념은 인간 의사소통 속에서 기정사실(given)이다. 무대극에서만큼이나 실생활 속에서도 각 개인의 담화, 신체적 표현, 몸짓, 그리고 풍모에 함축되어 있는 것이다. *직시(deixis)는 연기자/행위자(actor)의 허구적 세계를 물화(物化)/유형(有形)화(materialize)한다.* 그 연기자의 발화, 몸, 몸짓 또한 일정 정도 실재적이고 세속적인 세계의 한 부분이라는 점을 부각하는 것이다. 그 두 가지 세계는 배우에게 공존하며, 또한 상호작용이 성공적이라면, 연기/행위를 주고받는 상대방에게도 공존한다. 이런 상황 속에서, 두 세계는 모두 미학적이고 감정이 실린다(feeling-laden).

프라하학파와는 별개로, 존 듀이는 우리가 일상 경험 속의 미학적인 것에서 예술작품 속의 미학적인 것으로 이어간다고 주장한다.[31] 그는 예술이 전체로서의 인간 경험과 동떨어져 있지 않다고 주장하면서, 미학적인 인지가 모든 종류의 경험에서 나타날 수 있음을 강조한다. 그래서 아놀드 버린트는 미학적인 것은 다른 경험들과 무관한 별개의 경험이 아니라, 경험이 생겨날 수 있는 하나의 양식(mode)이다 — "예술을 인지(knowledge)의 형식이나 원천으로 이해하는 것은 잘못이다."[32]라고 말할 수 있게 된다.

예술이 어떤 절대적 "진실"이란 의미의 인지/지식(knowledge)를 제공하지는 않는 게 사실이지만, 미학적인 인지와 예술적 인지 사이에 연속성이 있는 건 분명하다. 게다가, 예술작품을 창조하거나 감상하는 사람들에게 그것은 **(현재시제로의)**[33] "앎/인지(knowing)의 방식"**이다**(is). 예술은 감정을 변화시키는 의미를 만들어내

31) 원주: John Dewey, Art as Experience (New York: Capricorn Books, 1934).

32) 원주: Arnold Berleant, Aesthetic Field: A Phenomenology of Aesthetic Experience (Springfield, Ill.: Charles C. Thomas, 1970), 124.

33) 저자 코트니가 is를 이탤릭체로 강조한 것에 대한 이해를 돕기 위해 역자가 삽입.

는데, 그 이유는 유사성과 연접성 (은유와 환유) 에 기초한 예술의 상징들이 의미 있는 행위들을 통해 세상으로 외현화되기 때문이다.

감정과 의미론

감정이 의미와 맺는 관계는 의미론적 문제들을 야기한다. 의미 체계는 다음과 같은 생각들로 이루어져 있다.

- 유사한 믿음을 지닌 사람들에게 유사한 의미들을 전달한다.
- 우리가 창조한 의미론적 우주의 부분이다.
- 세상과 인간 경험 모두가 지니는, 특정한 관점과 감정의 범위로 틀지어져 있다.
- 두 종류 - 논변적 의미론과 근본적 의미론 - 인데, 놀이, 즉흥극, 사회적 역할의 이용, 제의, 무대극에서의 모든 유형의 극적 행동에 의해 활성화된다.

논변적 의미론

이 체계는 순수하게 실효적(practical)인 수준에서 작동한다. 여기에는 개인 간 관계의 네트워크 속에 있는 행동자들(actors)을 [1] 주제(theme)와 [2] 형상(figure)으로 구별하는 이중의 과정 (그레마스가 "행동자화(actorialization)"라고 명명한 과정)[34] 이 수반된다. 실효적인 의미는 주제를 통해 전달된다. "자유"라는 추상적 주제가 사용된다기보다는 주제로서의 자유가 *인간 경험의 특정한 양상* — 믿는 자(believer)의 의미론적 체계와/나 전거(典據 authority)에 의해 확증/구축되는(established) 실효적인 믿음(belief) — *속에서* 이해되는 것이다. 형상들은 믿음에 가치를 부여한다. 주제들은 형상들, 인물들(personages)이나 구체적인 사례들

---

34) 원주: A.-J. Greimas and M. Courtes, Semiotics and Language: An Analytical Dictionary, trans. D. Palk et al. (Bloomington: Indiana University Press, 1982).

에 의해 명시화되며(manifested), 그런 것들이 그런 가치들을 그 믿음 체계의 다른 차원들과 연관시키는 것이다.

<연극은 *지적행위인가(Drama and Intelligence)*>에서 우리는 착한 사마리아인의 우화를 인지론적으로 논한 바 있다. 그러나 의미론적으로, 청자(聽者)들이 우화를 듣고 난 뒤 믿는 것 (논변적 의미론) 은 서로 첨예하게 상충(上衝)하는 두 의미 체계의 통합이다. 예수의 의미 체계는 세속적인 영역(realm)에서는 긍정적인 가치를 부여하지만, 종교적인 영역에서는 부정적인 가치 — 원래 청자들이 지녔던 의미 체계의 역전(逆轉) — 를 부여한다. 예수의 가치들은 연극에서의 사마리아인 (세속적) 과 사제, 레위인 (종교적) 이라는 주제적 역할들 속에서; 그리고 그다음에는 (사마리아인의) 동정심이나 (사제와 레위인의) 무관심을 확실히 해주는 형상들에 의해 예시된다. 최초의 청자(聽者)들은 화자(話者)의 신탁 계약을 받아들이고, 그들 원래의 의미 체계를 예수의 의미 체계와 통합시킨다.[35]

비슷한 상황은 즉흥극에서 근본적인 가치들이 도전받을 때 일어난다. 연희를 준비하기 위해 나누는 이야기는 처음엔 신뢰를 바탕으로 받아들여질 수도 있지만, 이후 연희자들의 경험에 일치(conform)해야만 그들이 그것을 채택할 수 있다. 연희자가 현실적인(realistic) 것으로 보는 구체적인 상황들에 맞아야 하는 것이다. 그러면 그 이야기는 더 이상 단순히 암묵적인 의미만 지니지 않게 된다. **연희자에게 "객관적인" 인지/지식(knowledge) — 검증된(tested) 인지 — 가 되는 것이다.**

현대의 다문화 광역도시권들은 그 이상의 예시를 보여준다. 유입되는 문화 집단이 지녔던 최초의 의미론 체계는 수용하는 문화 집단의 그것과 만나게 되고, (앞의 우화에서와 마찬가지로) 새로운 논변 체계가 생겨나지만 각각의 사람마다 다양하게 나타난다. 그런 점들이 서로 다른 인종 집단에서 온 연희자들과의 즉흥극에 개별적으로나 함께 영향을 끼치게 될 것은 분명하다.

....

35) 원주: Daniel Patte, "Greimas' Model for the Generative Trajectory of Meaning in American Discourses," Journal of Semiotics 1:3 (1982).

우리는 곳곳에서[36] 학교의 미학적이고 예술적인 (창의적 드라마와 같은) 프로그램들이 학생들의 인지력, 의식, 집중력, 자아개념, 자신감, 사고 유형, 표현력, 창의력, 동기부여를 향상하는 것을 보아왔다. 이 모든 것은 개인의 실효적 믿음을 밑받침하는 것들로, 그런 질적 변화를 신장하려 하는 모든 프로그램 역시 예술적 인지와 관련된 새로운 논변적 의미 체계를 만들어내는 것을 목표로 한다.

그뿐만 아니라, 그런 프로그램들 내에서의 지속적인 예술적 학습은 새로운 미학적 의미 체계를 만들어내는 것을 목표로 한다.

근본적 의미론

근본적 의미론은 심층에서 작동한다. 논변적 의미론보다 더 암묵적이고 무의식적인 것이다. 이를 스타니슬랍스키의 관점에서 말하자면, 극적 행동의 기저 텍스트(subtext)다. 즉, 논변적 의미론의 저변에 깔려 있는 것이다. 간단히 말해, 논변적 의미 체계는 실효적이고 겉으로 드러나는 의미의 표층과 관련되며, 예컨대, 줄거리, 주제, 인물이 있다. 무대극에서 이런 것들은 관객들이 나중에 논할 수 있는 의미들이다. 근본적 의미 체계는 의미의 무의식적인 층위와 관련되며, 예컨대 배우/관객이 암묵적으로 얻는 의미들이 있다.

근본적 의미 체계는 두 양극으로부터 초점이 맞춰지는 관점의 연속체에 기반한다. [1] 그 이중적 측면(the double)은 실재적/허구적인 것에 대한 특정한 관점이거나, "~인 것(being)"과 "~처럼 보이는 것(seeming)" (그레마스의 "진리 판정 양태들(the veridictory modalities)") 의 차이다. [2] 감정은 "좋게" 느껴지는 것과 "좋지 않게 느껴지는 것" (일부 프로이트 학파의 쾌(快)/고(苦); 그레마스의 "몸으로 반응하는 기분(氣分)의[37] 양태들(the thymic modalities)")에 대한 특정한 관점이다.

------

36) 원주: Richard Courtney and Paul Park, Learning through the Arts, research report, 4 vols. (Toronto: Ministry of Education, 1980).

37) 국내에서 흔히 thymic을 기질(적), 방향(芳香)적으로 번역하고 있으나 올바른 번역이라 할 수 없다. thymic의 정확한 뜻은 "기분을 나타내거나 감지하는(indicating/perceiving the atmosphere)"이라는 뜻

달리 말해서, 이중화(doubling)와 감정은 믿음 체계의 "심층 구조"를 제공하며, 거기엔 극적 행동이 표출하는 것들도 포함된다. (그림15 참조)

[그림15] 근본적 의미 체계의 사위일체

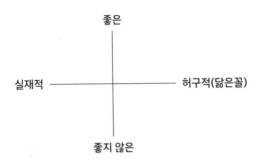

변환(transformation)

이 책에서 사용해온 모든 사위일체들은 그레마스의 기호 사각형(semiotic square)을 바탕으로 한 관점들이었다(**<연극은 지적행위인가(Drama and Intelligence)>**에서 기술). 그레마스가 실제성(reality)의 논리 구조라고 생각한 지도/약도(map)로, 그 주안점은 그 실재성의 근본적인 범주들인 것이다.[38] 사위일체가 모든 존재의 양상을 나타내는 지도가 될 수 있는 것처럼, 사각형은 움베르트 에코가 "존재론적 구조론(ontological structuralism)"이라 부른 것이다. 그에 따라 은유와 극적 행위 양자의 측면에서 그런 사각형을 해석한 것은 그림16에 게재한다. 이 사각형을 바탕으로, 즉흥극은 순간순간 그 형태가 나타날 수 있다. 그 예로 가상 시나리오를 생각해보면 다음과 같다.

이고 그 명사형인 thymus는 인체 내 면역을 담당하는 가슴샘(흉선 胸線)을 뜻하기 때문에 '체내적 기분 반응'이라고 옮길 수도 있으나 보다 쉬운 말인 '몸으로 반응하는 기분'으로 옮겼다.

38) 원주: Fredric Jameson, The Prison House of Language: A Critical Account of Structuralism and Russian Formalism (Princeton: Princeton University Press, 1972), 46-7.

[그림16] 은유와 극적 행위의 사위일체

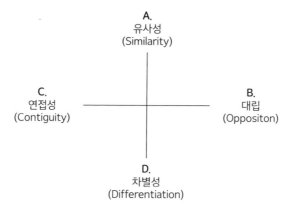

연희자 X와 연희자 Y는 둘 다 어부이지만(유사성), X가 고기를 잘 잡는 데 반해 Y는 그렇지 못하다(차별성). Y는 자신이 고기를 잘 못 잡는 게 X 탓이라 비난하지만(대립), X는 Y를 무시하고 자신의 성공에 대한 상(賞 prize)을 받기로 한다(연접성).

이것이 즉흥극이라면, 그림16은 대조(contrasts), 상치(相馳)/모순(contradictions) 그리고 상보(相補 complementarities)의 관계를 함의한다.(이는 이해를 돕기 위한 아주 단순한 예시다.)

실제 현실에서의 사정은 이처럼 간단하지 않다. 예를 들어, 그레마스의 사각형을 콘래드, 발자크 등의 문학 연구에 적용할 때, 제임슨은 종종 4개의 가능한 위치 중 3개만 개념을 연결할 수 있고, 마지막 영역인 [C]는 미지의 것으로 남는다.[39] 그런 경우, 두 가지 가능성이 생긴다. [C]가 구체적인 내용 (직접적이거나 구성 원리적인(constitutional) 모델) 으로 대체되거나, "부정의 부정(negation of negation)" (변환적 모델)[40]을 탐색하는 형태로 취할 수 있는 것이다. 두 가지 대안이 모두 중요하지만, 변환(transformation)은 체감-의미와 극적 행동들에 특별한 의미가 있다.

---

39) 원주: Jameson, The Prison House, 166.

40) 원주: A-J. Greimas, Structural Semantics (Lincoln: Nebraska University Press, 1983), XII, 5.e.

변환은 문화적이고, 그래서 임의적인 관계를 취해서 (예를 들어 금발 머리 vs 갈색 머리), 그것을 등치(等値)적인 관계로 변환한다; 즉, 긍정적/기성적(positive)[41]인 것에 부정적/비판적(negative)인 것 (예를 들어 남성성 vs 여성성) 을 대비시킴으로써 변환하는 것이다.[42] 여기서 중요한 것은 바로 네 번째 [C] 위치에서의 **변환이 창조성의 원천**이라는 점이다. 그레마스는 그것이 부정적인 측면을 복합적인 구조로 "확장(exploding)"하면서, 그 구조가 따로 떨어져나온(dissociated) 이접(離接)적(disjunctive)인 범주[43]가 시너지를 통해 또 다른 기호 사각형을 만들어낸다고 말한다. 그 결과는 "순수한 연접(contiguity)도 아니고 논리적 연관관계(implication)도 아닌"[44] 대화(dialogue)가 된다.

이를 통해 우리는 ***변환이 확언(affirmation)을 대화적 주장(dialogic assertion)으로 바꾼다***는 점을 이해할 수 있다. 이렇게 극적 행동들에서는 보통 바로 연접성(contiguity) [C]가 변환되어 새로운 (대화적이고/이거나 극적인) 상호관계를 새로운 의미 체계 속에 만드는 것이다.

행위소

그레마스 논저의 독특한 특성 중 하나는 의미의 단위로 "의미소(意味素 semes)", 그것들의 기능적 등가물(等價物)로 "행위소(行爲素 actants)[45]" (신화/제의와 스토리/행위에 상당하는 두 가지 존재(being)) 라는 용어들을 사용하는 점이다. 이것은 여기서 역점을 두는 문제들을 아주 잘 드러낸다.

---

41) 여기서의 positive와 negative는 단순히 긍정적/부정적으로 번역하기보다는, positive는 긍정적, 기성(旣成)적, 실정(實定)적으로, negative는 부정적, 비판적으로 개념을 더 넓혀 이해할 필요가 있다. positive는 '어떤 정해진'이란 뜻이라고 생각해도 좋을 것이다.

42) 원주: Greimas, Structural Semantics, II, 7.

43) 원주: Greimas, Structural Semantics, XI, 3.

44) 원주: Greimas, Structural Semantics, XI, 2ff.

45) 우리말로 행동자로 번역되는 경우도 있으나, actor와 혼선을 일으킨다는 점에서 채택하지 않았다.

행위소(actants)는 작동 중인 실제 상의 의미-단위다. 그것들은 실제 세계에서 행위자(actor)처럼 작동/행동(act)한다. 6개의 행위소가 있고, 다음과 같이 작용한다.

- 주체(subject) vs 객체(object)
- 발신자(sender) vs 수신자(receiver)
- 조력자(helper) vs 대립자(opponent)

언어의 측면에서, 행위소들은 "당연히 술어들(predicates)에 선행하는" 것이지만, 다음과 같은 통사론적(syntactic) 범주에 상응한다.

- 주어(subject) vs 직접 목적어(direct object)
- 주어(subject) vs 간접 목적어(indirect object)
- 부사적 수식어구(adverbial modifiers)[46]

특히 중요한 것은 ***행위소 과정들이 본질적으로 극적(dramatic)***이라는 점이다. 즉, 관계들의 조합인 "드라마"이자, 공간(space)과 경관(景觀 the spectacular)이 펼쳐지는 "구경거리(spectacle)"인 것이다. 그레마스가 시간과 공간 속의 극적 행동을 이렇게 서술하는 건 행위소(actants)를 은유적으로 행위자/연기자들(actors)로 보는 것이다. 예컨대, 그것들은 역할을 맡을 수 있다. "행위소들에게 역할을 분배하는 것은 그 메시지를 객관화하는 투사(projection)로, 한 세계의 모의실험 장치(simulator)[47]로 설정하는 것이며, 거기서 수신자와 발신자의 의사소통은 제외된다. 이 책의 관점으로 말하자면, 역할을 맡은 행위자/연기자는 소통(communication)과 경쟁(contest)의 균형을 맞춤으로써 인지(knowldege)와 힘(power)이 담긴 드라마를 수행/연행(perform)하는 것이고, 그레마스의 관점으로 말하자면, 모든 담론(discourse)에는 "본질적으로 이중-동위원소적인(bi-isotopic) 특성"이 있는 것이다.

---

46) 원주: Greimas, Structural Semantics, XI, ⅱ.
47) 원주: Greimas, Structural Semantics, Ⅴ Ⅱ, 3.d.

그레마스의 6개 행위소를 기호 사각형의 4개 지점으로 압축하면, 극적 행동이 지닌 이중화(doubling)의 본질이 명확해진다.[48] 기호 사각형 상의 네 번째 지점이 변환과 대화와 미학적 선택을 창조해내기 때문에, "조력자(helper) **vs** 대립자(opponent)"의 기능은 부사(adverbs)처럼 기능한다. 그 각각은 변환이 이루어지는 드라마의 중심이다.[49] 중요한 점은 *그런 극적 변환이 발견(discovery)을 창조해내지만, 그 발견은 문화에 구속받는다(culture-bound)*는 점이다.[50] 양화(量化 quantification)보다 논리적으로 더 이성(reason)에 영향받는(subject) 게 바로 질적 행동(qualitative act)인 것이다.

감정에 대한 이야기

감정은 연구조사 문헌에서 잘 다뤄오지 못했었다. 비정(非情)하게(hard-nosed) "숫자만 씹어 먹는 사람/컴퓨터(number cruncher)들"[51]이 그것이 어렵다는 걸 알아차려서 뿐만 아니라, 정신의 미학적 양상은 복잡하기도 하고 꼭 언어적이지도

---

48) 원주: 그레마스는 이런 논점에서 클로드 레비-스트로스(Claude Lévi-Strauss), Structural Anthropology, trans. M. Lagton (New York: Harper and Row, 1976)의 견해들에 가까워진다.

49) 원주: "경쟁은 우선 조력자와 대립자의 대치, 즉 의견표출(manifestation)로 보이기도 하면서, 동시에 그 복합적 표의구조의 두가지 관점 - 긍정적/실정적(the positive)과 부정적/비판적(the negative) - 으로 볼 수 있는 것의 기능적, 동적, 의인화적 측면으로도 보인다. 그런 대치 뒤에 곧바로 그 기능의 "성공"이 뒤따르고, 그것은 조력자가 대립자를 이긴 것, 즉 단 하나 긍정적/실정적 관점의 이익에 부정적/비판적 관점이 파기되는 것을 의미한다. 이렇게 해석할 때, 경쟁은 충분히 그 복합구조의 확장(exploding), 즉 부정적 관점의 부정(denial)으로 그 기본구조의 긍정적 관점만 존립할 수 있게 하는 메타언어적 작용이 확장되는 것의 신화적 표상(mythical representation)이 될 수 있다." (Greimas, Structural Semantics, ⅩⅠ, 2.f). 이를 통해 그레마스는 "그 기능모델의 본질적 특성 - 그것이 그 기능에 담긴 동적체계(dynamism)를 행위소들(actants) 상에 전이하고, 그것을 '행동력(power of action)'이란 형태로 드러나게 해줄 가능성 - 을 떠올렸다." (Greimas, Structural Semantics, ⅩⅡ, 4.a).

50) 원주: 즉, "그 문화 밖에 있는 무엇의 발견이 아니라, 시간 속에서 - 특정 시간에 - 자유롭게('임의적으로') 선택된 담론의 동류체(同類體 isotopy)다." (Greimas, Structural Semantics, Ⅰ). 그것은 "재발되지 않으며(non-recurrent), 바로 그렇기 때문에, 자연현상들처럼, 정확하게 그리고 일반화해서 다룰 수 없는 것이다." (Hjelmslev, "Some Reflections on Practice and Theory in Structural Semantics," Language and Society [Copenhagen, 1971], 8.)

51) 이 말은 대형 컴퓨터를 가리키는 말로 쓰이지만, 여기서는 꼭 컴퓨터만이 아니라 정량적으로 숫자만 따지는(씹어먹는) 기계론적 과학자들을 비판적으로 표현한 말이기도 하다.

않다. 더구나, 감정은 전체 유기체에 스며들어 있어서, 대부분의 사회과학 연구조사 방식에 잘 들어맞지 않는다. 전부는 아니라도, 다수의 의미론자는 보통, 언어의 관점에서 문제를 논한다. 대부분은 일반적으로 감정을 무시해왔고, 극적 행동들에서는 특히 그래왔다. 그들의 논의는 대부분 말이나 글로 된 메타언어에서 일어나고, 거기서 그들은 글쓰기를 이해의 주된 방법으로 여긴다. 말하자면 그것이 언어를 약호화하는 것이기에 시각적 재현으로 여기는 것이다.

바로 그런 맥락에서 우리는 시작해야 한다. 글쓰기는 다양한 형태가 있다. 예컨대 아즈텍의 회화적 도상(圖像) 기호(icon), 이집트의 임의적 도형(figure), 마야의 회화적 기호문자(glyph), 중국의 암호문자(criptograph)[52], 단어들이 요소적인 부분으로 분할된 서구의 알파벳 등이다. 이런 형태의 글쓰기는 모두 기표(記表)이지만, 전체론적(holistic)이거나 아날로그(analogue)적인 것 (시각예술 형태와 같이 구체적이고, 임의적이지 않으며, 종합적인 회화적 도상 기호) 부터 디지털적인 것 (추상적이고 임의적이며 분석적인 알파벳 언어) 까지 광범위한 표의(表意 signification)를 보여주고 있다. 다시 말하면, 글쓰기 기호들이, 특히 서구 사회에서, 유사 이래로 점점 추상화되어오면서, 전체적인 정신이나 세상에서의 그 매개 작용과의 밀접한 연관성이 떨어진 것이다.

드라마, 정신 그리고 감정에 관한 학문적 메타언어는 서구에서 보통 알파벳적이다. 그 자체로는 의미가 없지만, 기호의 조각들이 조합되어, 정확성이 (최소한 잠재적으로는) 증가하고 의미도 무한해지는 하나의 전체를 이루는 디지털적 약호/코드(code)인 것이다. 그러면 정신적 개념들은 점점 명시적/외현적(explicit)이고 추상적/관념적(abstract)인 것이 되지만, 구체성(concrete)은 점점 떨어진다. 전체, 아날로그, 세계관은 서구에서 대체로 무의식적인 경향이 있는 반면, 추상적/관념적(the abstract)이고 명확한(the precise) 것은 더 의식적인 경향을 띤다. 따라서 생각들은 더 응축되고 마음속에 깊이 박혀, 그것들의 내재적/암시적/함축적(implicit) 의미들은 점점 더 무의식적이고 추상적인 것이 되어간다.

---

52) 한자(漢字)를 말함.

우리는 이것을 동양의 언어와 예술과 대조할 수 있다. 중국과 일본 사회는 알파 벳적 기호를 쓰지 않는다. 따라서 정신적 요소들이 사람들 마음속에 최상위에 자 리 잡는 방식에 동서양 간 문화적 차이가 있다. 그리고 이것은 문화를 뛰어넘는 소 통에서의 많은 오해로 이어질 수 있다. 동양 예술에서 표현되는 정신적 요소들은 더 전체적(whole)이고, 그 의미가 서양 예술보다 덜 명확하다(precise). 실제로, 글쓰 기의 형태가 정신적 구조로부터 더 초탈해서 더 높은 메타층위(metalevel)를 수용 할 수 있으며, 정보전달에 있어 불확실성(entropy)이 더 적다.

말하기는 글쓰기보다 더 산만하다. 사람들은 일반적으로 말을 글 쓰는 방식처럼 하지 않는다. 예컨대, 많은 사람이 ─ 실생활에서나 즉흥극에서나 ─ 문장을 완성하 지 않은 채로 말한다는 점을 항상 인지하지는 못한다. 말을 할 때 상투어(clichés) 처럼 줄임말 역할을 하는 표현을 쓰는 경우도 다반사다. 그럴 때 쓸데없는 말이 상 당히 많이 수반된다. 태즈메이니아 각지의 교사들 다수는 학생들이 즉흥극에서 말 할 때가 일상 대화 때보다 말이 더 풍부하고 발달한다는 점을 발견했다. 특히 은유 적이고 상징적인 언어 수준이 극적 행동을 통해 현저히 향상했던 것이다.

모든 사회의 사람들은 자신들의 언어 뒤에 어느 정도 무의식적인 인식을 지니고 있다. 정신적 구조의 응축은 사람들의 정신에 광범위한 아날로그적/유사체적 이미 지들을 심어놓는다. 응축된 구조가 암묵적 인지/지식(knowledge)로 작용해서 믿 음이나 기대가 되는 것이다. 차이가 있는 곳이라면. 그 차이는 문화적 경향에 있다. 따라서 구술문화에서는 의식(意識)적이고 전체론적인 개념들이 디지털적 개념들 보다 우위를 점한다. 암묵적 작용들과 무의식적인 작용들은 대개 상동(相同) 관계 (homologous)다. 그것들의 외적인 재현/표상(representation)들이 대개 아날로 그적 (예를 들어, 예술적) 이지 디지털적이지 않으며, 추상적이기보다는 구체적인 것이다. 그러나 문자 문화에서는, 의식적인 디지털적 정신적 구조와 전체론적 정신 구조가 공존한다: 디지털적인 것은 응축되었을 때 암묵적이고 무의식적이며; 아날 로그적인 것은 성숙해가면서 점점 암묵적이고 무의식적인 것이 되고; 디지털적 사 고의 외적 재현 (예를 들어 글쓰기) 은 아날로그적 재현보다 더 정확하고 추상적이 며, 더 많은 메타층위(metalevel)를 수용할 수 있는 것이다.

글쓰기는 발화(utterance)의 연속적인 과정들을 고정한다. 유동 속에 있는 것을 정적(靜寂)으로 만듦으로써, 글쓰기는 즉흥극이나 담화(talk)와는 달리, 경계와 범주, 구별, 분류로 이어지고, 그것은 분석과 객관화와 회의(懷疑)를 낳는다. 그에 비해서, 언행과 극적 행동은 더 전체적이고 더 과정적이고, 덜 분화(discrete)돼있으며, 그 때문에 더 복잡하다. 드라마나 예술에 대해 메타언어로 글을 쓰는 것은 결코 행위로 표현되는 극적이거나 예술적인 사고와 똑같은 다의적(ambiguous) 속성을 지닐 수 없다.

사실, 어떤 문화에서 어떤 정신을 재현하는 것이든 필연적으로 완벽하지 않다. 문화 간의 차이는 정도의 차이다.

극적 기호와 의미

극적 행위는 정신의 체감-의미를 남들에게 전달하는 기호(sign)체계이다. 그것은 내면과 외부 사이를 매개하면서, 동시에, 남들의 반응을 자극하는 연희자 (화자/창작자) 의 신호(signal)이다. 기호체계로서의 드라마는 다음과 같은 요소들을 지닌다.

• 연희자 - 발신자 (언어에서), 창작자 (예술에서)

• 반응자 - 수신자 (언어), 감상자 (예술)

• "텍스트" - "발화" 혹은 "작품"의 신호(signal)

"텍스트"로서의 드라마는 다음과 같은 것들로 구성되어 있다.

• 기호나 작품이 담기는 매체 (가령, 독일인, 즉 "의상을 입은 연희자" 등)

• 기표(記表): 눈으로 볼 수 있는 기호 (예컨대, 우리가 읽는 단어들, 우리가 보는 드라마) 와 그 연관 관계들(implications)

• 기의(記意): 기호의 내용 (암시적, 명시적) (예컨대, 극적 행동의 "체감-의미")

연희자 (발신자/창작자) 가 기의(記意 the signified)를 통해 이해하는 것은 수신
자/감상자가 이해하는 것과 같을 수도 다를 수도 있다. 의도된 의미와 수신된 의미
사이에는 "간극(gap)"이 있을 때가 많다.

그러나 기호체계로서의 우리는 극적 기능들과 의미들을 분간해야 한다.

드라마의 기능들

기호체계로서의 드라마는 비분화적(non-discrete)인 방식으로 정신을 재현/표
상(represent)한다. 드라마에는 3가지 기능이 있다.

- 표현적(expressive) 기능

  메시지가 사용자의 감정을 다음과 같이 표현한다.

  - 주로 아날로그적/미학적으로 (간혹 디지털적/언어적으로)

  - 무의식적으로 그리고 의식적으로

  - 주변언어적/준언어적(paralinguistic)으로 (명명(naming), 신음소리(grunt), 제스처 등)

- 서술적(discriptive) 기능

  메시지가 사건의 특정한 사정(state of affairs)을 다음과 같이 서술/묘사한다.

  - 언어적으로

  - 극적으로 그리고/혹은 신체적으로

  - 시각적으로 그리고 차원적으로

- 논증적(argumentative) 또는 설명적(explanatory) 기능

  메시지가 대안적인 생각들, 견해들 혹은 발제(proposition)들을 제시/현시(present)한
  다.[53]

---

53) 원주: Karl R. Popper, Conjectures and Refutations (New York: Harper and Row, 1963, 1972).

극적 의미

극적 기호나 메시지들이 더 복잡해질수록, 반(反)-메시지들이 생겨나고 혼란이 증가할 수도 있다. 그러나, 극적 메시지에 내재한 의미들은 대개 뚜렷하다. 인지(knowing)의 형태로 여겨지는, 극적 행위 등은, 일반적으로 외현적/명시적(explicit)인 **말로 전하기(telling)**보다 암묵적(tacit)이고 암시적(implicit)인 **보여주기(showing)**를 사용한다. 그래서 더 감정이 실린 것이다. 이런 관점에서, 그런 기호들이 전달하는 체감-의미들은 다음과 같다.

- 표현적 의미

  이것들은 두 종류의 - 내면 상태로 향하는, 혹은 외부 대상이나 상황으로 향하는 - 감정-반응으로 이루어진 닫혀있는 의미 체계다.[54]

- 서술적 의미

  이것들은 "철학"이나 세계관을 전제로 하기에, 내면 감정을 표현할 수 있을 뿐 아니라, 세 종류의 반응 - 암시적/유추적 반응, 암시적/명시적 반응, 명시적 반응 (언어적/과학적인 모델들, 약도들, 다이어그램들) - 을 유발할 수도 있다.

- 논증적 또는 설명적 의미

  이런 것들엔 어떤 모델을 설명하고 드라마를 분석하고 관념(idea)을 설명하는 과학적 이론/가설들(theories)이 포함되어 있다. 그것들은 인간 특유의 것이다.

이런 세 종류의 체감-의미는 직관, 이성/조리(reason), 증거 그리고 둘 이상의 서술적 메시지들의 병치(竝置)를 토대로 한다.

드라마에서는 다양한 대상, 행동, 그리고 사건들이 통상적이지 않은 방식으로 병치될 수 있다. 그런 것들에는 아이러니, 풍자, 역설, 알레고리 등과 같은 것이 스며들

---

54) 원주: Robert W. Witkin, The Intelligence of Feeling (London: Heinemann, 1974).

어 있다. 마찬가지로, 키이스 존스톤의 "연극 스포츠(theatresports)"[55] 유형의 즉흥극에서는 다양성을 대조시켜 웃음을 자아낸다. 혹자는 이런 사례들이 한 "텍스트"의 또 다른 텍스트 또는 텍스트들로의 환질환위(換質換位 counterposition)를 보여주는 것이라고 할 수도 있을 것이다.

요약

무대극(theatre)에서 우리는 예술적인 것과 미학적인 것을 혼동해선 안 된다. 미학적인 것은 예술적인 것을 포함한다. 무대극/연극(theatrical) 예술은, 철학적으로 미학적 대상으로 볼 때, 창작자와 감상자의 주관성 사이에서 진동하며, 그 인지 기능은 재현(representation), 미학(aesthetic), (창작자의) 표현(expression), (수신자 또는 관람자의) 합착(合着 connation)이란 사위일체 속에서 발견된다.

"무대 위의 모든 것은 기호다." 무대는 모든 것을 변환해서, 모든 것에 실재 세계에 없는 표의력(表意力)을 부여한다. 연행(performace)은 자율적인 기호이면서 한 공동체의 의식을 나타내는 기표이기도 하다. 무대극은 감정으로 가득 찬 전 범위에 걸친 다양한 의미를 제공하며, 그 인지/지식은 언어만큼이나 문화에 구속된다.

이와는 달리, 인간의 드라마는 미학적인 과정으로 구성되어 있다. 상상, 사고나 행위에 대한 체감-반응, 선택, 판단, 그리고 "마치 ~인 것처럼(as if)"하는 (극적인) 행위 ― 미학적 기의(記意)들 ― 로 구성돼있는 것이다. 예술적 의미는 무대극 예술에서 부여되는 반면, 미학적인 이해는 놀이, 창의적 드라마, 즉흥극 그리고 사회적 역할놀이에서의 행위들 (기표) 로부터 의미 (기의) 를 얻을 때 전달된다. 미학적인 인지와 예술적 인지 사이에는 분명히 연속성(continuity)이 있지만, 우리는 극

---

55) 원주: Keith Johnstone, Impro (London: Faber and Faber, 1979).
   역주: 연극스포츠(theatresports) ― 극적 효과를 위해 경쟁 형식을 도입한 즉흥무대극의 한 형태. 1977년 키이스 존스톤이 레슬링 경기에 착안해 개발한 것으로, 경쟁에 참가한 팀은 관객의 제안에 기초해 공연을 펼치고, 관객이나 판정단의 평가를 받는다.

화할 때(현재시제로의) 인지/지식**이다(are)**. 우리는 "의상을 입은 연희자"라는 **(현재시제로의)** 활동적 매체**일(are)** 때, 인지(knowing)와 감정(feeling)을 창조해서 그것들을 남에게 전달한다. "행위소(actants)"로서 기능하게 되는 의미의 단위("의미소(semes)")들은 신화/제의 그리고 스토리/행위의 기저 텍스트(subtext)다. 그것들은 외현화될 때, 어느 정도 행위자/연기자(actors)처럼 (기능을) 수행/연행(perform)하는 면이 있다. 내면과 외부 사이를 매개하는 것이다. 그리고 그것들은 타인의 반응을 자극하는 연희자의 기호다.

극적 기호체계는 너무도 복잡하다. 그것은 감정으로 가득 차 있을 뿐만 아니라 계속해서 변화한다. 성숙해감에 따라, 계속 이어지는 구별(differentiation)로 인해 비교적 단순한 체계에서 복잡한 체계로의 진전이 일어난다. 구조적으로 보면, 이는 대체(substitution)를 통해 일어난다. 부분이 전체로 대체되고 새로운 전체가 되는 것이다.

그러나 발달론적으로 보면, 이와 같은 진전은 "윤곽 그리기(trace)" — 동일성과 차별성을 동시에 취하는 신생아의 첫 이해 — 에 기초해서 형성된다. 부분과 전체 사이의 진동(정신의 동적 체계(dynamism)와 의도)이 시작되면서, 은유적 관계와 역할 관계가 시작된다. "윤곽 그리기(trace)"가 유사성/차별성으로 진화해가면서, 정신의 근본적인 구조가 되는 것이다.

착한 사마리아인들의 우화(논변적 의미론)를 듣고 난 후에 사람들이 믿는 것은 상충(相衝)하는 두 의미 체계의 통합이다. 마찬가지로, 즉흥극은 사람들의 근본적인 가치들과 의미들에 도전한다. 새로운 체계가 채택되려면 연희자의 이후 이어지는 경험에 일치해야 한다. 그러면 그것은 더는 그저 암묵적인 의미가 아니다. 그 **연희자에게** "객관적인" 체감-지식, 즉, 검증된(tested) 지식이 되는 것이다.

직시(直示 deixes)는 인간 행위자(actor)의 허구적 세계를 물화(物化)/유형(有形)화(materialize)한다. 극적 행위를 창조하고 감상하는 사람들에게, 그것은 어떤 형태를 취하든 **(현재시제로의)** "인지/앎의 방식(way of knowing)"**이다(is)**. 극적 행동은, 인지의 형식으로 간주되며, 일반적으로 명시적인 **말로 *전하기*(telling)**보다 암묵적이고 암시적인 **보여주기(showing)**를 사용한다. 그래서 그것들은 특히 감정이 실려있다(feeling-laden).

미학적 과정은 암시적/명시적 그리고 실재적/허구적이라는 극적 이중성(the dramatic doubles)들 — 사위일체 구조 — 속에서 나타나게 된다. 이런 관점에서, 감정은 전체로서의 정신에, 암묵적이고 명시적인 인지과정에, 정신의 부분과 전체 사이에서 왔다갔다 진동하는 동적 체계와 의도에, 그리고 극적 행동에 내재해 있다. 드라마에서의 변환은 긍정적/기성적인 것(the positive)에 부정적/비판적인 (negative) 것을 대립시키며 관계들을 바꾼다. 기호 사각형의 네 번째 위치에서의 변환이 바로 창조성의 원천이다. 그것은 복합적인 구조로 확장되면서(explodes), 시너지를 통해 또 다른 기호 사각형을 만들어낸다. 즉, 드라마와 대화는 본질적으로 창조적이다. 새로운 체감-의미 체계 속에 새로운 상호관계가 생기게 하는 것이다.

6장 감정과 정서

감정(feeling)과 정서(emotion)는 매우 비슷하지만, 지금까지는 극적 행위에서의 정서에 관해 직접적으로 논하지는 않았다. 그것은 이 장에서의 내 관심사다.

감정에서 정서까지, 기분(moods)도 포함하는 연속체가 있는데, 그 구별되는 특징들은 태생적 자질에 따라 다르다. 감정과 정서는 동적 양태(dynamics)이자 과정(processes)으로, 우리의 인상(impression)과 표현(expression) 모두에 영향을 미친다. 그러나 그것들 사이의 경계선은 불명확하다. 우리가 둘 중 어떤 것을 말하는지 확실하지 않을 때가 있는 것이다. 이 점은 엄밀한 정의를 요구하는 객관적 사상가들에겐 방해가 될 수 있다. 그러나 우리가 사는 삶은 우리의 마음에 들 만큼 항상 질서정연하지는 않다. **우리의 과제는 현실을 있는 그대로 다루는 것이지, 우리가 원하는 대로 다루는 것이 아니다.** 실제로는 그 두 가지 동적 양태는 겹쳐 있다.

그러나 몇 가지 예비적인 구별을 시도해 볼 수는 있다.

• 정서(*Emotions*)는 정동(情動)적인(affective) 정신활동으로 - 공포, 혐오, 사랑, 즐거움 등과 같은 - 즉각적으로, 말하자면 '(미분화된) 날 것 그대로(in the raw)' 경험되는 강

한 내면적 과정이다. 그것이 너무 강력할 때, 정서는 앞뒤를 가리는 성찰이 없을 수 있다 (unreflective).

- *감정(Feelings)*은 정서(emotion)보다 더 분별적/분석적(discriminating)이다. 그것은 미학적인 정신활동으로 인지와 연결되고 가치와 질에 대한 선택과 판단으로 이어지는 내면적 과정이다. 감정은 지연될 수도 있으며 강도가 다양할 수 있다.

- *기분(Moods)*는 정동적인(affective) 것과 미학적인(aesthetic) 것 사이에 있다. 기분은 "정서적인 감정(emotional feeling)" 또는 "체감-정서(felt-emotion)"로, 각각 강력하고, 특별하며, 묵시적/내현적인(implicit) 분위기(atmosphere)를 지닌다.

일상생활에서보다, 극적 행동에는 이런 정신 과정 중 어느 한 가지가 더 스며들 수 있지만 한 번에 하나씩만 가능하다. 그것들은 점차 변하거나 순식간에 달라질 수 있다.

정서 이론상의 관점들

이 책에서 기술했던, 극적 행동에 대한 미학 이론(aesthetic theory)은 정서 이론과 어떤 관련이 있을까? 대부분의 인류 역사를 통해서, 그 둘 사이에 구별을 두지 않았었다. "미학(aesthetic)"이라는 단어는 1750년에야 등장했고, 칸트와 콜리지[1] 는 그 단어를 정신활동과 관련해 사용했다. 이전에는, 미학적인 문제들을 정서 이론 내에서 다뤘었다.

전통적 이론들

아리스토텔레스의 카타르시스 이론은 정서(emotion)와 연극(theatre)에 대한 가장 유명한 진술이다. 연극(theatre)은 연민과 공포를 이용해 관객들의 바람직하지 못한 정서들을 정화(淨化)한다. 이 이론에는 지그문트 프로이트와 I.A. 리처드[2]

---

1) 콜리지(Samuel Taylor Coleridge 1772~1834) 영국의 시인, 비평가.
2) 리처드(I.A. Richards 1893~1979) - 영국의 문학비평가, 신비평(New Criticism)의 기초에 기여했다.

같은 단발적인 지지자들이 있었다. 이 이론은 일부 연극치료사(drama therapist)들이 사용할 수 있지만, 일반적으로 현대 심리학자들은 기피하고 있다.

데카르트 이후 시대에는 이원론(dualism)으로 가득했다. 그래서 극적 행동이 전달하는 정서가 흔히 다음 두 가지 상태로 취급되어온 점이 이해될 수 있다.

- 청교도들과 일부 행태심리학자[3]들에 의해 정서 교란/동요(emotional disturbance)으로 (그리고 그래서 "나쁜" 것으로) 취급되었다.
- 루소와 A.S. 니일[4]과 같은 낭만주의자들에 의해 유기체적 본성(organic nature)의 일부로 (그리고 그래서 "자연스러운/당연한" 것으로) 취급되었다.

오늘날 위 첫 번째 경우는 (일부 행태심리학자들이 암시하긴 하지만) 받아들여지지 않고, 두 번째 경우는 있을 수 있다.

(고대의) "기질(氣質 humours)" 이론/사체액설(四體液說)[5]이 더 이상 정서적인 삶에 대한 적절한 그림을 제공하지 못했을 때, 18, 19세기 유심론자(mentalist)들은 정서에 대한 일관성 있는 이론을 제공하기 어렵다는 것을 알게 되었다. 헤르바르트[6]의 견해는 정서는 표상(representation) 간의 상충(相衝)으로 인한 정신 불안/교란 증세(mental disturbance)라는 것이었다. 그래서 당대의 멜로드라마가 관객들 속에 있는 특정한 정서들을 자아내려는 부조화(discordant)한 표상들을 보여주고, 혹시 관객들이 (가령) 슬픔을 경험한다면, 그것은 눈물이나 **극단적인 경우**, 고통

---

3) 심리학의 대상을 의식에 두지 않고, 사람이나 동물의 객관적 행태(behaviour)라고 여기는 연구자들을 말한다. 흔히 행동주의자라고 번역되나 이 책에서는 act(행동), action(행위), behavior(행태)를 구분하고 있는 점에 따라 행태심리학자라고 옮긴다.

4) 닐(A. S. Neill 1883~1973) - 영국의 교육가, 작가. 아동교육에서 자유로운 자기 계발 교육법을 주장했다.

5) humours theory - 고대 그리스의 의학사상으로 인간이 지닌 흑담즙, 황담즙, 혈액, 점액의 네 가지 체액이 각각 우울한 기질, 성마른 기질, 쾌활한 기질, 냉담한 기질과 관련이 있다는 설. 서양에서 9세기까지 영향력 있는 설이었다. 기질 이론, (사)체액설 등으로 번역된다.

6) 헤르바르트(Johann Friedrich Herbart 1776~1841) - 독일의 철학자, 교육학자. 교육의 목적을 윤리학에서, 방법을 심리학에서 찾아 과학적인 근대 교육학을 창시했다.

이라는 유기체적 장애(organic disorder)를 자아내게 되리란 것이었다. 오늘날 우리는 멜로드라마 속의 정서적인 삶은 대부분 현실의 서투른 모사(模寫 caricature)라고 안다.

다른 유심론자들은 정서의 신체적 기반이 체내(visceral) 신경 체계에 있음을 보여주려고 했었다. 인간이 격정(passion)을 책임질 수 없는 것은 혈액순환, 소화, 분비를 (의식적으로) 통제할 수 없는 것과 마찬가지였다. 그래서 찰스 디킨스에게 있어 사람들은 특정 부류의 정서를 가지고 태어나는 존재였다. 예를 들어, 빌 사익스는 <올리버 트위스트>에 등장하는 순간부터, 그리고 낸시를 죽이기 오래전부터 살인자인 것이다. 20세기가 시작되면서도 분트[7]는 "정서의 신체적 영향은 이후 영적(靈的) 사고(the spirit)의 작용들에도 영향을 미친다."[8]고 말할 수 있었다. 인간은 정서적 삶을 거의 제어하지 못하게 마련이고, 연극 관객들은 극장에서 상연되는 "위대한 격정들(the grand passions)"에 무력하게 반응하지 않을 수 없다고 얘기되었다. 따라서 우리는 빅토리아 시대 사람들이, 교실에서 자발적 드라마는 허용하지 않았어도, 불온한 부분을 삭제한 셰익스피어 극 상연물을 허용한 점을 이해할 수 있다.

그러나 프로이트의 정서 이론은 우리에게 묘한 역설을 보여준다. 프로이트가 무의식이 인간의 깨어있는 삶의 극적인 기저 텍스트(subtext)라고 주장한 점은 한편으로는 혁신적이었다. 그가 "오이디푸스 콤플렉스"처럼 연극에서 끌어온 용어를 계속 사용한 점이나, 그와 스타니슬랍스키가 그 기저 텍스트를 각기 다른 버전으로 동시에 이론화한 것은 우연이 아니다. 그러나, 다른 한편으로, 프로이트는 자신이 말한 기저 텍스트가 정서 불안/교란 증세를 드러낸다고 생각했고, 그 자신이 정서 장애인들만을 다뤘기 때문에 정서는 그에게 "나쁜" 것일 때가 많았다.

---

7) 분트(Wilhelm Wundt 1832~1920) - 독일의 심리학자, 철학자, 생리학자, 근대 실험심리학의 창시자.

8) 원주: W. Wundt, Elements of Physiological Psychology, 2 vols. (London: Swan and Sonnenschein, 1904).

실용주의자들과 행태심리학자들

현대의 정서 이론은 윌리엄 제임스[9]의 논문 "정서란 무엇인가?(What Is Emotion?)"와 함께 시작됐다.[10] 그는 후에 "이런 이상한 정서에 대한 우리의 자연스러운 생각은 몇몇 사실에 대한 정신적 지각이 정서라고 불리는 정신적 증상/변용(affection)을 자극(excite)한다는 것과 이 후자의 정신 상태가 신체적 표출(expression)을 일으킨다는 것이다. 그에 반해, 내 이론은 그런 신체적 변화들이 지각으로부터 직접 이어지고, 그것들이 발생할 때 그에 대한 우리의 인식이 정서를 구성한다는 것이다."[11]라고 말했다. 제임스의 관점을 사용하면, 우리가 연희자로서 즉 홍극을 하는 것과 극장에서 지각하는 것은 우리가 그 결과로 나타나는 신체적 변화를 인식하게 하는데, 그것이 정서라고 말하게 되는 것이다. 그건 확실하지 않다. 그러나, 그가 내적 정서와 외적 표출, 즉 신체적 반응 사이에 밀접한 관련이 있다는 것은 옳다. 극적 행동에서는 확실히 그렇다.

어떤 한 정서를 "마치 ~인 것처럼(as if)" 표현하면서, 그런 행동(acting) 능력을 잃지 않고 또 다른 정서를 경험하는 것은 어렵다. 스타니슬랍스키는 우리에게 이 점을 말했었고; 모든 연기자(actors)는 그 점을 알고 있다; 그러나 그것은 일상생활 중 최면/몽유(hyponosis) 상태일 때는 사실임이 밝혀져 왔다.[12] 그리고 우리는 이것이 어린이 연희자에게 요구될 수 있는 정서의 범위에 영향을 미칠 수 있다는 점도 깨달아야 한다. 그러나 유심론자들과 같이, 제임스의 이론은 내면 고찰(introspection)의 모든 문제를 지니고 있다. 비록 그의 평생 많은 반대가 있긴 했어도, 신체적 교란/동요(disturbance)에 대한 인식이 정서를 **구성한다**는 견해는 증명될 수도, 반증될 수도 없다.[13]

---

9) 윌리엄 제임스(William James 1842~1910) - 미국의 철학자, 심리학자. 실용주의 철학 운동과 기능주의 심리학 운동을 주도했다. '의식의 흐름'이라는 용어를 처음으로 사용했으며 빌헬름 분트와 함께 근대 심리학의 창시자로 일컬어진다.

10) 원주: William James, "What Is Emotion?" Mind, 9 (1884): 188-205.

11) 원주: William James, Psychology, Briefer Course (New York: Holt, 1892), 499.

12) 원주: N. Bull, "The Attitude Theory of Emotion," Nervous and Mental Disease Monographs (1951).

13) 원주: W.B. Cannon, "The James-Lange Theory of Emotions: A Critical Examination and an Alternative Theory," American journal of Psychology, 39 (1927): 106-24.

오늘날은 정서가 행위와 관련된다는 설이 더 일반적이다. 이런 이론은 존 맥머레이, H.J. 블랙햄, 영국의 칼 포퍼 경과 같은 영향력 있는 현대 사상가들과 미국의 실용주의자(pragmatist)들이 견지해왔다. 그래서, 이런 정서 이론이 어떤 상황에 대한 유기체의 반응으로서 한 세기 이전 찰스 다윈으로부터 비롯됐다는 것을 알면 놀랄지도 모른다.[14] 그는 많은 정서 반응이 유용성 (분노가 적을 두렵게 한다) 을 통해서나, 진화의 초기 단계에서 유용하다고 알게 된 행태(behaviour)의 잔재 ("동물의 정서") 이기 때문이라고 설명할 수 있다고 보았다. 이 이론은 동물 행태를 연구함으로써 시작했던 사람에게는 당연한 이론이었고, 그 뒤로도 많은 동물 조사연구에서 이어져 왔다. 그러나 현대 심리학자들이 이 이론에 어느 정도 공감하고 있는 것은 사실이다. 비록 그들이 주로 다윈의 연구가 일부 기본적 정서만 설명한 것이라 본다고 하더라도 말이다. 혹시 우리가 그의 생각을 완전히 받아들인다면, 어린이들이 즉 홍극이나, 공연장에서 경험하는 정서들은 진화의 유산에 기초한 단순한 반응으로 치부될 것이다. 그것은 확실히 완전한 그림이 아니다.

여전히 북미 교육의 토대를 이루고 있는 존 듀이의 생각은, 다윈과 제임스의 생각을 결합한 그의 기능론적 접근을 통해 이원성(dualism)을 탈피했다. 본능이 지각(perception)과 그 사람의 반응들(reactions)을 정합(整合)/조정(調整)(co-ordinate)하고, 지각은 능동적인 과정이며, 대상이나 상황은 그 자체로서뿐만 아니라 정서적 평가(emotive value)와 함께 지각된다는 것이다. 즉, 듀이의 이론에서, 우리는 호랑이를 단지 호랑이로뿐만 아니라 무서운 동물로도 지각한다. 또는 우리가 무대 위에서 살인을 목격했다면, 그것은 살인일 뿐만 아니라 우리에게 어떤 정서적인 내용을 동반하는 행동이기도 하다.

그것은 어떤 내용일까? 듀이에게 있어 정서는 맥락적이다. "행태(behaviour)의 양식이 가장 중요한 것이고, 생각과 정서적 홍분이 동시에 같이 나타나는데 ... [정서]는 행태 양식을 결정하는 정합/조정(coordination) 과정에서 자극과 반응의 긴

---

14) 원주: Charles Darwin, The Expression of the Emotions in Man and Animals (London: Murray, 1872).

장을 나타낸다."[15] 듀이에게 모든 행태는 이런 이중적인 면을 지닌다. 그러나 정서는 본능적, 정상적, 또는 자발적인 행위가 방해받을 때 일어날 뿐이다. 듀이는, 호랑이와 싸우거나 도망치는 것은, 그런 행동들이 정상적으로 성취되었을 때는 아무런 정서를 자아내지 않는다(덤벼!)고 말한다. 그러나 갈등이 생긴다면 ("저 호랑이가 나를 잡아먹을까?"), 그때 우리가 정서를 경험한다. 듀이는 "그 정서는, 심리학적으로 말해서, 습성(habits)과 이상(ideal) 사이에서의 조절(adjustment)이나 긴장이며, 몸에서 일어나는 그 생체적/유기체적 변화는 그런 조절을 위해 애쓰는 과정이 물리적 면에서 그대로 드러나는 것이라고 말한다."[16]

이런 정서 이론은 역사가 아주 오래되었고, 해리 브라우디[17]와 유진 F. 케일린[18]과 같은 많은 현대 미국 미학자들의 저작에도 내재해있다. 만약 그들과 듀이의 말이 맞는다면, 우리가 객석에서 경험하는 정서는 우리 자신들 안에서 갈등을 초래하는 극적인 상황으로부터 일어난다 — 그때 그 플롯과 등장인물들이 우리 안에 큰 혼란을 만들어내서 오직 정서적 반응만이 조정/정합(coordination)을 가져올 수 있다는 것이다. 그렇다면 교육연극 공연(educational theatre)[19]은 만약 어린이들에게 동요(disturbance)를 일으키는 사건의 직접 경험 없이 정서 교육의 기회를 제공하게 된다면, 진정 교육적인 사업이 된다.

그러나 듀이의 이론은 즉흥극을 할 때의 우리 정서를 설명하는 데는 훨씬 많은 어려움을 지닌다. 만약, 자발적 드라마에서, 우리 안에 아주 많은 혼란이 일어나 정서적인 반응만이 조정/정합을 이뤄낼 수 있다면, 즉흥극은 치료법이 된다. 하지만 그때 그것이 과연 교육적으로 보일까? 사람들은, 특히 교사들은, 이 질문에 각기

---

15) 원주: John Dewey, "The Theory Of Emotion: Ⅱ. The Significance of Emotions," *Psychological Review* (1895): 19.

16) 원주: Dewey, "The Theory of Emotion," 30.

17) 해리 브라우디(Harry S. Broudy 1905-1998) - 폴란드 태생의 미국 교육철학자.

18) 유진 케일린(Eugene F. Kaelin 1926~) 미국의 실존주의 미학자. '예술 교육자를 위한 미학'(1987)에서 근본적으로 미적 경험을 중시, 비평적 판단과 거기에 개입하는 미학의 역할을 언급. 미적 경험을 미적 지각이나 태도를 넘는 인지적 수준에서 논의함.

19) educational theatre는 교육연극(educational drama)과의 구분을 위해 교육연극 공연이라고 옮겼다.

다르게 응답한다. 이 점은 아마도 왜 자발적 드라마가 미국보다 영국과 영연방국가(Commonwealth)에서 더 자주 (학생 1인당) 행해지는지와, 연극치료(drama therapy) 실행이 영 연방보다 미국에서 더 일반적인지를 설명해 줄 수 있을 것이다.

행태심리학자들(behaviourists)은 듀이보다 더 나아갔다. 존 B. 왓슨[20]에게 정서는 중요성이 크게 떨어진다 (이론이라고도 할 수 없다!). 왜냐면 그것은 유기체의 반응 — "전체로서의 신체 메커니즘에 심각한 변화를 수반하는, 그리고 특히 내장(visceral)과 분비선(glandular) 체계의 유전적 반응 패턴" — 이기 때문이다.[21] 그래서 (실생활, 드라마 속 삶, 또는 극장에서의) 정서는 단순한 유기체/생체 반응이다. 이런 이론은 많은 행태심리학자들 사이에서 진전돼갔는데, 특히 B.F. 스키너[22]의 영향력이 컸다. 하지만 이 이론은 너무 단순했다. 근본적으로 심리학인데다가, 같은 즉흥극이나 청중 내에서 개개인이 느끼는 정서 간의 차이를 설명할 수 없었던 것이다.

무의식 이론

무의식적인 정서의 힘에 관한 프로이트의 이론과 그 결과 그가 실행한 심리 분석은 다른 학자들에 의해 각색되고 변화돼왔다. 예를 들면, 영향력 있는 프랑스 정신병리학자 피에르 자네[23]는, 정서가 지각에서 직접 생겨난다고 보았다.[24] 그것은 그에게 — 기억의 상실과 습성의 교란을 일으키고, 쉬운 행위를 어려운 행위로 대체하게 하는, "혼란을 일으키는 모든 힘 중에서 가장" — "나쁜" 것이었다. 그러나, 자네 저작의 병리학적인 내용에도 불구하고, 그는 정서가 전 인격(total personality)이 어려운 상황에서 — 생리학적, 심리학적으로 — 반응하는 것이라는 점을 분명히 밝혀주었다. 이 이론은 20세기 초반 많은 프랑스 사회과학자들이 공유했고, 그 결과 불

---

20) 존 왓슨(John B. Watson 1878~1958) - 미국의 심리학자. 행태심리학(행동주의 심리학)의 창시자.

21) 원주: John B. Watson, "A Schematic Outline of the Emotions," Psychological Review, 26 (1910): 165.

22) 원주: B.F. Skinner, Science and Human Behavior (New York: Macmillan, 1953).
    역주: 스키너(B.F. Skinner 1904~1990) - 미국의 행태심리학자.

23) 피에르 자네(Pierre Janet 1859~1947) - 프랑스의 심리학자, 정신과 의사.

24) 원주: Pierre Janet, De l'angoisse á l'extase, 2 vols. (Paris: Alcan, 1928).

어로 쓴 새로운 이론은 거의 50년 동안 나오지 않았다.

극적 표현 속의 정서에 관한 연구는 최근에야 브뤼셀의 로제르 델다임, 소르본느의 고(故) 리샤르 모노드, 그리고 몬트리올 대학의 지젤 바레가 불어로 발표하기 시작했다. 이런 *극적 표현(expression dramatique)* 연구들에서, 극적 행위와 정서의 관계는 특유의 속성들을 지닌다. 대립성이 아닌 유사성에 기초한, 밝음/어둠 그리고 좋음/나쁨의 역학관계(dynamics); 무의식과 창의성으로의 강한 연결; 극적인 매체에서 다른 매체로의 쉬운 적응성; 인간 유기체/생체와의 기능적인 관계를 말하는 것이다.[25] *극적 표현*의 정서 이론은 교육계 그 자체를 넘어 무대극(theatre), 치료(therapy), 그리고 기타 실용적 분야들을 포함한다.

무의식적 정서 이론은 심리치료에서, 특히 연극치료사들의 실행 전반에 걸쳐 중요한데, 그들은 하나의 이론을 기저 텍스트로 내어놓았다. 이 이론은 20세기 동안 천천히 진화해왔다. 그것은 제이콥 L. 모레노[26]의 심리극(psychodrama)에서부터 시작되는데[27], 거기엔 독자적인 풍부한 이론이 있었다. 모레노가 보기에, 심리치료를 할 때 환자들은 분석가의 침대 의자(couch)에 누워 이야기할 때보다 즉흥극 연기에서 더 많이 반응했다. 행위 (담화를 포함하기도 한다) 는 창의적인 자발성에 기초한 것이라 가장 중요했다. 1920년부터, 처음엔 비엔나에서, 다음엔 뉴욕에서, 모레노의 환자들은 무대극 형식으로 자기 문제를 연기로 풀어냈다. 환자 자신의 인격의 일부, 혹은 자기 이야기에 나오는 의미 있는 사람들은 모레노의 조력자들이 역할을 맡았다. 그의 이론은 정서에 관한 사회적 상호 작용 이론이었다. 자아는 그 사람이 다른 사람들과의 상호작용 속에서 하는 사회적, 개인적 역할의 총체이며, 자발적인 연행(spontaneous performance)은 카타르시스 효과를 가지는 것이다.

---

25) 원주: Gisèle Barret, "Arts-expressions en. pédagogie: Pour une pédagogie de l'expression," in Repères, 7 (1986): 1-4; Roger Deldime, Le quatrième mur (Brussels, 1990).

26) 제이콥 모레노(Jacob L. Moreno 1990~1974) - 오스트리아 출신의 미국 정신분석가, 이론가, 교육자. 심리극(psychodrama)의 창시자로, 집단 상담(집단 정신 요법)의 개척자 중 한 사람이기도 하다.

27) 원주: Jacob L. Moreno, "The Creativity of Personality," New York University Bulletin, Arts and Sciences, 46:4 (January 1966).

하지만, 모레노는 전체적으로 매우 잘 구성된 일련의 기법들을 개발해냈지만, 다른 사람들이 너무 꽉 짜여 변통의 여지가 없다고 여겼다. 그 결과, 다음과 같은 관련은 있지만 각기 다른 정서 이론들이 치료 현장에서 극적으로 활용되고 있다.

- 게슈탈트 치료(Gestalt Therapy)

  예전에 프로이트주의자였던 심리극 전문가 "프리츠" 펄스[28]는, 모레노의 자아 표현(self-presentation) 활용이 무대극적 맥락에서 이뤄지던 것을 실생활 상황에 맞게 고쳤다.[29] 즉, 자신의 정서 이론을 무대극에서 드라마로 옮긴 것이었다. 그의 많은 전략은 연희 속에서 연희자의 전체/부분을 교체하는 데 기반을 두었다. 예를 들면, 환자들이 빈 의자를 마주 보고 거기에 자기 이야기 속에 나오는 "의미 있는 타자(a significant other)"가 앉았다고 상상했다. 환자가 상상 속 인물에게 말을 걸거나, 상상 속 인물이 마치 자신에게 말을 하는 것처럼 생각한 것이었다. 그런 방법은 환자들이 허구적인 맥락에서 "나쁜" 정서를 풀어내게 해 준다.

- 실존 치료(Existential Therapy)

  이 기법에서 환자-치료사 한 쌍은 상호적 관계(a mutuality)이다. 살아있는 두 사람이 있고, 한쪽이 얼굴 없는 객관적 과학자를 대면하는 게 아닌 것이다. 부버의 "나와 너(I and Thou)" (나와 그것이 아니다) 이론에서처럼, 환자들은 인간으로 취급되며, 환자-치료사 관계는 드라마적이다. R.D. 랭[30]은 사회가 바람직하지 못한 정서적 동요/교란를 강요한다고 여기는 반면, 롤로 메이[31]는 기능장애(disfunction)를 극복하려는 의지(Will)에 역점을 둔다.[32]

---

28) 프리츠 펄스(Fritz Perls 본명은 Friedrich (Frederick) Salomon Perls 1893~1970) - 독일 출신의 미국 정신과 의사, 정신분석학자, 심리치료사. 게슈탈트 요법이라는 정신 치유법을 개발.

29) 원주: F.S. Perls, Gestalt Therapy Verbatim (Lafayette, Calif.: Real People Press, 1969).

30) 로널드 랭(Ronald David Laing 1927~1989) - 스코틀랜드의 정신과 의사. 1960년 그의 연구 결과를 모은 <분열된 자아(The Divided Self)>가 출간되었다.

31) 롤로 메이(Rollo May 1909~1994) - 미국의 심리학자, 실존주의 심리상담사.

32) 원주: R.D. Laing, The Divided Self (Harmondsworth: Penguin, 1965); Rollo May, The Meaning of Anxiety (New York: Norton, 1977).

• 연극 치료(Drama Therapy)

20세기 말에는, 환자의 필요에 맞는다면 - 이 방법의 핵심[33] - 어떤 드라마 기법 (심리극, 즉흥극 등) 이든 취사선택해 사용하는 전업(專業) 연극치료사(drama therapists)가 등장했다. 그 이론적 전제는 모든 극적 활동은 [a] 자연스럽고, 본질적으로 심리적 건강에 이로우며, [b] 누구에게나 적절한 정서적 균형을 발전시킬 수 있고, 그리고 [c] 다음과 같은 맥락에 적용할 가치가 있다는 것이다.

- 의학적 맥락 (진단과 치료)

- 교육적 맥락 (다른 사람들의 잠재능력 실현을 돕는 것)

발달 이론

발달심리학자 수잔 아이작스[34]의 이론에는 기능주의(functionalism)가 내재해 있었으나, 매우 긍정적으로 작용했다. 그녀의 관점은 어린이의 성장과 발달이 전적으로 초기 정서 생활에 달려있으며, 아기와 아주 어린 유아들에게는 적절한 정서 균형이 있는데, 좀처럼 얻기 힘든 그 균형이 극적인 놀이로 충족될 수 있다는 것이었다. 달리 말하자면, **극적인 놀이는 개인적 성장과 사회적 성장에 필수적인 것이었다.** 런던 대학교는 그녀의 연구를 중심으로 최초의 교육연구소(Institute of Education)를 설립했고, 그곳은 어린이들의 지적 성장과 사회성 발달에 대한 그녀의 고전적인 1930년대 초반 저작들로 다음과 같은 사람들에게 엄청난 영향력을 미쳤다.

• 오랫동안 영국과 영 연방국들의 교사들, 교사 교육자들의 관점에

• "유년기 아동 교수법(the primary method)"과 "놀이 방식"의 현장 실천가들(practitioners) 에게

• "어린이 중심 교육"을 보급했던 사람들에게

....

33) 원주: Gertrud Schattner and Richard Courtney, eds., Drama in Therapy, 2 vols. (New York: Drama Book Specialists, 1981).

34) 수잔 아이작스(Susan Isaacs 1885~1948) - 영국의 교육심리학자, 아동 정신분석학자.

• 실비아 브로디[35]와 벤저민 스폭[36]과 같은, 아기(baby) 돌봄 전문가들에게.

나아가 우리는, 아이작스에게 있어서, 즉흥극을 하는 사람들과 관객들은 극적 행동이 자신들의 정서적 필요에 얼마나 맞느냐에 따라 만족하거나 만족하지 않는 것이라고 말할 수 있다.

아이작스는 심리분석가 멜라니 클라인[37]과 함께 일했었다.[38] 아주 어린 유아들에게 있어서 극적인 놀이가 발달상에 미치는 정서적 효과에 관한 클라인의 이론은 시간이 지남에 따라 영향력이 커졌다. 그녀는 생후 6개월 된, 아기가 다음 두 가지 유형의 정서적 동일시/일체감(identification)을 성취한다는 점을 발견했다.

• 투사(投射)적(projective) 동일시로, (남에 대한) 공감/감정이입(empathy)을 갖추게 된다.
• 내사(內射)적(introjective) 동일시로, "자신을 다른 사람의 입장에 놓는(put oneself in another person's shoes)" 능력 - 극화(dramatization)와 상징화(symbolization)의 최초 유형 - 을 갖추게 된다.

19세기 중반, 극적 놀이의 정서 이론에 기여했던 다른 심리치료사들로는 안나 프로이트[39], 에릭 에릭슨[40], 에릭 번[41], 로베르토 아사기올리[42]가 있다.

---

35) 실비아 브로디(Sylvia Brody 1914~) - 미국의 아동 정신분석학자, 아동 발달 연구가.
36) 벤저민 스폭(Benjamin Spock 1903~1998) - 미국의 소아과의사, 아동 정신분석가, 사회운동가.
37) 멜라니 클라인(Melanie Klein 1882~1960) - 오스트리아 태생의 영국 아동 정신분석학자, 대상관계이론(object relations theory)의 창시자.
38) 원주: Melanie Klein, Narrative of Child Analysis (London: Hogarth Press, 1932).
39) 안나 프로이트(Anna Freud 1895~1982) - 지그문트 프로이트의 막내딸. 아동 정신분석학 개척.
40) 에릭 에릭슨(Erik Erikson 1902~1994) - 미국의 발달심리학자, 정신분석학자. 자아심리학의 창시자.
41) 에릭 번(Eric Berne 1910~1960) - 캐나다의 정신과 의사, 교류 분석 창시자.
42) 아사기올리(Roberto Assagioli 1888~1974) - 이탈리아 정신과 의사.

클라인의 발달 패턴은 가장 최근에 런던 타비스톡 상담센터(Tavistock Clinic)에서 일했던 도널드 위니컷[43]에 의해 확장되었다.[44] 그는 생후 6개월 무렵부터 아기는 자신이 정서적으로 애착하는 "매개체(the mediate object)" — 부드러운 장난감이나 천 조각 — 을 가지고 논다는 점 ("꼭 끌어 품기(a cuddle)") 을 밝힌다. 아기는 안과 밖을 연관 지으며 그 물건을 입에 넣었다 뺐다 하고, 일부러 떨어뜨려 다시 주워 올려질 수 있도록도 하고, 엄마에게 줘서 엄마가 다시 돌려줄 수 있도록 하기도 한다. 그 안과 밖은 정서적으로 사랑의 행위에 연결된다. 위니컷의 바로 그런 발달 이론상의 혁신이 있었기에 우리는 드라마가 — 매체에 의미가 집중되어 거기서 주관적, 객관적 의미가 생겨나는 — "매개인지(mediate knowing)"를 제공한다고 말할 수 있는 것이다.

다른 책에서 나는 동일시/일체감(identification)의 성장과 "매개체"의 사용이 절정에 이르는 건 "원초적 연기(the primal act)"를 하게 되는 생후 10개월 무렵이란 점을 밝힌 바 있다.[45] 이 단계에서, 아기는 처음으로 "마치 ~인 것처럼(as if)" 되는(Being) 연기(act)를 실연/수행(perform)한다. 동일시, 공감, 그리고 이제는 매개체로서의 자아를 사용해, 아기가 마치 자신이 엄마인 것 "처럼" 행동/연기(act)하는 것이다. 그때 진정한 의미에서의 극적인 놀이가 시작된다. 매개/주관적/객관적 인지(knowledge)의 균형은 사람마다 각자 독특하다. 정서적 균형의 시도는 발달 단계에서 계속되고, 그때 극적 행동은 발달의 통합자(developmental unifier)다. 즉, 그 총체적 유기체의 개인적, 사회적, 지적, 정서적, 미학적, 정신운동적 성장을 통합하는 것이다.

43) 원문에 David Winnicott로 표기되어있으나 David는 Donald의 오기(誤記)로 보인다. 도널드 위니컷 (Donald Winnicott 1896~1971) - 영국의 소아과의사, 정신분석학자로, 대상관계이론과 발달심리학 분야에 특히 영향을 주었다.

44) 원주: David W. Winnicott, Playing and Reality (Harmondsworth; Penguin, 1974); Richard Courtney, Play, Drama and Thought: The Intellectual Background to Dramatic Education (4th rev. ed. Toronto: Simon and Pierre, [1968], 1989), 90-4.

45) 원주: Richard Courtney, The Dramatic Curriculum (London, Ont.: University of Western Ontario, Faculty of Education; New York: Drama Book Specialists; London: Heinemann, 1980).

현대의 주요한 교육심리학자로, 상상과 극화라는 정서적이고 미학적인 문제들에 중점을 둔 사람은 캐나다인 오토 바이닝거(Otto Weininger)다.[46] 그에게 있어, 상상은 "만약 ~라면 어떨까(what if)"이며, 극적인 놀이는 "마치 ~ 인 것처럼(as if)"이다. 어린이의 놀이에 관한 많은 연구에서, 그는 위니컷의 전통을 이었고, 현재는 멜라니 클라인 학회의 <*학술지(Journal)*>를 편집하고 있다. 그는 극적인 놀이가 생후 6개월 무렵 엄마에게 "먹이기(feed)"를 시도할 때부터 비롯된다는 점; "원초적 연기" 직후, 어린이가 어떤 물체(an object)를 그 자체 이상으로 활용한다 — 피터 슬레이드가 말한 "투사된 놀이(projected play)"와 유사하다[47] — 는 점; 그리고 극적 놀이가 상징체계(symbolism), 표상적 사고(representational thought), 사회적, 정서적 성장, 언어 발달 등의 성장과 변화를 나타낸다는 점을 발견했다. 바이닝거와 그의 대학원생들은 성공적으로 이런 기본적 이론을 많은 새로운 영역으로 확장했고, 그 결과 이제는 의미 있는 연구 체계가 갖춰졌다.

구조주의와 실존주의

수잔 아이작스의 발달론적 관점을 장 피아제[48]는 반박했다. 그는 정서(emotion)에 관한 관심은 훨씬 덜했고, 어린이들의 인지(cognition) ("과학적 사고(scientific thinking)") 에 초점을 뒀었는데, 그것은 우리 기계시대의 교육적 관심사에 적합했었다. 피아제의 발달심리학은 구조적이지만, 정서와 극적 놀이에 관해서는 실망스럽다. 이런 점이 최근 그의 심리학에 대한 역반응을 설명할 수 있을 것이다. 또 다른 이유는 지금 시대의 경향이 일반 심리학 이론을 받아들이지 않기 때문일 수 있다.

---

46) 원주: Otto Weininger, Play and Education: The Basic Tool for Early Childhood Learning (Springfield, Ill.: Charles C. Thomas, [1979], 1982).
역주: 오토 바이닝거(Otto Weininger 1929~2003) - 캐나다의 아동심리학자. 오스트리아 철학자 오토 바이닝거와 동명이인.

47) 원주: Peter Slade, Child Drama (London: London University Press, 1954).
역주: 슬레이드(Peter Slade 1912~2004) - 영국 최초의 드라마 치료사. 대표작 <Child Drama>.

48) 원주: Jean Piaget, The Child's Conception of Time. (London: Routledge and Kegan Paul, 1969).
역주: 장 피아제(Jean Piaget 1896~1980) - 스위스의 철학자, 발달심리학자. 발생적 인식론, 구성주의 인식론의 선구자.

프로이트, 제임스, 듀이, 피아제 등은 정서를 그런 모든 것을 포괄하는 이론 안에서 설명했었다. 하지만 클라인 학파와 다른 현대의 심리치료사들은 특정한 맥락들을 더 많이 연구하는 — 이런 경우 저런 경우에서의 정서를 연구하고, 자기 작업의 일반화 가능성을 제한하는 — 경향이 있다.

이런 제한이 영향을 미치지 않은, 실존주의 철학-극작-저술가 장 폴 사르트르는 정서, 감정, 정신 이론에 독특하고, 폭넓으며, 중요한 공헌을 했다.[49] 그는 우리가 의식이 있을 때, 항상 어떤 *것(thing)*에 대해 의식한다고 했다. 상상은 지각에 기초한다: 내가 상상한 것은 내가 처음 지각한 대상/객체(object)을 변환(transform)시킨다. 그러기에, 나의 상상력은 나의 내적 자아와 다른 대상/객체나 상황 사이의 관계로서 – 매개적으로(mediately) — 기능하는 것이다.

마찬가지로, 정서는 항상 어떤 *것(thing)*에 대한 것이다. 정서는 언제나 대상 중심적이며, 그 목적은 세상을 변환시켜 내가 다룰 수 있게 하는 것이다. 사르트르는 상상(imaginings)과 정서(emotions)는 행위(actions)이며, 우리 자신에 작용하는 방식들이라고 말했다. 상상력(imagination)은 정서와 지식(knowledge)를 관련시킴으로써, **정동(情動)-인지적 종합(an affective-cognitive synthesis)**을 생성한다. 참관자/관람자들(spectators)의 상상력은 무대 상의 어떤 *것(thing)*을 지각하는 데서 생기는 지식과 정서를 조정(co-ordinate)해서 그것들을 종합적으로 통합한다. 우리의 상상력이 우리가 극적인 사건들에 대한 지식, 정서, 감정을 가지게 하고, 그것들을 새로운 종(種 species)의 지식 속에 통합할 수 있게 해주는 것이다. 그러므로 더 나아가:

- 어린이를 위한 무대극(theatre)은 교육적인 과정이다 - 어린이가 인식론적(epistemological) 이고 정동적(affective)인 훈련을 받는 주요한 방법의 하나다 (듀이와 일치)
- 즉흥극과 실생활에서의 역할을 지닌 자발적인 극적 행위는

---

49) 원주: Jean-Paul Sartre, The Transcendence of the Ego (New York: Noonday Press, 1957); Jean-Paul Sartre, Being and Nothingness, trans. H.E. Barnes (New York: Washington Square, 1953).

- 상상 구사의(imaginative) 잠재력을 넓힌다.

- 행위 속에 정서와 인지를 결합한다.

- 독특한 종류의 체감되는 지식을 제공한다.

사르트르는 무의식을 부정했지만, 그의 심리철학은 프로이트, 하이데거 그리고 극적 행동의 구체적이고 실제적인 지식을 배경으로 하고 있다.

신경생리학

신경생리학의 연구 결과는 이 책에서의 당면 관심사와는 대부분 관련이 없기에 간략하게 다뤄질 것이다. 그러나 정서와 극적 행위의 관계에 중요한 다음과 같은 몇 가지 시사점은 있다.

우선 우리는 생리학자들이 호흡, 맥박수, 혈압, 등과 같은 특정 신체적 반응이 사람이 정서를 의식적으로 경험하기 훨씬 이전에 증가한다는 걸 알아차렸다는 점에 주목해야 한다. 마찬가지로, 생리학자들은 동공 팽창이 정서적인 흥분과 관심을 나타내고, 그 반대는 문제를 해결하기 직전에 일어난다는 것을 발견했다. 행태의 활성화 정도는 각기 다양한데, 정서는 아주 강한 활성화에 상응한다. 즉흥극을 하는 사람들이 더 적극적일수록, 그 활동에 대한 자신의 정서적 몰입(emotional involvement)이 더 커진다는 점은 모든 드라마 작업자들에게 명백하다. 그로토프스키[50] 같은 연극연출가 외에도, 많은 드라마 교사들이, 놀이/연희(playing)를 준비하기 위해서 극적 활동에 앞선 "준비(warm up)" 활동을 활용한다.

이제는 뇌파계 등의 방법을 통해 가장 깊은 수면 상태에서부터 분노나 두려움까지 의식의 정도를 측량할 수 있게 되었다. 예전의 이론들에서는 수면부터 발작/격

---

50) 원주: Jerzy Grotowski, Towards a Poor Theatre. (New York: Simon and Schuster, 1968). 역주: 그로토프스키(Jerzy Grotowski 1933~1999) 폴란드 연출가. 주요 저서 <실험연극론>.

노(paroxisms)까지 점진적으로 증가할 수 있는 흥분의 정도에 따라 행태를 고찰했었다.[51] 그런 연구들은 생리학자들에게 유용할 수 있지만, 극적 행위에서는 발작만이 특정 사건 속의 행태와 관련될 때 의미가 있다.

드라마를 위해서 이제 더 이상 정서를 동떨어진 현상으로 볼 필요는 없다. 정서는 연희자들과 청중 구성원들 사이에서 각자 활동의 한 양상이기 때문에, 전체론적인 관점 안으로 통합되어야 한다. 사람들의 관심을 사로잡는다는 문제는 활동 그 자체가 본질적으로 흥미를 끄는 드라마에는 거의 해당하지 않는다.

우리는 뇌에 두 가지 큰 구조가 있다는 것 ─ 뇌상부에는 지능과 논리가 자리 잡고, 인간과 동물 모두 공통으로 뇌하부에는 주로 정서가 집중되어 있음 ─ 을 보았다. 이 분야에 관한 조사연구는 역설적이다. 새로운 연구들이 이전의 연구 결과들을 바꿔서 쓸모없게 만들기도 한다 ─ 그리고 연구는 날마다 새로운 증거들을 제출하는 경향이 있다. 그 결과 발생하는 혼란에도 불구하고, 데이터를 보면 다음 항목들이 우리에게 상당히 흥미롭다.

• 드라마와 뇌반구 균형
대부분의 학교 활동은 좌반구에 역점을 두지만, 자발적인 드라마와 예술은 우반구에 중점을 둔다. 그래서 학생들은 그 차이를 잘 받아들이고, 그것들이 변화를 제공함으로써 학생들에게 동기를 부여한다. 동시에, 드라마는 뇌반구의 균형을 맞추고, 그래서 다른 학교 공부에 꼭 필요한 보완을 해 준다.

일차적인 (분노와 같은) 정서는 대뇌 체간(體幹)부(cerebral trunk)에서 생겨나지만, 정서적 반응은 억제와 활성 역할을 담당하는 후(각)뇌체(嗅腦體 rhinencephalic

---

51) 원주: D.B. Lindsley. "Emotions and the Electroencéphalogram," in Feelings and Emotions: The Mooseheart Symposium, ed. M.L. Reynert (New York: McGraw-Hill, 1950); D.B. Lindsley, "Emotion," in Handbook of Experimental Psychology, ed. S.S. Steves (New York: Wiley, 1951).

formations)에 좌우된다. 자발적인 드라마는 그런 정서 중추들을 활성화하는 것으로 보이는데, 그것들은 대체로 신뇌(新腦 neoencephalon)에 의해 제어된다. 그곳은 두 가지 기능이 있다.

- 피질 사용을 통해 정서가 생성되게 하는 자극의 횟수를 많이 증가시킨다.
- 정서를 특정 상황에 맞춘다.

제대로 진행되는 교육연극(educational drama) 활동은 위 두 가지 기능이 발달할 수 있게 해주는 제어장치가 구비(built-in)되어 있다.

• 드라마와 연상(聯想)

정서적 반응은 매우 발달된 연상 영역들(association zone) 특유의 특징이다. 그 연상 중추들은 신경 에너지 저장소들이다. 정서에 의해 그 에너지를 방출하고, 그러면 운동 활동에도 영향을 미치는 곳들인 것이다.

즉흥극을 하는 사람들은 "즉석에서 판단(think on the feet)"하며, 좋은 성과를 내기 위해서는 연상을 외현화하고 정서 발산을 조절하는 지속적인 연습을 해야만 한다. 정서적 의미를 전달하도록 자극받을 수 있는 연상 중추들을 많이 가지고 있는 어린이 관람자들은, 극장의 분위기에 민감하고, 플롯 상의 현재와 미래의 귀결을 상상할 수 있다.

• 낮은 수준의 정서를 더 높은 수준의 뇌 기능으로 바꿈

원초적 형태의 일차적 정서는 뇌하부의 흥분에 좌우되지만, 뇌상부의 연상 중추들에 의해 매우 복잡해진다. 쾨슬러에 의하면, 이것은 낮은 수준의 정서를 교육이 특정한 인간적 목적에 맞게 바꾸는 데 집중할 필요성을 나타내는 것이다. 자발적인 드라마와 무대극은 이런 의도에 맞는 매우 효과적인 수단들을 제공해준다.

동기부여

드라마 교사들은, 다른 사람들처럼, 학생들에게 동기부여를 하기 위해 많은 전략을 짜지 않아도 된다. 연희자들은 **나름 독자적으로**(*sui generisis*) 자기 동기부여(self motivation)가 되어있다. 나는 다른 책에서 동기부여의 원리를 고찰해봤었지만,[52] 정서가 즉흥 연희자의 동기부여에 미치는 영향에 대한 검토는 남아있다.

미하이 칙센트미하이[53]가 말하는 동기부여는 다음과 같다.

> 매 순간의 사건들에서 보상/보람(rewards)을 찾는 능력이다. 어떤 사람이 지속적인 경험의 흐름 속에서, 삶의 과정 그 자체에서, 즐기며 의미를 찾을 줄 알게 된다면, 사회적 통제라는 부담은 자연히 자기 어깨에서 떨어진다. 보상을 더 이상 외부 영향력에 맡기지 않을 때, 힘이 그 사람에게 돌아온다.[54]

우리에게 동기부여를 하는 것은 바로 우리가 상황**(things)**을 보는 방식이다. 마르쿠스 아우렐리우스 황제는 이런 글을 남겼다. "만약 당신이 외적인 일들로 고통을 느낀다면, 당신을 괴롭히는 건 그 일들이 아니라, 그에 대한 당신의 판단이다. 그리고 이제 그런 판단을 없애는 것은 당신의 힘 안에 있다." 달리 말하면, 지루함과 동기부여의 대안들은 우리 자신의 통제 내에 있는 것이다.

실제 생활에서 학생들이 지루함을 느낄 수 있는 사건들이, 드라마로 만들어질 때 즉흥극을 하는 학생들의 적극적인 관심을 얻게 되는 것은 교육연극(educational drama)에서는 흔히 있는 일이다. 학교에서 지루함을 느끼는 학생들은 보통 학교생활을 바탕으로 한 즉흥극을 할 때 높은 동기부여가 되고, 공부하는 내용에 지루함을 느끼는 학생들은 그것을 드라마로 만들 때 갑자기 생기가 돋는다. 일반적인

---

52) 원주: Richard Courtney, Re-Play: Studies of Human Drama in Education (Toronto: Ontario Institute for Studies in Education Press, 1982), chap. 3.

53) 미하이 칙센트미하이(Mihaly Csikszentmaihalyi 1934~2021) - 헝가리 태생의 미국 긍정심리학자.

54) 원주: Mihaly Csikszentmihalyi, Flow: The Psychology of Optimal Experience (New York: Harper and Row, 1990), 260.

교수 방법을 극적인 방법으로 바꾸는 교사의 전략 변경은 굉장히 효과적일 수 있다. 이것은 학생들이 드라마 이외의 교과를 공부할 때 필요한 부대적/외연적인 학습에 미치는 교육연극의 힘을 설명해준다.

동기부여/자발성(motivation)은 정서가 강할 때만 찾을 수 있다. (정서의 영어) "E-motion"은 "자신에게서 밖으로(out of oneself)" "발동(發動)하는(move)" 것을 의미한다. 정서와 동기부여/자발성은 유기체를 동요시킬 수 있고, 정서와 감정은 동기부여를 자극할 수 있다. 즉흥 연희자가 드라마를 잘 만들려면, 또는 관객들이 무대행위가 제시한 문제를 풀어내려면 충분한 수준의 동기부여는 필수적이다. 하지만 "충분한 수준"은 무엇인가? "너무 많은" 것은 무엇이며, "너무 적은" 것은 무엇인가?

연희자의 동기부여/자발성(motivation)이 너무 지나치게 강하면, 그런 사건들에 잘 적응하지 못할 수 있다. 공연장에서 어린이가 과장된 연기(overact)를 한다면, 동기부여가 지나치게 된 것이다. 동기부여의 최대치가 있어서, 그것을 넘어서는 정서 교란/동요(emotional disturbance)가 나타나면 어린이들이 드라마나 무대극의 상황에 적응하지 못할 수 있는 것이다. 이해를 도울 한 가지 사례가 있다. 브라이언 웨이의 관객참여 놀이(participation play) "거울 인간(Mirror Man)"을 어느 학교에서 상연할 때, 배우-교사가 관객 통제를 잘못해, 어린이들의 마녀에 대한 분노가 너무 들끓어 올랐다. 그 분노가 너무 커서 아이들이 무대 밖까지 여배우를 쫓아가는 바람에, 그녀는 안전을 위해 화장실에 숨어야만 했다!

20세기 전반에 걸쳐서 우리는 정서적 반응들이 뇌상부 중추가 주어진 상황에 대처하는 능력에 반비례한다는 것을 알았다.[55] 즉, 오토 페니켈[56]이 표현했듯이, "비정상적으로 강렬한 정서적 반응은 이전에 억압되어왔던 무언가로부터 파생한다. …

---

55) 원주: Courtney, Play, Drama and Thought, part 2.; F.A. Hodge, "The Emotions in a New Role," Psychological Review, 42 (1935): 555-65.

56) 오토 페니켈(Otto Fenichel 1897~1946) - 오스트리아 출신의 2세대 정신분석학자. 프로이트와 마르크스를 융합해서 연구.

정서적인 공격은 [a] 흥분이 비정상적으로 밀려들거나 [b] 이전에 분출의 흐름이 차단되었던 점으로 인해, 자아의 정상적인 제어가 부적절해졌을 때 발생한다."[57] 칙센트미하이는 최근에, 이런 오래된 진화론적 생각이, 20세기 말에 죽어있기는커녕, 건장하게 살아있다고 말한 바 있다.[58]

이론적인 설명이 어떻든, 경험과 연구 양자 모두를 볼 때, 정서가 동기부여에 강하게 영향을 미치는 어떤 맥락들이 있는 건 확실하다. 예를 들면,

- 정서는 사람들이 외로울 때와 비교해보면, 혼자인 것을 그 사람 스스로 선택했다고 해도, 상호작용할 때가 동기부여를 활성화한다.[59]
- 재능이 많은 10대 청소년이 자기 능력을 개발하지 못하는 건 인지적 결함이 있어서가 아니라 혼자인 것에 정서적으로 대항하여 반응하기 때문이다. 스스로 실천하는 것에 동기부여가 되지 않아서 동기부여가 되는 또래들에게 뒤처지게 되는 것이다.[60]

이로부터 우리는 다음과 같은 결론을 내릴 수 있을 것이다.

- 다른 사람들과의 상호작용은, 극적 활동에서처럼, 동기부여에 긍정적인 영향을 주는 정서를 돕는다.
- 부정적인 상황에서는, 다른 사람들과의 상호작용이 정서를 너무 위축시켜 동기부여가 적어질 수도 있다.

정서의 "충분한 수준"과 특정한 맥락이 적절한 동기부여를 위한 조건(parameters)이라는 점은 분명하다. 그래서 교육연극 공연(educational theatre)을 하는 사람들은, 어느 때인가 특정한 순간에, 관객에게 동기부여를 하는 정서의 "충분한 수준"

---

57) 원주: Otto Fenichel, The Psychoanalytic Theory of Neurosis (London: Paul Kegan, [1946], 1953).
58) 원주: Csikszentrailialyi, Flow, 270.
59) 원주: Csikszentrnihalyi, Flow, 272.
60) 원주: Csikszentrnihalyi, Flow, 272; D.B. Lindsley, "Psychophysiology and Motivation," in Nebraska Symposium on Motivation, ed. M.R. Jones (Lincoln: University of Nebraska Press, 1957), 44-104.

이 있다는 — 또 다른 상황에서는 없다는 — 사실을 알고 있다. 그러나, 그 수준이 정확하게 어떤 것인지는, 연희자들이 "지금 여기"에서 행동/연기(act)하면서 해야 하는 판단(assessment)이다. 이 점은 연희자들의 충분한 훈련이 필요하다는 점을 분명히 해주고, 아동 청소년[61] 관객을 위한 연극(Theatre for Young Audiences, TFYA)과 교육연극 공연(Theatre-in-Education, TIE)[62]을 위해, 배우-교사가 전문적 훈련을 받아야 한다는 걸 뒷받침할 강력한 근거가 있다는 브라이언 웨이의 견해를 입증해준다.

극심한 수준의 정서적 자극은 우리의 효율성을 해치고 동기부여를 줄어들게 한다.[63] (역량(力量) 기록계 압력(dynamographic pressure)으로 측정되는 바와 같이) 가장 심한 긴장을 보이는 어린이들은 발휘하는 연행의 수준이 가장 낮은 어린이들이다. 이 점은 한 어린이 연희자가 즉흥극을 잘하기 위한 최적의 긴장 상태가 있다는 점을 나타내며, 연행에 잘 적응하게 될 어린이에 대해 이상에서 말해온 바를 뒷받침해준다. 또한 이 점은 즉흥극 경험(미학적 양식으로서의 경험)의 질이 연희자의 동기부여 향상과 같이 향상되지만, 어떤 특정 정도까지만 그렇다는 것을 보여준다. 어린이들이 너무 지나치게 동기부여를 받게 되면, 적응력이 떨어지는 것이다. 말모는 이런 열화(劣化)는 당면 과제의 특성에 영향받는다는 점을 밝혔다.[64] 극의 페이스가 빠를 때 활기가 떨어지는 것, 공연이 사고(thought)를 요구할 때 당황하는 것 등이 그것이다.

---

61) Theatre for Young Audiences에서의 Young은 '어린'이라고도 '젊은'이라고도 번역될 수 있는데, 우리말로는 '어린'과 '젊은'은 구분되는 말이고, 실제로 TFYA의 대상에는 어린이들과 고등학생 같은 청소년도 포함되기 때문에, 아동 청소년이라고 하거나 어린이 청소년이라고 옮겼다. TFYA는 TYA라는 약어로도 쓰인다.

62) theatre-in-education은 우리나라에서 흔히 교육연극이라 번역되지만, educational theatre와 마찬가지로 educational drama와의 구분을 위해 '교육연극 공연'이라 번역하였다.

63) 원주: Csikszentmihalyi, Flow, 272; E. Duffy, "The Relationship between Muscular Tension and Quality of Performance," American Journal of Psychology, 44 (1932): 535-46.

64) 원주: R.B. Malmo, "Activation: A Neuro-psychological Dimension," Psychological Review, 66 (1959): 367-86.

어린이들이 관객의 일원일 때 그들의 동기부여에 관해서는 다음과 같은 다른 증거들도 있다.

- 동기부여가 약한 학생들은 어려운 극 연희(play)에 마주하게 되면 감정/정서를 거의 보여주지 못한다.

  이 점은 많은 상황 - 유럽 인종이 아닌 집단이나 원주민 중에 공연의 주제나 내용이 유럽적 특성이 강할 때, 능력이 떨어지거나 정신 장애가 있는 어린이 중에 공연이 그들의 능력을 넘어섰을 때 등 - 에서 관찰되어왔다.

- 극이 쉽게 진행되려면 관객들이 그것에서 벗어나지 않도록 관객으로부터의 강한 동기부여가 필요하다.

  이 점은 연령대가 다양한 어린이들을 대상으로 공연할 때 흔히 관찰된다. 그래서 아동청소년 관객을 위한 연극 공연(TFYA)을 하는 많은 드라마 작업자들은 좁은 연령대를 대상으로 연희/대본(play)을 준비한다.

- 강한 동기부여는 보통 한 명 이상의 등장인물과의 동일시/일체감(identification)와 공감/감정이입(empathy)을 느끼는 강한 감정과 연결된다.

  동일시/일체감와 공감은 극적 행위의 내적 핵심이다. 아동 청소년 관객을 위한 연극공연(TFYA)을 하는 드라마 작업자들은 주로 이런 동일시와 공감을 목표로 한다.

즉흥 연희자나 관객의 정서는 드라마나 무대극 상황에 대한 그들의 적응 형태로 볼 수 있다. 한 어린이가 가정에서 자신의 정서적 반응이 가족 집단에 영향력을 행사할 수 있다는 걸 알게 될 때, 그런 반응을 자기 주변 사람들에게 무기로 활용할 수 있다. 다섯 살짜리 한 어린이는 "그거 줄 때까지 난 울 거예요."[65]라고 말했다. 이와 유사한 상황은 정서적 기능장애가 있는 사람들의 즉흥극에서도 관찰될 수 있는데, 거기서 비슷한 무기들이 연희자 또는 연희자가 수행하는 역할에 의해 사용될

---

65) 원주: Janet, De l'angoisse, 135.

수 있다. 실생활에서, 정서는 사회적 형태의 행태(behaviour)가 된다.[66] 이는 극화나 모방을 통해 일어나고, 그런 것들은 단순한 말보다 더 정서적 표의성을 지닌 언어 기능을 담당한다. 어린이들도 관객의 일원일 때 정서를 사회적으로 활용할 수 있다. 예를 들면, 공연이 사람들의 감정, 정서 또는 동기부여를 포착하지 못한다면, 전염될 수 있는 집단 반응을 활용하는 것이다.

특별한 집단의 어린이들과 함께할 때, 드라마 교사들은 즉흥극에서 두 가지 형태의 정서 교란/동요(emotional disturbance)와 맞닥뜨리게 될 때가 많다: [a] 생체적 격동(organic upset)을 활용해 다른 사람들에게 영향을 주려 하는 것. (예를 들면 동정을 바라는 눈물, 사실상 도움을 청하는 두려움의 신호); 그리고 [b] 정서적 반응을 상대적으로 상황에 적응된 반응으로 변환하는 행태의 재구성이 그런 것들이다.[67] 드라마 치료는 전자의 교정을 목표로 하지만, 어린이들에 의한, 어린이들을 위한 연극 공연(theatre)이 목표로 하는 것은 후자이다. 이런 행태 변화가 이루어진다면, 그 드라마나 무대극은 적절한 정서 교육을 제공하는 것이다.[68]

만약 즉흥 연희자들이나 관객 구성원들이 자기 정서를 통제할 수 없다면, 그들은 자신들에게 뭔가 이익이 되는 방식으로 정서를 유도한다. 그들은 성숙해가면서 점점 더 자신의 감정을 통제할 수 있게 된다. 하지만 사람은, 어떤 나이에도, 어려운 상황에 여러 번 처하게 되면 언제든지 통제력을 잃을 수 있다. 우선, 그 사람에겐 갈등을 일으키는 감정들이 있다. 그러나, 연극치료에서, 지배적인 정서들은 개개인의 방어체계 속에 통합되며, 어떤 경우에는, 완전히 적응된 행태로 대체될 수도 있다. 이것은 다음 두 가지 면에서 의의가 있다.

---

66) 원주: H. Wallon, Les origines du caractére chez l'enfant (2nd ed. Paris: PUF, 1949).

67) 원주: P. Fraisse, "The Emotions," in Experimental Psychology. Its Scope and Method: V. Motivation, Emotion and Personality, ed. P. Fraisse and Jean Piaget (London.: Routledge and Kegan Paul, 1968).

68) 원주: Courtney, Play, Drama and Thought, 176-7.

- 연행자(performers)로서의 어린이들

  어린이들의 놀이, 창의적 드라마, 그리고 즉흥극을 보면 어려운 정서적 상황에 점차 적응도를 높여간다. 자발적 드라마의 형태는 아이들이 가능한 미래를 "시험해보는(try out)" 시도뿐만 아니라 과거 그들의 정서적 어려움을 "행동으로 표현해내는/연기해 보이는(act out)" 시도도 반영한다. 청소년들의 무대극 (순수하게 자발적인 드라마의 특성에 소통의 요소를 추가한) 공연은 다양한 정서적 경험을 할 수 있게 하는데, 허구로서의 그 경험은 어려운 정서에 직접 대면하고 적응하는 능력을 증진해준다.

- 관객(audience)으로서의 어린이들

  아동 청소년 관객을 위한 연극공연(TFYA)은 정서적으로 훨씬 더 어려운 상황들을 제공함으로써 그런 적응을 한층 더 높일 수 있는데, 그런 상황은 목격되는 것이지 (직접) 상연/행동화(enact)하는 건 아니기 때문에, 더 기꺼이 직면할 수 있다. 그러나, 동시에, 공연하는 극단들은 이런 연령대의 관객 구성원들에게 가장 적합한 정서를 표현하는 데 신경을 써야 한다. 이것은 교육연극 공연(TIE) 팀이 관객들과 맞상대해야 한다거나 하지 말아야 한다는 얘기가 아니라, 스스로 무엇을 하고 있는지 알아야 하고, 학생들의 정서를 끌어들일 충분한 이유가 있어야 한다는 얘기다. 이런 두 가지 면에서, 무대극 공연은 정서의 사회적 활용을 교육할 수 있다.[69]

요약

드라마를 위해서, 더 이상 정서를 동떨어진 현상으로 볼 필요는 없다. 정서는 연희자와 관객 구성원 중에서 각자 활동의 한 양상일 뿐이다. 그것은 이론과 실제에서 전체론적(holistic) 관점 안으로 통합되어야 한다.

---

69) 원주: Csikszentmihalyi, Flow, 272; F.L. Goodenough, Anger in Young Children (Minneapolis: Minneapolis University Press, 1931).

정서는 우리의 사고와 극적인 표현 모두에 스며든다. 일반적으로, 즉흥 연희자/연기자와 청중/관객 구성원은 모두 극적 행위가 자신들의 정서적 필요성과 얼마나 부합하는지에 따라 만족하거나 만족하지 못한다.[70] 정서는 다양한 목적을 위한 극적 행위의 부분으로, 그 목적 중 일부는 다음과 같다.

- 울분을 발산함(let off steam) (카타르시스)
- 깨어있는 우리 삶의 무의식적인 기저 텍스트로 작동함
- 우리의 행위나 표현을 통한 반응을 활성화함
- 극화를 통해 우리의 내적 갈등을 조절함 (정서적 어려움을 행동으로 표현해냄(acting out)
- 정신건강과 정서적 균형을 높임
- 연희자의 전체/부분 교체(alternation)를 활성화함
- 세상에 대한 우리의 인식을 변환시켜 세상을 다룰 수 있게 함
- 정동(affective)-인지(cognitive)적 종합을 생성함
- 극적 표현을 통해 상상력, 지식 그리고 감정을 새로운 종류의 지식으로 통합함
- 변화를 제공함으로써 학생들에게 동기를 부여함
- 드라마 활동들을 통해 좌우 뇌반구의 균형을 도모함
- 연상(聯想)의 외현화를 촉진하고 통제함
- 드라마를 통해 가능한 미래들을 "시험해 봄(try out)"
- 적절한 동기부여를 위해 특정한 맥락에서 "충분한 수준"의 정서를 허용함
- 드라마나 무대극 상황에 대한 적응을 포함해, 맥락에 맞추는 것을 촉진함
- 우리가 상황을 보는 방법을 바꿈
- 성숙을 도움

---

70) 원주: Courtney, The Dramatic Curriculum.

마지막 목적은 중요한 경우로, 그때의 정서는 전체론적 맥락에서 봐야 한다. 극적인 놀이(dramatic play)는 개인적, 사회적 성장을 위해 필수적이지만, 그것은 정서적인 만큼이나 미학적이고 인지적이다.[71]

- 생후 첫 6개월 이내에, 아기는 두 가지 유형의 정서적 동일시/일체감(identification) - 투사적(projective)인 것 (공감) 과 내사적(introjective)인 것 (초기 형태의 극화와 상징화) - 을 성취한다.
- 6개월 무렵이면, 아기는 "매개체(the mediate object)"를 가지고 논다. - 그 안과 밖이 정서적으로 사랑의 행동(act of love)에 연결되며, 거기서 극적인 놀이가 "매개 인지(mediate knowing)"를 제공하는 것이다.
- 그것이 절정(climax)에 이르는 생후 10개월 무렵에는 "원초적 연기(primal act)"를 하게 된다 - 아기가 처음으로 "마치 ~인 것처럼(as if)" 되는(Being) 연기(act)를 실연/수행(perform)하면서 진정한 의미의 극적 놀이를 시작하는 것이다.
- 이후의 발달 단계에서, 극적 행동들(dramatic acts)은 발달 통합자이다. 예를 들면, 그 총체적 유기체의 개인적, 사회적, 지적, 정서적, 미학적 그리고 정신 운동적(psychomotor) 성장을 통합하는 것이다.

1부에서 우리는 극적 경험의 미학적(aesthetic)이고 정동적인(affective) 양상들을 살펴보았다. 우리의 과제는 연희자의 실효적 관점에서 증거들을 고찰하는 것이었다.

발달연극학(developmental drama)[72]에서의 우리의 과제는 2부에서 기술한 대로, 비평가의 그것과 같다. 실제 상의 증거를 바탕으로, 감정과 정서가 극적 사건들에 미치는 영향에 대해 이지(理智)적인 결론을 끌어내는 것이다.

---

71) 원주: Courtney, Drama and Intelligence, 54-6.
72) 발달연극학(developmental drama) - 저자 리처드 코트니가 1968년 극적 행위들에 대한 학술적 연구, 즉 극적 행동이 만들어내는 변화에 대한 학문으로 규정한 말. 발달연극학이 연구하는 변화는 개인적, 사회적, 교육적, 치료적, 미학적, 예술적, 문화적인 것이다.

드라마와 탐구

1부에서 나는 살아있는 드라마의 과정을 살펴보았다. 극적 행위 속에서의(within), 즉, 경험 그 자체 내에서의 감정(feeling)의 특성을 알아본 것이다.

2부에서는 발달연극학(developmental drama)의 현안들로 눈을 돌린다. 우리가 인지, 감정, 그리고 극적 행위에 관해 연구(study)할 때 직면하는 문제들을 알아보는 것이다.

우리가 그런 문제들에 역점을 둘 때 어떤 조사연구(research) 방법을 사용할 수 있을까? 7장에서 나는 창조적인 예술들을 위한 특정한 연구 방법 — 실제로 유효하게 작용해왔던 방식 — 을 검토한다. 8장에서는 홀로그램을 기반으로 한 새로운 교육연극(educational drama) 조사연구방법론을 제안한다. 조사연구의 문제에 대한 이런 가능한 해법들을 고려해본 뒤, 9장에서는 '사회과학이나 다른 형태의 과학이 우리의 목적에 적합할까?'라는 물음에 대해 고찰해본다.

7장 창의적 예술에 대한 실효적인 조사연구법

교육연극이 인지(cognition) 못지않게 감정(feeling)에 관한 것이라면, 이것이 조사연구(research)에 있어 의미하는 바는 무엇일까? 사회과학 분야의 조사연구는 대부분 객관적이면서 동시에 정량적(定量的)이다. 이 점은 우리를 곤혹스럽게 한다. 그런 방법으로, 어떻게 모호하고 정해진 형태가 없는 존재인 감정을 연구할 수 있느냐 하는 것이다.

그래서 일반적으로 현대의 예술 특히 교육연극에 대한 탐구는 정성적(定性的)인 경향이 있다. 그럴 만한 이유는 충분하고, 우리는 그에 대해 살펴볼 것이다. 그렇게 하는 의도는 그런 탐구들을 개선하고자 함이다. 그 가치와 장점을 높이려 하는 것이다.[1]

----

1) 원주: 이 장은 나의 <Practical Research (Jackson's Point, Ont.: Bison Books, 1988)>에 기초한 것으로, 그 책은 토론토 대학교의 온타리오 교육연구소(the Ontario Institute for Studies in Education)와 교육학부(the Faculty of Education) 교수진들의 협력체인 예술과 미디어 교육 포럼(the Forum for Arts and Media Education)의 지원으로 한정판으로 출판되었었는데, 이 책에 게재하기 위해 많은 수정을 했다.

방법

사회과학에서, 그리고 특히 교육 분야에서, 정성적 방법 또는 정량적 방법 중 어떤 조사연구 방법이 "적절한가"에 관해서는 계속 논란이 있다. 그러나, 여기서 채택한 입장은 이는 논점이 아니라는 것이다. 사용할 방법을 결정하는 것은 바로 질문/물음의 속성이다.

19세기에는 모든 조사연구 방법들이 정량적(定量的)이었다. 탐구의 기반을 얼마나? 그리고 어느 정도? 라는 질문에 대한 답의 계량화(計量化)에 두었던 것이다. 당시에는, 그것이 자연과학의 방법이었다. 20세기 초 인간이 조사연구 대상이 되었을 때, 사회과학자들은 그들이 쓸 수 있는 유일한 방법인 정량적 방법을 사용했다. 그 방법은 서서히 많은 탐구에서 불만족스럽다는 걸 알게 되었다. 인간이란 대상과 사회적 상황은 원자와 입자보다 훨씬 변수가 많다. 인간에 대한 탐구는 "얼마나 많이 (How many)?" 보다는 "무엇인가(What is)?"를 물을 개연성이 더 많다. 그리고 인간의 경험은 정량화 범주에서 벗어나기가 쉽다.

많은 현대 사회과학자들은 다양한 이유에서 기계적인 접근[2]을 거부한다. 사회과학자들이 따랐던 과학의 본래 모델들은 실제 과학자들의 방법을 충실히 모방한 것이 아니었다.[3] 현대 심리학이 자연과학의 모델을 사용했을 때, 그것은 다양하게 편향된 결과들을 내놓았다. 조사연구를 수행하는 최고의 방법은 없다. 각각의 접근이 다 장단점이 있는 것이다. 더군다나, 등능성(等能性 equipotentiality)의 원리는 좋은 접근법은 어떤 것이든 다양한 쓸모를 지닐 수 있다는 점을 시사한다. 등결과성 (等結果性 equifinality)의 원리는 다른 시작점에서 출발하고, 다른 경로를 통하고, 다른 방법을 채택해도, 여전히 같은 "진실"에 도달하는 것이 가능하다는 점을 시사한다.[4]

---

2) 원주: Lloyd W. West, "Improving Research in Counselling Psychology: A Point of View," in Natcon 9, ed. R.V. Peavey (Ottawa: Canada Employment and Immigration, 1985), 193-200.

3) 원주: Karl Popper, Objective Knowledge (Oxford: Oxford University Press, 1972).

4) 원주: West, "Improving Research," 195.

일련의 조사연구에 관한 메타 분석에 의하면, 조사연구 설계와 그 결과물 사이의 관계를 입증할 증거는 사실상 없다고 한다.

그러나 정성적 방법만 주장하는 사람들은 "비정(非情)하게 숫자만 씹어 먹는 사람/컴퓨터들(hard-nosed number-crunchers)"[5]과 똑같은 함정에 빠진다. 둘 다 어떤 질문에 답하는 적절한 방법이 하나만 있다고 생각하는 것이다. 그러나 질문들은 각각 다르고 각각 다른 스타일의 탐구가 필요하다. 가령, 예술 교육에서, "이 음악 수업을 듣는 학생 중에 얼마나 많은 학생이 라이브콘서트에 참여하는가?"라는 질문은 정량적인 방법이 필요하지만, "이 드라마 프로그램에 참여하는 학생들은 어떤 미학적 학습을 성취했는가?"라는 질문은 정성적인 탐구로 이어질 것이다. 다른 경우들로는, 주된 조사연구 방법이 정성적이면서도, 하위 질문들은 정량적 접근법을 사용할 필요가 있을 수도 있다. 모든 것은 질문의 속성에 달려있다.

질성(Quality)과 CEQRM

교육에 관한 조사연구는 반드시 실효적(practical)이어야 한다. 만약 조사가 효과적이라면, 그것은 교육의 핵심 — 학생 학습 개선을 위한 실제 상황 속에서의 교사와 학생의 만남 — 에 영향을 줄 것이다. 질적(qualitative 즉 정성적) 조사연구에는 감정이 포함될 수 있다.

이 장에서는 질적/정성적인 조사연구와 그 안에서의 **CEQRM**(Comparative-Emergent Qualitative Research Method 비교-도출을 통한 질적 조사연구 방법)의 위치를 다룬다. 오늘날 많은 조사연구 프로젝트는 질적/정성적인데, 효과적이면서도 (의뢰자들에 따르면) 성공적이다. 그렇다고 해서, 예상될 수 있는 바와 같이, 일부 열정적인 양적/정량적 조사연구자들이 질적 조사연구의 타당성을 부정하지 않는 건 아니다. 그러나 인간이란 대상과 사회적 맥락이 탐구의 초점이 될 때, 의

---

5) 186쪽 역주 51) 참조.

뢰자들이 질적/정성적 조사연구 방법을 점점 더 요구한다는 사실은 변함없다.

우리는 우선 다양한 관점으로 질적/정성적 연구의 속성들을 검토해보고, 그다음에 그것들을 예술 교육과 관련지을 것이다. 마지막에는 CEQRM이란 특정한 방법론에 대해 논할 것이다.

질적/정성적 조사연구

질적/정성적 조사연구는 단순한 정의나 묘사/서술를 거부한다. 그것은 다양한 학문 분야 — 인류학, 사회학, 심리학 — 에서 성장해 나왔다. 조사연구자들은 자신들의 연구에 자연주의적(naturalistic), 문화기술적(文化記述的 ethnographic), 참여적(participant) 관찰 등과 같이 다양한 이름을 붙인다. 그들은 믿음(beliefs)이나 가정(assumption), 연구 방법에 대한 태도, 사용될 기준(criteria), 그리고 조사연구 평가(assess) 방법에서 차이를 보인다.

주요 특징들

질적/정성적 조사연구자는 (A) 질성(質性 quality)을, (B) 맥락 속에서, 또 동시에 (C) 사건 내에서 연구하고, (D) 맥락이 변화함에 따라 다양한 방법을 사용한다.

• (A) 질성(Qualities)

질/질성(quailty)이란 것은 존재/독립체(entities)의 특성을 나타낸다. 그러므로, "질(質)은 어떤 것의 불가결한 특성 또는 본질이고, 양(quantity)은 총계(amount)이다. 질은 무엇(what)이고, 양은 얼마나 많은가(how much)이다. 질적인 것(the qualitative)은 의미(meaning)에 주목하게 하는(refer to) … 반면에 양적인 것(the quantitative)은 의미를 짐짓 취하면서 그 계량치(計量値)에 주목하게 한다."[6] 대개 질은 비교적이고 상대적으로

---

6) 원주: J.M. Dabbs, Jr, "Making Things Visible," in Varieties of Qualitative Research, ed. J. Van Mallen,

이해된다. 가령, 좋은 것과 좋지 않은 것, 더 나은 것과 더 나쁜 것 등이다. 다뤄지는 질문들은 다음과 같다.

- 이 연행은 좋은 것인가?
- 학생들은 이 프로그램에서 어떤 배움을 얻는가?

• (B) 맥락(Contexts)

질성(quality)은 사건(들)에 상당한 영향을 미치는, 특정한 맥락, 특유의 상황 또는 환경 안에서 이해되어야 한다. "질적/정성적 조사연구를 다른 형태의 조사연구와 가장 뚜렷하게 구분 짓게 하는 것은, 사람들이 처한 특정한 물리적, 역사적, 물질적, 사회적 환경이 그들이 무엇을 생각하고, 어떻게 행동하는지와 관계가 크다는 믿음이다."[7] 어느 한 맥락 안에서의 행동은 또 다른 맥락 안에서는 다른 표의성(表意性)/의의(significance)를 지닐 수 있다. 즉, 사실상 다른 행동이 될(be) - 다른 의미를 지닐 - 수 있는 것이다. 질적/정성적 조사연구자들은 주로 특수성/개별성들(particulars) - 특정한 실제 배경/환경(setting)에서의 질성(qualities)들 - 을 찾는데, 그런 것들에서 새롭게 도출/현출(顯出)되는 것들(emergents)이 일반화를 형성할 수 있다.

• (C) 조사연구자는 그 사건에 포함된다.

조사연구자는 배경/환경(setting) 속에 자리를 잡고, 조사 대상의 맥락이라는 살아있는 경험 속에서 작업한다 - 참여자로서 작업할 때가 많지만, 항상 그런 것은 아니다. 조사연구자들은 실험적 경험론자(experimentalist)의 경우처럼, 자신이 연구하는 것에서 멀리 떨어져 있지 않고, 그래서 감정이 수반될 때가 많다. 그때 하나 이상의 관점이 사용된다; 가장 단순한 조사연구 프로젝트조차도 조사연구자와 조사대상자 모두의 관점/믿음/목적/관심을 요구하고, 서로의 견해도 함께 요구할 때가 많은 것이다.

J.M. Dabbs, Jr. and R.F. Faulkner (Beverley Hills: Sage, 1982), 32.

7) 원주: Mary Lee Smith, "Publishing Qualitative Research," American Educational. Research Journal, 24:2 (Summer 1987): 175.

- (D) 조사연구자는 상황이 바뀜에 따라 기법을 달리한다.

살아있는 한순간의 질성(quality)을 파악하기 위해서, 조사연구자는 하나의 표준화된 방법만을 허용하는 것이 아니라, 하나 이상의 방법을 선택해 그 독특한 사건에 맞춘다. 많은 탐구 방식이 창의적으로 사용되는 것이다. 그러므로 조사연구자들은 진행해가면서, 방법들을 설명하고 정당화할 수 있다.

적용 분야에서의 유용성

이런 연구들은 특히 교육과 같은 적용 분야에서 유용한데, 그런 분야에서 실효적인 인간 조건의 현실에 영향을 끼치는 것은 중요한 일이다. 적용 분야에서, 필수적인 질문들은 이 연구가 현장 실천에 변화를 가져오는가? 만약 아니라면, 그것은 할 가치가 있는가? 그렇지 않고 변화를 가져온다면, 이 방식대로 할 가치가 있는 것인가? 하는 것이다.[8]

정량적인 방법들은 내적 타당성 — 결과들이 조사연구 설계대로 정확히 맞는가 — 에 중점을 둔다. 그러나 적용 분야에서는 외적 타당성을 가진 연구를 요구한다. 실생활의 실효적 상황에 맞아야 하는 것이다.[9] 어떤 조사연구에 너무 많은 걸 기대해서도 안 된다. 인간의 상호 작용을 양적으로 표현하기는 거의 불가능하기에 우리는 "사정이 늘 이러하다"라고 말할 수 있다. 우리는 특정 사건에 충실할 수 있는 무엇을 포착한다. 조사연구 결과들은 "증거(proof)"로서가 아니라 유용할 수 있는 관점(perspective)으로서 실효적 상황을 "알려줄(inform)" 수 있다.

데이터/자료의 종류

모든 조사연구자는 데이터/자료들(data)을 찾는다. 정성적 조사연구에서 이는 보통 관찰과/이나 인터뷰를 통해서 이루어진다. 그러나 일어나는 일에 대해 가장

---

8) 원주: West, "Improving Research," 196.
9) 원주: West, "Improving Research," 198.

정확한 그림을 제공하는 건 누구인가? 관찰자(observer)인가 참여자(participant)인가? 이 물음은 오랫동안 질적/정성적 조사연구자들을 사로잡아 왔다.[10] 관찰자들은 외부에서 현실의 질서를 제공한다. 관찰된 사건의 외상적(外象的 phenomenal) 질서와 참여자들의 행동을 묘사/서술(describe)하는 것이다. 반면에, 그 사건의 참가자들은 관찰자가 유도하는 대로 현실의 질서를 제공한다. 행위자들은 자신들의 경험을 마음속에서 어떻게 정리하는지, 새로운 경험을 어떻게 해석하는지, 그리고 그것에 대해 어떻게 느끼는지를 묘사/서술한다.

그러나, 사실, 이것은 불필요한 이분법을 만들게 된다. 관찰자와 참가자는 모두 자신들의 관점에서 타당한 현실의 그림을 제공한다. 관건이 되는 건 한쪽이 다른 쪽보다 더 나은지가 아니라, 서로 다르다는 점이다. 조사연구자들은 사정이 그렇다는 걸 알고 조사연구 질문의 속성에 따라 어느 한 가지를 이용해야 한다. 만일 가능하다면, 둘 다 사용할 수도 있다. CEQRM에서는 그렇게 한다.

표본추출(Sampling)

데이터/자료는 보통 표본(sample)을 통해 얻는다. 그러나 어떤 종류의 표본일까? 적용 분야에서 측정과 평균은 불필요할 수 있고, 심지어 반(反)생산적(counter-productive)일 수도 있다. 무대 건축에서, 시야선(sight-lines)은 오랫동안 사람의 앉은키 평균을 기반으로 했었다. 그래서 객석(auditoria)에서 51%는 무대를 정확하게 볼 수 있지만 49%는 그러지 못했던 것이다![11] 사회과학에서 집단의 평균들은, 진짜 사람들을 묘사하지 못할 수 있을 뿐만 아니라 그들 중 각자의 중요한 차이를 가려버릴 수도 있다.

표본 크기가 크고 N=T인 실험적 설계는 조사에서 유용할 수 있다. 적용 분야에

---

10) 원주: W.H. Goodenough, Explorations in Cultural Anthropology (New York: McGraw Hill, 1964).

11) 원주: Richard Courtney, The Drama Studio (London: Pitman, 1966).

서 이것은 꼭 필요하지 않을 수도 있다. 근거 이론(grounded theory)[12]을 바탕으로 말해보자면, 가령 10개라는 대표적인 예비 표본(pilot sample)을 사용하고, 그 다음에 또 다른 스무 개 표본으로 그것을 확대한다면 아마 충분할지도 모른다. 그림이 실질적으로 많이 바뀔까? 그렇지 않다면 그 표본은 충분히 큰 것이다. 만약 많이 바뀐다면, 그 표본은 데이터가 일관성이 있을 때까지 다른 표본들을 더해 확대될 수도 있다.[13] 이런 것들은 논란의 여지가 있는 문제들이다. CEQRM은 특정한 표본추출/표집(sampling) 방법을 발전시켜왔는데, 그에 관해서는 254~256쪽에서 논하겠다.

데이터의 준비와 처리

수집된 데이터/자료는 어떻게 준비되는가? 조사연구자들은 관찰한 것들이나 인터뷰 한 사람들이 하는 말을 '*서술문(descriptive statements)*'으로 준비한다. 예를 들면 "아무개 교사가, 학생들에게 여러 모둠으로 나눌 것을 요청했다."라는 식으로 말이다. 그런 다음, 데이터는 "처리(treatment)" 과정을 거친다. 조사연구 질문의 속성에 따른 특정한 방식으로 분석되는 것이다. 이는 보통 다음 두 가지 일반화(generalization)를 통해 행해진다.

- *경험적 일반화*: 발생한 일의 의미/표의성(significance)에 대한 추론. 예를 들면 "아무개 교사가 가르치는 수업은 예술 공간 안에서 높은 수준의 사회적 유대감을 보인다."
- *이론적 일반화*: 앞의 일반화에 대한 설명을 추구한다. 예를 들면 "사회적 유대감은 예술 수업에서의 좋은 성과를 위한 하나의 수단이다."[14]

....

12) 근거 이론(grounded theory) - 사회과학의 질적방법론으로 글레이저(G. Glaser)와 스트라우스(A. Strauss)에 의해 실증주의와 상호작용이론을 접목한 협동작업으로 출현했다. 개인들로부터 수집한 자료를 가공하여 상호 관련된 범주를 설정하고 이를 통해 인간과 사건 및 현상에 대한 새로운 이론을 도출하는 귀납적 질적 조사 방법이다.

13) 원주: Marlene B. Anderson, "The Development and Evaluation of a Study of Thanatology at the Tertiary Level of Education", Ed D dissertation (University of Toronto, 1981); R.A. Clark, "Aesthetic Self-Disclosure in Visual Arts", Ed D dissertation (University of Toronto, 1987).

14) 원주: D. Kaplan and R.A. Manners, Culture Theory (Englewood Cliffs, NJ: Prentice-Hall, 1972).

그러므로 분석의 일반적인 순서는 서술문에서 경험적 일반화로, 그리고 거기서부터 이론적 일반화로 옮겨가게 되어있다. 이런 처리 과정은 본질적으로 논리적 과정이다. 과거에는 논리적인 조리/합리(reason)라는 것이 귀납법이나 연역법의 그것이었다. 현대의 논리에는 그런 것들보다, 아래에서 살펴볼 바와 같이, 더 많은 조리/합리(reasons)가 있다.

추론

데이터를 분석할 때 서술문에서 일반화로 옮겨가는 것이 추론(inference)의 추이다. 모든 조사연구는 이에 따른다. 사실 자체로 자명한 설명이 되는 경우는 거의 없다. 그것들은 추론을 통해 해석되어야 하고, 거기에는 적절한 논리적 지식, 연구되는 분야, 그리고 그 리포트를 받을 독자들이 필요하다. 추론(inference)은 "학식에 의한 추측(educated guessing)"의 한 형태이다. 이는 포퍼에게 있어 모든 지식의 토대이다.[15] "추정(estimation)"으로서의 그것은 수학에서는 기본 능력(skill)이며, 자발적인 즉흥극에서는 "실용적 가설(practical hypothesis)"이고, 피아제[16]가 말한 바처럼, 추상적 ("과학적") 가설이 세워지는 토대가 되는 가설 자체의 학습을 밑받침한다. 조사연구에서는, 추론을 적게 유지하면서, 조리/합리(reason)와 체감의미(felt-meaning)라는 기준에 맞게 답하는 것이 중요하다.

비교

우리는 여러 가지 방식으로 추론을 할 수 있다. 그중 하나는 비교를 이용해서 하는 것이다. 우리가 경험하는 바와 같이 실제 삶에서, 비교는 상식적인 정보 취득 방법으로 사용된다. "이것은 저것보다 크다 (또는 작다)."라는 말은 우리에게 이것과 저것에 관해 뭔가를 말해준다. 그러나, 인간적 상황과 사회적인 상황에서, 비교는

---

15) 원주: David Miller, ed., Popper Selections (Princeton: Princeton University Press, 1985).

16) 원주: Jean Piaget, Play, Dreams and Imitation in Childhood (New York: Norton, 1964).

우리에게 최종적인 답을 줄 수 없다. "고양이는 쥐보다 크다"는 우리 경험상 사실이지만, "사자는 고양이보다 크다"도 사실인 것이다.

그 점은 질적/정성적 조사연구에서도 마찬가지다. 한 세트의 데이터 분석에서 한 세트의 새로운 도출물/도출정보들(emergents)이 나오면, 그것은 다른 데이터 세트에서 나온 도출물들과 비교될 수 있다. 이것으로 산출(産出)될 수 있는 도출물들은 다음 세 가지 종류가 될 것이다.

- 두 가지 데이터 세트에 공통되는 것들
- 한 가지 데이터 세트 안에만 있는 것들
- 또 다른 데이터 세트 안에만 있는 것들

공통되는 도출물들은 그 특정한 시간의 그 상황에서 "사실"로 간주될 수 있다. 위의 두 번째와 세 번째의 도출물 세트들도 같은 조건 하에서 사실이 될 수 있다 ─ 그러나, 우리는 그것들은 공통되는 도출물들만큼 확신할 수는 없다. CEQRM에는 이런 비교 사용이 포함된다.

교육

어떤 종류의 질적/정성적 연구들이 교육에서 주로 사용될까? 정성적 방법의 범위는 너무 넓어서 ─ 조사연구(research), 조율(negotiation), 그리고 문화기술(文化記述 ethnography) ─ 세 가지 유형론으로 검토하는 것이 최선이다.

조사연구의 유형별 분류
조사연구자들은 대부분 문제와 맥락에 따라 다양한 조사연구 유형을 사용한다.

그러나 스미스가 밝힌 시사점이 많은 유형론이 하나 있는데,[17] 거기서 그는 네 가지 조사연구 유형이 있다고 말한다.

- 해석적 유형

이런 조사연구자들은 정신이 현실/실제성(reality)을 만들어낸다고 믿는다. 우리는 우리가 남들과 함께 만들어내는 체감의미(felt-meaning)에 참여함으로써 사회적 지식을 얻는다는 것이다. 그들은 개인적인 것 - 행위자(actor)의 관점에서만 해석될 수 있는 행위자의 행동과 행위자가 행동에 부여하는 의미/목적 - 과 사회적인 것 - 하나의 상호작용 내에서 남들이 취하는 상응 행동의 역학관계 - 을 연구한다. 그들의 핵심 질문은 어떻게 그 현장에 있는 사람들이, 서로의 의미 있는 행위를 위한 환경으로서, 서로에게 일관되게 보이느냐 하는 것이다?[18]

데이터/자료는 관찰, 인터뷰, 현장 메모, 약도(maps), 표 그리고/또는 수치들로 구성되고, 보고서/논문(report)는 데이터를 검토해서 나오는 일반화와 주장; 주장의 증거를 부기(附記)(documenting)하는 서술/인용문; 증거의 발생 빈도; 그리고 저술자의 관점에서 이런 것들이 지니는 의미를 보여주는 해석적 논평을 포함한다.[19]

- 예술적 유형

많은 연구는 진실을 규명/확증(establish)하기보다는 의미 해석을 주된 목적으로 하는 예술적인 접근을 따른다.[20]

그 보고서는 예술적인 번역(rendering)이고, 보통 조사연구자가 연구 사례에서 발견한 것에 관한 서사적 설명(narrative account)이다. 조사연구에서, 조사자(investigator)는

---

17) 원주: Smith, "Publishing Qualitative Research."

18) 원주: F. Erickson, "Qualitative Methods in Research on Teaching," in, Handbook of Research on Teaching, ed. M. Wittrock (New York: Macmillan, 1986), 121.

19) 원주: Erickson, "Qualitative Methods," 140-9.

20) 원주: R. Donmoyer, "The Rescue from Relativism: Two Failed Attempts and an Alternate Strategy," Educational Researcher, 14:10 (1985): 13-20.

그 배경/환경(setting)에 내재하는 질성(質性 quality)들을 직접 경험하고, 그리고 그곳 사람들이 지닌 의미를 가치 평가하고, 그런 다음 자신들이 발견한 것들을 나타내어 독자가 그 사례를 대리 경험할 수 있게 하려고 노력한다.[21]

이런 조사연구자들은 사례의 질성(quality)을 가치평가하고, 느끼고, 소통하는 예술적 직관을 훈련해온 사람들이며, 의뢰자들에게 참가자들의 체감의미를 주제들을 이용해서 스토리텔링, 서술, 그리고 극적이고 은유적인 구조들을 통해 전달한다. 보고서는 의미가 표현되는 것의 형태에 내재하는 환기(喚起)적(evocative) 형태의 창조물일 수 있다.[22]

아이스너는 연구 방법을 위한 하나의 모델로서 예술적인 관점에 역점을 두어 왔다. 사례들은 미술(fine art)[23], 문학 비평[24], 저널리즘[25], 연극/무대극[26] 그리고 드라마[27]이다. CEQRM에는 이 모델이 적용되어왔다.

체계적 유형

이런 연구자들은 발견하기를 바라는 것뿐 아니라 진실임을 검증/입증하기(verify)도 바란다. 그들은 자기 저술의 신뢰성을 추구하기 위해서, 다음 두 가지 방식으로 기준(criteria)을 사용한다.

---

21) 원주: Smith, "Publishing Qualitative Research," 178.

22) 원주: Smith, "Publishing Qualitative Research," 178.

23) 원주: Elizabeth Vallance, "The Application of Aesthetic Criticism to Curriculum Materials: Arguments and Issues," AERA(American Educational Research Association 미국 교육연구협회) 회의 때 발표되었던 미간행 논문, 1976.

24) 원주: E.F. Kelly, "Curriculum Evaluation and Literary Criticism: Comments on the Analogy," Curriculum Inquiry, 5 (1975): 87-106.

25) 원주: B. MacDonald, "The Portrayal of Persons as Evaluation Data," AERA(미국 교육연구협회) 회의 때 발표되었던 미간행 논문, 1976.

26) 원주: M.R. Grumet, "Curriculum as Theater: Merely Players," Curriculum Inquiry, 8 (1978): 37-64.

27) 원주: Richard Courtney, The Dramatic Curriculum (London, Ont.: University of Western Ontario, Faculty of Education; New York: Drama Book Specialists; London: Heinemann, 1980); Geoffrey Milburn, "Derivation and Application of a Dramatic Metaphor for the Assessment of Teaching", Ed D dissertation (University of Toronto, 1982).

- 논리적

베스트[28]의 저작에서는 비트겐슈타인의 현대 논리학을 사용한다. 베스트는 연역적 조리/
합리(reason)와 귀납적 조리뿐만 아니라 해석적 조리와 도덕적 조리도 인정하면서, 이런
것들을 "특정 맥락에서의 적절한 기준"에 기반한 접근법으로 사용한다. 이 방법론은 정량
적 유형의 "경험적 객관성"에 비해 "합리적 객관성"을 지닌다. 이것은 특히 이 공연은 좋
은가? 그리고 이 예술 프로그램은 효과가 있는가? 와 같은 질문들을 해결하는 데 쓰인다.
CEQRM에는 이 접근법이 적용된다.

- 경험적

조사연구자들은 삼각검증(triangulation)[29]과 반복/재현(replication)을 위해서, 혹은 조
사연구의 신뢰도와 타당도를 높이기 위해서, 정성(定性)적인 틀 속에서 정량적인 기법들
을 사용할 수도 있다. 그들은 "저기 밖에 현실의 세계가 있다. 우리가 인지하는 방법은 대
개 우리에게 달려 있지만, 세상은 그것의 모든 이해를 동등하게 용인하지는 않는다."[30]라
고 믿는다. 그들은 데이터/자료들에서 증거 (낮은 추론 요소들, 다양한 연구자들 등.) 를
면밀하게 선택해서 그 연구에 "경험적 객관성"을 부여한다. 그들의 보고서는 데이터에서
나온 논리적인 주장들을 가지고 논변(論辨)을 벌인다(discursive). 다른 방법들과는 다르
게, 이 방법은 내적, 외적 양면 모두에서 검증(verification)을 요구한다.

- 이론지향적 유형

갈등 이론(conflict theories)[31]을 따르는 사람들(예를 들어, 많은 비판적 교육론자들
(pedagogues))은 페미니즘이나 후기 마르크스주의 계급 이론 그리고 사회의 권력 분

---

28) 원주: David Best, Expression in Movement and the Arts (London: Lepus, 1974) spection E; David
Best, Philosophy and Human Movement (London: George Allen and Unwin, 1978); David Best,
Feeling and Reason in the Arts (London: George Allen and Unwin, 1985).

29) 삼각검증(triangulation) - 연구방법론에서 정성적, 정량적 분석 결과를 직접적으로 대조시켜 각각의 결과
의 유효성을 재검증하는 방식을 말함.

30) 원주: J. Kirk and M.L. Miller, Reliability and Validity in Qualitative Research (Beverley Hills: Sage,
1986).

31) 갈등 이론(conflict theories) - 사회의 각 구성 요소들이 서로 갈등 관계에 있고 그러한 갈등이 사회 전체
의 발전에 기여한다고 보는 이론이다.

립으로 사람들 행동의 의미를 분석한다. 그러나 구조기능 이론(structural-functional theories)[32]을 따르는 사람들은 어떻게 학교가 기능하고 구성되는지, 그리고 어떻게 이런 것들이 전체 사회의 구조와 기능에 연결되는지를 확인하려고 한다.[33]

조율(negotiation)의 유형별 분류

교육은 "사람들을 자기 정신으로 자기 현실(reality)의 진리를 이해하도록 유도하는 것"[34]이라는 생각으로부터 시작해서, 안드라데[35]는 학교 구조의 역사적이고 이론지향적인 모델을 다양하게 기술했다. 각각의 모델은 조사연구에 나름의 영향을 미친다.

• 독립적 구조들

여기서는, 교사/학생/행정관계자 각자가 고립된 별개의 존재로 작용하는 것처럼 보인다. 학교에서의 사건들이 각각의 것들인 것이다. 학생들의 문제는 심리적인 것으로 보이고, 해결책은 기존에 인정된 규범으로부터 나오지, 맥락 속 개인의 가치(values)/영향력(forces)으로부터 나오지 않는다. 조사연구는 교육을 자기충족적인 것으로 조장(promote)하고, 교사들을 중립적인 전문가로 본다. 이 모델은 보통 남들의 가치를 강요함으로써 억압적이거나, 비효율적이다.

• 적응적 구조들

이 모델에서는, 학생/교사/행정관계자들이 자신들이 현 상황(stratus quo)에 맞추거나

---

32) 구조기능 이론(structural-functional theories) - 사회의 각 부분이 유기체처럼 질서를 유지하며 조화롭게 연결되어 있다고 보는 이론이다.

33) 원주: Peter L. McLaren, Schooling as a Ritual Performance (London: Routledge and Kegan Paul, 1983); P. Willis, Learning to Labor: How Working Class Kids Get Working Class Jobs (New York: Columbia University Press, 1981); H.F. Wolcott, Teachers verses Technocrats (Eugene: Center for Educational Management, University of Oregon, 1977).

34) 원주: Paolo Freire, Pedagogy in Process (New York: Seabury Press, 1978).

35) 원주: M.G. Yaga de Andrade, "School Settings and Functions of Counsellors," in Natcon 9, ed. Peavey, 259-68.

다른 사람들이 그에 순응하도록 돕는다. 그들은 학교와 교육을 사업적, 기계적, 조직적 측면에서 본다. 그들의 조사연구는 실용적(pragmatic)이다.[36] 그것은 학생들이 "자신들이 향상할 필요가 있고, 향상한다는 것은 체제(system)를 있는 그대로 수용하고 그에 적응해서 같이 일체화되고 통합되는 것이란 점을 배울 필요가 있다."고 상정(想定)한다.[37] 교사들은 학교 상황(status)의 수호자로서, 사회적으로 파괴적인 학생들의 행태를 변화시키려 하며, 만약 자신들이 할 수 없다면, 그런 학생들을 행태에 "문제"가 있는 것으로 분류해 그들을 별도의 조사연구 대상으로 삼는 상담자들(counsellors)에게 맡긴다.

• 변증법적 구조들

이 모델에서, 어른들은 "그 구조 내 모두의 이익을 위해" 학교 체제와 관행들의 변환 (transformation)을 적극적으로 선동한다(instigate).[38] 프레이리[39]를 위시해서 대부분의 비판적 교육론자들은 교사/학생을 인간적 관계 속에서 바라본다. 그러나 교사들 역시 학교/사회의 가정된(assumed) 권력관계들을 학생들에게 드러내면서, 그들이 바람직한 목적에 맞는 방향으로 자기 변환을 이룰 걸 바란다. 조사연구는, 변증법을 통해, 인간적 인지, 지식, 편향(bias)의 표현을 찾는다. 그래서 대상들(objects)의 세계가 "실제로 그곳에 (really there)", 레닌과 프레이리의 나이브 리얼리즘(naïve realism)[40] 방식으로 존재한다는 가정하에, "우리는 우리 자신과 다른 사람들을 진정한 민주주의(real democracy)를 위해 준비시킨다."[41]는 것이다.

---

36) 원주: F.A. Nugent, Professional Counselling: An Overview (Monterey: Brooks/ Cole Publishing Co., 1981).

37) 원주: Andrade, "School Settings and Functions of Counsellors," 262.

38) 원주: Andrade, "School Settings and Functions of Counsellors," 263.

39) 원주: Paulo Freire, The Pedagogy of the Oppressed (New York: Herder and Herder, 1970); Paulo Freire, Education for Critical Consciousness (New York: Seabury Press, 1973).
역주: 파울루 프레이리(Paulo Freire 1921~1997) - 브라질의 교육학자. 진정한 교육이란 인간성의 회복, 인간해방을 위해 억압받는 민중이 스스로를 해방할 수 있도록 비판의식을 고양하는 것이라 보았다.

40) 나이브 리얼리즘(naïve realism) - 우리가 지각하는바 그대로를 실재/사실로 인정하는 유물론적 입장이다. 우리나라에서는 소박실재론, 소박한 현실주의, 순진한 사실주의, 상식적 실재론, 직접적 실재론, 지각적 실재론 등으로 번역되면서 역어가 확실히 정립되어 있지 않다. '지각 그대로의 실재론/사실주의'라고 옮기면 어떨까 싶기도 하지만, 원어 그대로 표현하였다.

41) 원주: Andrade, "School Settings and Functions of Counsellors," 264.

• 대화적 구조들

다른 이들은 변증법이 아니라 대화(dialogue)를 비정치적인 방식의 학교 교육과 조사연구자를 위한 기본으로 사용한다. 부버[42]이래로, 그들은 진정한 인간 상호작용은 "나와 너(I and Thou)"에 기반한다고 가정한다. 사람들이 서로 조율/교섭(negotiate)하고, 각각 상대방을 자신과 같은 사람으로서 똑같이 인권이 있고, 대화를 공유하고 있다고 인정하며, 개개인들이 자유롭게 선택하고 책임 지면서 자신들끼리 "공동체(community)" (vs 집단성("collectivity")) 를 창조하는 것이다. 교육은 교사들과 학생들 상호 간의 해방(emancipatory) 프로젝트다.[43] 각각 상대방을 경험적으로 임무, 학습, 그리고 지시 속에서 돕는 것이다.

대화적 조사연구자들은 사람들을 다음과 같이 가정/상정한다.

• 실효적/실능적 지식(practical knowledge), 즉 "노하우(know-how)"를 가지고 있다.[44]
• "그들이 있는 곳/위상/입장(where they are)에서 시작하고"[45]
• 세상에 관한 자신들의 이해를 변환(transform)한다.

학생들은 정치적인 변환을 할 수도 있고 그렇지 않을 수도 있다. 학생들과 교사들은 자신들의 관점에서 세상과 세상에 대한 그들의 이해를 변환할 것이다. 그 과정은 사람들과 집단들 간에 서로 다르다.

데이터/자료는 개방적 기법(open-ended technique) (인터뷰와 관찰) 으로, 가능한 한 편향(bias)이 거의 없고 자연스러운 인간 대화에 가깝게 수집된다. 그 태도는 "나와 너"의 태도다. 조사연구자들이 자신을 "다른 사람의 입장에" 두고 "상대방의 관점에서" — 극적인(dramatic) 관점에서 — 의 경험을 하려고 시도하는 것이다.

---

42) 원주: Martin Buber, I and Thou (New York: Scribner's, 1958).

43) 원주: R.V. Peavey, S. Robertson, and M. Westwood, "Guidelines for Counsellor Education in Canada," Canadian Counsellor, 16 (1982): 135-43.

44) 원주: Michael Polanyi, Personal Knowledge (New York: Harper and Row, 1962).

45) 원주: Brian Way, Development through Drama (London: Longman, 1968).

분석은 보통 새롭게 도출/현출되는 것(emergent)으로, 데이터 내에 있는 인터뷰 대상자의 가정들(assumptions)과/이나 주제들을 드러낸다.

이것은 이 유형론 중에서 CEQRM에 가장 가까운 모델이다.

문화기술(文化記述 Ethnography)의 유형별 분류

현대의 조사연구자들은 점점 교육에 문화기술적/민속지(民俗誌)적(ethonographic) 접근법을 많이 사용하고 있다. 그러나 많은 이들이 데이터를 기술하면서 일관성을 갖추는 데 필요한 문화 이론(cultural theory)[46]에 기반한 개념 틀을 사용하지 않고 있다. 주요 문화 이론들은 다음과 같다.

• 진화적 유형

문화가 단계별로 진화하는 것이긴 하지만, 교육 연구들이 직접적으로 진화론적인 경우는 거의 없다.[47] 그러나 일부는 부족사회와 산업사회에서의 교육을[48], 즉 교차문화적/범문화적으로(cross-culturally)[49] 비교하기도 한다.

• 기능적 유형

문화는 명백한 인간의 욕구를 만족시킴으로써, 그리고 조사연구자들만이 아는 잠재적 기능 (학교의 "숨겨진 교육과정"과 다른 기능적 아이디어들의 기원) 을 통해서 기능한다.[50] 인간이 환경에 적응하는 것은 단일 학교들에서 미시적 차원으로 (종종 사례 연구로), 또

---

46) 원주: John H. Chilcott, "Where Are You Coming From and Where Are You Going? The Reporting of Ethnographic Research," American Educational Research Journal, 24: 2 (1987): 209.

47) 원주: H.D. Fishbein, Evolution Development, Children's Learning (Pacific Palisades, Calif.: Goodyear, 1976).

48) 원주: Magaret Mead, Coming of Age in Samoa (New York: Mentor, 1963).

49) 원주: Jules Henry, "A Cross-Cultural Outline of Education," Current Anthropology, 1: 4 (1960): 267-306.

50) 원주: B.B. Khlief, "The School as a Small Society," in School and Society, ed. M. Wax, S. Diamond, and F. Gearing, (New York: Basic Books, 1971), 144-55.

는 국가나 국제 교육에서의 거시적인 차원으로 연구될 수 있다.[51]

• 언어적 유형

교육에서의 언어 사용은 특정한 문화적 현실/실제(reality) - 예를 들면, 의사소통 능력[52], 말/문화의 관계[53], 그리고 교수법(instruction)[54] - 을 드러낸다.

• 심리적 유형

이런 연구는 다양하게 있어 왔다. 예를 들면, 육아[55], 교차문화적 인지[56], 인지 (cognition)[57] 등에서다.

• 구조적 유형

모든 구조적 접근법들은 관찰된 현상들이 정신적, 사회적 세계들의 한 일반적 (행위자에 게는 숨겨져 있고, 조사연구자들에게 드러나는) 구조의 실례들(instances)이라고 말한

---

51) 원주: B. Grindal, Growing Up in Two Worlds: Education and Transition among the Sisala of Northern Ghana (New York: Holt, Rinehart and Winston, 1972); J.W.M. Whiting, "Effects of Climate on Certain Cultural Practices," in Explorations in Cultural Anthropology, ed. W.H. Goodenough, (New York: McGraw Hill, 1964), 511-44; H.F. Wolcott, A Kwakitul Village and School (New York: Holt, Rinehart and Winston, 1967).

52) 원주: S.B. Heath, Ways with Words (Cambridge: Cambridge University Press, 1983).

53) 원주: B.B. Bernstein, "A Sociolinguistic Approach to Socialization: With Some Reference to Educability," in Directions in Sociolinguistics, ed. J.J. Gumperz and D. Hymes (London: Routledge and Kegan Paul, 1972), 465-97.

54) 원주: K. Au, "Participation Structures in a Reading Lesson with Hawaiian Children: Analysis of a Culturally Appropriate Instructional Event," Anthropology and Education Quarterly, 11: 2 (1980), 91-115.

55) 원주: Margaret Mead, Coming of Age in Samoa; J.W.M. Whiting, "A Model for Psychological Research on Culture and Infancy," in Variations in Human Experience, ed. P. Liederman, S. R. Tolkin, and A. Rosenfeld (New York: Academic Press, 1977), 29-48; J.W.M. Whiting and I. Child, Child Training and Personality (New Haven; Yale University Press, 1953).

56) 원주: J.W.D. Dougherty, ed., Directions in Cognitive Anthropology (Urbana: University of Illinois Press, 1985).

57) 원주: John H. Chilcott, "Yaqui World View and the School: Conflict and Accommodation," Journal of American Indian Education, 24: 3 (1985): 21-32.

다. 이 구조는 처음에는 단지 이항 대립적(binary) 혹은 이원적(dual)[58]이라고 생각되었지만, 이제는 사위일체(quaternity)로[59] 그리고 미학적 학습(aesthetic learning)[60] 내에 있는 것으로 외삽(外揷)추정(extrapolated)[61]된다.

구조적 기능주의자들은 한 학교의 구조들은 전체 교육의 구조들에 기여한다고 가정/상정한다.[62] 상징적 상호작용론자들은 문화는 상징 매체 (언어적, 비언어적)와 제의적 드라마(ritual drama)[63]에 갖추어져 있다고 말하는데, 그것들은 성인-아동 관계[64], 유치원과 가정환경[65]에 대한 연구들과 학교[66]와 교육 혁신[67]에 관한 사례연구로 이어진다.

CEQRM의 개념적 틀은 비록 그 안에서 심리학적인 요소들을 사용하기는 하지만, 주로 기능-구조론적 (특히 상징적 상호작용론자들) 이다.

---

58) 원주: Claude Lévi-Strauss, The Savage Mind (Chicago: University of Chicago Press, 1962).

59) 원주: A.J. Greimas, Structural Semantics (Lincoln: Nebraska University Press, 1983).

60) 원주: Richard Courtney, Aesthetic Learning, research report (Ottawa: Social Sciences and Humanities Research Council of Canada, 1985).

61) 외삽(外揷)추정(extrapolate) - 데이터/자료 속에 있는 것이 아니라 데이터에 담겨있지 않은 기존의 자료에 있는 다른 변수와의 관계에 기초해 추정하(해 담)는 것을 말한다.

62) 원주: N.B. Johnson, "The Material Culture of Public School Classrooms: The Symbolic Integration of Local Schools and National Culture," Anthropology and Education Quarterly, 7: 3 (1980), 173-90.

63) 원주: Hugh Dalziel Duncan, Symbols in society (New York: Oxford University Press, 1968); Victor W. Turner, The Ritual Process: Structure and Anti-Structure (Harmondsworth: Penguin, 1974); Victor W. Turner, From Ritual to Theatre: The Human Seriousness of Play (New York: Performing Arts Journal Publications, 1982).

64) 원주: A.V. Cicourel, "Basic and Normal Rules in the Nebotiation of Status and Role," in Studies in Social Interaction, ed. D. Sudnow (New York: Free Press, 1972), 229-58.

65) 원주: N.K. Denzon, Childhood Socialization (San Francisco: Jossey-Bass, 1977).

66) 원주: Perer L. McLaren, Schooling as a Ritual Performance (London: Routledge and Kegan Paul, 1983).

67) 원주: R.B. Everhart and W.J. Doyle, "The Symbolic Aspects of Educational Innovation," Anthropology and Education Quarterly, 11: 2 (1980): 67-90.

현시대의 예술 교육

내가 다른 곳에서 예술 교육에서의 조사연구(research)와 탐구(inquiry)의 충분한 조건들(parameters)을 다뤘기 때문에[68], 여기서는 정성적 접근법의 기본적인 논점들만 논할 것이다. 정성적 연구가 특히 감정과 교육연극에 적용될 수 있는 이유는 무엇일까?

프로그램의 종류

예술 프로그램과 관련해서 교육에서만큼 오해가 많은 곳도 없다. 이런 혼란은 대부분 그것이 근년에 들어 급격하게 변화했기 때문이다. 예년에 그런 모든 프로그램은 "예술가로서의 학생" 모델에 기반했었는데, 소수의 학생만 예술가가 되었기 때문에, 그 영향으로 대중은 예술을 학교의 "장식"으로 보게 되었다. 그런 프로그램이 거의 직접적인 효용이 없는 것으로 보인 것이다.

그러나, 오늘날에는, 소수를 위한 프로그램과 다수를 위한 프로그램 두 가지가 있다. 전문적/직업적인(professional) 예술가가 되는 학생들은 소수지만, 그런 학생들에겐 특별한 관심이 필요하다. 이런 청소년들은 우리 문화의 미래를 형성할 이들이라 그들을 위한 프로그램들은 반드시 능력과 결과물에 기반해야 한다. 그러나 두 번째 종류의 프로그램, 즉 일반교양 과정(General Program of Studies) 중의 다수를 위한 예술도 똑같이 없어서는 안 될 것이다. 이것은 창의적인 예술(creative arts)에 기반하고 있다. 창의성(creativity)과 자발성(spontaneity)은 다양한 예술 형식 안에서 북돋워진다. 고학년 학생들과 감상평을 하는 것도 창의적인 맥락에 포함된다. 소수와 같이 하는 예술 활동과는 대조적으로 이런 프로그램들은 과정(科程) 중심적(process-oriented)이다.

---

68) 원주: Richard Courtney, The Quest: Research and Inquiry in Arts Education (Lanham, Md.: University Press of America, 1986).

창의적인 예술 프로그램에서의 학습

일반교양과정 중의 창의적인 예술은 과정적(processual)이다. 결과로 나타나는 어떤 예술 제작물보다 진행 중인 활동에 중점이 있는 것이다. 조사연구자들은 이런 과정, 그들의 목표, 그리고 그들이 조장/촉진(promote)하는 세 가지 종류의 — 내재적(intrinsic), 외연적(extrinsic), 미학적(aesthetic) — 학습을 연구한다.

내재적(intrinsic)인 학습은 인간의 본질적/필수적 자질(essential quality)을 향상한다. 예를 들면, 지각, 인식, 집중력, 사고방식의 독특성, 표현력, 창의력, 문제 인식과 해결, 자신감, 자존감, 동기부여, 그리고 다른 사람들과의 조율/교섭[69]등이다. 예술을 통한 학습은 개인적, 사회적 발달과 성인 때의 노동과 여가에 필요한 기초 능력(generic skills)의 필수적인 토대들을 제공한다.[70]

외연적/부대적(extrinsic)인 학습은 예술 학습에서 다른 과목 학습으로 그리고 실생활과 사회적 학습으로 전이되는 학습이다.[71] 예를 들어, 예술로 학습된 내재적 동기부여는 역사와 같은 다른 많은 과제들(tasks)로 전이될 수 있다. "당신이 일곱 살 때 크리스토퍼 콜럼버스의 역할을 연기한 적이 있다면, 아메리카 대륙을 발견한 것이 바로 **당신**이었다는 사실을 결코 잊지 못한다."[72]

미학적 학습은 감정의 질(qualities)을 향상한다. 감정(feeling)은 다음과 같은 것들과 관련되지만, 똑같은 것은 아니다.

---

69) 원주: Richard Courtney and Paul Park, Learning through the Arts, research report, 4 vols. (Toronto: Ministry of Education, 1980).

70) 원주: Richard Courtney, "Drama as a Generic Skill," Youth Theatre Journal, I: I (Summer 1986): 5-10, 27.

71) 원주: Richard Courtney, Re-Play: Studies of Human Drama in Education (Toronto: Ontario Institute for Studies in Education Press, 1982).

72) 원주: Joseph Lee, Play in Education (New York, 1915).

- 인지(cognition); 가령, 학생이 춤을 추거나 그림을 그릴 때 일종의 암묵적인 앎을 성취한다.

- 정서(emotion); 가령, 호랑이가 방 안으로 걸어 들어올 때 (정서) 와 아름다운 석양을 관조할 때 (미학적 감정) 는, 그 둘 사이에 많은 단계가 있긴 하지만, 체감(feeling)의 차이가 있다.

더욱이, 감정은 주체 반영적(subject-reflexive)이거나 객체 반영적(object-reflexive)일 수 있고, 그 결과로 이뤄지는 학습은 사춘기 이전의 대조(contrasts), 유사(semblances), 조화(harmonies), 불화(discords), 그리고 사춘기 때의 대립성(polarities), 정체성(identities), 종합(syntheses), 대화성(dialogics)으로 구성된다.[73] 향상(improvement)은 선택의 경험과 자기 선택의 영향력 발견을 통해서 이뤄지고, 또 어떤 실제적인 가설을 만들고 그것이 작동하는지 시행착오를 통해 알아보는 것으로써도 이뤄지는데[74], 그것은 이후 추상적 가설[75]의 기반이 된다.

그래서, 예술은 "범교과적으로(across the curriculum)" 좋은 인간적 판단 형태로의 학습과 자기 행동의 결과를 예견하는 능력을 증진한다. 예술 매체 내에서 선택에 활발하게 참여하는 것은, 개인적으로나 집단적으로나, 모두 남들과 함께 일하고, 그들을 "읽고", 그들과 공감하고, 집단의 결정에 책임지는 것을 배우는 것이다. 과거에, 예술 프로그램에서 이런 과정적 학습이 무시되고, 결과물이 강조되었던 때는, 나치의 경우나, 로마가 불타는 걸 예술작품으로 봤던 네로의 경우처럼, 참혹한 결과를 초래할 수도 있었다.

그래서 예술은 "장식"이기는커녕 교육과정 중의 핵심에 자리한다. 더 전통적인 다른 학습이 토대를 두고 있는 근본적인 질적 학습(qualitative learnings)을 제공하는 것이다. 이를테면 "기초적인 것들"에 기초가 된다고 하겠다. 읽기는 그에 앞선 시각적 분별없이는 불가능하고[76], (글쓰기와 같은) 2차원에서의 성공은 조각, 공예, 창

---

73) 원주: Joseph Lee, Play in Education (New York, 1915).

74) 원주: Popper, Objective Knowledge.

75) 원주: Courtney, Re-Play.

76) 원주: John E. Cowen, ed., Teaching Reading through the Arts (Newark, Del.: international Reading Association, 1983).

의적 움직임과 같은 3차원의 선행 학습들(prior learnings) 없이는 가능하지 않다.[77]

예술 프로그램에서의 질성(Quality)

우리가 예술 교육 프로그램이 다른 학습에 토대가 되는 근본적인 질적 학습을 제공한다고 말할 때, 그것은 교육에 무슨 의미를 지닐까? 그것이 교사들에게 시사하는 것은 무엇일까? 그리고 그것이 조사연구에 어떤 영향을 미칠까?

• 질성(Quality)의 기초

질적/정성적 조사연구와 예술 교육에서 일어나는 일 사이에는 자연스러운 친연(親緣)성(natural affinity)이 있다. 질적/정성적 조사연구는 사건이나 프로그램의 본질적인 특성을 기술하려고 하는 한편, 예술 교육은 개인과 사회적 존재로서의 사람들의 본질적인 특성을 다룬다. 둘 다 사람들이 어디에 있고, 누구인지로부터 시작한다. 가령, 창의적 예술은 주로 특수성들(particularities)을 다룬다. 물감의 특수성, 캔버스의 특수성, 사회 속개인의 특수성 같은 것들이다. 예술은 표현적이라고 하지만, 무엇을 표현하는 것일까? 회화는 다음 다섯 가지를 표현한다.

- 화가 개인으로서의 개성(personhood); 그 사람이 누구인지/그 사람의 정체성(who s/he is)을 표현한다.
- 사회적 존재로서의 화가의 특성(nature); 그 사람의 사회 내에서의 정체성을 표현한다.
- 화가가 사는 문화(culture); 그 사람의 특정한 문화 속에서의 정체성을 표현한다.
- 물감과 캔버스라는 "매체"는 "메시지"다. 어떤 매체든 우리의 내면을 외부와 결부시키고, 그 반대로도 결부시키기 때문이다; 매체를 통해 그 사람 정체성의 양상들을 남들에게 표현하는 것이다.
- 감정

• 맥락(context)

예술 교육의 질성(quality)은 맥락(context)에 구속받는다. 사람들이 예술에 반응할 때의 감정의 깊이가 그들 문화의 관습들(conventions)에 크게 영향받는다면, 창의성은 훨

---

77) 원주: Courtney, Re-Play.

씬 더 그렇다. "빅토리아 프로젝트(The Victoria Project)"를 통해서, 우리는 5세에서 11세 사이 영국, 중국, 아메리카 인디언이란 문화 배경을 지닌(ethnic) 어린이들의 놀이(play)와 예술 과정을 비교했었는데, 5세 어린이들에게서는, 아주 작은 차이만 관찰되었다. 그러나 11세에서는 영국 문화 배경의 학생들이 언어적 창의성 면에서 우수했고 아메리카 인디언 학생들은 움직임과 춤 창작에서 뛰어났다. 그리고 중국인 학생들 (유교적 가정 출신) 은 더 직접적인 도움이 필요하기는 했지만, 자기 작품에 대한 주의력과 세심함에서 우수했다.[78]

• 학습(Learning)

학생들이 예술 교육에서 배우는 방식은 서구 사회 대부분의 학교에서 다른 과목 학습과 어떤 식으로든 (내재적, 외연적, 미학적으로) 다르다. 다른 영역들에서는, 역사의 경우처럼, 학생들이 순차적으로 배운다. 선형적 방식으로 정보를 축적하는 것이다. 그러나 예술 교육에서는 **점점 감정의 깊이를 더해가며** 배운다. 그래서 유사한 소재 (다른 영역에서는 "내용"이 될 수 있는 것) 들이 예술 프로그램에서 해마다 나타날 수 있다. 가령, 나는 시각 예술에서의 "중복(overlapping)"을 다양한 나이대의 학생들과 대학원생들에게 가르쳤고, "거울 게임"을 유아부터 "노년층(silver threads)"까지의 교육연극에서 사용해왔다.

예술 교육에서의 중점은 정보 축적이나 기능 습득보다는 학습 경험의 과정과 감정에 둔다. 학생들이 주로 배우는 것은 매체가 전달하는 체감의미의 질성(quality)이다. 정보와 기능은 덜 직접적으로 학습된다. 그러나 체감의미의 학습도 직접적이기보다는 간접적이고, 명시적이기보다는 암묵적이다. 질적인 학습에서는, 폴라니[79]가 말했던 것처럼, "우리는 우리가 말할 수 있는 것보다 더 많은 것을 안다." 그리고 암시적/내현적(implicit)인 학습은 명시적/외현적(explicit)인 학습의 바탕이 된다. 이것은 다른 교과(subjects) 영역들에서의 학습과는 다소 다르며, 그런 학습을 평가하는 것은, 가령, 수학이나 과학에서의 학습 평가보다 훨씬 더 복잡하고 어렵다.

....

78) 원주: Richard Courtney, "The Victoria Project," 1988. 이 프로젝트의 연구 결과들은 Jay Peng이 중국 출신 학생들과 함께 확인하였다.

79) 원주: Polanyi, Personal Knowledge, 6.

교수(Teaching)

따라서, 교수(教授 teaching) 전략도 달라질 수밖에 없다. 서구의 교실 대부분에서, 교사는 "지식과 정보 나누미(imparter)" 역할을 맡고 있고, 학습/교수 행동은 좋은 부모가 자기 자녀들에게 음식을 먹이고 제공된 음식을 소화하리라 예상하는 것으로 은유할 수 있다.

창의적 예술에서는 보통 그런 은유가 들어맞지 않는다. 적절한 은유는 처음에 발전기 하나가 일련의 실체/독립체들을 충전시켜서 그것들이 스스로 에너지를 자급자족(self-sufficient)할 수 있게 하는 것이 될 것이다. 여기서 교사는 "활성화 촉매자(animateur)"라는 중요한 역할을 맡아 학생들을 다음 두 가지 방식으로 활성화한다.

- 다양한 매체를 통한 창의적 행동을 지향하도록 한 이후에
- 그들의 감정과 경험을 심화시킴으로써

창의적 예술 프로그램의 중심에 있는 것은 활동 그 자체 — 학생들이 하는 것과 그 실행을 향상하기 위해 하는 것 — 이다. 이런 목적을 달성하기 위해, 교사는 다음과 같은 다양한 활력 부여(animation) 역할을 맡는다.

- 일반의 견해에 대한 고의적인 반대자로서 피드백을 주고 사고의 명료성을 돕는 자
- 분위기 조성과 사건의 기록을 돕는 해설자(narrator)
- "학생들이 그것을 해나가도록 놔두는" 긍정적인 포기자(withdrawer)
- 같은 집단 구성원으로서 아이디어를 제시하는 자
- 확신을 지니지 않는(tentative) 리더십의 지지자
- 소재/재료와 (예술) 보조물을 발견하는 "잡역부(dogsbody)"
- 어린이들이 자신들의 주장을 평가하기 위해 사용하는 반사체 같은 비평가(reflector)
- 논쟁의 중재자(arbiter)

- 일부러 둔감한 척하면서 정보를 요구하는 자
- "그 아이들이 할 수 있다고 믿는" 자[80]

보통의 교육적 맥락과는 다른 이런 점들을 고려해 볼 때, 예술 교육 조사연구자들이 자기 나름의 방법을 개발해온 것이 전혀 놀랄 일은 아니다.[81] 그러나 CEQRM이 특장점은, 예술 교육을 위해 개발된 것임에도, 적용 가능성(applicability)이 더 크다는 것이다.

CEQRM의 방법론

CEQRM은 온타리오주에서 실시된 일련의 탐구들을 통해 개발된 하나의 조사연구 수단(research instrument)이다. 이것은 질적/정성적 접근법이 필요한 특정한 문제들에 도전할 필요에서 (즉, 예정했던 방법이 의뢰자들을 만족시키지 못할 것이라) 생겨났고, 이전의 연구에서 습득한 것들이 다음 방법론에 적용되면서 누적되어 온 방식이었다. 그 모든 연구에는 감정이 관련돼 있었다.

CEQRM이 탄생하게 된 네 번의 연구는 예술 교육에서의 특정한 조사연구 질문들에 중점을 뒀는데, 그 가운데 세 번의 연구는 본질적으로 실제적(practical)이었다. 그 셋 중 두 번의 연구는 온타리오주에서 특정한 종류의 예술 프로그램들 — 초등학생들의 학습[82]과 교사 교육[83] — 을 조사했었다. 세 번째 연구는 초등 예술 교

---

80) 원주: Dorothy Heathcote, "Drama," English in Education, 3 (Summer 1969); repr. in Dorothy Heathcote: Collected Writings on Education and Drama, ed. Liz Johnson and Cecily O'Neill (London: Hutchinson, 1984), 62.

81) 원주: Robert E. Stake, Evaluating the Arts in Education (Indianapolis: Charles E. Merrill, 1974).

82) 원주: Courtney and Park, Learning through the Arts.

83) 원주: Richard Courtney, David W. Booth, John Emerson, and Natalie Kuzmich, Teacher Education in the Arts, research report (Jackson's Point, Ont.: Bison Books, 1985).

사들의 실능적 지식(practical knowledge)에 중점을 두었다.[84] 그리고 네 번째는 미학적 학습의 특성을 다루는 이론적인(theoretic) 것이었다.[85]

이 조사연구들은 의뢰자들에게 만족을 주었고, 온타리오주의 조사연구자, 교사, 행정가, 재단 이사, 학부모, 정부에도 큰 영향을 미쳤다.

CEQRM은 노동 집약적이다. 이것은 <초등 학습>과 <교사 실능지> 연구에는 영향을 미치지 않았다. 그쪽으로는 대규모 지원금을 받았기 때문이었다. <교사 교육> 연구는 지원을 거의 받지 못해 현장 작업자들이 최소한의 훈련만 받았기 때문에, 최종보고서의 외형적 형식에 아쉬운 점이 많았다. 대조적으로, <미학적 학습> 특성 연구는 중간 정도의 지원금을 받았지만, 현장 데이타를 수집하는 게 아니라서, 합당한 수준의 지원이었다. 현재 CEQRM은 그 노동집약성을 낮추는 방향으로 개선되고(refined) 있다.

<미학적 학습> 특성 연구가 CEQRM의 원칙이 예술 교육에서 실제적인 것을 넘어 이론적인 것까지 외연히 확대될 수 있음을 보여줬기 때문에, CEQRM은 교육의 다양한 비예술 영역과 일반 사회과학 영역에 성공적으로 적용될 수 있을 것으로 기대된다. 그러나, 지금까지, 이것은 단지 몇 번만 시도되었을 뿐이다(1994).

이 장의 앞에서 썼던 용어대로, CEQRM은 해석적, 논리적, 대화적, 기능-구조적이다.

기본적인 조사연구 유형

네 가지 연구 각각은 하나의 질문에 중점을 두어야 했고, 의뢰자가 틀지어 놓은

---

84) 원주: Richard Courtney, David W. Booth, John Emerson, and Natalie Kuzmich, No One Way of Being: The Practical Knowledge of Elementary Arts Teachers, research report (Toronto: Ministry of Education, 1987).

85) 원주: Courtney, Aesthetic Learning.

그 질문은 "X의 본질적 특성 (또는 질성) 은 무엇인가?"라고 재구성될 수 있었다. 각각의 연구에서 X는 다음과 같았다.

> **<초등 학습>** = 온타리오주에서 초등교육 수준의 일반교양 프로그램(the General Program of Studies) 중 예술 프로그램에 등록한 학생들의 내재적 학습
>
> **<교사 교육>** = 온타리오주(구체적으로는 토론토 지역)에서 예능 교사 교육 프로그램과 꼭 필요한 개선의 영역들
>
> **<미학적 학습>** = 인간의 미학적 학습
>
> **<교사 실능지>** = 온타리오주 초등학교 예능 교사들의 실능적 지식

그 모든 연구는 질적/정성적인 것이었다. 모든 경우에, 매우 복잡한 변수들이 있었고, 그래서 CEQRM은 근거 이론에 맞춰졌다. 변수들이 덜 복잡하고 데이터에서 어지간히 잘 규명되는 연구에서, CEQRM은 사례 연구 방법에 맞춰졌다 (가령, <교사 교육>). 변수들이 잘 규명되면, 객관적인 방법이 사용될 수 있을 거라는 건 이론적으로 가능한 것이었다.

첫 번째 연구의 기본 현안들

첫 번째 연구(<초등 학습>)에서, 일단 조사연구의 질문 요소들이 추출되면서, 조사자들은 다양한 주요 현안들과 맞닥뜨렸다. CEQRM이 어떻게 발전해왔는지를 나타내기 위해, 그런 현안들을 나온 순서대로 기술한다.

1. 내재적 학습이란 무엇인가?

조사연구 문헌 내 의견들은 다양했고, 그래서 내재적(intrinsic) 학습의 약식 기술어들(A들)을 우선순위를 두지 않고 사용하기로 했다. 이리하여 최초의 질문은 "온타리오주의 초등교육 수준 일반교양 프로그램 가운데 예능 프로그램에 등록한 학생들의 A1/A2/A3 등 본질적인 특성은 무엇인가?"라는 여러 개의 질문이 되었다.

문헌 검색과 분석 결과 A들이 위에서 (245쪽 상단 참조) 나열했던 항목들보다 향상된 것이란 점이 드러났다.

2. 이런 각각의 A들이 감시받는 프로그램에서 학습된 것인지 아닌지 어떻게 알아낼 수 있나?

이 예술 교육 프로그램의 A들 각각은 확실히 질성(quality)이었다. 다른 맥락에서는 기계적 조사연구에 대한 반응일 수도 있는 일부 A (예를 들면 문제해결) 들도, 이 맥락에서는 그렇지 않았다. 우리는 학생들 개개인을 추적할 수도 없었고, 그들 각각을 두고, 그 A들 각각이 개선된 것인지 아닌지 관찰할 수도 없었다. 그러려면 장기적인 연구가 필요했겠지만, 이 탐구는 일 년으로 한정돼있었기 때문에 우리의 역량을 넘는 일이었다.

3. 어떤 종류의 증거를 확보할 수 있나?

이를 당연히 잘 알고 ― 그 프로그램을 잘 가르쳤던 ― 사람들의 의견에 관한 증거에 의존하기로 결정이 내려졌다. 전제/가정(assumption)는 교사들이 자기 학생들의 학습에 관해 충분한 실능적 지식을 가지고 있다는 것이었다 (이는 이후 <교사 실능지> 연구에서 실증됨). 이 증거는 "아주 확실한(hard)" 건 아니기에, 엄격하게 확보되기도 하고, 다른 증거 원(源)들과 대조한 것들이어야 했다.

4. 어떤 종류의 기준을 사용하고 어떤 종류의 점검을 해서 확보한 증거의 신뢰성을 높일 수 있는가?

교사들의 표본 (아래 참조) 이 선정됐고, 그 기준들은 그들이 다음과 같다는 것이었다.

- 예능교육을 경험한 최소 두 사람에 의해 "매우 활동적인" 예능 프로그램들을 진행한다고 확인됨
- 온타리오주의 인구통계를 적절히 대표함
- 온타리오주에서 인정하는 통합 예능 및 개별 예능 과목 양자 (음악, 시각예술, 드라마, 그리고 체육 교육에서의 무용) 를 적절히 대표함

그렇게 확보된 증거들은 다음과 같은 것들에 대비해 점검하였다.

- "전문가(expert)" 행정관계자와의 면담 (예를 들면, 예술 자문위원, 등)

- 그 교사의 수업을 듣는 학생들을 직접 관찰

- 문헌 검토

5. 어떤 종류의 방법론을 써야 하나?

변수들(variables) 때문에, 우리는 교사들과 "전문가" 행정관계자들을 인터뷰할 때 근거 이론을 사용해 응답을 끌어내기로 했다. 이로써 인터뷰 담당자의 질문들은 그 증거가 인터뷰 대상자의 명시적이고 암묵적인 관점들을 반영할 수 있도록 개방적인 질문이 될 수 있었다. 또 인터뷰 대상자의 표본도 제한될 수 있었다 (아래 참조). 특히 글레이저와 스트라우스[86]는 분석에서 표본 수는 "포화(saturation)"에 이르기 전으로 최소화될 수 있다고 말했었다. 정량적 조사연구자들의 비판을 미연에 방지하기 위해, 우리는 방법을 바꾸어, 인터뷰 횟수를 151까지 늘렸었는데 - 그것이 너무 크고 불필요했던 것이다.

관찰은 경험적 관찰이었고 내재적 학습들의 특정한 주제들을 주시했다. 교사별로 최소 한 반, 때로는 한 반 이상을 관찰하였고, 관찰자들은 명시적인 증거뿐만 아니라 암묵적인 증거도 찾도록 훈련받았다.

근거 이론도 두 가지 세트의 데이터를 분석하는 방법으로 선택되었다. 이를 통해 확실히 새로운 결과들이 도출될 수 있었다. 각각의 데이터 뱅크를 별도로 분석하였고 각각에서 새로운 도출물들이 얻어졌다. 이후 이 도출물들을 비교해, 최종결론이 나왔다.

표본추출

우리는 <초등 학습>에서 표본추출/표집(Sampling)이 어떻게 이뤄졌었는지를 살펴보았다. 그러나, 표본추출은 논란의 여지가 있는 문제라 별도로 다룰 필요가

---

86) 원주: B.G. Glaser and A.L. Straus, "Discovery of Substantive Theory: A Basic Strategy Underlying Qualitative Research," in Qualitative Methodology, ed. W.J. Filstead (Chicago: Markham Publishing Co., 1970).

있다. 측정(measurement)은 임의의 표본추출을 사용한다. 그러나 N은 얼마나 커야 하는가? 질적 연구에서 필요한 주제들은 이 방법론을 생략할 수도 있는데, 이런 경우엔 N이 얼마나 크든 상관없이 편향(bias)이 불가피하다. 대조적으로, 근거 이론 표본에는 이미 그 안에 있는 사람들과는 다른 사람들이 포함된다. 그것은 풍부한 묘사와 관점들을 제공해주기는 하지만 불편부당한 "진실"은 아니다.

복잡한 변수가 있을 때, 예술 교육에서 흔히 그러하듯, CEQRM은 합리적인 객관성(rational objectivity)을 사용한다. 선택된 표본은, 해당 맥락 속에서의 그 문제에 대해 잘 알고 있는 "전문가들" 수준이다. 따라서 "이 중국 춤이 좋은가요?"에 대한 표본은 중국 춤에 대한 이해와 판단력이 높은 사람들이다. "10학년 학생들이 어떤 예술 교육에서 얼마나 잘 학습했는가?" 하는 것은 10학년 예술을 잘 이해하지 못하거나 그것을 잘 가르치지 못하는 사람에게 물을 필요는 없을 것이다.

<초등 학습> 연구와 그 이후의 연구들에서, CEQRM은 적절한 표본들을 얻는 방법을 개발하였다.

- 그 문제를 가까이서 충분히 경험한 외부의 정보제공자들이 "전문가" 명단을 확인한다. 중국 춤 질문에 있어서, 이런 정보제공자들은 중국 춤에 대해 풍부한 경험을 했을 사람들이다. 예술 학습에 관해서, 그들은 경륜 있는(senior) 예술 자문가들(consultants)일 수 있다.
- 어떤 "전문가"든, 그 명단에 남아있으려면, 최소한 두 명 이상의 정보제공자들이 확인해야 한다.
- 최종 정보제공자들은 "전문가들" 명단에서 적절한 기준들에 따라 선정된다. 이런 기준들은 조사연구의 질문에 따라 다르지만, 그것들이 엄격하게 적용되지 않는다면 그 연구의 타당성은 의심받게 된다. 만약 그 춤이 경극(京劇) 양식이라면, 한 가지 기준은 "전문가들"이 그것을 본 적이 있어야 한다는 것이다. 만약 한 가지 예술 프로그램이 주(province) 또는 전국에(state-wide) 걸친 것이라면, 한 가지 기준은 인구통계(demography)가 될 것이다.

비교

데이터 뱅크를 본래의 주제로 분석해서 새로운 도출물/도출정보(emergents)

목록을 얻게 되면, 이는 또 다른 도출물 목록과 비교될 수 있다. 도출물 목록들을 더 많이 비교할수록, 최종 도출물들은 더더욱 합리적 객관성을 지니게 될 것인데, 일반적으로 세 가지 목록이면 충분하다.

다른 요소들은 네 번의 프로젝트에서 사용된 비교들에 관한 기술(記述)로 설명될 수 있다. <초등 학습> 연구에서는 네 세트의 데이터와 네 가지 도출물 목록이 있었다. 그것들은 문헌 조사, 교사들과의 인터뷰, 관리자들과의 인터뷰, 관찰에서 얻은 것들이었다. 행정관계자들과의 인터뷰에서는 사실상 아무것도 새로운 것이 드러나지 않았다는 점이 발견되어서, 이후의 연구에서는 세 세트의 데이터만 수집하였다.

이 단계에서, 이상적인 모델은 세 가지 데이터 뱅크 ― 문헌 조사에서 A, 인터뷰에서 B, 관찰에서 C ― 로 구축되었다. 분석을 통해 각 데이터 뱅크에서 새로운 도출물들이 나왔고, 그것들을 비교해, 최종 도출물로 이어졌다. <초등 학습> 연구 사례에서, 뱅크 B는 핵심으로 간주되었고, 뱅크 A는 그것으로 이끌어주고, 뱅크 C는 그에 대한 확인을 제공해주었다. 이론적으로는 뱅크 A와 뱅크 C도 이후의 연구들에서 핵심으로 간주될 수 있는 가능성이 있다고 생각되었다. 실제로는, <교사 실능지> 연구만 결과적으로 다듬어진 이상적 모델을 따랐고, 다른 두 가지 연구는 모델을 변형했다.

<교사 교육> 프로젝트는 변형(variations)이 많았다. 첫째, 예술 분야의 교사 교육에 관해 구할 수 있는 문헌이 부족했다. 그래서 데이터 뱅크 A는 프로젝트 기간 동안 자문가들(consultants)로 활동했던 여섯 "전문가들"의 견해가 되었다. 그중 세 명은 전국적으로 알려진 예술 교육가였고, 세 명은 다수의 교육위원회에 참여하는 원로 예술자문가였다. 둘째, 인터뷰는 각기 다른 교사 교육 프로그램에 참여한 교사들의 응답으로 수행하였다. 그래서 데이터 뱅크 B에는 각 프로그램에 있는 것들로 구성된 각기 다른 부분(section)들이 있었다. 이 응답자들은 인터뷰 대상일 뿐만 아니라 사례 연구로도 취급되었다. 셋째, 기금이 한정돼있어 관찰을 할 수 없었기 때문에 데이터 뱅크 C는 없었다. 비교는 뱅크 A와 뱅크 B의 다양한 부분들 간에 이뤄졌지만, 이상적인 모델과 대조해볼 때, 확신성은 떨어진다(tentative)고 여겨졌

다. 이 연구의 결과는 불충분한 지원으로 인해, <초등 학습>과 <교사 실능> 연구의 결과보다는 확신성이 떨어졌다.

<미학적 학습> 프로젝트는, 순전히 이론적인 것이라, 겉으로만 보기에는 CEQRM이 부적절할 것 같았다. "인간의 미학적 학습이란 무엇인가?"라는 질문을 다룬다는 것은 특히나 복잡했다. 왜냐하면 미학적인 사고, 행동, 그리고 학습의 성질은 많은 사례에서 분리될 수 없을 정도로 서로 뒤얽혀있기 때문이다. 일반적인 분석 연구는 특정한 이론적 관점을 선택하는 것을 의미할 수 있을 테지만, 이 질문에 있어 필요했던 것은 가능한 한 편향이 적은 조사연구 방법이었다.

결과적으로는, CEQRM이 가장 가치 있는 것으로 판명되었다. 데이터는 문헌자료에서만 수집되었고, 뱅크 A1 - 미학적 사고 ; 뱅크 A2 — 미학적 행동 ; 뱅크 A3 — 미학적 학습으로 분류되었다. 데이터 뱅크 A3이 핵심이었고, 거기서 도출된 것들은 A1과 A2에서 도출된 것들과 비교하였다. 그 후에 데이터의 수집과 분석이 진행되었고, 뱅크 B(인터뷰), 뱅크 C(관찰)에서 도출물들이 발견되었다. 이 절차는 다음과 같은 효과가 있었다.

- 그것은 여러모로 대단히 많은 것을 알게 해주었다(revealing). 개인적인 데이터 뱅크들에서 도출된 내용 중에는 새로운 지식을 제공해준 것도 있었고, 이전의 지식을 확인해준 것도 있었다. 세 가지 데이터 뱅크에서 도출된 것들이 비교되었을 때, 주요 현안들에 새로운 빛이 던져졌다.
- 미학적인 생각-행동-학습은 체감 맥락 속에서 하나의 전체로서 경험되고, 추상적으로만 분리할 수 있는 것이기 때문에, 데이터 중 일부는 두 번 또는 세 번까지도 검토해야만 했었다. 이 점은 중간 규모 지원금의 1년 기한 연구에 압박이 되어, 최종 결과는 바람직할 수 있었던 시기보다 더 서둘러내게 되었다.

CEQRM은 고도로 복잡한 이론적 문제를 탐구하는 데 가치 있는 도구라고 할 만한 것이다. 그러나 그것은 시간이 오래 걸리는 것이라, 그만큼 복잡한 이론적 연구에는 일반적인 분석 방법을 사용하는 것이 더 낫다는 결론이 내려졌다.

비용

이미 지적했듯이, 이것은 CEQRM의 가장 큰 문제였다. 그것은 단도직입적인 기계적 연구보다 더 많은 사람의 시간이 수반된다. 이 문제에 대응하는 여러 가지 세부 고안 중에서 <교사 실능지> 연구에 대한 것만이, 이제까지, 노동집약성을 상당히 줄일 수 있는 것이었다. 데이터 뱅크 B와 C를 확보하기에 앞서, 잠정적으로 이상적인 질문 세트를 준비해, 그것들은 인터뷰 담당자와 관찰자들이 면밀하게 검토했다. 이 질문들을 특별히 현장에 적용하지는 않았지만, 인터뷰 담당자와 관찰자들은 핵심 질문들을 가장 크게 염두에 두고 있었고, 그 결과 후속 데이터들은 그 방향으로 더욱 집중되었다. 이미 언급했듯이, CEQRM의 노동 집약적인 성격을 줄이기 위한 다른 방법들이 지금 시도되고 있다.

과제 분석 개요

다음은 CEQRM에 수반된 과제들의 간단한 개요이다.

1. 조사연구 질문을 분석한다.

  - 질문을 조사연구에 적합하게 다듬는다(refine).

  - 질문을 적절한 기준이 드러나도록 다듬는다.

  - 질문할 적절한 맥락을 정한다.

2. 데이터 뱅크 A를 확보한다.

  - 문헌 조사에 [1]에서의 기준을 적용한다.

  - [1]에서의 기준에 뭔가 수정할 것들이 있는지를 포함해서 연구의 매개 변수들을 규명한다.

  - 조사연구에 필요한 도구(instrument)가 있으면 만든다.

3. 예비 연구를 수행한다.

  - 예비 연구(pilot study)에 그 도구를 적용해본다.

  - 그 결과 필요한 수정을 한다.

  - 만약 필요하다면 기준을 더 개선한다(refine).

4. 데이터 뱅크 B를 확보한다.

- 인터뷰 대상자들을 선택한다.

- 조사연구 도구를 대상들에 적용한다.

- 데이터 (되도록 녹음되고 이후 활자화된 것) 를 충분히 수집한다.

5. 데이터 뱅크 C를 확보한다.

- 관찰한다.

- 관찰한 것들을 기록한다.

6. 분석.

- 기준에 따라 데이터 뱅크 A, B, C를 분석한다.

- 세 가지 데이터 뱅크에서 나온 도출물들의 목록을 구분한다.

- 세 가지 도출물 목록을 비교한다.

- 세 가지 데이터 뱅크에 공통된 도출물 목록을 만든다.

7. 결과

- 조사연구 질문, 기준, 공통 도출물 목록과 연관 지어 결과를 작성한다. (그림 17 참조)

그림 17 CEQRM의 주요 과제들

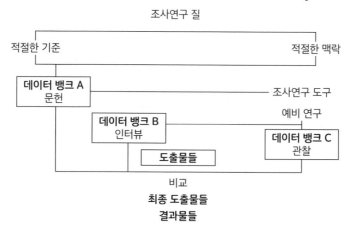

이 방법의 기본적 특성들

위 그림은 네 가지 프로젝트에 걸쳐 발전시켰던 CEQRM의 초기 접근법과 방법들을 나타낸다. 이것들이 후속 프로젝트들에 적용되고 다듬어져서 지금은 다음과 같은 기본적 특성들을 갖게 되었다고 말할 수 있다.

- 질적(*Qualitative*)이다 : 구체적인 사례 속에서, 감정을 포함한, 정성(定性)적인 면들(qualities)을 살펴본다.

- 맥락적(*contextual*)이다 : 특정한 맥락 속에서 사건들을 살펴본다.

- 참여적(*participatory*)이다 : 조사연구자가 조사 중인 사건에 포함되어 있다.

- 절충적(*eclectic*)이고 *가변적*(*variable*)이다 : 변화하는 여건에 따라 다른 다양한 (주로 정성적이지만, 필요한 경우 정량적이기도 한) 방법들과 기법들을 사용한다.

- 실효적(*practical*)이고 *외적 타당성*(*external validity*)이 있다 : 현실에 대한 논리적 타당성이 있는 그림(valid picture)으로서 의뢰자들(clients)을 만족시키고, 현장 사람들이 그 결과를 가지고 성공적으로 작업할 수 있다.

- 추론적(*inferential*)이다 : 다양한 종류의 증거에 관해 추론을 사용한다.

- 도출/현출(顯出)적(*emergent*)이다 : 데이터가 분석되어 주된 주제가 드러난다.

- 해석적(*interpretive*)이다 : 현실과 사회적 지식의 창조물로서 개인적 행동과 사회적 행동 양자를 모두 살펴본다.

- 예술적(*artistic*)이다 : 조사연구자들이 해당 문제들을 충분히 직관적(intuitive)이고 섬세하게(sensitive) 다룰 필요가 있다.

- 합리적(*rationally*) 객관성(*objective*)을 지닌다 : 구체적인 맥락 속에서 적절한 기준을 사용한다. 그러나, 동시에 상대적인 관점들과 현실의 복수성(plurality of realities)을 인정한다.

- 구조적(*structural*)이다 : 매체는 보통 상징적 상호작용론(symbolic interactionism)의 틀 속에서 의미를 전달하는 구조적 동태(dynamics)라고 가정한다.

- 상호 대화적(*dialogic*)이다 : 조사연구자와 대상들 사이에 진실한 나눔이 있고, 조사연구자는 대상자들은 그들이 있는 곳에서부터 조사연구 대상이 되기 시작된다고 인식한다.

- 개방적(*open-ended*)이다 : 가능한 한, 증거에 관해 미리 선입견을 품고 범주를 정해놓지 않는다.

- *비교한다(comparative)*: 한 세트의 데이터에서 도출된 것들을 다른 데이터에서 도출된 것들과 비교한다.
- *암묵적인 면(the tacit)을 받아들인다*: 명시적인 의미와 암묵적인 의미 양자의 타당성을 인정한다.
- *점진적, 논리적으로 분석적(analytic)이다*: 서술문으로부터, 경험적 일반화를 거쳐, 분석이 가능한 이론적 일반화까지 나아간다.

이 방법의 효용

CEQRM은 현실/실제(reality)의 정확한 그림을 제공해주는가, 그렇지 않은가? 외곬의 정량적 조사연구자들은 기계적 측정이란 척도에 근거하지 않았기 때문에 그렇지 않다고 할 것이다. 그러나, 두 종류의 조사 모두에 가치를 두는 사람들은 인간과 사회적 상황에 대한 실제적/실효적(practical) 현안을 다룰 때, 최종 질문은 '그것이 효용이 있는가(Does it work)?'라는 점을 이해할 것이다. CEQRM을 사용한 네 가지 연구는, 의뢰자들에게 높이 평가받아왔고, 현장에서 현업 종사자들(practitioners)이 아는 바대로 현실을 포착한 것이라고 인정받아 왔으며, 현업(practice)에 의미 있는 영향을 많이 미쳐왔다.

많은 것은 CEQRM이 현대 논리학에 의거한 것에 기인한다. "특정한 맥락 속에서의 적절한 기준"이라는 베스트의 격언에 따라, CEQRM은 합리적 객관성을 지닌다. 그러나 이 격언을 효과적인 조사 수단으로 변용하기 위해서는 지적 엄격성이 요구된다. 특정한 사건과 개별적인 여건 내에서 조리/합리(reason)를 따르는 상식적 기준들이 조사연구의 틀, 표본추출과 데이터/자료 수집, 분석의 방식과 도출물 창출, 그리고 각기 다른 도출물들의 비교에 사용되어 유용한 정보를 생산해내는 것이다.

CEQRM이 7년에 걸친 네 번의 연구에서 최종적으로 다듬어진 게 아니라는 건 놀랄 일이 아니다. 모든 좋은 정성(定性)적 도구들은 다듬어가는 데 시간이 걸린다. 게다가, 그것들은 지속적인 변화가 가능해야 실존의 유동성(the flux of existence)에 맞출 수 있다.

가장 관심을 끄는 것은 CEQRM의 범위가 확대될 가능성이다. 이 방법은 아주 구조적이어서, 적어도 추측 상으로는, 사회과학에 있는 모든 종류의 질문을 잘 다룰 수 있을지도 모른다. 이 방법은 이미 성공적으로 :

- 실제적인 사안과 이론적인 사안 모두를 다룬 바 있다.
- 방법론으로 근거 이론과 사례 연구를 사용하였다.

이 방법은 복잡한 변수들이 있는 많은 조사에서 적절한 방법론으로 증명될 가능성이 있다.

좋은 조사연구는 이러이러한 것은 어떤 특정한 경우의 사례라는 점을 말해준다. 그렇다고 해서 사람들의 시각이 꼭 바뀌는 것은 아니다. 그런 일이 일어나려면, 조사연구들이 **활용되어야** 한다. 하나 또는 그 이상의 조사연구에 근거해서, 교육의 이론과 실제에 변화가 일어나야 한다는 점을 사람들에게 이해 시키는 데에는 더 많은 조치가 필요하다.

결론

CEQRM은 특히 감정과 기타 암묵적인 질성(質性)들(qualities)을 포착한다. 예를 들면, 인터뷰 대상자의 응답에는 그 자신의 감정-맥락이 포함된다. 그러므로 비록 이것이 명시적이기보다는 암묵적일 수 있다 하더라도, 연구의 보고와 분석 단계에서 그 응답의 체감의미를 포함하려고 시도해야 한다.

이렇게 감정을 포함하는 것은 그 조사연구에 권위(authority)의 도장을 찍어준다. 그 연구가 직관적이고, 직접적인 경험에 기반하고 있다는 것을 입증해주는 것이다. 그러나 감정을 어느 정도 정확성을 가지고 전한다는 것은 조사연구자가 은유에 의존해야 한다는 것을 의미할 때가 많다. 이것은 두 가지 방법으로 이루어질 수 있다. 응답자들이 쓴 은유를 사용하고, 또 조사연구자의 은유를 사용해서 사건들에 대한 전체론적인(holistic) 서술을 제공하는 것이다.

이상에서 감정의 문제를 조사 연구하는 실효적인 방법 하나를 설명했으니, 이젠 계획하고 있는 또 하나의 방법으로 화두를 돌려볼 수 있겠다.

8장 감정과 전체론적 방법

극적 행동은, 감정에 기반하는 것으로, 전체론적(holistic)이다. 학교 교육에 대한 전체론적 접근에는 전체론적인 탐구 방법이 필요하다. 전체론을, 경험적으로든 선험적으로든, 종래의 방식들에 따라 처리한다는 것은 새 포도주를 오래된 병에 따르는 격이다. 전체론자들은 삶을 하나의 통일체(unity)로 인식하며 존재를 별개의 부분들로 쪼개지 않는다. 우주를 둘로 가르거나 양자택일의 이항 대립적 세계로 하락시킬 생각이 없다. 객관적인 것으로 주관적인 것에 반대하지도 않는다. 그들은 대립점들이 아니라 유사점들을 다룬다. 차이점들은 하나의 전체 속에 있는 대조(contrasts)나 한 연속체 상의 극(極)들로 여긴다.

전체론적(holism) 접근법이 선호되는 학문 분야에서, 종래의 방식이 아닌 탐구 방법은 이미 성공적이었음으로 증명되었다. 아마 가장 놀랄만한 것은 성서 역사 연구 분야에서, 구체적으로 제임스 W. 플래너건[1]이 다윗왕 역사의 탐구 모델로 홀로

---

1) 원주: 이 장은 James W. Flanagan의 David's Social Drama (Sheffield: Almond Press, 1988)에 크게 의존하고 있다. 그의 홀로그램에 대한 설명은 모범적이다. David Bohm, Wholeness and the Implicate Order (London: Routledge and Kegan Paul, 1980); Karl H. Pribram, Languages of the Brain (Englewood Cliffs, NJ: Prentice Hall, 1981)도 참조.

그램/입체기록[2]을 사용한 것일 것이다. 선입견에 빠진 성서 역사학자들은 이 홀로그램/입체기록 사용을 절충주의(eclectic)라고 흠잡으려 했었지만, 그것은 진정한 간학문적(間學問的 interdisciplinary) 연구였음이 밝혀졌다. 균형과 절제, 성찰을 가지고 여러 학문 분야를 한데 모아 사안을 단순히 일부분으로서가 아니라 총체적인 그림으로 보여줬던 것이다. 플래너건은 홀로그램/입체기록 방식을 사용하는 것은 부분적으로 부합되지 않는 여러 학문 분야의 정보와 이미지들을 고려하는 것을 의미한다고 말하는데, 그것은 많은 시행착오가 필요하다. 그 접근방식이 성공적일 때 이미지가 생성되고, 성공적이지 못할 때는 아무것도 볼 수 없게 되는 것이다.

교육에 대한 조사연구, 특히 교육연극(educational drama)의 탐구 모델로 홀로그램/입체기록 방식을 사용하면 비슷한 성공을 거둘 수 있을까? 과연 그럴 수 있을지를 알아보기 위해서 우리는 다음과 같이 해보려 한다.

- 성서 역사 연구에서의 홀로그램/입체기록 방식 사용을 드라마 교육과 교육과정에 사용하는 것의 이론적 가능성과 비교해본다.[3]
- 그 비교 결과를 교실 드라마 활동에서 발견되는 감정에 적용해본다.

모델로서의 홀로그램/입체기록

탐구를 하는 데 있어서 홀로그램/입체기록이 초점이 될 때, 그것은 모델이다. 교육과정 연구에서 모델을 사용해 "어떤 다른 사물이나 과정과 비슷하게 작용하는 실제 또는 상상의 과정, 또는 그 작용 이외에 어떤 측면에서 비슷한 과정을 나타내는 것"[4]은 이제 흔한 일이다. 모델은 유비(類比 analogy)와 연결되어 있다.

---

2) 홀로그램(hologram) - '완전함' 혹은 '전체'라는 뜻의 'holo'와 '기록'이라는 뜻의 'gram'이 합쳐진 말이다. 아직 흔히 쓰이는 우리말 역어가 없으나, 입체기록이란 말이 가장 적합해 보인다.
3) 원주: 두 분야가 크게 차이가 있다는 점은 유사점들이 있을 때 매우 중대한 의미가 있다는 점을 나타낸다.
4) 원주: Romano Harrè, The Philosophies of Science (Oxford: Oxford University Press, 1972), 174.

유비(類比 analogy)는 두 가지 존재물이나 과정, 또는 하고자 하는 것들 사이의 관계로, 그것을 통해 우리는 상대적으로 잘 모르는 그런 것 중 하나에 대해서, 다른 하나에 대해 알고 있는 것을 기반으로, 추론[5]을 내릴 수 있다. 만약 두 가지가 어떤 점들에서 비슷하다면, 우리는 합리적으로 다른 점들에서도 비슷할 것이라고 기대할 수 있는데, 물론 여전히 비슷하지 않은 다른 점들이 있을 수도 있다.[6]

비교의 전략과 그것을 운용하는 데 사용되는 기준들은 이런 노력에 기본적으로 수반된다.

그러나 모델 사용에 있어서 유의해야 할 점이 있는데, 어떤 모델과 그 관계항/참조 대상(referent)이 유비적(類比的 analogous)이라 하더라도, 유비(analogy)는 긍정적, 부정적 또는 중립적일 수 있다. 그러나 과학계에서 부정적인 유비는 (즉, 비교되는 것들이 얼마나 같지 않은지를) 식별해내는 게 가능하지 않을 수도 있다. 그러나 강한 부정적 유비가 긍정적, 중립적인 유비와 공존하는 경우에도, 그것은 여전히 유용하다. 그것은 그것을 모델로 삼는(modelled on) 점과는 다른 새로운 종류의 실체나 과정을 나타내는 것이지, 유비가 쓸모없거나 잘못된 것은 아니기 때문이다.[7]

이상적인 이론에는 이중의 유비/유추(analogy) — 모델(models)의 모델화(modelling)[8] — 가 가능한 모델이 포함될 것이다. 그런 두 단계 모델에서, 두 번째 단계는 동인(動因 causes)을 설명/기술하려는 것이다. 그것은 살펴보는 현상의 동인(動因)이라고 생각되는 어떤 가설적 메커니즘이다. 두 단계를 다 거치기 위해서

---

5) 이렇게 유비(類比)를 통해 추론하는 것을 유비추리(類比推理), 즉 유추(類推)라고 한다.

6) 원주: Harrè, The Philosophies of Science, 172. The model is homologous according to A.-J. Greimas, On Meaning: Selected Writings in Semiotic Theory, trans. Paul J. Perron and Frank H. Collins (Minneapolis: University of Minnesota Press, 1987).

7) 원주: Harrè, The Philosophies of Science, 174-5.

8) 여기에서 모델화(modelling)는 실현할 대상을 행동하기 전에 관념적으로 규정하는 것, 또는 실재하는 현상을 간단한 형태로 나타내어 이를 기술하거나 예측하기 위한 기법을 말한다. 서구의 현대 학문들이 견고하게 자리를 잡게 된 이유 중의 하나는 이런 모델화에 철저했기 때문이다.

는 "수련/내공이 쌓인(disciplined) 상상력"9]이 필요하다. 그러나 두 단계 모델이 적절할 수 있으려면 그것을 이용해 학문 분야들(disciplines)을 연결하는 간학문적 (interdisciplinary) 그물망(interdisciplinary matrix)을 만들어낼 수 있어야만 한다. 혹시 두 단계 모델이 실제적이지 않고 이상적인 것으로 남는다면, 그것은 탁상공론이 될 것이다. 교수(teaching), 학습(learning), 그리고 "커리킹(curricking)"10] (프로그램 개발) 은 본래 실제적인 활동이며, 그러기에, 두 단계 모델은 반드시 실용성(functional)이 유지되어야 한다.

모델화(Modelling) 이론은 종종 "검은 상자"와 "반투명 (또는 회색) 상자"라는 개념에 빗대어져 왔다. 검은 상자 이론에서, 상상의 상자는 그 안에서의 작용들이 보이지 않는다. 관찰자는 투입(inputs)과 산출(output)을 볼 수 있긴 하지만, 투입을 산출로 바꾸는 정신적 활동에 관해 가설을 세울 수 있을 뿐이다. 예컨대, 행태심리학자들(behaviourist)의 관점에서, 검은 상자 이론의 위치는 경험 속에서 행태를 살펴보는 것과 비슷하다. 그 두 가지는 관찰할 수 있는 것만을 다루며, 그러기에 전체론적이지 않다.

대조적으로, 회색 상자 이론은 시스템의 특성을 설명하고, 투입과 산출 간의 연결고리들(links)을 규명하려고 한다.11] 플래너건12]에 따르면, 성서 역사 탐구에서 이것들은 정확하게 에드먼드 리치13]가 고고학 (검은 상자) 과 인류학 (회색 상자) 의 속성으로 언급하는 과제들이다. 교육에 대한 조사에서, 이것들은 "경성(硬性)적

9) 원주: Harrè, The Philosophies of Science, 179-80.

10) curricking - 교육과정(curriculum)이란 말을 동사적으로 인식하는 개념어로, 이런 개념은 1970년대부터 있었으나, 오늘날 교육과정 학자 Ted Aoki나 Richard Courtney 같은 학자들이 곧잘 쓰는 말이다. currick이란 말이 원래 경계 표시나 전망대용으로 쌓아놓은 돌무더기를 가리키던 말이기도 해서, 여러 가지 요소들이 한데 융합 운용되는(run along together) 새로운 프로그램을 만들어내는 것의 은유로도 적절해 보여 쓴 말이 아닐까 생각된다.

11) 원주: Mario A. Bunge, "Phenomenological Theories," in The Critical Approach to Science and Philosophy, ed. Mario A. Bunge (New York/London: Free Press/Collier-Macmillan, 1964), 236.

12) 원주: Flanagan, David's Social Drama, 26.

13) 원주: Edmund Leach, "Against Genres," in Structuralist Interpretations of Biblical Myth, ed. Edmund Leach and D. Alan Aycock (Cambridge: Cambridge University Press, 1983), 89-112.

(hard)" (검은 상자) 방법론과 "연성(軟性)적(soft)" (회색 상자) 방법론에 해당한다. 둘 중 한 가지나 둘 다의 적절한 사용은 묻는 질문의 특성에 달려있다.

우리가 논하고 있는 종류의 교육과 교육과정 탐구에서, 다음과 같은 두 종류의 모델이 사용될 수 있다.

- 홀로그래피/입체기록술적인 것(The holographic)

  홀로그램/입체기록(holograms)과 같이, 조사에 도움이 되는 모델들 (즉, 방법의 모델들)은 조사연구가 계획되고 실현되는 방식의 얼개(designs)다. 그것들은 조사연구의 화두(topic)가 어떻게 구성되고, 다뤄지는지를 명시적으로 드러내 준다.

- 전체론적인 것(The holistic)

  한 사회의 그 자체에 대한 이해인 모델은 행위자 또는 관찰자의 정신적 구성개념(mental constructs)이거나 둘 다의 정신적 구성개념일 수 있다. 사람들의 개념, 이성/조리(reason), 그리고 자신들의 행동들과 그것들이 일어나는 세계에 대한 설명은 전체론적인 것으로 간주되며, 감정을 포함한다.

전체론과 사회적 세계들

전체론과 모델화는 사회적 세계들의 이론과 밀접하게 관련되어 있다. 이 점은 성서 역사 연구에서 다음과 같이 언급된 바 있다.

사회적 세계 연구들은 통상적인 의미로 볼 때 단일한 방법이나 이론을 제공하지 않는다. 그것들은 [성서 역사 연구에서] 표준 성서 연구방법론, 인류학, 그리고 비교 사회학에 의존하기에 방법론적 순수성을 허용하지 않는 방식으로 파생적, 절충주의적이 된다. 그것들은 한 가지 접근법 — 실은 여러 가지 접근법 — 으로 이뤄진다. 이런 접근법들은 고대의 물적, 문헌적 자료에 숨어있거나 간과되었던 정보를 밝혀내는 것을 추구한다. 이는, 사실상, 그것들이 가설을 마련하려고 노력하고, 알고 있는 바가 적은 고대 사회를 더 잘 알려진 고대 및 현대 사회들에서 나온 비교 정보를 가지고 조명함으로써 이해하려고 노력하는 것을 의미한다.[14]

마찬가지로, 교육 사회 (교실, 학교, 지역공동체) 에 관한 이해도 비슷한 접근법으로 조사된 비슷한 생태환경의 다른 사회들에 대한 민속연구들(ethnologies)과 문화기술/민속지들(ethnographies)에 기반을 두고 있다. 그것들은 그 틀(framework)에 감정과 시간(과정, 동적 양태, 변환, 그리고 변형/변태)과 공간 (정적인 현상) 의 기준들을 포함하고 있어서 특히 전체론적이다. 그리고 각각의 사회는 독특한 것으로 간주된다.[15]

이런 접근법은 특히 경계의 문턱에 있는/임계(臨界)적인 것들(the liminal) — 정적인 상태나 신분 사이에 존재하는 감정의 흐름, 구조들 사이의 동적 양태(dynamics) — 을 목표로 한다.[16] 그래서, 예컨대, 입문 의식 (이론적으로 모든 학습 행위의 원형) 에서, 입문자는 아동기에서 문턱 단계(liminality)를 거쳐 성인기로 — 즉, 한때 유행가에서 사춘기에 관해 "나는 꼭 중간에 끼어있어요(I'm just an in-between)."라고 했던 것처럼 — 체감과 변이를 둘 다 겪는다. 현시대의 조사에서, 이런 연구들은 상상력(imagination)을 촉발하고, 추측(speculation)과 직관(intuition)의 정밀도를 조절하고(control), 반성적 성찰(reflection)과 감정 이해를 도야(陶冶 discipline)한다.[17]

성서 역사 연구에서, 전체론적 연구는 역사 지식은 상상력을 요하면서도 수련/내공이 쌓인(disciplined) 상상력을 요하고, 비판적 사고는 고고학, 문학, 그리고 비-

---

14) 원주: Flanagan, David's Social Drama, 72.

15) 원주: 그러나 비교를 하면서 인간 행태의 일관성에 기대와 의심 두 가지를 다 갖는 실용주의(pragmatism)와 실증주의(positivism)가 주입될 수 있다.

16) 원주: 이 점은 나의 Drama and Intelligence: A Cognitive Theory (Montresl: McGill-Queen's University Press, 1990) 곳곳에서 논한 바 있다. Victor W. Turner, "Social Dramas and Stories about Time," Critical Inquiry, 7 (1980): 141-68도 참조.

17) 원주: John M. Ziman, Reliable Knowledge (Cambridge: Cambridge University Press, 1978), 185.

전체론적 관점에서는 무모하다고 생각되는 리치(Leach) 같은 학자들의 문화 교차적/범문화적 비교들(cross-cultural comparisons)의 통합에 도움을 받아 자의성(恣意性)이 덜해진다(less arbitrary)는 전제를 깔고 있다.[18] 교육 분야의 전체론자들은 표본들 사이의 긍정적이지도 부정적이지도 않은 상관관계들이 두 집단이 잘 어울리는지 아닌지 하는 "증거"를 구성한다는 점을 알고 있다. 전체론과 사회적 세계 연구는 과거*에 대한(of)* 이미지와 과거*에서 온(from)* 이미지 간에 ― 성서 역사 연구의 경우, 문헌과 고고학 정보원(情報源) 간에, 그리고 고대의 자료와 현대 사회에 기반한 해석 간에 ― 구분을 둔다. 교육과 교육과정의 경우에는 그 구분이 문헌자료와 최근의 연구자료 간에 두어질 것이다.

전체론적 접근법과 사회적 세계 접근법은 (드라마 접근법을 포함해서) 밀접하게 관련된 다음 두 가지 면에서 이전의 탐구들과는 궤를 달리한다.

- 추리(reasoning) 상의 상동성(相同性 homologies)과 유사성(analogues)을 인정한다.
  러셀과 비트겐슈타인 이후로는, 아리스토텔레스의 논리적 방법만 유일하게 인정되는 것이 아니다.[19] 예컨대, 가설(hypotheses)은 비교 정보를 근거로 형성되고, 데이터/자료를 적절하게 해석하기 위한 노력으로 사용된다.[20] 오늘날, 해석(interpretations)은 개연성 있는 설명을 제공하고, 더 깊은 성찰로 이끌며, 지속적인 재검토(revision)를 받는 가설로 여겨진다.

이와 똑같은 제시가 일상생활에서 우리의 행동을 밑받침하는 실제적인 가설에서 이뤄진다. 우리는 적절하게 행동하기 위해, 하나의 총체적인 작용 속에서, "만약 ~라면 어떨까(what if)?"하는 양식 (상상/심상화) 으로 생각하고 "마치 ~인 것처럼(as

---

18) 원주: Leach, "Against Genres."

19) 원주: Courtney, Drama and Intelligence, 140-3.

20) 원주: 여기서 "참되게(truly)"나 "올바르게(correctly)"가 아닌 "적절하게(adequately)"란 말이 쓰인 것은 전체론자들의 해석은 객관적으로 검증 가능한 주장이 아니기 때문이다.

if"하는 양식 (놀이와 극적 행동) 으로 행동한다.[21] 우리는 암묵적인 가설을 통해, 즉흥적으로 고객이나 변호사, 부모나 어린이의 역할을 한다. 우리는 우리의 사고와 행위들을 시험해 본다(try out). 그것들이 효과적이지 않으면, 개연성이 없는 것이고, 효과적이라면 개연성이 있는 것으로 더 깊은 성찰을 거치며 꾸준히 재검토될 수 있다.

- 경계의 문턱에 있는/임계(臨界)적인 것들(the liminal)은 함의돼 있어도 관찰되지 않은 채 지나갈 수 있다.

  과거의 사회적 세계에 대한 텍스트와 서술, 증언은, 부분적이고 파편적인 정보원(情報源)이면서도, 사회적 세계들 전체의 산물이며 각각의 세계 안에 약호화/코드화되어 (encoded) 있다. 조사연구자들은 그런 과거의 전체론적 체감 이미지를 부분적 정보에 근거해 재구성하고자 한다.

이렇게, 그 자료원(資料源)들은 관찰자와 관찰되는 것 사이에 있다. 관찰자 역시 감정을 내포할 수 있다. 가령, 성서 역사 연구에서, 윌슨은 자료원(資料源)들을 과거에 놓고, 독자들을 성서 텍스트로부터 떼어놓는 역사의 간극(gap)을 언급할 때 그 문제의 중요성을 축소해서 말한다.[22] 하지만, 교육 탐구에서처럼, 조사자들을 자료원(資料源)들로부터 떼어놓고, 자료원(資料源)들과 그것들이 표상(represent)하는 사회들 사이에 존재하는 간극들(gaps)이 있다. 이런 의미에서, 빈포드가 시사한 바처럼[23], 과거의 자료원(資料源)들은 현대적인 현상들이다. 그리고 최근 시대의 교육 조사 데이터 역시 그렇게, 감정 데이터를 내포하고 있으며, 그것들은 과거의 관점들을 묘사하지만, 현재시제에서 그 관점들을 사용하는 것이다.

---

21) 원주: Otto Weininger, "'What if' and 'As if': Imagination and Pretend Play in Early Childhood," in Imagination and Education, ed. Kieran Egan and Dan Nadaner (New York: Teachers' College Press, 1988), 141-52.

22) 원주: Robert R. Wilson, Sociological Approaches to the Old Testament (Philadelphia: Fortress, 1984), 4.

23) 원주: Lewis R. Binford, For Theory Building (New York: Academic Press, 1977).

탐구에 임하는 태도

우리는 이론적으로 교육과정과 교육 조사에 대해 가능한 의제들(agenda)을 다음과 같이 외삽(外揷)추정(extrapolate)[24]할 수 있다.

- 관찰자의 관념, 감정, 관점, 시각은 그들이 사용하는 자료원(資料源)들과는 구별되며, 그 자료원들은 단지 부분적인 정보원(情報源)일 뿐이다.

- 이전 조사연구에서의 사건들의 이미지는 가설이며, 지속적인 재검토 대상이다. 비교 정보는 새로운 열림과 정확도 조정의 여지를 제공한다.[25]

- 모델화(modelling), 유비(analogy), 그리고 은유(metaphor)는 중심 관심사가 되고, 그 각각은 감정과 연관되어 있어 다의성/모호성(ambiguity)을 함의할 수 있다. 조사의 초점은 세부 사항들로부터 거시-규모들 그리고 체감-전체들로 옮겨간다. 이런 것들은 한편으로 관찰자의 모델들, 열망들, 그리고 행동들을, 다른 한편으로 그것들을 연구하는 학문들을 연결하는 관계를 검토한다. 모델화, 유비, 그리고 은유는 전체론과 홀로그램의 비교 형식에 들어맞는 하나의 체감-비교(felt-comparison)에 기반한다.

- 교육적 맥락의 사회적 세계는 교육 탐구의 대상이 된다. 선행 연구들은 재창조된다. 연구자들이 이전의 부분적 정보들에서 발견한 결과들이 미학적(aesthetic), 정동(情動)적 (affective)으로 재구성되는 것이다.

성서 역사 연구에서, 사회적 세계를 평하는 사람들은, 서로 연결되지만 구별되는 두 종류의 (물적, 문헌적) 자료원(資料源)을 사용하는데, 그 각각은 지금은 단편적으로만 보이는 요소들에 의해 형성된 것이다. 고대 종교가 자리 잡았던 사회적 세계는 당장 관찰할 수 없는 것으로, 자료원(資料源)들 "너머에(beyond)" 있다. 개별적으로든 공동으로든, 어떤 종류의 자료원(資料源)도 명시해주지 않으며, 그것이 고대 종교가 자취를 남긴 유일한 매체도 아니다. 종교는 고대 사회에서 생겨났고, 고대 사회에 영향을 받았고, 고대 사회를 형성하기도 했었다. 그것은 직접적인 관찰을 피하지만, 고대의 영토/영역들을 하나로 모으고 서로 다른 사람들을 연결했었다. 그래서,

---

24) 243쪽 역주 61) 참조.

25) 원주: 존재론적, 인식론적 문제들이 남지만, 정보 범주들의 조합은 그 조합들을 명확히 해주어, 그것들을 다룰 수 있게 해 준다.

우리는 가능한 모든 정보를 통해 종교에 대한 이해를 끌어내려고 애쓰는 것이다.

교육과정 탐구자들에게도 두 종류의 자료원(資料源) — 문헌 (과거) 과 현재 사건들의 관찰(들) — 이 있다. 전자는, 감정을 포함해서, 여러 가지 요소들의 조합으로 이뤄져 있는데, 그것은 지금은 조사자에게 부분적으로밖에 보이지 않는다. 교수/학습 행위가 문헌으로 보고됐던 과거의 사회적 세계는 당장 관찰할 수 없다. 그것은 그 자료원(資料源)이 보고하는 세계 (과거) 이기 때문이다. 그 자료원(資料源)이 다르에스살람[26]이나 다카르[27], 보스턴이나 디트로이트에서 있었던 교육적 사건에 대해 보고한다고 하더라도, 그것은 조사자가 존재하는 곳 (말하자면, 1994년 토론토) 과는 다른 사회에 의해 형성된 것이다. 그래서, 오늘날의 조사자들은 사용 가능한 모든 정보로부터 이해를 끌어내려고 애쓰는 것이다.

홀로그래피/입체기록술

자발적 드라마와 감정에 관한 전체론적 연구를 위해 모델을 개발하려면, 우리는 정보를 분류하고, 재통합해서 한 사건의 정확한 서술 — 예를 들면, 온타리오에서의 특정 프로그램에 대한 평가 — 을 위한 수단들을 찾아봐야 한다. 이를 위하여, 우리는 홀로그램과 홀로그래피 기술(technology of holography), 기존의 조사연구에서 사용된 이론들과 방법들, 그리고 제의 드라마 및 발달연극학 연구들을 함께 활용한다. 그렇게 하는 단계들은 다음과 같다.

- 홀로그래피/입체기록술(holography)가 어떤 것인지 기술해보고, 그것들로부터 조사연구 질문을 다루기 위해 사용되는 은유와 모델을 빌려온다.
- 인류학자들이 대립이 아닌 대조로 사용하는 존재론적 범주에 따라 정보를 구분한다.
- 기술에 기반하는 통합적인 사회적 세계 연구를 위한 홀로그램적/입체기록적 모델을 고안한다.

---

26) 아프리카 동부 탄자니아의 수도.
27) 서아프리카 서쪽 끝 세네갈의 수도.

조사연구가 전체론적이라면, 그 모델이 감정을 포함할 것은 자명하다.

홀로그래피/홀로그램 기술(holography)는 레이저에 기반한, 무진동(vibration-free) 기술이다. 그것은 불투명하거나 투명한 판 위에 시각 정보를 인코딩(encoding)해서 마치 그 물체/대상가 거기에 있는 것처럼 3차원 이미지가 재구성될 수 있도록 한다.[28] 그 이미지는 판(板)의 뒤에서도 앞에서도 공간에 떠 있는 것처럼 보인다. 그 물체/대상 전체가 홀로그램으로 재생되지만, 그 판에는 단지 부분적인 정보만 인코딩되어있다. 그 부분 정보로부터, 홀로그램이 조명을 받을 때 물체/대상 전체가 다시 나타나 보이는 것이다.[29]

전체-부분의 유비(類比)들

홀로그래피/입체기록술(holography)는 부분-전체의 관계들 속에 있으며, 일상극적 행위에서의 지적 사고에도 있다.[30] 부분-전체의 관계는 감정에 의해 생성되기에, 홀로그래피는 이 책에 직접적인 영향을 미친다. 그 기술은 전체론적(holistic) 조사연구에 유용한 유비/유추들(analogies)을 제공한다. 그것은 사회적 세계가 전체-부분으로 구성되어 있기 때문이다.

---

28) 원주: 레이저 광선은 간섭성이 높은(highly coherent) 단색 방사선이자, 단일 위상의 광선이다. 그것은 "광(光) 분리기(beam splitter)"라는 반투과성 거울을 통과할 때 둘로 분할된다. 여러 개의 필터, 거울, 발산 렌즈를 이용해서, 그 분할된 두 광선이 하나의 판 위로 향하게 한다: [1] 물체광(object beam)은 피사체로부터 분산되어 나오는데, 그 광파(光波)들은 피사체의 윤곽에 의해 부분적으로 위상차가 생긴 채(out of phase)로 투사된다. [2] 참조광(reference beam)는 변함없이, 원래의 위상을 지닌 채(in phase)로 직접 판 위에 떨어진다. 그 분광의 파형들은 간섭을 일으켜 일부는 간섭이 일어나고 일부는 간섭이 일어나지 않은 마루와 골을 지닌 하나의 파면(波面)을 만들어낸다. 소위 보강 간섭(constructive interference)과 상쇄 간섭(destructive interference)을 일으킨 간섭무늬들(fringe patterns)이 인코딩된 것이다. 그 판(홀로그램)이 조명 광선을 받을 때, 그 무늬 - 와 그러니까 그 피사체의 이미지(역시 홀로그램이라 불린다) - 가 재구성된다. Nils Abramson, *The Making and Evaluation of Holograms* (New York: Academic Press, 1981); Graham Saxby, *Holograms* (New York: Focal Press, 1980); Joseph E. Kasper and Steven A. Feller, *The Hologram Book* (Englewood Cliffs, NJ: Prentiece-Hall, 1985) 참조.

29) 원주: 물체광과 참조광의 가간섭성(可干涉性)은 부분적일 수밖에 없다. 두 광선의 마루와 골이 완전히 합치되거나 완전히 불합치된다면, 아무런 간섭무늬도, 따라서 아무런 이미지도 인코딩되지 않으므로 아무것도 재구성될 수 없다.

30) 원주: Courtney, Drama and Intelligence, 4-7.

- 홀로그램의 인코딩과 조명 과정상의 단계들은, 홀로그램 이미지와 마찬가지로, 사회적 세계에 접근하는 한 방법의 여러 양상에 대한 은유이고 모델이다.
- 홀로그래피는 한 사회적 세계의 과정적이고 체감적인 관계들의 은유이다. 그래서 은유의 관계 이론이 적용된다. 은유는 두 가지 이상의 단순한 비교를 수반한다. 어떤 두 가지 항목 내의 동적 양태들이 서로 연관되고, 여러 가지 관계들의 조합이 은유로 끌어내지고 조명되는 것이다.

사회적 세계의 구성 요소는 이론적으로 그림18과 같이, 배타적이지 않은 세 가지 분류군으로 구분할 수 있다. 그러나 이런 개인적, 매개적(mediate), 사회적 요소들은, 어떤 의미에서는, 한 사회적 세계의 표면일 뿐이다. 그 세계를 둘러싼/에 대한 (about) 정보를 제공해주는 것이다. 이런 구성 요소들은 탐구자들이 찾는 실효적이고, 의미 있는 "세계"가 아니다. 그러나, 이런 세계의 발견은 그림19에 함의되어 있다.[31]

그림 18 한 사회적 세계의 표면적 구성 요소

[A] 내부 [B] 매체(Media) [C] 외부	생각, 의견, 열망, 그리고 동기들 물리적, 물질적 자원들 사회적 규범들과 체계들	개인적 매개적(Mediate) 사회적

그림 18의 표면을 벗겨내고 그림 19에 있는 이런 현상들의 한복판을 들여다보게 되면 그 사회적 세계에서 찾을 수 있는 깊은 체감-의미들이 드러난다.

- 구성 요소들 사이의 동적 관계들은 감정을 이용해 부분-전체로서의 의미를 만들어낸다.
- 감정들이 지닌 의미들(정서적-미학적 구조들)은 인지적인 것들(the cognitive)보다 앞선다.
- 과정적 의미들은 후속 결과들(consequences)과 생성물들(products)보다 앞선다. 중점은 공간-시간의 통일체(unity) 내에서 시간에 주어진다. 가령, "지금 여기(here and now)" 안에서, "지금(now)"이 초점이 되는 것이다.

---

31) 원주: 내 동료 David E. Hunt 박사가 해준 말들에 감사드린다. 그것들이 이 그림을 풍부하게 해주었다.

그림19 한 사회적 세계의 복합적 구성 요소

[A] 내부	생각, 의견, 열망, 그리고 동기들 ↕ 상상, 세계관	개인적
[B] 매체	물리적, 물질적 자원들 ↕ 개인이 생각해낸 관념/이념적(ideational)인 것	매개적
[C] 외부	사회적 규범들과 체계들 ↕ 개인적 규범들	사회적

과거와 현재에 미치는 영향들

그러나, 의미를 찾아내는 것은 관련 문헌을 재검토(review)할 때 더욱 복잡해진다. 과거의 의미들은 현재 속에서 복원할 수 있고, 현행의 조사연구에서 얻는 의미와 어느 정도는 비슷하다.

이전의 교육 조사연구는, 지금은 과거 시제로 보이는, 사건들을 묘사하는데, 그 전체 의미는 **당시에** 존재했었고, 거기엔 그 구성 요소들의 어느 한 시점에서의 특정한 관계가 수반된다. 그러나 **지금은** 그 이전 시점의 표의성/의미성(significance) 일부는 사라졌다. 그것은 그것이 영향을 끼친 결과들(effects)과 그것들 사이의 관계를 통해서만 알 수 있다. 그것들이 담고 있는 과거에 대한 정보는 우리가 이전의 의미를 인식하려고 시도할 때 연구될 수 있다. 그러나, 과거와 그 의미는 완전히 복원될 수 없기 때문에, 그런 인식들은 가설이거나 가설적 재구성이다.

즉, 이전의 연구들은 발견한 결과물들(findings)을 보여줘 왔고 오늘날의 교육 조사연구자들은 그것들을 이용해서 그런 일들이 일어나도록 하려는 것이다. 그러나 **지금의** 학자들과 조사연구자들은 **그 당시에** 작동했던 과정들과 요소들 사이의 연관들(connections)이 지닌 실제들(realities)을 찾는다. 그것들은 문헌 뒤에 숨어있는 내용이며, "누가 무엇을 하였는가?"와 "무슨 일이 일어났는가?"와 같은 질문들이 지향하는 바다. 그 장면을 재구성하고, 그 사회적 맥락과 규범들을 이해하고자 하는 것은, 이른바 "사실(facts)"을 소유하려는 것이다. 그러나, "사실들 (facts)" 그 자체는 조사연구자들이 저 너머까지 닿아야만 이해할 수 있는 데이터/ 자료들(data)이다. 이전 탐구자들의 생각과 진술을 뛰어넘어 꿰뚫어 보기 위해서 는, 한 사회적 세계 속의 연결고리들과 과정들에 천착(穿鑿)해야 한다. 그것들 각각 은 과거다. 역사이자, 홀로그램/입체기록인 것이다. 플래너건의 말에 따르면, 역사 는 홀로그램이다.

이것은 현재시제에 일어나는 연구에도 적용된다. 탐구자는 아마 (관찰 등을 통해) 현재시제의 제1일, 제2일, 제3일 등의 데이터/자료를 모을 것이다. 이것은 그 사람 이 제10일, 제11일, 제12일 등에 데이터를 다루고 결론을 내리려고 할 때 과거시제로 변환된다. 제11일에 탐구자는 제2일에 무슨 일이 있었는지를 질문할 수도 있다. 그 래서, 여기서 사용하는 관점으로 보면, 교육과 교육과정에 대한 조사연구는 하나의 홀로그램이다. 교육 상황에 대해 한 연구자가 묘사한 그림들은 과거의 의미들을 재 구성한다는 점에서 홀로그램들이다. 그것들은 "사실"을 발견하려는 노력 이상이다. 무대, 장면, 감정, 그리고 진술들은 다음 두 가지 이유로 중요하다. 그것들은 정보를 전달하며 특정 시점에 서로 특별한 관계가 있는 것이다.

관계들의 재구성과 그것들이 의미하는 것 ― 결과들과 생성물들에 관한 지식 이 상의 것 ― 은 전체론적 관점의 초점을 구성한다. 전체론자들은 과거에 존재했던 홀 로그램들을 찾고, 과거의 홀로그램들을 제공한다 ― 그러나 그들이 그것들을 창조 할 때 그 홀로그램들은 현재시제로 존재한다.

전체론적 연구 설계의 모델은 바로 홀로그래피/입체기록술(holography)의 기술 적 과정들이다. 예를 들면, 성서 역사 연구 분야에서, 이것은 다음의 사용을 포함한다.

- 문헌과 고고학적 원리들로 고대 유물들 속에 담긴 정보를 검토한다.
- 비교사회학에서 얻은 정보로 고대의 정보, 그리고 개별적인 정보원(情報源)들 사이의 관계 들을 조명한다.

비슷한 방법으로, 교육과정학 분야에서는 그 자체와 다른 교육 분야들(교육심리학, 교육사회학 등)을 활용해서, 데이터/자료들 그리고 개별적인 정보원(情報源)들 사이의 관계들을 조명한다.[32]

그 과정적 순서는 **은유 – 모델 – 은유**가 된다. 이렇게 성서역사학자들은 고대의 한 사회적 세계에서 그 사회적 세계에 관한 연구로, 또 거기서 고대의 한 사회적 세계에 대한 이미지로 옮겨간다. 교육과정 조사연구자들은 이전의 연구(먼 과거)로부터 자신들의 사회적 세계(현재)에 관한 연구로, **그 당시(then)** 존재했던 자신들의 사회적 세계(직전의 과거)에 대한 이미지로 옮겨간다. 두 가지 경우 모두, 과거는 홀로그램이고, 연구 얼개는 홀로그램 기술(holography)을 모델로 삼는(modelled on) 것이며, 과거의 이미지는 홀로그램이다. 그리고 그 순서는 내용(과 은유)에서 학문(과 모델)으로, 내용(과 은유)으로 이동한다.

관계들과 기술(Technology)

홀로그램의 네 가지 기술적 양상들은 은유들과 모델 안에 있는 항목(items)들의 순서와 관계들을 이해하는 데 중요하다. 그 각각은 홀로그램화되는 대상, 홀로그램 판(板), 그리고 홀로그램 이미지에 이어지는 전체-부분-전체 현상과 연관되어 있다.

- *홀로그램은 전체 대상들을 인코딩해 담은 부분적인 정보로 그 대상 전체의 이미지들이 재구성될 수 있게 한다.*
  - *사회적 세계들 전체는 단편적인 자료원(資料源)들 속에, 그리고 비교들을 통해 "기억되어" 있다.*
  - *한 세계의 다차원적 이미지들은 부분적인 정보에서 재구성된다.*

정보의 패턴이 과거 자료원들(sources)의 재구성을 가능하고 필연적인 것으로 만든다.[33]

---

32) 원주: 이런 종류의 조사연구 전략들은 그 역순으로도 가능하다. 마스터 홀로그램에서 홀로그램을 만드는 과정 (사진 음화 필름에서 복제물들을 만드는 과정과 기능적으로 동일) 역시 특정 학문 분야들의 연구를 조합해 간학문적(間學問的) 연구로 만드는 데에 필요한 두 단계 과정의 모델로 이용될 수 있다.

33) 원주: 그런 패턴이 없다면, 교육 조사연구들은 아는 것이 거의 없게 되어, 단순한 한 자료원을 신뢰할

자료원들을 통합하고 나누는 정보 패턴이 조명될 때, 실체 같고(lifelike) 전체론적인 (holistic) "이미지들"이 창조된다. 이것들은, 홀로그램처럼, 부분적으로만 서로 간섭/결부되는(coherent) 자료원(資料源)들에서 나온 부분적인 정보로부터 재구성된다.

- 홀로그램은 홀로그램 판에 있는 각각의 부분들로 재구성된 전체 이미지를 제공한다.[34] 그 효과는 셔터에 의해 부분적으로 가려진 창문을 통해 보는 것과 같다. 창문에서 멀리 떨어져 보는 사람들은 창문에 의해 틀 지어진 그 장면의 부분만을 볼 뿐이다. 가까이 다가감으로써 그들은 시각을 넓히고 마치 창문의 셔터가 열린 것처럼 전체 장면을 보게 된다. 가까이 갈 수록, 그들의 조망은 더 넓어진다. 홀로그램에서, 원래의 이미지 전체는 각 부분 안에 있고, 각각의 조각으로부터 재구성될 수 있다. 그 판이 나누어져 전체 장면에 접근할 수 없게 되면, 그 조망이 사라진다.

이런 기법을 채택한 성서역사학자들은 부분적 정보로부터 재구성된 전체론적 이미지를 얻는다. 더 많은 정보를 입수할 수 있다면, 연구의 전체 틀을 버리게 되는 일이 거의 없다. 일반적으로 이미지를 명확하게 해주거나, 놓친 시각들을 보강해 주는 이 기법은 교육에서도 마찬가지다. 비유적으로 말해서 과거로 통하는 창의 크기를 확대해주는 것이다.[35]

그 관계의 세 번째, 네 번째 양상들은 이미지의 질과 관계된다.

- 홀로그램에서, 이미지는 실제적(real)이면서도 손에 잡히지 않는다(elusive). 그것을 보는 이들은 사진 이미지를 인화지에서 볼 때처럼 홀로그램 판에서 이미지를 보지 않는다. 홀로 그램에서는, 보는 이들이 사실상 판을 보거나 그 표면에서 어떤 것을 보는 게 아니다.[36] 그들은 대상의 이미지 (사진의 경우 그러하듯) 라기보다는 "원래의" 빛을 본다.[37] 달리 말하자면,

---

수밖에 없게 되거나, 단순히 자료원(資料源)들을 부연 설명 - 다시 단일한 한 자료원을 신뢰 - 함으로써 이전의 해석들을 받아들이고 싶은 마음이 강해지게 될 것이다.

34) 원주: 피사체로부터의 각각의 광점(光點)이 판의 전 표면에 걸쳐 퍼져있기 때문에, 판이 부서지거나 갈라질 때, 각각의 부분들은 전체 이미지를 담고 있긴 하지만, 더 큰 판에 담겨있던 시각들은 부족해진다.

35) 원주: 아무런 새로운 정보가 발견되지 않을 때도 유비는 적절하다. 왜냐하면 보는 이들이 셔터가 쳐진 창이나 작은 홀로그램을 통해 보는 것처럼, 조사연구자들도 더 큰 시계(視界)를 얻기 위해 끊임없이 정보의 한계를 넘어 들여다보려고 하기 때문이다.

36) 원주: 조명 빛살이 판에 인코딩된 간섭무늬를 때리면, 그 빛살은 원래의 광파(光波) 중 하나를 재구성하는데, 보통 물체광이다.

37) 원주: 이는 조명 빛살이 재구성한 빛이 물체에서 회절(回折)/분산돼 나왔던 실재 빛이기 때문이다.

보는 이들이 그 대상 그 자체가 "마치" 거기 있는 것 "처럼(as if)" 보는 것이다. 그 대상은 현존하지 않지만, 3차원의 방식으로, 있는 것 *같이 보인다(seems)*. 그 이미지는 풍부하고 강렬하면서도, 동시에 떨어져 있고 손에 잡히지 않는다. *실제적인 것과 허구적인 것*이라는 상반된 느낌이 들게 하는 것이다.[38]

이런 정보의 확장과 다차원성은 성서 역사와의 또 다른 유비성(類比性 analogy)을 낳는다. 자료원들(sources)에 인코딩/약호화된(encoded) 고대의 사회적 세계에 대한 정보가 자료원들(資料源) 전체 "차원(plane)"에 걸쳐(across) 전체론적으로(holistically) 확장된다. 리치가 텍스트들에 대해 펼치는 주장 역시 그렇다.[39] 고고학적 유물유적에서도 마찬가지인 것은 각각의 인공유물(artifact), 유형(typology), 또는 유적지(site)가 사회적 세계 전체를 다양한 정도의 명확성으로 표상하는 면이 있기 때문이다.

교육 조사연구에서, 부분적인 정보원(情報源)들은 다양한 분야에서 나오면서, 그 각각이 전체론적인 데이터를 포함하고 있지만, 그 각각은 감정의 영향력에도 불구하고, 대체로 제한된 시각을 제공할 뿐이다.

과거 교육 조사연구의 이미지들은 조명될 때까지는 "거기에 없다(not there)". 전체론에서, 그 빛은 다양한 학문에서 나온 비교 모델들로 구성되어 있다. 이것들은 정보원(情報源)들의 안과 사이에 인코딩된 것들과 비슷한 관계들을 내포하고 있다. 언어로 된(verbal) 주장들과 조사연구 정보 사이의 "간극들(gaps)"에서도 그 나름의 이야기들이 나온다. 그것들이 다른 맥락들에서 유사한 점들이 있으며, 과거의 정보 자료에 남아있는 패턴들을 조명하는 데 사용될 수 있는 것이다. 재구성된 이미지는 보는 이들이 과거에 보았을 이미지인 것 같이 보인다. 그러나 그들의 시계(視界 view)는 비교가 없었다면 알아채지 못했을 관계들을 인지하는 능력에 달려 있다. 조명되는 것은 정보이자 또 그만큼의 관계인 것이다. 과거의 연구들에서 나온 데이터/자료는 홀로그램 같이 해석할 수 있다.

---

38) 원주: 실재적인 것 - 따뜻함, 아름다움, 진동, 차원성/입체성, 연접성. 허구적인 것 - 손에 닿지 않음(inaccessibility), 초경험적임(beyond), "여기 있으면서도 여기 있지 않음(here and non-here)."

39) 원주: Leach, "Against Genres," 98.

간학문(間學問)적(interdisciplinary) 모델

간학문적 조사연구를 위한 홀로그래픽/입체기록술적 모델을 찾기를 원할 때, 우리는 앞에서 간단히 거론했었던 검은 상자, 회색 상자, 그리고 두 단계 모델화로 돌아가 봐야 한다.

성서 역사 연구에서의 사례들

로버트 윌슨의 계보도(genealogies) 분석은 검은 상자와 회색 상자의 위계화(位階化)된 모델화 사례로 해석될 수 있다.[40] 그는 성서 계보도 안에서의 패턴들, 모순, 그리고 일관성 부재를 보여주는데, 이와 함께, 다른 고대 사회들에서 보이는 계보도를 병치시키며 그 속의 패턴들을 보여준다. 이 모델에서, 윌슨은 그 패턴들이 서로 유비(類比)적(analogous)이라고 주장한다. 성서 밖 모델 집단들에서의 사회적 조직들과 과정들이 그 집단들의 패턴들을 만들어낸 점을 규명하면서, 비슷한 사회적 과정들이 성서 계보도 내의 패턴들을 만들어냈다고 가정하는 것이다. 윌슨은 형식과 과정의 차이가 조사자들이 얼마나 원인 설명에 다가갈 수 있게 해주는지를 보여준다. 그러나 거기에는 결점이 있다. 윌슨은 비교적 다른 것과 얽혀있지 않은 성서적 제재(題材)들을 사용하며, 세 개 이상이 아니라 단지 두 가지 학문으로부터만 정보를 끌어오고, 물적, 문헌적 자료원(資料源)들 사이의 관계들에 대한 문제나 사회과학이 직면하고 있는 인식론적 사안들은 다루지 않는 것이다.

성서 역사 연구에서의 두 번째 사례는 G.E. 라이트가 한 연구다.[41] 그는 문헌 분석을 첫 번째 단계로 배치하고, 두 번째 단계로는 고고학을 통해 고대의 생태환경을 규명했다. 안정적인 (생태학적) 정보와 매우 가변적인 (개념적인) 정보를 혼합함으

---

40) 원주: Robert Wilson, "The Old Testament Genealogies in Recent Research," Journal of Biblical Literature, 94 (1975): 169-89. Robert Wilson, Genealogy and History in the Ancient World (New Haven: Yale University Press, 1977); Robert Wilson, Sociological Approaches to the Old Testament (Philadelphia: Fortress Press, 1984).

41) 원주: G.E. Wright, "What Archeology Can and Cannot Do," in The Biblical Archeologist Reader IV, ed. E.F. Campbell and D.N. Freedman ([1971]; Sheffield: Almond Press, 1983), 65-72.

로써, 그는 고고학을 텍스트 해석에 이용했다는 비판에 노출되었다. 플래너건은 만약 라이트가 탐구의 순서를 반대로 했다면, 문헌 정보를 회색 상자로 사용했을지도 모르며, 그랬다면 고고학이 기존에 규명한 검은 상자에 관한 개연성 있는 해석들을 제공할 수 있었을 것이라고 말했다. 그가 회색 상자 이론을 일정한 역사 연구 사례에 적용했더라면, 사례를 구축하기 전까지 고대 문헌이나 고대 사회들로부터 얼마든지 많은 수의 해석들을 시도해 볼 수 있었을 것이다. 대부분의 고고학적 보고서에서의 – 문헌과 기록물 정보가 먼저고, 물적 정보는 두 번째인 – 제시 순서는 동일하게 반대로 되어있는 면이 있다.

교육

이런 두 가지 사례가 교육과 교육과정 연구에 시사하는 바는 다음과 같다.

- 회색 상자 이론은 일정한 인류학 연구에 적용할 수 있다.
- 이는 다른 연구들에서 형성된 검은 상자 이론에 관한 개연성 있는 해석을 제공해 줄 수 있다.
- 모델들의 조합에 기초하거나, 부정적 유비를 통해 그것들로부터 그리고 대상들의 차이점들로부터 새롭게 구성해서 연구 사례를 구축할 수 있다.[42]

정말로 간학문적인 교육 및 교육과정 연구는 다음 두 단계의 모델이 필요하다.

- 1단계: 각 학문에서 사용된 데이터/자료를 수집하고 해석하기 위한 모델

합성된 홀로그램/입체기록 이미지들이 하나의 마스터 홀로그램으로부터 복합적으로 노출되는 것들로 만들어지거나 동시에 노출되는 여러 가지 마스터 홀로그램으로부터 만들어진다.

---

42) 원주: 두 가지 정보원(情報源))들만 사용한 윌슨과 라이트(주 39, 40 참조)의 사례들. 세 번째 것을 추가하면 [a] 두 가지 옛 자료원들 사이와 [b] 옛 자료원들과 외래의 (옛것이든 최신의 것이든) 자료원들 사이의 관계들을 둘 다 검토해본 뒤라야만 [c] 개연성 있는 자연스러운 설명을 제공할 수 있다. 교육 조사연구에서 [a]와 [b]를 성취하기 위해서는, 홀로그램/입체기록술(holography)의 도움을 구하거나, 아니면 아래와 같이 제의학과 발달연극학에 의존해볼 수 있다.

• 2단계 : 1단계 정보를 통합하기 위한 모델

합성된 홀로그램/입체기록을 만들기 위해, 여러 개의 1단계 마스터 홀로그램들이 동시에 또는 순차적으로 조명된다. 세 가지 (또는 최소 두 가지) 대상에서 나오는 빛(object beam 홀로그램 기술 용어로는 물체광[43])으로 마스터 홀로그램 이미지들이 투사되고, 그것들과 참조광(reference beam)이 간섭을 일으켜 두 번째로 생성되거나 이중 노출되는 홀로그램을 만들어낸다.[44]

전체론적 연구에서 가능한 사례들은 예상될 수 있다. 예컨대, 읽기(reading)의 경우, 읽기를 배우는 6세 어린이들의 읽기 학습에 대한 실증적/경험적(empirical) 연구와 그 연령대 사회가 아는 언어에 관한 통계적 정보는 읽기 능력에 관한 대조적인 이미지를 보여준다. 그 두 가지는, 논리적 근거가 되면서도(valid) 각기 별개인(separate) 자료원(資料源)들에 근거를 두고 있다. 그러나 이 두 이미지는 함께 어우러져, 그 안의 두 요소가 보는 이들의 시각에 따라 달리 보이는 합성 이미지를 창조해 낼 수 있다. 보는 이들이 두 가지 이미지를 다 볼 수 있는 곳에 서 있을 때, 읽기의 세 번째 이미지가 나타나 보인다. 어느 한쪽 이미지가 다른 한쪽 이미지와 정합(整合)/간섭(coherent)되도록 맞추다 보면 데이터가 왜곡되고, 읽기에 대한 시각이 제한되며, 자료원들 너머에서 보이는 "진짜" 합성된 이미지가 잘 안 보인다. 그래서 이미지 간의 관계들은 조명을 받게 될 때, 홀로그램/입체기록을 읽는 것을 흥미롭고 사실적인 것으로 만든다.

이런 예에서, 실증적이고, 통계적인 자료원들 그리고 또 다른 자료원들은 각각 따

---

43) 본문에서의 object beam은 object가 (연구) 대상을 가리키는 말이기 때문에 말을 풀어서 옮겼으며, 혼선을 피하고자 원래 홀로그램 기술 용어로는 물체광이란 점을 역자가 주석으로 삽입하였다.

44) 원주: 레이저 광선은 셋 이상의 부분들 - 즉, 최소 두 개의 물체광과 하나의 참조광 - 로 갈라진다. 그러나 물체로부터 분산돼나오는 대신에, 물체광들은 마스터 홀로그램을 통과하면서 참조광이 그것들과 간섭을 일으키는 판 위에 깊이가 역전된(pseudoscopic) 이미지를 투영한다. 마스터/원판에서 나온 그 깊이 역전 이미지는 합성된 정보의 부분들로서 인코딩되어있다. 그 합성된 홀로그램이 조명 빛살을 받으면, 보는 사람들이 둘 중 하나나 둘 다의 이미지 - 실제로 둘 다의 합성물 - 를 볼 수 있고, 그것들은 시야의 각도, 즉 시각에 따라 달리 보인다. 이미지들을 부가적으로 더 만들어내는 것은 그 이미지를 분류하고 보기 위해서 컴퓨터 분석과 기능향상이 필요할 복잡한 합성으로 이어질 것이다.

로따로 이미지를 형성한다. 전체론적 연구는 홀로그램/입체기록적으로 인식할 수 있는 여러 가지 학문에 선택적으로 접근한다. 예를 들어, 읽기의 심리학이 그러하다. 그런 연구들은 독립적인 분야나 그 하위 분야들에서 일어난다. 그런 연구의 결론들은, 비교의 방법들에 의해 통합되지 않으면 각각 개별적으로만 타당성을 지니게 된다. 그러나 이런 연구는 교육과정의 홀로그램/입체기록을 만드는 첫 번째 단계로 이해할 수 있다. 개별 학문의 "마스터 원판들(master templates)"이 처음 만들어지고, 그다음 이차적으로 합성된 간학문적 홀로그램/입체기록을 만드는 데 이용되는 것이다.

비교들은 첫 번째 단계인 해당 학문(disciplinary) 단계에서도 이뤄질 수 있다. 사실, 학문들은 간학문적(interdisciplinary)이 되려고 할 때가 많지만, 실제로는 간학문적이라기보다는 교차학문적/범학문적(cross-disciplinary)이다. 학문들은 자체적인 특정한 모델들에 따라 정보를 수집하고, 그 모델을 체계적으로 해석하며, 사회적 과정들에 대해 추론한다. 학문들을 적절히 조합하는 조사연구는 새로운 정보를 축적하는 것보다는, 통합하고 조명하고 해석하는 것에 더 직접적인 관심을 둔다. 간학문적 (홀로그래피적) 모델은 각 학문에서 통용되는 가설들과 정보를 통합해서, 전체론적인 — 가령 읽기에 대한 — 가설 (홀로그램) 을 만들어내는 데 목표를 둔다. 당연히, 간학문적 모델들은 그 사용하는 학문들에 의존한다.

우리가 교육에서 정말 간학문적인 연구를 (각 학문 내의 정보와 그 정보의 통합을 위한) 두 단계 모델로 추진한다면, 각각의 학문은 자기 발견적(heuristic)인 것이 된다. 이미지를 자료원 너머에 위치시킴으로써, 문자 그대로의 해석을 피하고, 정보는 해석과 구별된다. 부분적이거나 불완전한 자료원들도 사용될 수 있는데, 그건 그 이미지들이 그것들의 속성으로 인식되고, 최종적인 재구성물들(definitive reconstructions)과는 혼동되지 않기 때문이다. 더 나아가, 복합적인 "이야기"나 "역사"가 생겨날 수도 있는데, 그건 이미지들이 조사자들의 시각에 좌우되기 때문이다.

움직이는 홀로그램(mobile holograms)

"이야기", "역사", 그리고 교육적 사건들은 과정적인 데 반해, 홀로그램은 본질적으로 정적(靜的)인[45] 이미지다. 그 차이를 보충하기 위해, 모델을 일종의 움직이는 홀로그램이라고 가상해보는(envisage) 것이 도움이 된다. 극적 행위(dramatic actions)와 제의(rituals)는 이런 목적에 쓰일 수 있다.

데이비드 봄

데이비드 봄의 이론적 제안 중에는 구조와 동적 양태를 연결하는 가설적인 홀로무브먼트(holomovement)[46]를 포함해서, 실제(reality)의 정적(靜的) 요소와 과정적 요소를 다루는 것들도 있다.[47] 홀로그램 연구의 리더 중 하나인 봄은, 수 세대에 걸쳐 성서 역사 연구와 교육 두 분야에서 모두 고민해왔던 시공간적 데카르트 좌표계(cartesian-grid)[48] 문제를 직접 겨냥한다. 봄은 다음과 같이 말한다.

> 과학의 법칙과 이론은 제한된 영역 내에서 어느 정도의 근사치까지만 들어맞는 추상적이고 이상화된 것이다. 과학적 진보는 어떤 절대적 진리에 통달하는 것과 동일시되는 것이 아니라 새로운 이론의 제안에 있는데, 그것은 근본적으로 새로운 개념적 틀에 기반할 때가 많고, 그 틀은 이전 이론의 한계점을 드러내고, 새로운 종류의 실험을 제안하면서, 새로운 타당성(relevance)의 기준을 확립한다.[49]

---

45) 동적인 홀로그램이 개발되기 이전에 쓰였다는 점을 참작해야 할 것이다.

46) 홀로무브먼트(holomovement) - 봄은 매 순간 살아 숨 쉬는 역동적인 우주(holographic space)의 성질을 홀로그램이라는 정지된 이미지를 나타내는 단어가 제대로 나타낼 수 없다고 보고, 우주를 홀로그램보다는 홀로무브먼트(holomovement)로 묘사하기를 더 좋아한다고 한다.

47) David Bohm, The Special Theory of Relativity (New York: W.A. Benjamin, 1965); Bohm, Wholeness and the Implicate Order.

48) 데카르트 좌표계(cartesian-grid) - 데카르트가 만들어낸 직각 좌표계. 어느 날 데카르트가 침대에 앉아 있다가 천장에 파리가 날아다니는 것을 보고 파리의 위치를 어떻게 나타낼까 생각했는데 이때 마침 천장의 모양이 격자(grid) 모양이라 데카르트가 오늘날 수학에서 쓰이는 좌표계를 생각해냈다고 전해진다.

49) 원주: David Bohm, quoted in Martin Curd, review of Bohm, Wholeness and the Implicate Order, in Physics Today, 34 (1981): 58.

봄은 같은 종류의 질서가 우주 전체에 배어 있다고 믿는다. 내포돼있던(implied) 질서가 (유기체에 주입된 염료처럼) 형식/형상(form)을 갖춰 나오게 되면, 암묵적인 질서는 외현적(explicit)인 것이 된다.

암묵적(tacit)인 질서와 현시적/명시적(manifest)인 질서는 같은 것의 다른 표현들이다. 그 질서는 존재하지만, "보일(seen)" 수도 있고, 그렇지 않을 수도 있는 것이다. 내현적(implicit)인 질서는 우리가 보고 확인하는 외현적(explicit) 질서의 기반이다. 암묵적인 질서는 부분들로 구성되어 있지 않다. *우리가 "부분(parts)"이라고 부르는 것도 질서로, 사물들은 그것으로 서로를 "감싸 안는다"*. 이런 개념은 많은 전체론적인 생각들을 밑받침한다. 예컨대, 인식론에서 내현적인 지식은 외현적인 지식의 기반이 되는 것이다.[50]

봄은 두 번째 유비(類比 analogy)를 홀로그래피/입체기록술(holography)[51]에서 차용한다. 과학을 사진술에 맞대어 비교하는 것은 부분과 부분 간의 관계를 그릇되게 강조한다. 과학을 "사진 촬영(photographing)"으로 보는 것은 세부적 "사실들"의 축적을 과장하는 일인 것이다. 이는 사람들이 훨씬 더 작은 부분들을 관찰하기 위해 더 형상이 잘 보이게 하는(figurative) 렌즈를 찾도록 오도(誤導)한다. 어떤 현상 전체에 관한 훨씬 더 광대한 지식을 얻을 수 있다고 믿게 하는 것이다. 이론적으로 이는 우주와 인간이 기계라는 데카르트적 관점에서 생겨난다.

봄은 홀로그램이 부분 *내에(within)* 전체 이미지들을 담고 있다는 점을 밝힌다. 그것들은 암묵적인 질서와 외현적인 질서들 사이의 동적(動的) 관계, 즉 과정과 그 현시(顯示) 사이의 동적 양태(dynamics)를 보여주는 모델이다. 그는 그 동적 양태를 "무브먼트(movement)"라고 부르고, 홀로무브먼트(holomovement), 홀로플럭스(holoflux) 그리고 무브먼트 사진(photograph of movement)[52]이라고 언급

---

50) 원주: Michael Polanyi, Personal Knowledge (New York: Harper and Row, 1962).
51) 홀로그래피(holography) - 3차원적 영상 기록법, 레이저 광선을 이용한 입체사진(hologram)을 만드는 기술.
52) 봄이 movement(움직임), flux(흐름)과 같은 말을 쓰는 것은 모든 것은 과정(process)과 변성(becoming)

함으로써 형상화(imagery)를 확장한다.[53] 봄을 따르는 교육 조사연구자들은 구조나 지식 등보다는 동적 양태를 찾고자 한다.

봄도 파동 이론(wave theory)을 사용한다. 파동은 그 안에 암묵적으로 감싸져 있는(enfolded) 다양한 질서들을 전달하면서, 외현적인 질서 안에서 펼쳐진다(unfolded). 우주의 모든 움직임(과정)은 우리가 보는 세상에서 외현화되는 암묵적인 질서 (형식) 를 전달한다. 역사와 사건들은 그저 작은 파문(ripples)에 불과하고, 그 파문의 의미는 그 이면에 있는 것에 달려있다.[54]

봄은 부분/전체의 유비(類比)를 무의식/의식의 관계로 확장한다. 즉, 후자는 전자의 암묵적 질서가 외현적으로 현시된 것이다.[55] 인식(perception)은 어떤 환경의 비교적 꾸준한 특징들이 추상화되어 기억과 지도를 만들어내는 방식과 비교될 수 있다. 그것들이 불변의 것들을 선택하고 축적했다가 나중의 인식에 영향을 미치는 데 쓰이는 것이다. 그래서 지도제작자들은 길의 커브를 기록하면서도 가변적인 것(예를 들면 콘크리트 균열)은 기록하지 않는다. 그런 것들은 변하기 쉽고, 그런 유형의 인식을 더 해봐야 아무 쓸모도 없을 것이기 때문이다.

봄의 주장에 따르면, 만약 우리가 아는 어떤 사람을 알아보지 못한다면, 그것은 그 개인이 환상이라서 그렇다거나, "거기 없는(out there)" 다른 어떤 것 때문이 아니다. 그것은, 기억 속에 저장된 옛 지도와 그 사람의 현재 모습 간의 관계와 관련된 문제 때문이다. 그냥 개별적인 부분들과의 관련성이 아니라, 전체와의 관련성이 없어진 것이다.

　의 상태에 있다는 전체론적인 생각을 반영한 것이다.

53)　원주: Bohm, Wholeness and the Implicate Order, 150-7.

54)　원주: Bohm, Wholeness and the Implicate Order, 150-7.

55)　원주: Bohm, Wholeness and the Implicate Order, 210.

제의(Ritual)

상당히 비슷한 것으로, 플래너건은 한 사회의 제의들이, 봄이 물리적 실재들에 대한 과학적 인식 속에서 말했던 관계 중 많은 것들을 포함하고 있다는 점을 시사한다. 여기서, 플래너건은 빅터 W. 터너[56]와 같은 동시대 사회인류학자들의 연구 결과들을 사용하는데, 터너는 제의가 다음과 같다고 밝힌 바 있다.

- 원초적인 사회적 행동
- 근본적인 사회적 변화를 위한 은유와 감정
- 인간관계들의 규율 장치(regulator)

제의는 기저를 이루는 사회적 표현, 감정, 구조와 과정 등을 내포하고 현시하는데, 그런 것들은 사회적 행위들 속에서 — 특히 제의와 같은 원초적 행동들 속에서 — 펼쳐지고 가시화된다. 이는 많은 학문 분야의 제의학자/의례연구자들(ritologists)도 — 예컨대, 교육에서는 맥라렌이 — 상정(想定)하는 점이다.[57]

제의는 어떤 사회에서든 초점이 된다. 이는 전통적 문화 (가령, 출생, 입문, 결혼 그리고 죽음의 제의/의례들) 에서 분명해 보인다. 즉, 현대 후기 산업 도시의 수많은 단편적 제의 (예컨대, 다리 개통, 학위 수여식) 에서는 덜 분명해 보일 수 있는 것이다. 제의는 다음과 같은 양태로 사회적 지표들(indicators)과의 관계들 속에 자리를 잡고, 그 관계들을 약호화하고 드러내며, 그 관계들에 영향을 미친다.

- 규범적(canonical) (전통적인) 기표(signifiers)와 지표적(indexical) (현재의) 기표로서
- 신분의 역전과 상승 (공시적 관계들) 그리고 사회적 변화(통시적 관계들)로서
- 체감되는(felt) 믿음(beliefs)과 행위(actions)로서

---

56) 원주: Turner, "Social Dramas."
57) 원주: Peter L. McLaren, Schooling as a Ritual Performance (London: Routledge and Kegan Paul, 1983).

제의는 홀로그램/입체기록들로서 작동한다. 전체의 의미를 전달하는 부분들인 것이다. 그것들은 "제어할 수 없고, 모호하거나 아니면 위험한 국면(局面)들"을 효과적으로 재정비하는, "제어할 수 있고, 모호하지 않으며, 질서 정연한 행동 양식들"이다.[58] 제의는 대우주적(macrocosmic) 변화 과정의 축소판/소우주(microcosms)이다. 그것은, 외현적인 질서의 암묵적인 형식(forms)인 동시에 암묵적인 질서의 외현적인 형상(forms)이다. 즉 사회 내 구조와 과정을 드러낼/노출할(expose) 뿐만 아니라 압축해 담기(encapsulate)도 하는 것이다. 우리의 모델에서, 홀로무브먼트(holomovement)와 제의는 홀로그래피/입체기록술에 관한 이해를 돕는 단계에 속한다.

자발적 극적 행위

제의는 극적 행위(dramatic action)의 일종이다. (그림1 참조) 제의와 같이, *극적 행동들은 전체의 의미를 전달하는 부분들이다.* 이는 모든 극적 행동들의 *내부에서 (within)* 그렇다.

대조적으로, 발달연극학(developmental drama)은 자발적인 극적 행위(spontaneous dramatic action)의 개인적, 사회적, 문화적 발달들을 *둘러싼 것에 대한(about)* 것이다. 그 연구들에는 일상생활에서의 역할 놀이와 즉흥적 행위, 축제(festivity), 어린이들의 놀이, 그리고 교육연극이 포함된다.[59] 이런 활동들은 또 한 사회 내의 기능적인 연행으로서 ─ 제의로서, 무대극(theatre)으로서, 혹은 한 공동체 전체를 내포하는 "사회적 드라마" (가령, 국가적인 선거나 혁명, 지역 행사, 파업)로서 ─ 결정화(結晶化 crystalized)될 수도 있다. 이런 차이를 검토하는 한 가지 방법은 과정과 형식의 대조를 통한 것이다. 자발적인 극적 행위는 과정적인(process) 활동인 반면, 제의와 무대극(theatre)은 형식(form)이다. *자발적인 극적 행동들은*

58) 원주: Terence S. Turner, "Transformation, Hierarchy, and Transcendence: A Reformulation of Van Gennep's model of the Structure of Rites of Passage," in Secular Ritual, ed. Sally F. Moore and Barbara G. Meyerhoff (Amsterdam: Van Goprcum, 1977), 60.

59) 원주: Richard Courtney, Dictionary of Developmental Drama (Springfield, Ill.: Charles C. Thomas, 1987).

모든 유형의 조사연구와 탐구에서의 홀로그램이 전달하는 것과 똑같은 전체론적 기능을 실생활 속에서 전달하고 있다.

빅터 W. 터너는 사회적 드라마 내에 속하는 제의를 텍스트가 생산되는 배경(settings)이라는 점을 보여준다. 이런 텍스트들은 사회적 세계 안에 있는 긴장, 경계상의 문턱 상태/임계상태(liminalities), 드라마를 인코딩/약호화(encode)한다. 동시에, 로이 A. 라파포트가 보여주듯이[60], 제의는 텍스트 속에 인코딩되었다가 조사연구 중에 복원되는 정적(靜的) 정보 속에 내재해있는, 이전의 암묵적인 과정들을 드러낸다. 제임스 W. 플래너건은 제의는 삶의 축소판/소우주(microcosms)이자, 홀로무브먼트(holomovement)로 제의 집행자는 거기서 홀로그램이라고 말한다.

발달연극학 연구들은 이에 일반적으로 동의하면서도, 제의 집행자들뿐만 아니라 **모든 인간 연행자들이 자신들이 전달하는 의미의 홀로그램**이라는 점을 표명한다. 그들이 전달하는 의미 간의 차이는, 슈퍼마켓에서 일상적인 쇼핑을 하는 사람의 역할에서부터 몽환 상태에 빠진 사람의 역할까지, 역할이 상정(想定)되는 정도에 달려있다.[61] 모든 인간 행위는 외현적으로든 내현적으로든 **극적(dramatic)**이라는 것과, "의상을 입은 연희자(costumed player)"가 사회적 삶을 살아가는 인간의 행동을 상징한다는 것은 이 분야에서는 기본이다.[62] 우리는 "의상을 입은 연희자"로서, 우리 삶의 모든 (소우주로서의) 행동에 존재의 의미 (대우주) 를 압축해 담는다. 말하자면, 우리가 **하는(do)** 모든 것이 홀로그램으로서 기능하는 것이다.

우리는 이 현안을 제의에서뿐만 아니라 여러 가지 다른 면에서도 다음과 같이 약술할 수 있다.

---

60) 원주: Roy A. Rappaport, Pigs for Ancestors (repr, New Haven: Yale University Press, 1984), 299-496.

61) 원주: Richard Courtney, Play, Drama and Thought: The Intellectual Background to Dramtic Education (4th rev. ed. Toronto: Simon and Pierre, [1968], 1989). 171-3.

62) 원주: David W. Booth and Alistair Martin-Smith, eds., Re-Cognizing Richard Courtney: Selected Papers in Drama and Education (Markham, Ont.: Pembroke Press, 1989), 192-200.

- 교육연극(educational drama)에서

  - 즉흥극을 하는 학생들은 회색 상자에 해당한다.
  - 내용(스토리)은 학문 분야의 검은 상자에 해당한다. (예를 들어, 콜럼버스에 기반한 즉흥극에 쓰일 역사)
  - 두 단계 모델은 위와 같이 회색 상자와 검은 상자를 사용한다.

- 즉흥극 공연(improvised theatre)에서

  - 즉흥극을 하는 행위자/배우(actors)들은 회색 상자에 해당한다.
  - 내용과 주제는 학문 분야의 검은 상자에 해당한다. (예를 들어, 맥베스 이야기와 권력욕이라는 주제)
  - 두 단계 모델은 위와 같이 회색 상자와 검은 상자를 사용한다.

- 교육과정 개발에서

  - 교육과정 현업에 종사하는 사람들 ("커리커들(currickers)") 은 회색 상자가 해당하는 일상 행위를 즉흥으로 한다.
  - (여러 학문 분야에서 나올) 내용은 검은 상자에 해당한다.
  - 두 단계 모델은 위와 같이 회색 상자와 검은 상자를 사용한다.

달리 말해, 자발적 극적 행위가 현업(practice)에서 작동하는 방식은 홀로그램/입체기록이 조사연구와 탐구에서 작동하는 것과 거의 같다.[63]

결론

우리는 감정과 자발적 드라마의 문제들을 다룰 때 어떤 조사연구 방법을 사용하느냐는 질문으로 이 장을 시작했었다. 우리가 어떤 실제적인 조사연구 상황에서든, 조사되는 극적 맥락 속의 본질적인 의미를 적절하게 반영하는 방법론이 필

---

63) 원주: 전체론적 연구들과 그것들의 변별점은 홀로그램 기술(holography)에서의 광분리기(beam splitters)처럼 작동한다. 영역들(domains)은 구분되어 명료해질 수 있고 궁극적으로 다른 관계들에 따라 재통합될 수 있다. 결국, 그 새로운 관계들은 각기 다른 전체론적 이미지들을 보도록 조명될 수 있다.

요한 건 명확한 일이다. 이 장에서 우리는 전체론(holism)과 홀로그램/입체기록
(hologram)을 그런 연구 방법으로 고려해보았다.

　연희자(player)의 세계는 "지금 여기(here and now)"의 흐름(flux) 속에 존재한
다. 그것은 조사자들(investigators) 마음속의 인상과는 언제나 구별된다. 연희자
는 현재시제 속에서(in) "알고" 느낀다. 조사자는 과거 시제 속에서 같은 사건**들을
둘러싸고/에 대해서**(about) "알고" 느낀다. 전자에 대한 후자의 이미지는 홀로그램
이자 홀로무브먼트, 즉, 조사자들이 그 사건 안에 있다면 볼/알(see) 수 있는 삶에
대한 합리적 이미지들이다. 그러나, 연희자와 조사자 양자가 "알고" 느끼는 것은, 각
기 다른 방식으로, 전체이면서 또한 전체 중 일부분들이다.

　여기서 사용된 모델들에서, 텍스트 연구들은 주로 개념의 영역에서 나오는 과거
의 정보들을 담당한다. 역으로, 살아있는 드라마 과정은 행위의 영역을 담당한다.
비교에 의한 상대적 관계들은 두 영역과 그것들 뒤에 있는 세계들과의 만남을 조명
해준다. 전체론적인 탐구자들의 작업에는 감정과 생각 — 과거의 사람들이 생각하
고 느끼고 말하고 있었던 것, 또는 그들이 생각하고 느끼고 말한다고 다른 사람들
이 주장하고 있었던 것 — 이 반영된다.

　교육과 교육과정에 관한 연구에서, 1단계 모델은 사건들의 현상들을 **비교의 목
적으로** 분류한다. 이원론적인 대립(opposites)으로 구분하는 게 아니라 전체성 속
에 존재하는 대조(contrasts)로 구분하는 것이다. 그래서, 어떤 분석이든 보통 완
전히 별개인 범주들 사이에 있지는 않다. 어떤 현상을 보이는 집단들은 종종 다
른 집단들과 겹치는 것으로 보인다. 학문에서 우선하는 사항들은 데이터/자료들
이 가장 직접적으로 초점을 맞추는 현상들, 제재들, 주제들의 **새로운 현출/부각
(emergence)에** 따라 확인될 수 있다. 이것을 인지함으로써, 조사자들은 많은 중요
한 문제들을 재정렬(realign)하기 시작한다.

　홀로그래피적/입체기록술적(holographic) 모델로 구조화된, 해당 학문 단계와
이후의 간학문적 단계는 한 학문이 다른 학문을 존중할 수 있게 해 준다. 각각의 학

문은 그 나름의 정보를 해석하고 나름의 시각으로 본 대로 데이터에 관한 개연성 있는 설명을 제공한다. 나중에 그런 "마스터 원판들(master templates)" (해당 학문의 이미지들) 은, 이차적인 간학문 연구 단계에서 비교되고 조합될 때 통합되고 재해석된다. 행위자(actors)가 아닌 조사자(investigators)들의 모델은 그 모델과 행위자들의 세계에 대한 개연성 있는 홀로그램/입체기록을 만들기 위해 재정비, 재구성될 것이다.

교육과정의 측면에서, 첫 번째와 두 번째 단계의 구분은 실효적(practical)이다. 조사연구자들이 자신들의 시각을 공통된 틀에 억지로 끼워 맞추지 않고도 감정에 관한 정보를 포함해서 진행할 수 있게 되는 것이다. 연희자(player)는 홀로그램*이고(is)*, 인간 연희자에 관한 연구 (발달연극학) 는 홀로그래피/입체기록술적(holographic)이다. 탐구를 두 개 이상의 학문을 통합하는 연구로 파악함으로써, 연구자들은 인위적 혹은 기계적으로 모든 데이터/자료를 다 "부합(match)"하게 만들 필요가 없어진다. 그러나 간학문적 접근이 학문을 옥죄는 구속복이 아니라 하더라도, 그것은 특별한 학문적 통합 — 그 일부는 감정의 통합 — 을 필요로 한다. 그래서, 예컨대, "교육연극은 3학년 학생들의 읽기 능력을 향상시키는가?"라는 조사연구 질문에는 학습 이론, 읽기 그리고 교육연극으로부터의 학문적 증거들이 필요할지도 모르는데, 그 각각에 접근할 때 통합이 필요하기는 하지만, 세 가지 분야에서 나오는 모든 자료가 다 꼭 "부합(match)"해야 할 필요는 없다.

이론적으로, 홀로그램은 교육을 연구하는 전체론자들에게 매우 유용할 수 있다는 점을 제시했다. 그 방법은 정말 간학문적인 연구다. 탐구의 초점에 관한 전체적인 그림을 제공하면서, 학문들을 한데 모아 절제와 균형과 성찰을 가지도록 하는 것이다. 홀로그램을 사용한다는 것은 여러 학문에서 부분적으로 부합되지 않는 정보와 이미지들도 참작한다는 것을 의미한다. 다른 많은 조사연구 유형과 다르게, 그것은 감정에 관한 데이터를 통합한다. 그래서, 홀로그램/입체기록을 만드는 것은, 교육 조사연구에서, 특히 교육과정 탐구에서 전체론적인 탐구를 위한 성공적인 전략이 되리라고 전망할 수 있다.

9장 인문과학으로서의 드라마

서두

극적 행동(dramatic act)은 탐구(inquiry)의 한 형태다. 인간 연희자(player)가 작동하는 방식은 과학적(scientific)이다. 행동이 가설(hypothesis)이기 때문이다. 허구를 사용해 실재를 시험해본다는 점에서 삼단논법의 서두를 닮은 것이다. 그러나 그것이 연희자에게는 귀납적인 힘도 지닌다. 역할이 성공적일수록, 더 진전될 가능성이 있는 것이다.

그러나, 현재시제 속에서의 연희자의 탐구는 단순히 귀납과 연역 이상으로 더 나아간다. 그것은 비트겐슈타인의 생각으로는 단순히 객관적인 탐구가 아니다. 그것은 대체로 합리적이면서도 데이터를 해석적이고, 도덕적인 이성/조리(reasons)에 맡길 수도 있다. 그렇다면, 이것은 어떤 종류의 과학(science)인가?

칸트 이래로, 이성은 대략 뭉뚱그려 말해서 두 종류인 것으로 이해되어왔다. 첫째는, 자연(nature)에 대한 경험적/실증적 추론(experimental reasoning)으로, 그것은 의심에서 확신으로 나아간다. 둘째는, 도덕 문화(moral culture)에 대한 직관적 추론(intuitive reasoning)으로, 그것은 불확정성과 구속 사이에서 작동한다. 이것은 C.P. 스노우의 유명한 두 문화(two-cultures)[1]라는 논제와 지식의 쌍갈래가 있다는 대중적 시각의 기원이다. 진리/가능성, 육체/정신, 자연/문화, 객관적 사실/사회적 가치 등등이 바로 그런 것들이다. 사회과학은 20세기 초반 자연과학의 토대 위에서 창시되었고, 수십 년 동안 양적으로 그리고 실험적으로 진행되어왔다. 그러나, 더 최근으로 오면서는, 사회과학자들이 정량적 연구에, 민속학적(ethnological), 문화기술적/민속지학적(ethnographic) 방법을 사용하고 있다. 수십 년 동안, 양적 연구 대 질적 연구의 교전이 치열히 전개돼 온 것이다.

물론, 진짜 문제는, 과학이 전체로서의 우주를 자연적으로뿐만 아니라 문화적으로도 탐구할 수 있는가다. 객관적인 것과 주관적인 것은 상호 배타적이라는 일반적 견해는 깨질 수 있는 것인가? 여기서 제시하는 사례는, 만약 그럴 수 있다면, 바로 드라마라는 학문 분야(discipline)가 스노우의 이원성(duality)에 다리를 놓을 수 있다는 점이다. 극적 행위는 실제적인, 사실은 기술적인 탐구 방법을 구현한다. 우리가 봐왔듯이, 드라마는 연행자(player)에게 매개 지식을 제공하지만, 조사연구자들에게 있어 연희자들의 드라마는 보통의 과학과 실험적(experimental)이라는 점에서 매우 유사하지만, 경험적(experiential)이기도 하다는 점에서는 유사하지 않은 방법으로 탐험할 수 있는 영역이다. 드라마는 주관적 경험의 진실성을 긍정하지만, 그 맥락 내에서 객관적인 방법들을 사용할 수도 있다. 드라마는 의식의 적극적인 방어에 공격적으로 주력하는 가치 체계를 가지고 있지만, 앎의 방식에는 주관적 방식도 객관적 방식도 있다고 상정(想定)하는 것이다. 드라마는, 하이젠베르크[2]와 같이, 불확정성(indeterminacy)이 데이터를 검토하는 진정한 방법에 대한 시각들을 증진해준다는 점을 인정하면서, 파우스트식의 절대 지식 추구는 거부한다.

---

1) 두 문화(The Two cultures)는 1959년 영국의 과학자 겸 소설가 찰스 퍼시 스노우의 강좌 제목이다. 그 주제는 현대 사회의 두 문화 곧 과학과 인문학 사이의 의사소통 단절이 세계 문제를 해결하는 데 가장 큰 걸림돌이라는 것이었다. (위키피디아 참조)

2) 하이젠베르크(Heisenberg Werner Karl 1901~1976) - 독일의 이론 물리학자. 양자 역학의 창시자.

그렇다면, 드라마는 엄밀한 의미(*strictu sensu*)에서는 과학이 아니다. 드라마는 완전히 객관적이거나 숫자 처리에만 관심이 있는 게 아니다. 그러나 드라마는 확실히 과학적이고, 과학이 인간 경험과 우주의 총체성을 한 번 더 다룰 수 있는 미래 방식을 나타내줄지도 모른다.

드라마와 인간의 조건

대학의 드라마 프로그램은 다른 학문들에 의존해 정당성을 갖추려 하면서도, 길버트 라일의 말로 하자면, "지적인 무주공산(無主空山)"이라고 비난받고 있다. 이런 프로그램들을 출범시키기 위해, 담당 학자들은 실제로, 다른 학문 분야의 학자들에게 그 타당성을 설명할 수 있었지만, 그들의 주장과 논리적 근거들은 결과적으로 자신들의 것보다는 다른 사람들의 말/관점들(terms)로 이루어졌었다. 드라마 분야는 이제 여러 단과대학, 종합대학교에 잘 확립되어 있고, 이제는 골방에서 나와 드라마가 무엇인지 자체적인 견해를 밝힐 때가 되었다.

학문으로서의 드라마의 초점은 인간의 조건(human condition) ― 극적 행동 속의 인간 존재, "~라면 어떻게 될까(what if)?" 하는 사고 (상상) 와 변환하는 힘(transformative power) 속에서 체감되고 의미를 부여하는 "마치 ~인 것처럼(as if)"하는 행위 (드라마) 의 통일체 ― 이다. 첫째, 드라마는 현재시제에서의 경험적 지식 ― 우리가 "지금 여기"에서 살아보는(live through) 경험 **내에서의(IN)** 지식 ― 을 전달한다. "극적인 앎"은 일상적이고 세속적인 앎과 맞닿아 있고, 서로 유사한 점이 있으며, 변화의 관계도 지니지만, 더 고양된 표의성(heightened significance)을 지닌다는 점에서는 다르다. 그것은 **그 나름의 독자적인(*sui generis*)** 허구인 것이다. 둘째, 우리는 과거 시제에서의 **극적 경험을 둘러싼 것에 대한(ABOUT)** 지식을 얻는다. "그때 거기"에서의 극적 경험에 관한 담론과 말하기와 글쓰기에 참여하는 것이다. 드라마 방법의 본질은 두 번째 유형의 지식이 첫 번째 유형의 지식에 의존한다는 점이다. ***경험이 담론보다 우위에 있는 것이다.***

이런 관점에서 보면, 사실상 현재의 모든 프로그램은 재구성이 필요하다. 그것들은 암암리에 아리스토텔레스의 지적 범주에 의존하고 있다. 연극사나 드라마 비평이 학생들의 경험보다 우위를 점하고 있는데, 그 경험은 많은 경우, 조사할 수 없는 것으로 간주되고 있다. 그리고 전통적인 "학술 논문(academic paper)"은 이 학문을 "고상하게(respectable)" 만들려고 한다. 거기에는 어떤 용감함도 없으며 그저 정략적인 편법만 있을 뿐이다. 이는 드라마를 당당하게 자기 스스로 인정하지 않는 것이다. 이것은 그저 아인슈타인과 비트겐슈타인 이전에 사라져버린 세상에서 신뢰를 얻기 위한 시도일 뿐이다. 왜냐면 드라마는 일련의 추상적인 정보에 의존하지도 않고, 그 실험들이 전적으로 물리적인 대상들에만 행해지지도 않기 때문이다. 드라마는 모든 인류에게 공통된 시간적인 과정이고, 어린이들의 놀이가 지닌 형식들이며, 우리가 실생활, 즉흥극, 그리고 (빙산의 일각인) 예술 형식으로서의 대본과 무대극에서 수행하는 역할들이다.

우리가 체감하는 세상에서, 드라마는 과학이다. 우리가 드라마를 *지금 여기에서 (hic et nunc)* 경험하는 것처럼, 그것은 "가서 보는(going and seeing)" 경험주의에 기초한다 — 그 데이터는 지각된 현상들이다. 드라마는 진정한 설명 방식으로, 학문을 과학적으로 만드는 세 가지 조건에 따르는데,[3] 연행(performance) 안에서 현상을 설명하는 설명적 말뭉치 (예컨대, **햄릿** 공연은 인간의 조건에 관한 진술들을 보여준다); 아리스토텔레스와 칼리다사[4]부터 베르톨트 브레히트와 버나드 베커만[5]에 이르는 고도의 철학적 이론들; 실존에 대처하는 유용성에 대한 통찰을 얻을 수 있는 신화나 드라마의 숨은 전제들(supressed premises)이 바로 그런 것들이다.

"객관적인" 과학과 같이, 드라마는 가설/가정(hypothesis), 추정(estimation), 그리고 기타 형태의 "추측(guessing)"에 근거를 두는데, 이런 추측을 포퍼는 모

---

3) 원주: Douglas A. Roberts, "Science as an Explanatory Mode," Main Currents in Modern Thought, 26: 5 (May-June 1970): 131-9.

4) 칼리다사(Kalidasa) - 5세기경 고대 인도의 극작가이자 시인으로 서사극 <사쿤탈라(Sakuntala)>로 유명하다.

5) 버나드 베커만(Bernard Beckerman 1921-1985) - 셰익스피어 학자, 연극 감독.

든 지식의 토대라고 말한다. 주동 인물이 자기 역할을 A로 가정하면, 그의 행위/연기(action)는 Y가 된다. 하지만 만약 자기 역할을 B로 가정하면, 그의 행위는 Z가 된다. 그러나 드라마와 다른 과학들 사이의 차이점은 가설/가정이 객관적인 지식과 비슷한 수준으로 높아진다는 것이다. 각각 서로에게 닮은꼴/이중적인 것(the double) — 인간의 삶을 상징하는 행위의 세계 속의 살아있는 은유 — 이 되는 것이다. 그것은 단지 "모든 세상은 하나의 무대(All the world's a stage)"[6]라는 단순한 병행론/평행론(parallelism)이 아니라, "우리는 꿈들이 만들어지는 / 바탕과 같은 그런 것(We are such stuff / as dreams are made on)."[7]이라는 대사의 은유적, 유비적, 우화적 의미들이다.

이런 관점에서, 학문으로서의 드라마는 발달하는 것(developmental)이다.[8] 변환/변용(transformation)은 드라마가 지속적인 변화(change) 속에 있는 것을 보장한다. 일단 드라마가 아카데미 숲(academe)[9]으로 들어가면 개인적, 사회문화적, 미학적, 그리고 예술적 (무대극적) 변화가 연구 대상이 되는 것이다. 어떤 극적 행동도 똑같이 복제되는 법이 없다. *이* 극적 행동은 *저* 극적 행동과 항상 다르지만, 언제나 어떤 정도로든 자연발생적/자발적(spontaneous)이다.[10] 무대극에서 고전적인 사례는 마이클 레드그레이브의 햄릿 연기인데, 그의 햄릿 해석은 매일 밤 끊임없이 달랐다.

조사연구자가 이런 모든 변화를 곧바로 관찰할 수는 없다. 극화(dramatization)는 관찰할 수 있는 외적인 연기(external action)에서 가장 분명하게 외현적으로

---

6) 셰익스피어 <좋으실 대로>에 나오는 자크의 대사.

7) 셰익스피어 <템페스트>에 나오는 프로스페로의 대사.

8) 하나의 학문 분야로서의 발달연극학(Developmental drama)은 "극적 행위의 결과로 일어나는 발달(또는 변환(transformations))"에 대한 연구로 규정된다. 그 이론의 상호보완적인 양면은 개인적인 것과 사회적인 것이고, 그 실천 분야에는 교육, 치유, 제의와 기타 문화적 형태들이 포함된다. 나의 Dictionary of Developmental Drama (Springfield, Ill.: Charles C. Thomas, 1987) 참조.

9) 아카데미 숲(academe) - 플라톤이 학문을 가르치던 고대 아테네의 숲.

10) 원주: 가장 정형적인 극적 행동 (예를 들면, 웨스트 엔드와 브로드웨이의 연출자 중심적 연극 내에서) 도 여전히 본질적으로는 자발적/자연발생적(spontaneous)이다. 극적 자발성의 정도들에 대해서는 나의 "Theatre and Spontaneity," Journal of Aesthetics and Art Criticism, 31: 1 (Fall 1973): 79-88 참조.

드러나지만(overt), 내현적으로 은밀히(covert) ("우리 머리 안에서") 이루어질 수도 있는데, 목격자는 그것을 추론할 수밖에 없다. 아주 어린 아이들에게 있어, 연기/행위(action)는 주로 외현적일 수 있지만, 성숙과 분별력 향상이 진전되면서, 점점 내현적인/은밀한(covert) 것이 된다. 피아제가 말해주듯, 내현적이든 그렇지 않든, 연기(action)는 여전히 연기다. 어른들은 자신들이 성장하면서 그것에서 벗어났다고 생각하다가 결국 거울에 대고 무심코 얘기하는, 즉 취업 면접을 위해 연습하는 자신을 발견하게 될지도 모른다.

드라마와 닮은꼴/이중성(the Double)

지금까지 우리는 드라마를 대학 학문으로 새롭게 구상하기 위한 기반을 구축하는 데 관심을 두어왔다. 그것은 보통 두 가지 유형으로 생각할 수 있다. 첫째, 그것은 객관 중심적(object-centred)일 수 있다. 학생들이 알아야 하는 "사실들"이 있는데, 예를 들면 그리스 비극이 아우구스트 스트린드베리[11]에게 미친 영향이나 마담 베스트리스[12]의 경력에 대한 사료(史料) 같은 것들이다. 이런 유형은 드라마 비평이나 연극사를 강조하는 것으로 영국이나 유럽에서 일반적이다. 둘째로는 직업 중심적(vocation centred)일 수 있다. 학생들이 습득해야 할 직업적인 능력이 있는데, 예를 들면, 알렉산더 딘과 같은 방식으로 연출을 하거나, 여름철 가설무대 공연(summer stock)[13]에서 연기를 하는 능력 같은 것들이다. 이런 프로그램들은 진짜 전문가 학교(몬트리올 캐나다 국립연극학교와 같은)에 개설돼 있진 않다. 직업적 전통을 이을 수 있는 연극(drama/theatre) 교수 양성을 위해 만들어진, 그런 프로그램들은 미국에서 일반적이며, 보통 예일이나 카네기 모델을 기반으로 한다.

---

11) 아우구스트 스트린드베리(August Strindberg 1849~1912) - 스웨덴의 극작가이자 소설가.

12) 마담 베스트리스(Madame Vestris) - 영국의 배우이자 오페라 가수 겸 연극 프로듀서 루시아 엘리자베스 베스트리스(Lucia Elizabeth Vestris 1797~1856)의 예명.

13) 미국에서 비수기인 여름 휴가철에 전문 극단이 휴양지의 야외무대나 가설 천막 극장에서 공연하는 것으로 straw hat theatre(밀짚모자 극장/연극)이라고도 한다.

우리는 여기서 매우 다른 측면에 ─ 삶(드라마)이나 예술(무대극)에서 연행(performing)하는 인간 ─ 에 초점을 두고 프로그램을 고찰할 것이다. 이것은 드라마를 인문과학(human science)으로 여기는 것이며, 자연과학이나 사회과학과는 다르면서도 관련이 있다. 드라마는 매체(media)다. 즉, 체감-의미(felt-meaning)를 한 인간에게서 다른 인간에게, 한 주동 인물에서 다른 주동 인물에게 전달하는 것이며, 그들 각각은 삶에서든 예술에서든 상징적으로 "의상을 입은 연희자(a costumed player)"다. 드라마는, 바흐친에게 있어서의 언어와 같이, 자신과 또 다른 사람 사이에 있는 경계선상에 있다.

이는 드라마를 은유적이고, 대화적인 작용/운용(operation)으로 여기는 것이다. 첫 번째 연희자가 두 번째 연희자를 "나 자신과 같은 사람"으로 여긴다는 점에서 드라마는 은유적이다. "그녀의 뺨 위에 핀 장미들"에서, 두 번째 대상(장미들)은 첫 번째 (그녀의 뺨) 대상의 관점에서 보면서 새로운 닮은꼴의/이중적(double) 의미를 창조해낸다. 우리가 일상생활에서 가족의 일원을 보듯이, 오이디푸스는 그런 방식으로 크레온을 본다. 이는 또한 대화적인 상황이기도 하다. "의상을 입은 연희자"의 행위/연기(action)는 세상에 대한 특별한 관점이다. 다른 사람들과 상호작용(interact)하는 특별한 세계관을 표상(represent)하는 것이다. 그 각각의 행위들은 그 목적, 체감-의미, 가치에 따른 특징을 갖게 되는데, 서로 병치되고, 상호 보완되며, 상호 대화적으로 연관될 수도 있다.

드라마는, 말하자면, 그 자체를 넘어, 다른 사람을 향해 투영되면서 살아있다. 상호작용 중인 두 가지 드라마는 서로를 배제하지 않는다. 그 각각은 다른 쪽을 과정적 매개체로서 두 세계관 사이에서 새로운 의미를 전달하는 하나의 총체적인 대화 관계 속에 포함하는 것이다. 우리의 두 드라마는 서로 만나고 우리 공동의 의식 안에서 공존한다.

우리의 드라마는 반은 다른 누군가의 드라마라고까지 말할 만하다. 그것이 나의 것이 될 때는 내가 나 자신의 의도와 나 자신의 말과 몸짓으로 그것에 정주(定住)할 때뿐이다. 이런 순간이 되기에 앞서서, 우리의 드라마는 어떤 중립적인 맥락 안에 있는 게 아니라, 남들의 행동, 의도, 말, 몸짓 속에 존재한다. 그들의 드라마로부터 나는 그런 행위들을 취해야 하며, 그것들을 재해석을 통해, 내 것으로 만들어야 한다. 내가 전용(轉用)하는 드라마 — (우리의 문화적 삶) — 는 다른 사람들의 의도로 가득 차 있고, 그것들은 사회적 층상(層狀 stratification)의 한 부분으로 사회적 역할을 포함한다. 각각의 역할에는 개인적이고 사회적인 의미를 전달하는 우리 의식의 드라마에 비해, 주로 사회적 역할을 전달하는 그 나름의 드라마가 있는 것이다.

인간 삶의 이런 요소들은 극본(dramatic script)에 표의(表意 signified)된다. 극작가(dramatist)[14]는 사람들의 행위(acts)를 그들의 대화(talk)를 통해서만 표상(represent)하는 어려운 과제를 지니고 있다. 그러나 그것은 희곡작가(playwright)가 한 등장인물(personage)의, 의식(意識)의 행동과 역할의 행동이라는, 두 종류의 행동을 이용해야 하기 때문에 이중으로 어려워진다. 실제로, 극작가(dramatist)는 행동의 다양성을 강화해서 자기 나름의 스타일을 창조해낸다. 그런 등장인물들과 그들의 행동(acts)은, 극작가(dramatist)와 그가 의도한 체감-의미와는 더 멀리 떨어져 있거나 더 가깝다. 그런 예는 브레히트 vs 스타니슬랍스키의 체호프 해석에서 볼 수 있다. 극작가는 자신을 이런 추정된 모의(模擬 simulated) 행동들 속에 표현하지 않는다. 그보다는, 그런 행동들을 거의 제의(ritual) 수준으로 고양된 독특하고 의미심장한 행동들로 제시한다. 제의가 과거와 현재를 와해시켜 하나의 통합된, 신성한 시간으로 만드는 것과 똑같이, 극작가(dramatist)들은 극적 시간을 통합해서 의미심장하고 구상(具象)화/물(物)화(reified)된 현재로 만든다. 행동하고, 말하고, 몸짓을 하는 건 극작가(dramtist)가 아니라, 그 극본 내에 있고, 연희자들에 의해 재해석되면서, 특별한 질서, 독특한 예술적 재창조를 수립하는 인간 개인들(human persons)의 표상/재현들(representations)이 그 극작가의 주제를 극화하는 것이다. 다시 말해, **극작가는 행동들(acts)을 통해서 작용(acts)하고**, 극본의 역사는 은유와 대화의 본질을 심화하는 하나의 기능이다. 현대의 대본

---

14) dramatist는 극을 쓰는 사람만이 아니라 각색자, 극을 공연/실연(perform)하는 사람까지도 포함될 수 있어서 dramatist와는 엄밀한 의미에서 차이가 있는 말이지만, 일반적으로 별 구분 없이 극작가로 흔히 번역된다. dramatist를 극화가(劇化家)라는 말로 새롭게 번역하는 것도 고려해봤으나, 일반적으로 쓰이는 말이 아니라, 여기서는 dramatist를 극작가로 playwright를 희곡작가라고 옮겼다.

은 — 베케트에서 버나드 쇼까지, 또는 그릴파르처[15]에서 호흐발더[16]까지 — 무대 행동(theatrical acts)의 범위(scope)가 점점 더 작은 단위들에서 점점 더 의미들이 깊어져 가는 추세를 보이지만, 여전히 그 글로 쓰인 드라마는 사회적 분위기의 극히 미세한 변천까지도 미묘하게 반영(echo)하고, 그 극작가의 역사적 시간 속에서, 인간 실존의 가장 중요한 요소들 — "탄생, 교접(交接 copuation) 그리고 죽음" — 을 재창조한다.

그러나 극본 내에 있는 인간 삶의 표의(表意)들(significations)은, 극적 행동의 더 나아간 두 가지 층위 — 연희자들(players)과 관객(audience) — 에서 그것들을 인간적 관점에서 해석할 수 있도록 세심하게 집필된다. 그 둘은, 아마도 데리다가 말했을 법하게[17], 연극적인(theatrical) 매체 안에 최종적인 인간적 의미들을 "채워 넣는다/완성한다(fill in)." 연극/무대극(theatre)은 "두 개의 판(board)과 하나의 죽음으로 가는 과정(passion)[18]"일지도 모른다. 왜냐면, 결국 연극은 극작가의 대본 없이 존재할 수 있지만, 그 죽음으로 가는 과정(passion)이 집중점(focus)이기 때문이다. 극장(playhouse)은 **종말에 이른 (in extremis)**[19] 인간의 삶이다. 비극에서처럼 우리가 마주해야 하는 궁극적인 죽음, 그리고 희극에서처럼 우리가 매일 매일 겪는 그 모든 사소한 사회적 죽음들이 바로 그런 종말들인 것이다.

우리가 하는 극적 행동의 형태가 무엇이든 간에, 우리는 실제로 "의상을 입은 연희자"들이다. 빙의(憑依)가 되어 가면을 쓴 제의 집행자(ritualist), 치장 상자(dressing-up box) 앞의 어린아이, "엄격한 아버지"나 "공손한 하인" 역을 맡은 어른, 대통령 역을 하는 배우, 즉 직업인으로서의 연행자 — 모두, 특별한 환

---

15) 프란츠 그릴파르처(Franz Grillparzer 1791~1872) - 오스트리아의 극작가.

16) 프리츠 호흐발더(Fritz Hochwälder 1911~1986) - 오스트리아의 극작가.

17) 데리다의 '글쓰기는 죽음'이라는 말과 연관된다.

18) passion은 흔히 열정이라고 번역되지만, 원래 예수의 '수난(Passion)'에서처럼 '죽음으로 가는 과정'이라는 뜻이다. 즉, 죽도록 고난을 겪는 것과 무언가를 죽도록 열정적으로 한다는 말을 똑같이 passion이라고 하는 것이다. 여기서는 이런 원래의 뜻대로 번역하는 게 문맥에 맞는다.

19) 18쪽에서는 '극단상황에 처한'이란 의미로 썼지만, 여기서는 함의가 달라졌다.

경/입장(milieu) 내에서, 인간의 무엇 임(Being)과 무엇 됨(Becoming)의 기표들 (signifiers)이다. 그리고 바로 이것이 학문으로서 드라마의 본질이다.

드라마와 교육

우리는 극화를 통해 문화를 창조한다. 우리는 "마치 ~인 것처럼(as if)" 행동함으로써, 사회구성의 바탕이 되는 위대한 문화적 구조들 — 정치, 법률, 의학, 치료법, 교육, 각종 예술, 통신술 등을 창조한다. 여기서 우리의 관심사는 교육이다. 교육의 목적은 학습이며, 모든 활동은 학습자에 중점을 둔다. 드라마 학부들과 교육연극의 초점은 극적 행위를 통한 학습이다.

교육과정

개인적, 사회문화적, 미학적, 예술적 (무대극적) 변화를 종합대학교와 단과대학 드라마 교육과정의 토대로 볼 때, 교육연극(educational drama)은 매우 중요해진다. 교육연극은 드라마 프로그램의 다른 모든 면에 녹아들어 있다 — 버비지[20]에서 어빙[21]에 이르기까지, 배우들이 자신들의 생업을 어떻게 배웠는지, 진정한 캐나다 드라마가 1960년대와 1970년대에 어떻게 출현했는지, 학생들이 드라마 프로그램 안에서 어떻게 배우는지 등등이 바로 그런 것들이다. 서구의 학교들에서 자발적 드라마의 활용이 늘어났던 것이, 20세기에 가장 잘 지켜진 비밀 가운데 하나이기는 하지만[22], 이제 교육연극은 학교 교육을 넘어서고 있다. 즉, 자녀 교육(parenting)

---

20) 리처드 버비지(Richard Burbage 1567~1619) - 영국의 배우. 셰익스피어의 동료.

21) 워싱턴 어빙(Washington Irving 1783~1859) - 미국의 작가. 역사가.

22) 원주: 창의적 자발성(creative spontaneity)에 기초한 교육연극 ("창의적 드라마 creative drama") 은 20세기 초 영국과 미국에서 시작되어 이후 교사들 사이에서 산발적으로 계속되었다. 1950년대 경 그것은 영국과 미국에서 상당히 확산하여 영연방국가에서도 시작되었고, 1970년대 경에는 유럽으로, 1980년대 경에는 제3세계 (가령, 탄자니아, 태국 등지) 로 급속히 퍼져나갔다.
그것의 급속 성장은 캐나다 온타리오주의 사례로도 설명될 수 있다. 1967년 이 지역에는 세 명의 "창의적 드라마" 교사가 있었던 것 같은데, 1987년 경에는 교육부의 공식 지침들에 따른 8-12학년 드라마 프로과 사회적 학습, 배우는 법을 배우기(learning to learn), 판별력, 성숙 및 재창조 증진에 극적 변환이 내재해있는 것이다.

대학 프로그램에 들어있는 교육연극은 근본적으로 경험적인 한편, 그 목적은 드라마 교사 양성을 포함하면서도 그 이상이다. 그것은 총체적인 교육적 과정으로서의 극적 변환/변화(transformation)에 관한 연구이다. 드라마는 교육적 효과 면에서 전체론적이다. 상상적 사고와 극적 행위의 한 단위로서, 드라마는 우리가 생각하는 방식, 우리가 배우고 느끼는 방식, 우리의 도덕적, 윤리적인 태도를 변환시키는 긍정적 변화를 생성해내어, 결국 의식의 변화를 가져올 수 있다.

이것은 대략적인 주장이라, 설명이 좀 필요하다. 극적 행동은 우리를 어린 시절 인간의 근원적인 정신 구조로 되돌아가도록 한다. 우리가 **"연극은 *지적행위인가*(drama and intelligence)"**에서 보았듯이, 아기는 최초의 유사성(similarity) 인식에서부터 첫 번째 형태의 구별(differentiation) ― 비슷함/다름, 부분/전체 ― 을 발달시키고, 이는 연속체와 비교로 정교해진다. 이후의 발달 형태들 내에서, 이런 구조들은 계속 암묵적으로 남아있는데, 이것들은 극적 사고와 행위의 구조와 정확하게 똑같고, 그 결과 드라마가 그런 구조들을 동일시(identification), 변환(transformation) 그리고 치환(substitution)이라는 동적 양태(dynamics)들을 통해 재단장하게 된다.[23]

이런 드라마의 구조와 동적 양태는 신탁 계약(fiduciary contract)을 통해 작동한다. "우리 자신을 남의 입장에 놓고", "사물을 또 다른 사람의 관점에서 봄"으로써, 한 명의 행위자/배우(actor)는 두 번째 행위자/배우와 그들이 상호창

그룹을 수강한 학생들이 5만 명을 넘었고, 그 밖에 초등학생들은 교과 부교재 Drama in the Formative Years, by Davie W. Booth (Toronto: Ontario Ministry of Education, 1984)를 따랐으며, 수백 명의 "전문가" 드라마 교사들이 있었다. Richard Courtney and Robert Campbell, Educational Drama: A Modern International History (London: National Drama, in press) 참조.

23) 원주: 극적 사고의 구조들과 동적 양태들은 나의 "The Dramatic Metaphor and Learning," in Creative Drama in a Developmental Context, ed. Judith Kase-Polisini (Lanham, Md.: University Press of America, 1985), 39-64에서 논한 바 있다.

조하는 행위/연기(action)를 믿게 된다. 괴리/단절(disjuncture)보다는 연결/접속(juncture)을 통해, 극적 행동은 원초적인 상호관계(mutuality)를 재강조(re-emphasize)한다. 우리 자신이 남들과 비슷하며 남들도 우리와 비슷한 것으로 보도록 함으로써, 협력(co-operation)을 촉진하고, 틀에 박힌 사고의 중시에서 벗어나게(de-emphasize) 하는 것이다. 이것은 특히 갈등과 경쟁이라는 서구의 지배적인 에토스/풍조(ethos)에 따라 작용하는 게 아니라, 은유적 사고의 대조(contrasts), 상치(contradictions), 상보(complementarities)라는 긴장 관계들을 통해 작용하면서, 남들과 함께 그리고 남들에게 산파 같은 존재가 된다는 도덕적 입장을 가지고 활동하도록 이끈다.[24] 학생들이 그런 방식으로 제대로 해나갈 때, 우리는 우리의 내적 삶의 변화뿐 아니라, 최선의 환경에서 일어날 수 있는, 놀랄만한 사회적 응집력과 개인적 유대감을 이해하기 시작한다.

대학 수준에서의 많은 교육연극은 자발적(spontaneous)이고 체험적(experiential)인 워크숍에 기반하고 있는데, 그것은 참가자들의 발달적 학습을 목표로 한 것이다. 이런 학습의 세목들은 실효적인(practical) 인간 실험, "실용적인 삶의 실험실(a working laboratory of life)"[25]을 통해 드라마가 지닌 과학적 태도의 확장을 보여준다. 그때, 우리는 전체론적으로, 또 동시적으로 다음과 같은 학습을 탐구하고 증진한다.

- 내재적(intrinsic) 학습 : 인식, 의식성, 집중력, 다양한 사고 유형, 표현력, 창의적 문제해결, 창안력(inventiveness), 자신감과 자존감, 동기부여, 학습 전이력(transfer)[26]
- 외연적(extrinsic) 학습 : 활동 그 자체가 아니라 활동의 내용, 즉 소재(subject matter)에 대해 배우는 것. 예를 들면, 즉흥극 소재로 삼았을 때의 갈릴레오의 삶

---

24) 원주: 남들에게 산파가 된다는 것은 부처가 한 말로 유명하다. 이 말은 또 E.J. 버튼 주교, 도로시 히스코트와 같은 교육연극 지도자들 사이에서 흔히 쓰는 존재 표현구(existential phrase)이기도 하다. 여기엔 발달연극학 분야가 서구 사회의 지배적 에토스/풍조(ethos) - 가령, 갈등/경쟁/전쟁 - 와는 달리 작동하며, 동양적 사고와 유사하게 유사성/협력/평화를 통해 작동한다는 분명히 나타내주는 면이 있다.

25) 원주: E.J. Burton, Reality and "Realization": An Approach to a Philosophy (London: Drama and Education Fellowship, 1966).

26) 원주: 이런 내재적 학습들은 Richard Courtney and Paul Park, Learning through the Arts, research report, 4 vols. (Toronto: Ministry of Education, 1980)에서 밝힌 바 있다.

- 미학적(aesthetic) 학습: 내적, 외적인 자극, 우리의 분별, 선택 그리고 판단에 대한 우리의 체감-반응[27]

- 정서적(emotional) 학습: 문학이 카타르시스[28]라고 주장하는 지점에서, 우리의 조사연구는 미분화된 날 것 그대로의 정서(raw emotion)가 점차 분화된(discrete) 감정으로 대체될 수 있다는 점을 보여준다.[29]

- 예술적(artistic) 학습: 적극적인 참가자들의 표현상, 전개상의 필요점들에 맞추기 위해 지도자(instructor)가 도입하는 무대극(theatre)의 요소들

- 사회적(social) 학습: 상호관계와 신탁 계약을 통해 극적 경험이 부버의 *나와 너(I and Thou)*[30]의 살아있는 실례가 되도록 한다.

이런 학습들은 우리가 "지금 여기"에서의 경험을 살아볼(live through) 때 일어나기 때문에, 그중 많은 것들이 암묵적이다. 참가자들은 나중에 그 경험을 언어로 옮기더라도, 그 의미가 변한다는 점과 극적 경험에는 암묵적 가치가 있어서 그것으로 교사들이 학생 자신들 작업의 직관적 가치를 더 추론할 수 있다는 점을 금방 터득한다. 우리가 한 조사연구들도 예술 교사와 드라마 교사들이 학습의 직관적인 양상들에[31] 가장 높은 가치를 둔다는 점을 보여주는데, 아마도 그건 서구의 교육 시스템이 보통 회피하고 있는 인간 실존의 양상들을 드러내기 때문일 것이다.

....

27) 원주: Robert W. Witkin, The Intelligence of Feeling (London: Heinemann, 1974).

28) 원주: 교육연극에서 특히 이런 관점을 지닌 사람은 피터 슬레이드(Peter Slade)로, 그는 "합법적인 틀 안에서 악마를 내뱉는 것(spitting out evil)" - Child Drama (London: University of London Press, 1954) - 이라고 묘사한다.

29) 원주: Courtney, "The Dramatic Metaphor and Learning." See also my Play, Drama and Thought: The Intellectual Background to Dramatic Education, (4th rev. ed. Toronto: Simon and Pierre, [1968], 1989), part 2.

30) 원주: Martin Buber, I and Thou (New York: Scribner's, 1958). 부버는 이 개념을 학생으로서 비엔나에서 연극을 보러 갔다가 이 개념을 떠올렸다. Maurice Friedman, ed. Martin Buber on Theater (New York: Funk and Wagnall, 1969) 참조.

31) 원주: 직관에 관해서는 Richart Courtney, David W. Booth, John Emerson, and Natalie Kuzmich, No One Way of Being: The Practical Knowledge of Elementary Arts Teachers, research report (Toronto: Ministry of Education, 1987) 참조.

하워드 가드너는 다중지능(multiple intelligences) 이론을 제시한 바 있다.[32] 가드너는 지능을 일반적인 정신기능으로 보는 대신에, 언어적, 인적(personal)[33], 논리-수학적, 공간적, 신체-운동학적(bodily-kinesthetic), 음악적 지능이 있다고 밝혔다. 이 관점에서 보면, 극적 지능(dramatic intelligence)도 있다는 중요한 주장을 할 수 있다. 이 주장은 가드너의 다른 지능과 다음과 같은 점에서 다르다.

- 우리가 어떤 앎의 방식을 가지고, "지금 여기"에서 살아보는(live through) 허구적 경험을 제공한다. 실제적인 것의 허구적인 닮은꼴/이중화(a fictional double)로서 "마치 ~인 것처럼(as if)"의 사고와 행위를 결합하는 것이다.
- 인지적, 정동적(affective), 미학적 그리고 정신운동적(psychomotor) 학습을 위한 동적인 맥락으로서, 인간의 조건에 대한 은유적인 의미와 이해를 제공한다.
- 마샬 맥루안이 말했던 것처럼, "재연(re-play)은 재인식(re-cognition)"[34]이란 점을 확고히 해준다.
- 기초능력(generic skills) - 어른들의 일과 여가에 필요한 인간적 조율/교섭(negotiation)과 같은 능력들 - 을 깨치게 한다.

교육연극(Educational Drama)

흔히 대학교수들 사이에선 가령, 수학이나 사학을 전공한 학사는 교사로서의 준비가 사실상 필요 없다는 믿음이 있다. 이런 오류에서는, 가르쳐지는 **무엇(what)**이 문제의 모든 것이다. 가령 미분을 아는 교사라면 그것을 가르칠 수 있을 것이다. 이는 일반 학교(school) 학생들이 어른들의 축소판이고, 대학생들과 같은 방식으로 그들을 가르칠 수 있다고 가정하는 것이다. 소화하지도 못하고 그 교수에게 도로

---

32) 원주: Howard Gardner, Frames of Mind: The Theory of Multiple Intelligences (New York: Basic Books, 1983).

33) 가드너는 이 인적 지능(personal intelligence)을 인간 상호작용적/관계 속 개인의 (intra-personal) 지능과 인간 내면적/내면적 개인의(inter-persona) 지능으로 세분화한다.

34) 원주: 주석서로는 나의 Re-Play: Studies of Human Drama in Education (Toronto: Ontario Institute for Studies in Education Press, 1982 참조.

게워 낼 정보를 줌으로써 말이다. (이런 믿음 때문에 대학 교수법이 잘못되는 것이다!) 이런 방법은 로크로부터 시작해서 스퀴어스 교장[35]에서 절정에 이른다. 이것은 학생들이 "사실들"에 대한 것보다는 어떻게 정보를 얻고 그것을 어떻게 사용하느냐를 배워야 하는 우리 시대의 "지구촌"에는 완전히 부적합한 방식이다. 현대의 교사들은 "신(神) 역할을 해(play God)"서는 안되며, 학생들이 이 세상에서 생산적으로 행동하는 방법을 배우는 데 조력자(facilitators)가 되어야 한다.

교육연극은 교육학사(B.Ed) 과정뿐 아니라, 두 가지 이유로, 교양(liberal arts) 학부와 예술(fine arts)학부 프로그램으로도 자리 잡고 있다. 첫째, 각 프로그램도 드라마 교사를 배출하고, 그들에게 기본적인 실용적 능력들을 갖춰주지만, 중점은 각기 다르다. 교육학사(B.Ed) 과정에서는 모든 교수(敎授) 능력에, 예술학사(BFA.) 과정에서는 고등학교를 위한 능력에, 문학사(BA)에는 드라마를 외연적으로(extrinsically) 이용하는 능력에 중점을 두는 것이다.

둘째, 교육연극은 총체적 에토스[36](total ethos)의 일부분이다. 발달연극학이란 학문은, 이미 여기서 개괄했듯이, 극화(dramatization)와 변환(transformation)이 인간 이해의 핵심이라고 상정(想定)한다. 비올라 스폴린과 키이스 존스톤 같은 위대한 즉흥극 교사들이 다년간 말해온 바와 같이, 연행(performance)은 연희자들이 하는 과정적 활동의 작동방식에 중점을 둔다.[37] 중요한 것은 "작동방식" — 극적 행위 그 자체 — 인 것이다.

이 점은 연극사와 같은 대학 드라마 프로그램의 전통적인 측면들에도 영향을 미친다. 글린 위컴[38]은 삼십여 년 전 이런 선례를 남겼었는데, 그때 그는 역사 속의 공

---

35) 50쪽 참조.

36) 에토스(ethos) - 성품, 기풍, 풍조, 관습, 특질 등 다양한 우리말로 번역되지만, 오늘날은 번역 없이 그리스어 원어 그대로 에토스라고 곧잘 쓴다. 여기서는 관습, 특질의 의미에 가깝다고 할 수 있다.

37) 원주: Viola Spolin, Improvisation in the theatre (Evanston, Ill.: Northwestern University Press, 1963); Keith Johnstone, Impro (London: Faber and Faber, 1979)

38) 글린 위컴(Glynne William Gladstone Wickham 1922~2004) - 영국의 셰익스피어 희곡 연구자, 연극학자.

연을 똑같이 그대로 상연하면서, 극화의 한 형태로서 엘리자베스 시대 무대연출 기법(stagecraft)[39] 중 "위대한 의상"의 정확한 사용과 같은, 이전에 알려지지 않았던 정보들을 발견해냈다. 1968년 빅토리아 대학 예술학부에서, 나는 엘리자베스 시대 연극사를 학부생들에게 가르쳤었는데, 그들은 개인적으로, 그러나 연행자로 참여하는 같은 반 친구들과 함께 무대에 올리기 어려운 장면들을 연출하면서, 문자 그대로 그것들을 상연(上演)하는 방법을 발견해냈다. 나는 보통의 강사로서가 아니라 조력자로서 역할을 했었다. 역사를 극화하는 그들의 작업은 대단히 성공적이어서, 한 학생이 키드[40]의 <스페인 비극(The Spanish Tragedy)>에 나오는 악명 높은 내실(內室) 장면을 "재연(re-play)"했고", 그가 발견한 결과들을 논문으로도 냈는데, 아마 지금도 그 문제들을 가장 잘 해결한 사례일 것이다.[41]

공연 제작

우리의 관심사를 교육과정에서 공연 제작(stage production)이라는 특정한 문제로 돌리면, 다음 사례들은 이 문제를 가장 잘 보여준다. 두 가지가 도움이 될 텐데, 하나는 일반 학교 학생들, 또 하나는 대학생들과 관련된다. 나는 1950년대에 사회적 박탈감을 느끼는 청소년 대상의 드라마에 전문적으로 관여했었다. 영국의 스메딕(Smethwick) 자치구 1평방 마일 안에는 거의 백만 명이 살았었다 (다닥다닥 붙어있고, 대부분 수돗물도 나오지 않는 저층 주택들에). 우리는 드라마만을 위한 야간 청소년 클럽 두 개를 개설했고 … 그다음엔 그 자치구 밖의 큰 건물들에 상주하는 주말반들을 … 그리고 마침내는 스트랫퍼드-어폰-에이번 고지대에 있는 큰 시설에 열흘 코스의 드라마 과정을 개설했다. 모든 활동은 즉흥극을 바탕으로 했지만, 그 열흘 코스는 마지막에 스메딕에 있는 한 학교로 돌아가서 그 청소년들의 부모와 교사, 그리고 행정관계자들 앞에서 즉흥극 공연을 했었다. 그 공연작품들은

---

39) 원주: Glynne Wickham, Early English Stages, 1300-1600, 3 vols. (London: Routledge and Kegan Paul, 1966-72).

40) 토머스 키드(Thomas Kyd 1558~94) - 영국의 극작가.

41) 원주: Colin Skinner and M.D. Faber, "The Spanish Tragedy: Act IV," Philological Quarterly, 49: 4 (October 1970): 444-59.

청소년들의 단순한 즉흥극에서 완전히 벗어나 있었다. 그들은 조력자인 어른들과 함께 모든 장면과 의상들을 창조해내고 만들었다. 조명만은 어른들의 손으로 했는데, 두 명의 젊은 리더가 스메딕에 장비를 설치해 줌으로써 만반의 준비가 된 그 청소년들은 여러 대의 버스를 타고 어느 날 오후 총연습과 단 한 번의 저녁 공연을 위해 도착했다.

당시 도착했던 50명 중에는, 그 상주 과정(residential course)이 3년쯤 지났을 때, 우리와 함께 즉흥극 경험을 많이 해본 12명의 청소년이 있었는데, 바로 그들이 중세의 "신비체험 순환극(Mystery Cycle)"을 해보기로 했다! 창의적, 자발적인 그들의 결정은 이례적이었고, 역사적 소재를 현대적인 방법으로 어떻게 다루는지의 표본이었다. 중세의 "집들"은 홀(hall)의 네 벽에 둘러 놓인 작은 단들이었는데, 그곳으로 배우들은 행렬을 지어 걸어갔다. 그들은 세 개의 면으로 된 스크린에 방주를 나타내고 그것을 노아가 자기 팔 아래로 가져온다든지, 벽에 붙여놓은 거대한 종이들 위에 <켈스의 서(The Book of Kells)>[42]에 기반한 환상적인 "지옥문(Hell Mouth)"을 표현하고, 그 입 모양 자체가 청중들이 들어가는 출입구가 되게 한다든지 하는 여러 가지 것들을 창안해냈다. 그러나 아마 가장 놀랄만한 결정은, 중앙에 있는 청중들을 회선의자에 앉혀 연기가 벌어지는 쪽으로 돌아앉을 수 있도록 한 것일 것이다. 그런데 세 목자(Three Shepherds) 중에서 내가 가장 생생하게 기억하는 장면은 세 목자(글을 모르는 세 명의 소년)가 청중 사이를 돌아다니면서 청중들을 양들인 것처럼 ─ 천천히 손가락으로- 센 것이었다. 교육감이 자기가 네 번째 양이라는 걸 알게 됐을 때 그 표정은 연구 대상 중 하나였다.

대학의 사례는 내가 1971년도에 캘거리 대학에서 예비 전문가 프로그램의 일부로 제작했던 골도니[43]의 *<거짓말쟁이(THE Liar)>*다. 그것은 "위대한 시즌(the Great Season)이라 불렸던 1750년 시즌의 전환적 희곡으로, 이 작품에서 골도

---

42) 켈스의 서(Book of Kells) - 서기 800년경에 성경 4대 복음서와 예수의 전기 등을 라틴어로 기록한 복음집. 현재 아일랜드의 국보.

43) 카를로 골도니(Carlo Goldoni 1707~1793) - 이탈리아의 희극작가, <연인들>, <촌놈>, <새 집>을 썼다.

니는 인물의 성격(personality)을 보여주던 세 가지 — (이탈리아 희극) *코메디아* (*commedia*)의 가면 형상들, 우아한 연인들, 그리고 사실적인 작은 비네트들[44] — 를 한데 모았다. 이 점에 역점을 두기 위해, 극의 주인공인 렐리오는 자신의 인격 (personality)을 어떤 상황에든 맞춰서 바꾸는 병적인 거짓말쟁이다. 나는 여기에 적합한 두 가지 연출기법을 사용했다. 첫째, 초기의 연습은 즉흥적으로 극을 진행시키고 자기표현을 하면서 각자 자기 인물의 성격과 다른 인물들과의 관계를 "발견해 가는 것(discovering)" 위주로 구축해갔다. 둘째, 매번 연습과 공연을 하기 전에 키이스 존스톤이 렐리오와 그 코메디아 배우들이 한 시간 동안 즉흥극을 하는 데 함께 했다. 그래서 그들은 존스톤의 "즉흥 체계(Impro)"가 끌어내서 다른 연행자들의 인물 성격 수준과는 현저한 차이가 나게 해주는 놀라운 에너지를 지니고, "높은 수준에(high)" 도달했다. 이 등장인물들은 격식화된 **이탈리아식 무대 장면(scène Italienne)**을 배경으로, 화려한 시대 의상을 입고, 매우 격식화된 집단 움직임을 희극적 광란 속에서 수행하면서, 다중 인격의 병적인 측면을 잘 포착해냈다.

나는 공연을 잘 "뽑아내기(pull it off)" 위해 필요한 높은 수준의 많은 연극적 기량들을 고려해서, 그 골도니 작품 제작을 교양학부나 교육학부 프로그램이라면 시도하려고 하지 않았을 것이다. 그런 프로그램들에서는 너무도 자주 예술학교 공연작(conservatory productions)의 아류를 마치 "교육적"인 양 공연하고 있는데, 그런 "전시용 행사(showcase)"는 대부분 해당 교육기관의 압력 때문에 하는 것이다. 그러나 브라이언 웨이[45]는 우리에게 하나의 기본 원칙을 제시해주는데 — "그들이 어디에 있는가(where they are)[46]에서부터 시작하라"는 — 그 원칙은 공적인 공연 제작뿐만 아니라 드라마 교육과정의 모든 면에도 녹아들어야 한다. 극화와 변환을 인간 이해의 핵심으로 볼 때, 그것들은 학습자들의 맥락 안에 두어져야 한다.

---

44) 비네트(vignettes) - 특정한 사람이나 상황 등을 분명히 보여주는 삽화나 짧막한 글

45) 원주: Brian Way, *Development through Drama* (London: Longman, 1968).

46) 그들의 입장, (실존) 상황, 위상, 수준, 눈높이 등으로 해석할 수 있을 것이다.

프로그램들

캐나다에 있는 종합대학교와 단과대학, 전문가 학교에서 교육연극의 위치는 무엇일까?

드라마 프로그램의 유형들

드라마 프로그램은 전반적으로 학생들과 사회의 필요에 따라 설계되어야 한다. 캐나다 학부생 프로그램의 가장 일반적인 유형은 그림 20에 나타나 있다. 그런 예들은 교양학부의 문학사(BA) 과정 (맥길 대학교); 교육학부의 교육학사(B.Ed) 과정 (토론토 대학교); 공학부(technical) 과정 (홈버 대학); 예술학사(BFA.) 과정 (캘거리 대학교); 그리고 전문가(professional) 과정 (국립연극학교) 등이다.

그림 20 <캐나다 드라마 프로그램의 종류>

프로그램	학교	단과대학	종합대학	학위
교양학부		문과대	문리대	문학사
교육학부			사범대	교육학사
공학부		공과대		
예비-전문가			예술대	예술학사
전문가	전문가 학교			

이런 범주들이 꼭 서로 배타적이지는 않다. 기존의 교양 프로그램 중에는 드라마보다 영문학사 과정에 더 가까운 것도 있고, 캘거리 대학 같은 경우에는 예술학사 과정과 겹치는 것도 있다. 캐나다의 드라마 분야 예술 프로그램은 빅토리아, 캘거리, 콩코르디아, 그리고 요크 대학교 사이에서처럼 상당히 다르다. 그런 것들을 전문적 프로그램이라고 하는 데도 있지만, 국립연극학교에서는 입학자가 보통 학사 학위가 있는 것으로 기대한다. 이런 혼란 중에는 이런 프로그램을 개설할 때, 교육 기관들의 기존 구조에 맞춰야 했기 때문에 이해할 만한 것도 있다. 그러나 이제 그런 사정이 더는 적용되지 않는다.

지금 필요한 것은 각 프로그램을 교육과정 설계의 측면에서 엄밀하게 따져보는 것이다. 그것은 다음의 것들이 어떻게 되어야 하는가를 묻는 것이다.

- 원칙 (프로그램과 맥락의 기준) 은?
- 의도, 목표 그리고 목적은?
- 내용은?
- 방법은?
- 프로그램 평가와 학생 평가의 방식(들)은?
- 제작물을 상연하는 목적은?
- 프로그램 내 교육연극의 위치는?

지면상 이런 문제들을 하나하나 모두 다 논한다는 건 불가능하지만, 몇 가지 핵심적인 문제들은 짚어볼 수 있겠다.

모델 프로그램들의 개요

그림 21은 네 가지 모델 프로그램의 개요를 제시한다. 이것은 이상적인 틀로 교육 기관별, 지역별 고려사항에 따라서 변경되게 될 것이다. 프로그램 간에는 상당한 교차점이 있음을 알게 되겠지만, 각각 고유한 중점을 두고 있다.

그림 21 <드라마 프로그램들의 상대적 균형>

프로그램	내용	방법	수행 능력
교양학부	D* S* L* E* H*	P T	I* X* Z* R* A C
교육학부	D* S* L* E* H*	P* T	L* X* Z* R A C*
예술학부	D* S* L E H	P* T	I* X* Z* R A* C
전문가	D* S* L H	P* T	I* X* Z A

범 례

내용	방법	수행 기능
D= 드라마의 과정	P= 경험적	I= 내재적
S= 자기-표현	T= 전통적	X= 외연적
L= 문학/비평		Z= 무대극(theatre) 교육
E= 교육연극		R= 조사연구 (워크숍)
H= 연극사		A= 무대(thearte) 예술
		C= 교육실습

* = 중점

교양학부 프로그램에서는, 인간의 드라마의 과정, 자기-표현, 세계의 극(drama
tic)/연극(theatrical) 문학/역사/비평, 그리고 교육연극을 포함하는, 광범위한 학
습 프로그램을 통해 개괄적인 교육을 제공한다. 경험적 교수 방식과 공식적인 교수
방식이 둘 다 사용되며, 수행 능력(performance)은 내재적 능력 (개인적/사회적
발달과 자기-표현), 외연적 능력 (텍스트, 해석, 그리고 역사 면에서의 능력), 무대극
(theatre) 교육 능력, 그리고 조사연구방법론으로서의 드라마와 무대극 능력과 아
울러 기본적인 예술로서의 무대극 능력도 함께 중점을 둔다. 프로그램의 의도는 관
객으로서의 비판적 감상 능력을 지니고, 드라마와 무대극 모든 면에서 좋은 공동체
지도자가 되며, 아마도 좋은 교사가 될 졸업생을 배출하는 것으로, 탐구, 메타적 차
원의 사고, 실제적인 인간 탐색의 정신을 북돋우는 것을 목표로 한다.

교육학부 프로그램이 제공하는 교사 교육은 드라마의 과정과 자기-표현, 교육연
극 그리고 극(dramatic) 문학/비평/역사를 포함해서 배경지식으로서의 건전한 교
양에 중점을 두며, 경험적 방법들이 가장 흔히 사용된다. 특히 드라마 교육실습의
예비과정과 실무과정에 중점을 두는데, 다른 교사들보다 드라마 교사는 많은 어려

움을 겪고, 중도 탈락률이 높다. 그래서 그들이 준비하는 데 더 많은 배려를 해야 하므로, 예비과정에서 그 준비기간을 3년 또는 그 이상으로 늘려야 한다. 중점을 두는 다른 수행 활동들은 내재적 능력, 외연적 능력, 무대극(theatre) 교육 능력, 그리고 극적 활동 평가를 위한 추론 사용법과 같은 구체적인 능력들이다. 조사연구방법론으로서의 기본적인 무대 예술과 드라마 능력 또한 갖춰준다. 덧붙여서, 미래의 고등학교 교사는 대본을 이해하는 수행 능력도 갖춰야 한다. 프로그램의 주된 의도는 매우 유능한 교사를 배출하는 것이다. 그들은 또한 잘 가르칠 수 있어야 한다. 학생들을 위한 프로그램을 설계하고 실행하면서, 그들의 필요에 유연성을 적용할 수 있어야 하며, 학생들을 적절하게 평가(assess)하고 프로그램도 평가(evaluate)하며, 동료 교사들과 주요 현안들을 심의하고, 일반 대중들을 창도(唱導)하는 사람으로서 행동할 수 있어야 하는 것이다.

예술학부 프로그램이 제공하는 예비 전문가 교육은 드라마의 과정, 자기-표현과 함께 내재적 능력, 외연적 능력(텍스트 이해 능력), 무대극 교육 능력 그리고 무대 예술 능력(즉흥극, 연기, 실용적 해석, 극작, 연출, 디자인/기술, 예술경영)과 같은 구체적인 능력에 중점을 둔다. 그 기초는 극 문학/비평/역사, 정기적인 교육연극 경험과 조사연구방법론으로서의 드라마에서 제공된다. 프로그램 의도는 더 상급의 전문가 코스를 이수하거나, 고등학교 고학년이나 대학생 대상 수준의 드라마 교사가 될 졸업생을 배출해내는 것이다.

전문가 학교에서는 전문적인 무대극 교육을 제공해서 졸업생이 취업을 할 수 있도록 한다. 이 프로그램은 예술학부 프로그램에서와 똑같이 중점을 두지만, 더 높은 수준에 둔다. '아동 청소년 관객을 위한 연극(Theatre for Young Audiences, TFYA)'에 고용된 캐나다 연극 종사자들의 비율이 높은 것을 고려하면, 수행 활동도 이런 형태의 고용에 필요한 역량들을 갖춰줘야 한다.

결론

종합대학교 및 단과대학 교육은 학생들의 학습에 초점을 맞춰야 하고, 드라마도 예외가 아니다. 우리의 근본적인 목표는 학생들이 "지금 여기"에서 극적 행위를 학습의 목적으로 경험하는 것이다 ― 그 학습은 인간의 조건에 대한 것이며, 삶과 죽음 그리고 실존적 난제들에 어떻게 대처해야 하는지와 다른 사람들과 어떻게 함께 작용해서 그 행위를 계속 발전적으로 진전시켜 나가는지에 대한 것이다. 바로 이런 점 때문에 드라마는 더 높은 수준의 학습을 위한 교육기관에서 그 근본적인 정당성을 갖는다. 우리가 학생들의 학습에 어떻게 초점을 맞추는가는 그 프로그램 고유의 중점에 따라 다르다.

그러나 그 과제는 쉽지 않다. 거기엔 과정(過程)을 감수하며 함께 살(live with) 수 있고, 영원한 현재인 "지금" 속에 있으며, 오르테가의 말대로, "다음에 무엇이 일어날지" 모르는, 특별한 유형의 교사가 필요하다. 이런 능력들은 감정 ― 연희자 각자가 현재시제에서 적절한 판단을 잘 선택하고, 행할 수 있는 미학적 자질 ― 의 교육에 달려있다. 저 위대한 연기 지도자인 고(故) 포위스 토마스[47]가 말한 바처럼 "연희자를 가르치는 선생은 높은 줄 위에서 곡예를 하는 것처럼 산다." 마찬가지로, 도로시 히스코트도 학교 드라마 교사를 "모험가(risk takers)"[48]라고 말한다.

그런 가르침에는, 외견상, 대단한 자기 확신이 필요하다. 내 경험으로는 최고의 드라마 교사들은 겉으로는 용감해 보일지는 모르지만, 자발적 드라마(spontaneous drama)의 불확실성 속에서 자신의 끊임없는 실존이 자기 능력에 대한 의심을 유발한다. 학교에서 훌륭한 드라마 교사가 빨리 심신이 소진되는 것은 이상한 일이 아니다. 피하고 도망치는 게 더 쉽다. 그러나 살아가면서 우리는 양자택일의 선택과 마주친다. 우리 중에는 그런 날이 올 때마다 그 대열에 자신을 넣기를 원치 않고, 익숙한 것들의 보호 속으로 도피하려는 사람들이 있다. 그러나 실존적 현실에 직면해

---

47) 포위스 토마스(Powys Thomas 1925~1977) - 캐나다 연극계에서 활동한 영국 웨일즈 출신 배우.

48) 원주: Dorothy Heathcote: Collected Writings on Education and Drama, ed. Liz Johnson and Cecily O'Neill (London: Hutchinson, 1984).

서, 끊임없는 과정 안에서 살아가며, "다음에 무엇이 일어날지"에 대한 끊임없는 모험을 하는 사람들도 있다. 바로 그런 이들 중에서 우리는 다음 세대의 훌륭한 드라마 교사들을 발견하게 될 것이다.

그들은 미래에 인문과학자(human scientists)가 될까? 이 질문은 지금 이 논의의 핵심이 되어왔다. 전통적인 성향의 독자라면 분명히 고개를 저을 것이다. 그러나 우리는 순수하게 객관적인 과학이 20세기에 우리가 기본적인 인간적 관심사들을 자연으로부터 떼어 놓도록 이끌어왔다는 점을 기억해야 한다. 그리고 우리는 정말로 그런 전통이 계속되기를 바라는가?

결론 : 미래 사고(Future Thinking)

같은 강에 두 번 발을 들여놓을 수는 없다.
- 헤라클레이토스

변화가 너무 빨라져서 이젠 정신없이 돌아가는 소용돌이 같다. 20세기 초에 우리는 전화, 항공 여행, 라디오, 텔레비전, 원자, 지구촌, 우주여행, 가시거리가 짧아져 가는 창공, 컴퓨터와 마이크로칩 등 시공간적인 여러 혁명들을 겪었다. 우리는 이제 생체 공학과 우주 생태환경에 적응해야 한다. 우리는 우리의 시간 보정(補整)을 끊임없이 바꿔감으로써 반응해왔다. 지난 10년 동안, 베를린 장벽의 붕괴로 상징되는 새로운 변화를 겪은 우리에게는, 다음과 같은 질문들이 떠오른다. 우리는 세계 전쟁을 종식했는가? "사막의 폭풍"[1] 이후, "새로운 세계 질서"를 확립했는가?

정신 혁명

자발적 드라마(spontaneous drama)를 하는 사람들에게, 이런 변화는 놀라운 일이 아니다. 사실, 우리는 인간의 정신 자체가 바뀌면서 훨씬 많은 변화를 예상할 수 있다. 19세기 말부터 정신은 엄청난 변환을 겪어왔다. 그 양상은 바뀌나 문자 기

---

1)   사막의 폭풍(desert storm) - 1991년 걸프 전쟁 때 다국적군의 작전명.

록 또는 관념을 생성했던 플라톤의 형상계와 더불어 일어났던 것과 비슷하다. 아리스토텔레스는 고전 논리를 발명해, 객관적인 과학을 시작했으며, 존재를 범주들로 구분해 나누었다. 그런 정신 혁명이 아주 천천히 수많은 세기에 걸쳐 낙수(落水)처럼 흘러 내려와서, 인쇄기가 말을 기계화했고, 데카르트는 기계 은유를 창조해냈다. 인간이란 존재가 기계 같이 생각되면서, 뉴턴은 우주를 기계화했다. 그 영향은 곳곳으로 파고 들어갔다. 이차원적인 멜로드라마는 디킨스의 소설에서도 유사하게 나타났다. 그의 소설 속 사람들은 그들 자신의 범주 속에 고정되어, 변화할 능력이 없었고, 시계태엽처럼 "정해진 규칙(the rules)"들에 순종해야만 했던 것이다.

교사였던 내 할아버지는, 그런 전통을 물려받아, 철자는 맞거나 틀리거나 둘 중 하나라고 생각했다. 철자법은 오로지 한 가지만 있기에, 그는 셰익스피어는 셰익스피어 극을 쓴 사람이 아니라고 생각했다 — 자기 이름을 각기 다른 철자로 쓸 만큼 무식한 사람이 어떻게 그럴 수 있냐는 것이었다. 하지만 바로 그때 그 유명한 옥스퍼드 사전의 편집자들은 철자법이 끊임없이 변했었다는 사실을 발견했다.

사업가였던 나의 또 다른 할아버지는, 주중에는 종업원들에게 최대한 적은 급여로 최대한 일을 많이 시키면서도 일요일에는 이웃 사랑을 위해 교회에 갔다. 빅토리아 여왕 통치기에는, 삶의 모든 면에 명확한 법칙들이 존재했다 — 기차 엔진과 같은 기계 세계, 계급이 있는 제국의 세계, 열정이 없고 감정과 거리가 먼 객관적인 과학자들의 세계에서, 사물들은 검거나 희고, 옳거나 틀리며, 선이거나 악인 둘 중 하나였다.

그러나 아인슈타인이 E=mc²을 말했을 때, 하이젠베르크가 불확실성의 원리에서 관찰자가 실험의 한 부분이라는 것 밝히게 되는 건 필연적인 일이었다 — 이미 피란델로가 그의 연극에서 탐구한 바 있는 근본적인 현대적 개념이었다. 우리는 철자와 언어, 그리고 법칙들이 용법에 따라 달라지고, 진실은 그 사람과 적용하는 기준에 따라 상대적이며, 삶을 시간의 관점으로도 공간의 관점으로도 볼 수 있는 아인슈타인 혁명의 뒷물결 속에서 20세기를 살아왔다. 점점 더 많은 사람이 이런 정신적 진보를 자각하게 됨에 따라, 우리는 살아남는 모든 종(種)처럼 우리의 환경을 변화시키기 시작하고 있다. 그러나 그 정신 혁명은 완결되지 않았고, 우리는 더 많은 변화를 기대할 수 있다.

그 새로운 정신 혁명에는 드라마의 관점이 내재해있다. 관찰자가 실험의 한 부분일 때, 인간은 실존(existence)을 극화(劇化)한다. 20세기가 시작되고, 아인슈타인과 피란델로가 과학과 예술에 혁명을 가져오고 있을 때, 콜드웰 쿡[2]은 "어릴 때 공부하는 자연스러운 방법이 놀이(play)다"[3]라고 말했었다. 극적 활동은 우리의 학습 방법이다. 모든 혁명적 변화가 그랬던 것처럼, 그것은 느리게 시작했지만, 급속도로 확산해갔다. 1차 세계대전 전에는, 전 세계를 통틀어 학교에서 즉흥극을 사용하는 교사가 콜드웰 쿡과 해리엇 핀레이-존슨[4]밖에 없었지만, 1988년에 이르러서는, 온타리오주만 해도, 거의 6만 명의 고등학생이 정규 수업으로 자발적 드라마 수업에 등록했고, 드라마 교사들 (많은 수가 석사) 은 2천 명이 넘었으며, 약 백 명의 드라마 자문위원이 있었다. 이런 교육 혁명의 일부가 되어온 것은 자발적 드라마가 감정과 정서를 활동의 일부로 받아들인다는 점이었다. 그것은 사람들의 실존상황/입장 (where people are)에서 시작하는 것이기에.

어려운 실정

학교에서 즉흥 드라마를 활용하는 것과 나란히, 한때는 아동극(Children's Theatre)이라고 불렸고 지금은 아동 청소년 관객을 위한 연극(TFYA)으로 알려진, 어린이 관객을 위한 무대극 공연 또한, 20세기 초에 시작되었다. 이는 초기에는 전망이 밝았지만, 오늘날은 위기에 처해 있다. 1960년대와 1970년대에 부활한 이후에, 우리가 기대한 만큼 좋은 극단은 늘어나지 않았고, 그들을 위한 예산은 삭감되

---

2) 콜드웰 쿡(Henry Caldwell Cook 1886~1939) - 놀이(play)가 읽기나 듣기보다 더 나은 교육 방법이라는 에세이 <놀이 방식(The Play Way)>으로 유명한 영국의 교육자.

3) 원주: H. Caldwell, Cook, The Play Way (London: Heinemann, 1917), 1.

4) 해리엇 핀레이-존슨(Harriet Finlay-Johnson 1871~1956) - 영국의 교육가이자 교사로 어린이들의 교육을 위해 극을 만들어보도록 권장한 것으로 유명하다.

었다. 북미에서 어느 해 극단이 생겨나서, 한동안 훌륭한 활동을 전개하다가, 차츰 세상에서 잊히는 경우는 다반사다. TFYA를 위한 현대 희곡들이 르네상스의 조짐을 보여준다고 말할 수도 없다.

반면에, 역설적으로, 거의 20년 가까이 캐나다 배우들은 성인극만큼 TFYA에 고용됐었다! 그래서 TFYA가 동시대 문화와의 관련이 그저 주변적인 수준이라고 말할 수는 없다. 현장에 있는 사람들은 다들 의의가 있다고는 생각하지만, 대다수가 지원이 없다는 이유로 동조하지 않는다. 오늘날엔 근본적인 믿음과 가정의 충돌이 생기고, 예술은 그런 싸움의 무고한 희생자가 되어있는 것이다.

1960년대에 영국과 호주의 교육연극 극단들이 좌익 측의 공격적인 정치적 견해를 청소년 관객들에게 소개했던 것도 도움이 되지 않았다. 그다음 1970년대와 1980년대에 있었던 이런 단체에 대한 보수적인 반동이, 지금 우리의 정신 혁명 쪽으로 향하게 된 것이다. 로널드 레이건과 마거릿 대처와 같은 정치가들은 수준 낮은 문화적 야심으로 그저 "좋았던 옛날"로 돌아가기를 원했다. 예술지원금 관리자들은 점점 더 기계론자가 되었다. 그들은 두 가지 — 양(quantity)과 일치(matching)라는 — 방식으로 성공을 평가했다. 성공한 기업가는 그 이상적인 모델이었다. 그런 사람은 사람을 달에 보내거나, 더 나은 쥐덫을 만들고, 주택단지를 지어서 떼돈을 벌거나, 아이들을 테스트해서 그들을 범주화하고 딱지를 붙여놓고는, 실패하고 있다고 말해줬다. 사람들은 똑같이 평범한 가구나 옷을 샀다. 빅토리아 시대 기업가와 같이, 그런 사람들은 완벽한 소비자가 기계로 만들어진다고 생각했다. 이제 그런 생각들은 구시대적이며, 현대 자본주의는 그보다 훨씬 앞서 있다는 점은, 예술지원금 돈줄을 쥐고 있던 사람들에게는 별문제가 안 됐던 것으로 보인다. 그리고 극단들도 시대에 맞춰 변화하지 않았기 때문에, 상황은 그들 대다수에게 매우 어려워졌다.

현시대의 사고에 적응한다는 것

그런 가치들을 최고로 여기는데, 교육연극과 교육극 공연이 어떤 위치를 지닐 수 있겠는가? 기계론자들에게 그런 연극은 부적절해 보인다. 그들은 그 중요성을 평가할 수 없다. 그것은 질(quality)의 문제이기 때문이다. 구체적인 산출물이 행동 목표와 일치(match)되어야 하거나, 옳은 방법이 단 하나만 있어야 하거나, 문제는 정해진 방식대로 해결해야 하는 것일 때, 기계론자들은 예산을 통제하고 예술은 최우선 삭감 대상이다.

우리는 서로 상충하는 다음 두 가지 은유가 최고조에 이른 시대를 살고 있다.

• 낡은 패러다임

양(量)과 엄격한 법칙이 찬사를 받는다. 각각의 사람은 투입과 산출이 있는 기계이며, 그 사람의 부분들은 다른 사람들의 부분들과도 일치(match)되어야 한다. 그리고 결정은 감정(feeling)을 연관시키지 않고 이루어진다.

• 새로운 패러다임

질(質)과 유연성, 그리고 적응성이 찬사를 받는다. 모든 사람은 고유의 방식으로 정보를 처리하고, 그 사람이 만든 것은 개인적으로도 사회적으로도 창조적이며, 거기에는 체감-표의성(felt-significance)이 있다.

가장 큰 위험은 기계론적 관점에서 예술을 변론하는 것이다. 그런 싸움은 항상 진다.

그러나 완전히 지는 것은 *아니다*. 기계론은 표면적인 성공에도 불구하고, 퇴조하게 되어있다. 시간은 전체론적 은유(holistic metaphor)와 드라마 교육, 연극 교육의 편이다. 세기 내내, 이 새로운 정신 혁명은 앞으로 두 걸음 나아가고 뒤로 한 걸음 물러서며 주기적으로 진행되어왔다. 해마다 더 많은 사람이 "마치 ~인 것처럼(as if)" 사고하고 행동하는 법을 배운다. 또 기업들도 유연성과 적응성이 있는 사람들이 필요하다는 것을 깨달아 가고 있다. 모든 가능성으로 볼 때, 드라마 교육과 연극 교육은 수년 내에 다시 놀랄 만큼 활성을 회복해낼 수 있을 것이다. 다음 세 가지는 기계론이 퇴조할 것임을 보여준다.

- 경제

"재정 책임"을 다한다는 많은 이들은 경제적으로 무능하다. 그들은 예산을 비교하면서, 교육과 사회복지 그리고 예술 분야 예산을 삭감하려 든다 - 그러면서도 여느 때보다 더 큰 적자를 내고 만다!

- 교육

20세기에 교육 조사연구 (그중 대부분이 기계론적) 에 수십억 달러를 썼음에도 불구하고, 결과적으로 교육이 향상되었다고 말할 수 있는가? 존 F. 케네디 대통령은 신임 보건 교육복지부 장관 프랜시스 케펠에게 같은 질문을 했었다. 그러나 케네디 암살 후에도, 비슷한 연구는 계속되었다.

- 전쟁

기계론의 무능함은 지구촌의 전쟁 기계들에서 가장 잘 나타난다. 베트남과 아프가니스탄에서 군사 지도자들은 이 전쟁을 일치(matching)과 양(quantity)으로 결말지으려 했었다. 당시 미국과 소련이 그 전장에 새로 임명한 사령관들은, 각자 "같은 일을 더 많이 했을 뿐이었다." 베트남에서의 기계론의 실패는 아프가니스탄에서도 반복되었다. 아무래도 기계론자들은 이전의 실수에서 배우지 못한다. 그건 왜냐면 그들에게는 일을 하는 방법이 옳거나 옳지 않은 것만 있기 때문이다. 그런데 만약 그들이 처음에 "옳았다면", 일이 잘 안되더라도 두 번째도 그들이 확실히 옳은 것인가? 불행히도 군부의 기계론자들은 자신들 상황의 아이러니를 보지 못한다.

그러나 현대 모든 분야의 조사연구는 기계론으로부터 꾸준히 멀어져 왔다. 드라마 교육과 연극 교육은 진정한 미래가 있으려면, 낡은 진부한 가정(假定)들을 거부하고 동시대적 방식으로 생각해야 한다. 이미 시작은 되었다. 20년 전 TFYA 공연은 한 꼬투리에서 나온 완두콩처럼, 서로 일치(match)했었다. 나는 시애틀, 로스앤젤레스, 그리고 뉴욕에서 거의 같은 ─ 각각 다른 극단이 하는 ─ 공연을 보았었다. 지금 그런 공연들은 격식을 갖춘 것(formal)일 수도 안 갖춘 것(informal)일 수도 있고, 연습을 한 것일 수도 자발적, 즉흥적으로 하는 것일 수도 있고, 옛것을 뮤지컬화하거나 그대로 하는 재상연작일 수도 있으며, 관객 참여형 공연일 수도 있다. 이 분야에서는 하이젠베르크의 불확정성 이론이나 섀넌[5]의 통신(communication) 이론만큼[6] 현대적인 연극과 학습에 관한 다양한 틀, 복합적인 형식, 다양한 시각들을 발전시켜 가기 시작했다.

우리가 이 책에서 살펴본 바와 같이, "마치 ~인 것처럼(as if)" 존재하는 것은 아인슈타인의 우주에서 작동하는 근본적 방식이다. 우리는 특정한 맥락에서 실재적인 것과 허구적인 것의 비교를 통해 상상적 사고를 하며, 이것은 또 다른 특정한 맥락에서의 유사한 비교와 상대적 관련이 있다. 인간이란 존재는 "지금 여기"에서, 시공간적으로 작동한다. 모든 것들이 과정적이면서 동시에 체감된다는 말이다. 그리고 우리는 그것들을 끊임없는 유동(flux) 속에 있는 게슈탈트(gestalt) ─ "자신을 남의 입장에 놓는", 즉 극적으로 생각하고 행동하는 하나의 중요한 형식(form) ─ 를 통해 이해한다.

그러나 이런 변화는 여전히 저항에 직면해 있다. 우리 중에는, 특히 낡은 자유주의적, 인문주의적, 낭만주의적 관념의 지배에 사로잡힌 연극 예술가 중에는 현대적 사고에 필요한 다양한 지적 관점들을 마주하는 데 어려움을 느끼는 사람들도 있다. 삶은 이제 더는 19세기의 둘 중 하나란 관점으로 설명될 수 없다. 삶은 복잡하고, 파편화되어 있고, 동적이고, 모호하며, 심지어 역설적이기까지도 하다. 만[7] 16세가 되기까지 텔레비전을 보는 시간이 학교에서 지내는 시간보다 더 많은, 우리 아이들

---

5) 클로드 섀넌(Claude Elwood Shannon 1916~2001) - 미국의 수학자이자 컴퓨터과학자로, <통신의 수학적 이론(A Mathematical Theory of Communication)이란 논문을 통해, 정보의 종류에 따라 각기 다른 다양한 통신시스템이 쓰이고 있던 것을 동일한 방법론에 기초해 통합하는 방법으로 오늘날 쓰이고 있는 디지털 통신으로 바꿀 수 있는 원리와 시스템 설계의 비전을 제시했다.

6) 원주: Werner Heisenberg, Physics and Beyond: Encounters and Conversations (New York: Harper and Row, 1971). 섀넌(Shannon)에 관해서는, Charles Hampden- Turner, Radical Man: The Process of Psycho-Social Development (New York: Doubleday, 1981) 참조.

7) 저자는 서양식으로 나이를 밝히고 있으므로 만(滿)이라는 말을 삽입하였다.

의 세계가 바로 이렇다. 오늘날의 아이들은 더는 주로 처음/중간/끝의 단계로 사고하는 법을 배우지 않는다. 4세 어린이에게, 방금 텔레비전에서 본 것을 말해 보라고 하면, "프레드 플린스톤이 돌을 던졌는데, 바니가 맞았구요, 남자가 쉐비[8]를 몰고 길을 따라가는데, 또 다른 남자가 우리한테 세일한다는 얘기를 하더라구요. 그 담에 한 남자가 초콜릿 바를 먹고, 그 담에 바니가 프레드한테 돌을 던졌구, 그 담에 … 또 그 담에 …"라고 말할 것이다. 오늘날 현명한 교사는 텔레비전 세대가 잘 이해할 수 있도록 이야기를 전달할 때 단편적으로 한다. 우리는 이런 변화가 유감일 수 있고, 일어나지 않기를 바라지만, 시간을 되돌릴 수는 없다. 옛날의 구조에 의존하는 교사들은 점점 일찍 은퇴하고 있다.

다시 말하면, 드라마 교육과 연극 교육은 최근 세대에 일어났던 인간 정신의 구조와 동태의 변화에 발맞춰 바뀌어야 하는 것이다. 살아남으려면, 정신이 텔레비전 (항상 가장 성공적인 아기 돌보미) 에 크게 영향을 받는 오늘날의 아이들이 다음 세기의 어른이 될 것이라는 사실에 토대를 두어야만 한다.

인간의 정신 구조가 변하고 있는 시대에 산다는 건 두려운 일일 수도 흥미로운 일일 수도 있다. 이런 일은 신석기 혁명이 수렵에서 농업으로의 변화를 가져왔을 때나 고대 메소포타미아인들이 바퀴를 발명했을 때도 일어났을 것이 틀림없다. 이전의 믿음들은 전복되었고 새로운 사고방식은 엄청난 불확실성을 가져왔다. 아인슈타인은 기계 은유를 무너뜨렸고, 버트런드 러셀은 고전 논리를 무너뜨렸으며, 오늘날 점점 더 많은 사람이 다음과 같은 점을 깨닫고 있다.

- 진실은 보는 사람에 따라 다르다.
- 아름다움은 보는 사람의 눈에 달려있다.
- 삶은 우리가 창조하는 드라마다.
- 이름이 사실을 창조하지는 않는다.

....

8) 쉐비(Chevy) - 미국 제너럴모터스 쉐보레 자동차의 염가 사양 제품.

- 지도는 영토가 아니다.
- 엄격히 구분됐던 범주들은 시공간의 연속체 속에서 희석(稀釋)된다.

지식도 같은 것이 아니다. 여러 해 전만 해도 지식은 절대적이었지만, 오늘날 그것은 칼 포퍼가 말했듯이 "알려진 추측(informed guessing)"의 결과다. 예컨대, 수학은 추정과 확률에 의존한다. 즉, 마이클 폴라니가 지적했듯이, 우리가 거론하는 외현적/명시적(explicit) 지식은 암묵적이고, 직관적이며, 감정에 기반한 지식에 근거한 것이다. 그 결과, 우리는 드라마와 연극이 가능성의 구현이며, 가설을 검증하는 것이라고 이해하고, 한 편으로 현시대에 교육을 조사 연구하는 사람들은 "실효적/실능적 지식(practical knowledge)", 다른 말로 "노하우(know-how)"라고 알려진 암묵적인 것들과 명시적인 것들의 조합을 조사한다.

미래 질문들

TFYA는 어린이 청소년들을 대상으로 하는 연극공연(theatre)이며, 갈수록 그들의 사고방식은 동시대 혁명의 결과이다. 우리가 고정된 가치와 절대적 도덕성, 그리고 이성적인 이상을 지닌 공연을 보여주더라도, 그들은 갈채를 보낼지도 모른다. 어쨌든 아이들은 적어도 잠깐은 속이기 쉬우니까. 그러나 우리가 그들의 현재에서 시작하지 않는다면, 그들에 미치는 영향은 최소화될 것이고, 그 극단은 다시 활동하지 못할 수도 있다. 만약 우리가 **그들의** 미래에 눈길을 두지 않는다면 우리는 눈가리개를 쓴 것이나 다름없다.

아이들은 어떤 종류의 미래를 지니게 될까? 우리가 모두 알다시피, 서구의 주요한 사회 변화는 중공업에서 시작해서 통신에 이르렀고, 사람들은 새로운 능력들이 필요하다. "기초능력(generic skills)"에 관한 현대의 연구는, 학창 시절 학습되어 성인 생활로 전이될 수 있는 능력들, 내일의 일과 여가 생활 둘 다에 필요할 능력들을 찾아내려고 노력한다. 그것은 옛날 기계론자들이 생각하는 "직업" 능력, 즉 미래의 비서들을 위한 문서 작성법이나 새내기 목수들을 위한 망치로 못 박는 법 같은 것이 아니다. 기초능력에 관한 현대적 개념은 다른 것이며, 미래 사고자들(future thinkers)인 경영계, 산업계 지도자들의 지지를 받고 있다.

"기초능력"이란 무엇인가? 점점 더 많은 사람이 직업을 바꾸거나 전업 중에 일을 하지 않기도 하면서, 여가가 더 늘어날 사회에서는, 한 세대 전과도 상황이 다르다. 기초능력은 모든 사람이 필요로 할 "실효적/실능적 지식(practical knowledge)"을 구성한다. 유연성과 적응성, 변화에 대한 긍정적 반응, 강한 동기부여와 맡은 일에 대한 헌신, 열성적 문제 인식과 해결, 그리고 인간 상호작용과 소통에 관한 근본적인 능력 ─ 조율/교섭(negotiation) 능력 ─ 을 의미한다. 기초능력은 정신의 구조처럼, 꼭 내용이 필요하지는 않은 활동들이다. 은행 창구직원에게 필요한 능력은 그 구조가 가령 법률가의 그것과 유사하지만, 내용은 상당히 달라진다.

그러나 이런 질문을 할지 모른다. 이런 능력들을 과연 즉흥극과 현시대의 TFYA가 확실히 가르칠 수 있느냐고? 정확히 그렇다! 우리가 현시대의 인간 사고혁명을 완전히 깨달을 수 있다면, 교육연극과 교육극 공연은 미래 모든 교육의 기본적 도구가 될 수 있다.

한 캐나다 주요 기업의 회장이 자기네 직원들에게 가장 중요한 기초능력은 인간 교섭(negotiation) 능력이라고 말할 때, 그는 사실상 우리와 똑같은 문제에 중점을 두는 것이다. 자기표현(self-representation)과 조율/교섭(negotiation)은 고대의 관심사이기도 했다. 그것들은 이집트의 신 토트의 영역이었고, 소크라테스가 준거해 살았으며, 피타고라스가 옹호했던 것으로, 아우구스티누스 카이사르의 마지막 생각도 그것들에 대한 것이었다. 기계론자들이 자기표현과 조율/교섭을 잘 주체하지 못할 때, 그것들은 예술가들의 영역이 되었다. 셰익스피어, 세르반테스, 스턴[9] 그

---

9) 로렌스 스턴(Laurence Sterne 1713~1768) - 영국의 소설가. 성직자로서 말년에 쓴 <트리스트럼 샌디(Tristram Shandy)>, <풍류여정기(A Sentimental Journey Through France and Italy)>가 문학사에 큰 획을 그었다.

리고 피란델로가 바로 그들이다. 오늘날 많은 분야의 학자들은 그것들을 과학과 사회과학에서의 패러다임과 모델을 사용하는 것과 함께 사용한다. 비평에서의 케네스 버크와 사회학에서의 어빙 고프먼[10], 그리고 인류학에서 빅터 W. 터너가 바로 그들이다. 선진 경영 연구와 우주 프로그램에서도 극화가 행해진다. 그리고 연행 현실(performance reality)은 바이힝거[11], 하이데거, 가다머[12], 사르트르 그리고 핑크[13]에 이르기까지 다양한 현대 철학자들의 주요 관심사이다.

그러므로, 인간의 극적 연행과 자기표현이 학교 교실에 점점 더 침투되고 있는 건 놀라운 일이 아니다. 자발적 드라마가 기초능력과 예술적 능력 둘 다에 인간적, 사회적, 미학적 토대를 제공한다는 사실은 이제 많은 교육자가 인정하게 되었다. 그들은 다양한 연극성(theatricality)이 예술적 경험을 연희자들에게 제공하고, 기초능력의 모델이 그런 경험을 관객에게 제공한다는 점을 받아들인다. TFYA가 교실 드라마를 보완할 때, 그것은 기초능력 학습을 위한 강력한 매체가 된다. 관객들은 크게든 작게든 인생에서 성공한 무대 상의 인물들과 동일시한다. 그러나 그런 성공의 특성은 시대에 따라 달라진다. 오늘날 대중 매체에서 성공한 사람은 기계론자와 물질주의자다. 과거에 TFYA에서 성공한 사람은 낭만주의자와 이상주의자였다. 그러나 점점 몇몇 TFYA 극단들이 전체론적 입장에서 인간 상호작용을 중시(interpersonal)하고 있고, 그래서, 그들의 작업은, 어린이 청소년 관객들의 실제 감정과 그들의 미래 관심사에 직접적으로 연관된다.

극장에 오는 관객에게는 의미를 이해하는 특정한 패턴이나 코드가 있다. 실연 코드(그 배우들이 무엇을 하는가)와 허구 코드(그 놀이가 무엇에 관한 것인가)

---

10) 어빙 고프먼(Erving Goffman 1922~1982) - 캐나다 태생의 미국 사회학자이자 사회심리학자로 개인의 사회적 역할이 자기표현과 상징적 상호작용을 하는 극적 특성을 지닌다는 관점을 견지했다.

11) 한스 바이힝거(Hans Vaihinger 1852~1933) - 독일 철학자로서 1911년 <As if의 철학> 집필.

12) 한스-게오르그 가다머 (Hans-Georg Gadamer 1900~2002) - 독일의 현대 철학자. 현대의 해석학 체계를 구축한 인물. 진리는 과학적 '방법'이 아니라 예술 경험에서 '이해'의 역사성을 통해 얻어질 수 있다고 밝히고, 예술의 존재론적 진리 개념을 놀이 개념으로 설명했다.

13) 오이겐 핑크(Eugen Fink 1905~1975) - 독일 철학자로서 인간의 '놀이'와 '세계'의 관계를 실존적 차원에서 이해하는 <세계상징으로서의 놀이(Play as Symbol of the World)> 등에서 놀이에 대한 존재론을 펼쳤다.

가 그것이다. 두 가지 코드는 인간의 실존과 관습적인 법칙에 관한 일반적인 가정 (assumptions)을 토대로 한다. 그러나 오늘날 이 두 가지 코드는 끊임없이 변하고 있으며, 현시대의 어린이 청소년 관객들 사이에서 이런 변화는 급진적이다.

가령, 배리의 *피터 팬*을 살펴보자. 연극성(theatricality)과 감성적 기발함의 이런 고전적 혼합은 에드워드 7세 재임기 대영제국 마지막 영광 시대 세계의 산물이다. 그러나 시대가 지나면서 그것이 마음에 와닿는 점은 달라졌다. 어릴 적 내가 가졌던 허구 코드는 나를 웬디와 달링 가 아이들하고 어느 정도 동일시할 수 있게 해주었다. 하지만 현대의 관객들은, 그 반응을 보면, 거의 그러지 않는다는 것을 알 수 있다. 나는 이 연극의 실연 코드로 피터 역을 하는 여성이 줄을 매달고 나는 걸 채택했었다. 그러나 현시대의 도시 어린이들은 여자가 "남장 연기(reverse drag)"를 하고 있다는 건 빤히 알아차리고, 피터가 나는 건 스티븐 스필버그의 영화적 특수효과 기법(pyrotechnics)를 시시하게 모방한 것일 뿐이라고 생각한다. 반면에 후크 선장과 스미, 악어의 연기는 계속 엄청 즐기고 있다. 그건 왜 그런가?

그런 변화는 영국 무언가면 놀이(English Mummers' Play)의 현대적 공연에서 훨씬 더 분명하게 드러난다. 현대 영화 속의 공포를 뒤로하고, 현시대 어린이들은 용과 터키 기사도 성(聖) 조지만큼이나 응원하는 경향이 있다. 오십 년 전 어린이 청소년들의 실연 코드와 허구적 코드로는 제임스 리니[14]의 "*어둠 속의 색깔들(Colours in the Dark)*" ― 오늘날 어린이들에게는 중요한 연극 ― 을 결코 만들 수 없을 것이다. 그건 왜 그런가?

공간에 대한 인간의 느낌은 달라지고 있다. 관객을 엿보는 사람으로 상정하는 프로시니엄 무대의 고정된 장엄함은 50년 전보다 어린이 청소년 관객들에게 소구력 (訴求力 appeal)이 덜 하다. 그에 반해, 융통성 있고 친근한 공간은 그들을 창조되

---

14) 제임스 크레라 레이니(James Crerar Reaney 1926~2008) - 캐나다의 시인이자 극작가. 그의 연극은 상징, 은유, 영창(chant), 시적 현현(incarnation), 코러스적 읊조림(choral speaking), 즉흥극과 어린이 놀이의 조합이다.

는 의미 속으로 더 참여할 수 있게 해 준다. 3차원의 사실성을 지닌 무대 장면은 별 장치가 없는 최소한의 무대보다 관객들이 창조해낼 감정의 여지가 덜 하다. 배우와 관객의 그런 인간 상호작용적(interpersonal) 공간이 어린이 청소년들에게 최대한의 감정과 의미를 창조할 수 있게 해주는 것이다. 우리 다문화 사회 속의 집단들 사이에서 공간은 여러 가지로 다를 뿐만 아니라, 대부분의 현대적인 관객들은 거리를 줄이고 친근성을 증가할 필요성을 보여주고 있다. 그건 왜 그런가?

우리가 알다시피, 무대 위의 시간은 여섯 종류의 시간적 의미를 제공한다. 영원한 현재, 부분별(segmental) 시간, 구성(plot)상의 시간, 내적 순차별(inner chronological) 시간, 역사적 시간, 그리고 공연 시간이 그것이다. 오늘날 어린이 청소년 관객들의 잣대는 부분별 구성상의 시간과 내적 시간, 그리고 역사적 시간의 정확성에 대해서는 30년 전 또래들보다 훨씬 덜 따진다. 간혹 이야기 연극(story theatre)[15]을 위해 "지금 여기"를 유보하기도 한다. 그건 왜 그런가?

그러나 아마도 가장 큰 변화는 어린이 청소년들이 점점 더 이른 나이에 공연을 메타드라마로 받아들인다는 점일 것이다. 30년 전만 해도, 어린 청소년들이 연극의 허구를 실제와 혼동하는 일이 흔했다. 악당이 숨어있는 곳에 영웅이 다가가면, 그들은 "조심해! 악당이 모퉁이에 있어!"라고 소리쳤었지만, 오늘날엔 만 8세의 어린이도 그런 혼란을 겪는 일은 드물다. 최근에 <세일즈맨의 죽음>을 텔레비전으로 보던 만 9세 어린이가 윌리 로먼에 관해 "저 사람 더스틴 호프만 아니에요?"라고 말했었다. 이 나이 때부터 서구 도시의 어린아이들은, 허구 세계가 실제 세계와 다르면서 단지 실제인 것처럼 취급될 뿐이며; 배우는 그 역할과 관객과는 구별되고; 공연은 실제적이면서 동시에 가상적인 공간과 시간 속에서 작동한다는 관습(conventions)을 어른들과 같이하고 있다. 그건 왜 그런가?

---

15) 이야기 연극/극장(story theatre) - 미국의 폴 실스(Paul Sills)에 의해 만들어진 용어로, 이미 아동문학으로 출간된 이야기 - 옛이야기, 신화, 동화, 설화 등의 다양한 이야기 - 들을 인포멀하게 무대화하는 연극 형식을 말한다.

이런 질문들은 서구 세계를 관통하는 중요한 특성을 반영한다. 즉, ***점점 더 극적(dramatic) 매체를 전체로서의 삶 속에서 체감과 의미를 전해주는 작용으로 의식하고 있는 것이다***. 맥루안이 늘, 다양한 변용과 함께, 말했듯이, 매체(media)는 메시지(message)다 (매체는 대중 시대(mass age)다... 매체는 마사지(massage)다...). 이 개념은 미래를 보여준다.

전자 세대의 어린이 청소년들은 점점 다른 실제/현실들(realities)을 상상하고, 일시적으로 그 안에서 살면서, 그것들을 실제인 것(real)처럼 취급하기도 한다. 그러나 그러면서도, 그것들이 허구라는 걸 — 문자 그대로 그런 일들이 그곳에서 벌어지지(take place) 않는다는 걸 — 안다. 그들 스스로도 놀이-속의-놀이(play-within-the play)라는 걸 아는 것이다. 연극(theatre)이 그들 자신의 실존상황/입장(where they are)에서 시작한다면, 그것은 직접적인 소구력(appeal)이 있다. 어린이 청소년들은 인물(characters)과 인물을 실연/연행(perform)하는 배우/행위자(actors) 둘 다를 알아볼 수 있으며, 이런 이중의 실재성(reality)이 허구적인 동시에 현실적이라는 것을 받아들일 수 있다.

어린이 청소년들은 점점 삶 전체가 경계의 문턱에 있다고/임계적이라고(liminal) 느낀다. 그래서 그들에게 드라마와 무대극은 리미노이드/경계의례(liminoid)다.[16] 인간 실존이라는 대우주의 축소판/소우주인 것이다. 드라마와 무대극은 어린이 청소년들이 소설이 하는 방식으로 현실/실제성(reality)을 재창조할 수 있도록 허용한다. 그것들은 그들과 그들의 감정을 변환시키고, 궁극적인(ultimate) 현실과 소통할 수 있는 수단이며, 역할 놀이용 가면 뒤에서 현실을 재현한다. 어린이 청소년들은 그런 가면들을 사용해서 진짜 얼굴의 가능성을 드러낸다. 이렇게 드라마와 무

---

16) 리미노이드(liminoid) - 사회인류학자이자 상징인류학자였던 빅터 터너(Victor W. Turner)가 제시한 개념이다. 리미노이드 상태는, 흥분상태에서 어떤 중요한 활동에 완전히 몰입해 있는 사람에게서 특징적으로 나타나는 비반사적 상태다. 이 상태에 있을 때는 행동과 의식이 뒤섞이며, 자아의식이 없어지는 대신 참여자가 열심히 숙달하고자 하는 한정된 분야에 관심이 집중된다. 이 감정 상태는 어떤 외적인 목적에 대한 수단이 아니라 그 자체로서 하나의 보상이다. 이와 같은 감정 상태는 종교 행위(성찬식)에 몰두해 있는 사람에게서 특징적으로 나타나는 것이지만, 한편으로는 취미, 성행위, 레크리에이션, 놀이 등과 같은 여가 활동 등에서도 공통적으로 나타난다. (류정아, <축제 이론>, 커뮤니케이션북스, 2013)

대극은 모든 사회 구조에 대한 근본적인 비평의 씨앗을 포함하고 있다.

　이런 상황/환경(circumstances)에서, 드라마와 무대극이 미래의 어른을 위한 기본적이고도 꼭 필요한 경험이라고 주장하는 것은 과언이 아니다.

찾아보기

A - Z

CEQRM ·· 227

DNA ··· 125

E.H. 곰브리치(E.H. Gombrich) ············· 176

ㄱ

가면(Mask) ························· 117, 136, 146

가치 체계(Value System) ················ 26, 57

간학문적 모델(Interdisciplinary Model) ······· 282

갈릴레이 갈릴레오(Galilei Galileo) ··············· 306

감각(Sensation) ································· 44

감정(Feeling) ···································· 17

강화 의례(Rites of Intensification) ········ 78, 124

객관적 반응(Object response) ··················· 44

거울(Mirror) ························· 53, 60, 118

거짓말쟁이(THE Liar) ························· 311

게슈탈트(Gestalt) ···· 103, 136, 147, 162, 170, 204, 325

결정론(Determinism), 결정론자(Determinist(s)) ······································· 106, 107, 144

경극(Peking Opera) ·························· 255

경제(Economics) ······························ 324

경험적 일반화(Empirical Generalization) ······ 232

경험적인(Experiential) ························ 305

골도니 카를로(Goldoni Carlo) ··················· 311

공감/감정이립(Empathy) ························ 206

과제 분석 개요(Outline Task Analysis) ········· 258

관객(Audience) ······················ 17, 53, 95

관점(Perspective) ··· 56, 84, 87, 91, 104, 107, 140, 141, 171, 185, 231, 240

교육(Education) ······················· 19, 64

교육과정(Curriculum, Curricular,i) ········· 87, 294

교육연극 공연(Educational Theatre) ····· 201, 216

교육연극(Educational Drama) ·· 19, 212, 213, 225

구스타브 칼 융(Carl Gustav Jung) ··············· 144

구조(Structure) ······················· 29, 62

구조론(Structuralism) ·············· 148, 182

구조적인(Structural) ························· 151

국립연극학교(National Theatre School) ····· 300,
313

그레고리 베이트슨(Gregory Bateson) ···· 61, 151

그레마스(Gremas A.-J.) ···················· 102, 185

그로토프스키(Grotowski Jerzy) ················· 210

그리스(Greek(s)) ····························· 170

그릴파르처 프란츠(Grillparzer Franz) ·········· 303

극적 기능(Dramatic: functions) ················· 190

극적 행동(Dramatic Act, Action) ······· 17, 24, 29,
101, 290, 295

극적표현(Expression Dramatique) ······· 203, 220

극화(Dramatize, Dramatization) ·········· 104, 161

근거 이론(Grounded Theory) ···················· 232

글레이저(B.G. Glaser) ···················· 232, 254

글린 위컴(Wickham) ························· 309

기계론(mechanism) ························· 106, 143

기독교(Christianity, Christians) ······· 55, 115, 119

기억(Memory) ·························· 62, 167

기준(Criteria) ······························· 228

기호(sign) ···················· 48, 49, 72, 102, 189

기호학(Semiotics) ························· 107, 173

기호학자(Semioticians) ········ 126, 144, 146, 151

길버트 라일(Gilbert Ryle) ···················· 297

끌로델(Claudel) ························ 31, 53

노버트 위너(Weiner) ······················· 107, 160

놀이 방식(Play way) ························ 321

놀이(play) ·············· 19, 32, 157, 158, 321

뉴턴(Newton) ··················· 106, 121, 320

닐(Neill) ···························· 197

ㄷ

대상-형상(Object-form) ····················· 45

대영 제국(British Empire) ···················· 330

더스틴 호프만(Hoffman Dustin) ·············· 331

데리다 자크(Derrida Jacques) ············· 94, 168

데메테르(Demeter) ························· 128

데이비드 봄(David Bohm) ···················· 286

데이빗 베스트(David Best) ··················· 237

데이터의 준비와 처리(Preparing and treating
data) ························ 232

데카르트적(Cartesian) ················· 136, 287

도널드 위니컷(Winnicott) ················· 89, 207

도덕성(Morality) ············· 32, 97, 98, 100

도로시 히스코트(Dorothy Heathcote) ···· 24, 27,
306

도스토옙스키(Dostoevsky Fedor) ·············· 41

동기부여(Motivation) ············· 181, 213, 214, 215

동일시 하다(Identify, identifucation) ··········· 60

드라마(Drama) ·········· 18, 19, 295, 297, 304

드라마와 무대극의 여러 양상(Aspects of drama
and theatre) ··················· 19

디오니소스(Dionysos) ··················· 118, 142

ㄴ

나바호(Navaho) ························· 125

나폴레옹(Napoleon) ························· 157

네로(Nero) ···························· 246

노(Noh) ······························· 178

ㄹ

라이트(G.E. Wright) ·················· 282
라파엘(Raphael) ·················· 125
레비스트로스(Lévi-Strauss) ·················· 98
레오나르도 다빈치(Leonardo de Vinci) ······· 125
레위스(Lewis) ·················· 55, 75, 272
로널드 그라임스(Ronald Grimes) ·················· 72
로널드 랭(Ronald David Laing) ········· 145, 204
로렌스 스턴(Laurence Sterne) ·················· 328
로버트 위트킨(Robert W. Witkin) ··· 44, 191, 307
로버트 윌슨(Robert R. Wilson) ·················· 272
로베르토 아사기올리(Roberto Assagioli) ····· 206
로이 A. 라파포트(Roy A. Rappaport) ·········· 291
로제르 델다임(Roger Deldime) ·················· 203
로크(Locke) ·················· 143, 309
롤랑 바르트(Roland Barthes) ·················· 101, 170
롤로 메이(Rollo May) ·················· 64, 145, 204
루소(Rousseau) ·················· 104, 197
르네 데카르트(René Descartes) ····· 49, 99, 143
리 콥(Lee J. Cobb) ·················· 31
리드게이트(Lydgate) ·················· 132
리미노이드(liminoid) ·················· 332
리샤르 모노드(Monode) ·················· 203
리처드 버비지(Richard Burbage) ·················· 304
리처드(Richards) ·················· 196
리치(Leach) ·················· 271
리쾨르(Ricoeur) ·················· 156, 157, 158, 163

ㅁ

마거릿 대처(Margaret Thatcher) ·················· 322
마담 베스트리스(Madame Vestris) ·················· 300
마들렌 르노(Madeleine Renaud) ·················· 31

마르셀 마르소(Marcel Marceau) ·················· 31
마르쿠스 아우렐리우스(Maracus Aurelius) ··· 213
마르크스(Marx) ·················· 60, 106, 143, 144, 214, 237
마르틴 부버(Martin Buber) ·················· 149, 240, 307
마야(Maya) ·················· 113, 187
마이클 레드그레이브(Redgrave) ·················· 299
마이클 폴라니(Michael Polany) ······ 29, 107, 166, 327
마치~인 것처럼(As if) ···· 18, 29, 89, 136, 163, 208
마크 존슨(Mark Johnson) ·················· 170
만다라(mandala) ·················· 123, 124
만약 ~라면 어떨까(what if) ······· 29, 62, 161, 208, 271, 272, 297
만하임(Mannheim) ·················· 69
말모(Malmo) ·················· 216
매체(medium) ·················· 46, 62, 85
맥라렌(McLaren) ··· 50, 54, 72, 73, 74, 80, 87, 238, 243, 289
맥락Context(s) ·················· 229
맥락론(Contextualism) ·················· 108
맥루안(MacLuhan) ·················· 106, 308, 332
맥린(MacLean) ·················· 147
맥베스(Macbeth) ·················· 292
머렐(Merrell) ·················· 48, 102, 105, 155, 160
머큐리(Mercury) ·················· 121
메소포타미아(Mesopotamia) ·················· 77, 118
메타드라마(Metadrama) ·················· 331
멜라니 클라인(Melanie Klein/Klein-ian(s)) ··· 206
모형(Model) ·················· 65, 139, 151
목격자(Witness) ·················· 84, 95, 97, 100, 300
무대극(Theatre) ·················· 18, 71, 84, 192
무언가면 놀이(Mummers' Play) ·················· 178, 330
무의식 이론(Theory of the Unconscious) ···· 202
무의식(Unconscious) ·················· 27, 29, 32, 62, 167
문턱(Liminal) ·················· 79, 270, 272, 332

문화기술, 민속지학 유형(Ethnography) ······ 234, 241, 296

문화 이론(Cultural Theories) ···················· 241

문화, 문화적(Culture, Cultural) ······ 153, 188, 241

미궁(Labyrinth) ····································· 126

미로(Maze) ··································· 127, 131

미하이 칙센트미하이(Mihaly Csikszentmihalyi) ·· 213

미학자(Aesthetician(s)) ························· 201

미학적(Aesthetic) ···················· 32, 41, 92, 192

미학적-예술적 인지와 감정(Aesthetic-artistic Knowing and Feeling) ························ 173

민속화(Folklore, Folklorist(s)) ················ 132

ㅂ

바츨라프 하벨(Havel, Vaclav) ·················· 54

바흐친(Bakhtin,M.M.) ················ 106, 149, 301

발달 연극학(Developmental Drama) ·········· 306

발달 이론(Developmental Theory) ············· 205

발자크(Honore de Balzac) ···················· 183

배우-교사(Actor-teacher(s)) ················ 22, 214

버나드 베커만(Bernard Beckerman) ··········· 298

버나드 쇼(Bernard Shaw) ·················· 27, 303

버트런트 러셀(Bertrand Russell) ··············· 166

베르너 하이젠베르크(Heisenberg Werner) ·· 296

베르톨트 브레히트(Bertolt Brecht) ······ 175, 298

베를린 장벽(Berlin Wall) ························ 319

베트남(Vietnam) ································· 324

벤 존슨(Ben Johnson) ························· 170

벤자민 워프(Whorf) ····························· 69

벤저민 스폭(Spock) ···························· 206

변형(Transformation) ········· 29, 97, 120, 125, 270

보티첼리(Botticelli) ···························· 125

부족 문화(Tribal Culture) ················ 76, 110, 111

부처(Buddha) ································· 124

불확실성(Uncertainty) ················ 80, 91, 176

뷜러 카를(Buhler Karl) ························ 173

브라마(Brahma) ······························· 122

브라이언 웨이(Way) ················ 22, 216, 312

블라디미르 레닌(Vladimir Lenin) ··········· 56, 60

블랙햄(Blackham H.J.) ························ 200

비고츠키(Vygotsky) ··························· 171

비슈누(Vishnu) ······························· 122

비올라 스폴린(Viola Spolin) ············· 156, 309

비용(Cost) ·································· 258

비잔틴 제의(Byzantine Ritual) ················ 120

비트겐슈타인(Wittgenstein) ·· 162, 237, 271, 295, 298

빅터 터너(Victor W. Turner) ·· 50, 68, 70, 79, 121, 154, 289, 291, 332

빅토리아(Victoria) ················ 198, 248, 313

빌헬름 딜타이(Wilhelm Dilthey) ··············· 69

ㅅ

사고 양식(Modes of Thought) ··········· 33, 41, 42

사고(Thought) ······················· 29, 52, 216

사르트르(Sartre) ····· 34, 41, 96, 131, 209, 210, 329

사무엘 베케트(Samuel Beckett) ················ 106

사방치기(Hopscotch) ··················· 132, 133

사위일체(Quaternity) ····················· 74, 99

사회극(Sociodrama) ························· 68

사회적 드라마(Social Drama) ······ 68, 69, 74, 290, 291

사회적 행위(Social Act) ···················· 70, 289

사회적 행위자(Social Actor) ·········· 74, 86

상대주의(Relativism) ················· 235

상상의 동반자(Imaginary Companion) ········· 32

상징(Symbol) ······················· 57

샤먼(Shaman) ····················· 21, 31

샤크티(Shakti) ····················· 122

섀넌(Shannon) ····················· 325

성서 역사(Bibilical History) ···· 271, 272, 273, 278, 282, 286

성숙(Maturation) ···················· 88

세르반테스 미구엘(Cervantes Miguel) ··· 53, 103

세일즈맨의 죽음(Death of a Salesman) ······· 331

셰익스피어(Shakespeare) ······ 198, 298, 299, 309

소크(Salk) ························· 151

소크라테스(Socrates) ················· 104

수잔 아이작스(Susan Issacs) ············· 205

쉐크너(Schechner) ·················· 84

스메딕(Smethwick) ·················· 310

스몰우드(Smallwood) ················ 21

스키너(Skinner) ················· 143, 202

스타니슬랍스키(Stanislavsky) ······· 181, 198, 199, 302

스트라본(Strabo) ··················· 127

스트라우스(Strauss) ················· 254

스티븐 C. 페퍼(Stephen C. Pepper) ···· 49, 108

스티븐 스필버그(Spielberg) ············· 330

스페인 비극(Spanish Tragedy) ··········· 310

시간(Time) ···················· 185, 186, 270

시뮬레이션(Simulation) ················ 19

시바(Shiva) ························ 57

시애틀(Seatle) ····················· 324

시토(Sito) ························· 128

시파푸(Sipapu) ················· 112, 122

신경생리학(Neuro-physiology) ··········· 210

신뢰(Trust) ························ 24

신비체험 순환극(Mystery Cycle) ·········· 311

신석기 혁명(Neolithic Revolution) ········· 326

신탁 계약(Fiduciary Contrast) ··········· 307

신화(Myth) ················· 47, 50, 75, 76

실능적 지식(Practical Knowledge) ·· 63, 240, 251, 252, 253, 327, 328

실비아 브로디(Sylvia Brody) ············· 206

실연(Performance) ·············· 47, 64, 67

실용주의(Pragmatism) ············ 143, 270

실존주의 치료(Existential Therapy) ········· 204

실존주의(Existentialism) ··············· 208

심리극(Psychodrama) ················· 203

심리학(Psychology) ······· 103, 125, 150, 202, 213, 226, 228

심리학적(Psychological) ············ 201, 243

ㅇ

아놀드 버린트(Arnold Berleant) ··········· 178

아동 청소년 관객을 위한 연극(Theatre for Young Audiences(TFYA)) ········· 216, 316

아리스토텔레스(Aristotle) ··············· 27

아몬(Amon) ┄┄┄┄┄┄ 116

아서 에반스 경(Sir Arthur Evans) ┄┄┄┄ 128

아서 쾨슬러(Arthur Koestler) ┄┄┄┄ 150

아시아의 사위일체(Asiatic Quaternities) ┄ 122

아우구스투스 카이사르(Augustus Caesar) ┄ 103

아우구스트 스트린드베리(Strindberg) ┄┄ 300

아우구스티누스(Augustine) ┄┄┄┄ 142

아이네아스(Aeneas) ┄┄┄┄┄ 132

아이스킬로스(Aeschylus) ┄┄┄┄ 118, 178

아즈텍(Aztec) ┄┄┄┄┄ 187

아프가니스탄(Afghanistan) ┄┄┄┄ 324

안나 프로이트(Anna Freud) ┄┄┄┄ 206

안드라데(Andrade M.G.Yaga de) ┄┄┄ 238

안톤 체호프(Anton Che khov) ┄┄┄ 302

알렉산더 딘(Alexander Dean) ┄┄┄┄ 300

알버트 아인슈타인(Albert Einstein/Einstein-
ian) ┄┄┄┄┄ 298, 320, 325

알튀세르 루이스(Althusser Louis) ┄┄┄ 60

앤서니 윌든(Anthony Wilden) ┄┄┄ 50, 61, 99

얀 무카로프스키(Mukarovsky) ┄┄┄┄ 173

얀트라(Yantra) ┄┄┄┄┄ 124

어니스트 베커(Ernest Becker) ┄┄┄┄ 103

어둠 속의 색깔들(Colours in the Dark) ┄┄ 300

어빙 경(Sir Herny Irving) ┄┄┄┄ 304

어빙 고프먼(Erving Goffman) ┄┄┄┄ 329

언어적인(Lingustic) ┄┄┄┄ 242, 308

에드 버먼(Ed Berman) ┄┄┄┄ 54

에드워드 7세(Edward VII) ┄┄┄┄ 330

에디스 에반스(Dame Edith Evans) ┄┄┄┄ 31

에른스트 카시러(Ernst Cassirer) ┄┄┄ 69, 80

에릭 번(Eric Berne) ┄┄┄┄ 206

에릭 에릭슨(Erik Erickson) ┄┄┄┄ 88

에밀 드뤼켕(Emil Durkheim) ┄┄┄┄ 80

에브너 코헨(Abner Cohen) ┄┄┄┄ 69

에코 움베르토(Eco Umberto) ┄┄┄┄ 126

에테르(Ether) ┄┄┄┄┄ 123

엘리아데 미르체아(Eliade, Mircea) ┄┄┄ 90

엘리어트 아이스너(Elliot W. Eisner) ┄┄┄ 236

역동적인(Dynamic(s)) ┄┄┄┄ 93

역할(Role) ┄┄┄┄┄ 59

역할을 수행하는 연희자(Costumed Player) ┄ 64

연구자(Researcher) ┄┄┄┄ 151

연극치료(Drama Therapy) ┄┄┄┄ 202, 205

연금술(Alchemy) ┄┄┄┄ 119, 121, 130

연행적 앎(Performative Knowing) ┄┄┄ 95

연희자(Player) ┄ 17, 30, 77, 96, 157, 293, 294, 295

영국(Britain) ┄ 20, 27, 131, 132, 134, 178, 202, 205,
248, 300, 310, 322, 330

예술 교육(Arts Education) ┄┄┄┄ 244

예술가/예술적(Artist/Artistic) ┄┄ 29, 41, 121, 169,
174, 244, 325

오르테가(Ortega) ┄┄┄┄ 317

오시리스(Osiris) ┄┄┄┄ 78, 117

오이겐 핑크(Eugen Fink) ┄┄┄┄ 329

오이디푸스(Oedipus) ┄┄┄ 53, 198, 301

오점형(Quincunx) ┄┄┄ 109, 110, 115, 122

오토 바이닝거(Otto Weininger) ┄┄┄┄ 208

오토 페니켈(Otto Fenichel) ┄┄┄┄ 214

온타리오(Ontario) ···· 225, 250, 252, 253, 274, 304

올리버 트위스트(Oliver Twist) ···················· 198

올슨(Olsen) ·· 94

요크 대학교(York University) ························ 313

움직임(Movement) ·········· 98, 102, 136, 144, 154

원초적 감정(Primary Feeling) ····················· 122

원초적 연기(primal Act) ···················· 207, 221

월레 소잉카(Wole Soyinka) ·························· 54

윌슨 나이트(G. Wilson Knight) ···················· 17

위대한 의상(Great Cloths) ························· 310

윌리엄 제임스(William James) ···················· 199

윌리엄 블레이크(William Blake) ·················· 151

유기체론(Organicism) ································· 108

유대교(Kabbala) ··· 106

유사성(Similarity) ··············· 91, 163, 183, 305

유월절 축제(Jewish Festivals) ····················· 76

유진 케일린(Eugene F. Kaelin) ···················· 201

은유(Metaphor) ····················· 27, 47, 49, 57, 108

의미(Meaning) ························· 90, 95, 122

의미론(Semantics) ·························· 126, 179

의식(Consciousness) ···································· 153

의식성(Awareness) ······································ 306

의인화(Impersonation) ·································· 82

이념적 효과(Ideological Effect) ··················· 52

이론적 일반화(Theoretical Generalization) 232, 261

이리 벨트루스키(Veltruský) ······················· 176

이사도라 던컨(Isadora Duncan) ·················· 29

이야기 연극(Story Theatre) ························ 331

이원성 대 이중성(Duality versus the Double) ····· 105

이중성(Double, Doubling) ········ 77, 105, 136, 300

이집트(Egypt) ································ 77, 116, 117

이집트 사람(Egyptians) ························· 115, 117

이항 대립 원리(Binarism) ··················· 98, 106

이항 대립적(Binary) ···································· 98

인상적 행위(Impressive Action) ···················· 45

인식/인지(Cognition, Cognitive) ·············· 42, 43

인식론(Epistemology) ································· 287

ㅈ

자기현시(Vaunt) ································ 36, 177

자발적 드라마(Spontaneous Drama) ······ 50, 319

자신감(Confidence) ······································ 24

자아(Self) ···································· 63, 102

자크 라캉(Jacques Lacan) ·························· 60

장 루이 바로(Jean-Louis Barrault) ·········· 31, 49

장 피아제(Jean Piaget) ········· 107, 208, 233, 300

재연(Re-play) ·· 29, 37, 91, 95, 166, 172, 308, 310

전쟁(War) ·· 132

전체(Wholes) ··· 98

전체주의(Holism, Holist, Holistic) ··· 54, 108, 140, 265, 293

정동적(Affective) ···················· 32, 196, 209, 308

정동-인지적 종합(Affective-cognitive Synthesis) ···································· 209

정서(Emotion, Emotional) ·········· 33

정신(Mind) ·········· 143, 148, 151, 167

정신운동적(Psychomotor) ·········· 42, 308

정신적 구조(Mental Structure) ·········· 101

제러미 벤담(Jeremy Bentham) ·········· 143

제의(Ritual) ·········· 71

제의학(Ritology) ·········· 72

제이콥 L. 모레노(Jacob L. Moreno) ·········· 96, 203

제임스 W. 플래너건(James W. Flanagan) ·········· 265

제임스 배리경(Sir James Barrie) ·········· 330

제임스 프레이저 경(Sir James Frazer) ·········· 133

제작(Production) ·········· 310, 312

조셉 콘래드(Joseph Conrad) ·········· 183

조율(Negotiation) ·········· 234, 238, 240, 245, 308, 328

조지 라코프(George Lakoff) ·········· 162

조지아나 수녀(Hannigan Sister Georgina) ·········· 21

존 F 케네디(John F. Kennedy) ·········· 324

존 도우딩(John Dowding) ·········· 20

존 듀이(Jonn Dewey) ·········· 178

존 B. 왓슨(John B. Watson) ·········· 143, 202

주관적 반응(Subject Responses) ·········· 44

줄리언 제인스(Julian Jaynes) ·········· 148

즉흥극(Improvisation) ·········· 31, 37, 180, 292

지그문트 프로이트(Sigmund Freud) ·········· 196

지능(Intelligence) ·········· 92

지젤 바레(Gisele Barret) ·········· 203

직관(Intuition, Intuitive) ·········· 144, 158

직시(Deixis) ·········· 177, 193

진 코헨(Jeanne Cohen) ·········· 158

진동(Oscillation) ·········· 144

진화론적인(Evolutionary) ·········· 241

질(Quality) ·········· 26, 56

ㅊ

착한 사마리아인(Good Samarian) ·········· 180

찰리 채플린(Charlie Chaplin) ·········· 171

찰스 다윈(Charles Darwin) ·········· 143

찰스 디킨스(Charles Dickens) ·········· 198

참여(Paticipate) ·········· 18, 29, 153, 235

창의력(Creativity) ·········· 245

창의적 드라마(Creative Drama) ·········· 19, 304

청소년 연극(Youth Theatre) ·········· 245

체감비교(Felt:-comparison) ·········· 273

체감의미(Feeling:-context) ·········· 262

체현과 도덕성(Embodiment and Morality) ·········· 97

초서 제프리(Chaucer Geoffrey) ·········· 132

추론(Inference) ·········· 146

칠코틴족(Chilcotin) ·········· 134

ㅋ

카를로스 카스테네다(Carlos Castaneda) ·········· 110

카타르시스(Catharsis) ·········· 196

카타칼리(Kathakali) ·········· 122

칸트(Immanuel Kant) ·········· 143

칼 포퍼(Karl Popper) ·········· 200, 233, 298, 327

칼 프리브램(Karl H. Pribram) ···· 49, 149, 160, 265

칼리다사(Kalidasa) ······························· 298

캐나다 어린이 청소년 드라마 협회(Canadian
Child and Youth Drama Association) ········ 21

케네스 버크(Kenneth Burkes) ······················ 61

케찰코아틀(Quetzalcoatl) ·························· 113

켈스의 서(The Book of Kells) ···················· 311

코메디아 델라르테(Commedia Dell'arte) ····· 312

콜드웰 쿡(Caldwell Cook) ························· 321

콜리지 사무엘 테일러(Coleridge Samuel Taylor)
·· 196

콜링우드(R.G. Collingwood) ······················ 69

콩코르디아 대학(Concordia University) ······· 313

콰키우틀족(Kwakiutl) ······························· 111

크노소스(Knossos) ································· 128

크레온(Creon) ···································· 301

크레타(Crete Cretan) ····························· 128

키드 토마스(Kyd Thomas) ······················ 310

키이스 존스톤(Keith Johnstone) ·············· 192

티벳(Tibet) ··· 123

ㅌ

탐구에 임하는 태도(Attitudes to Inquiry) ····· 273

태즈메이니아(Tasmania) ·························· 188

토론토 대학교(Toronto University) ······ 225, 313

토트(Thoth) ······················· 117, 118, 328

통과 의례(Rites of Passage) ···················· 78

ㅍ

파우로 프레이리(Paolo Freire) ·················· 239

파우스트식(Faustian) ····························· 296

팔머(Palmer) ·· 20

패러다임(Paradigm) ·········· 49, 70, 110, 323, 329

패티 허스트(Hearst Patty) ······················· 18

페트르 보가티레프(Petr Bogatyrev) ············ 175

포틀래치(Potlatch) ·························· 23, 84

폰 베르탈란피(Von Bertalanffy) ················ 150

푸에블로족 인디언(Pueblo Indian) ·············· 112

프랜시스 케펠(Francis Keppel) ················· 324

프랭크 배런(Frank Barron) ······················ 150

프레드 플린스톤(Fred Flintstones) ············· 326

프레드릭 바크(Valk) ······························· 31

프레딕 제임스(Fredric James) ·················· 209

프리츠 펄스(Fritz Perls) ························· 204

프리츠 호흐발더(Fritz Hochwälder) ············ 303

플라톤(Plato) ·········· 103, 109, 110, 142, 299, 320

플레인스 인디언(Plains Indian) ················· 113

플루타르코스(Plutarch) ·························· 129

플리니우스(Pliny) ································· 132

피란델로(Pirandello) ························· 53, 103

피에르 자네(Pierre Janet) ······················· 202

피타고라스(Pythagoras) ·························· 118

피터 슬레이드(Peter Slade) ······················ 208

피터와 켄(Peter and Ken Giles) ······················ 20

ㅎ

하워드 가드너(Howard Gardner) ············ 68, 308

학교 교육(Schooling) ···· 86, 87, 90, 100, 240, 265, 304

학습(Learning) ··································· 248, 268

한스 게어르그 가다머(Hans-Georg Gadamer) ··· 41

한스 바이힝거(Hans Vaihinger) ····················· 329

해리 브라우디(Harry S. Broudy) ····················· 201

해리엇 핀레이-존슨(Harriet Finlay-Johnson) ····· 321

해석(Interpretation) ····························· 126, 235

햄릿(Hamlet) ······································· 53

행동 양식(Modes of Action) ························ 290

행위소(Actants) ····································· 184

행태심리학자(Behaviorist) ············ 197, 199, 202

허구(Fiction) ········ 18, 30, 51, 62, 69, 82, 104, 110, 124, 136, 141, 146, 177, 295, 331

헤겔(G.W.F. Hegel) ································· 60

헤라클레이토스(Heraclitus) ························ 104

헤로도토스(Herodotus) ····························· 127

헤르메스(Hermes) ································· 118

헤르바르트(Herbart) ······························· 197

헨릭 입센(Henrik Ibsen) ··························· 57

형식론(Formism) ································· 108

호노리우스(Honorius) ····························· 120

호루스신(Horus) ································· 117

호피족(Hopi) ······························ 77, 112, 125

홀로그래피/입체기록술적인 것(The Holographic) ················ 269, 274, 278, 287

홀로그램/입체기록(Hologram(s)) ········· 171, 266, 269, 278

홉스 토머스(Hobbes Thomas) ······················ 143

환유(Metonymy) ······························ 56, 161

후설(Husserl) ····································· 41

홈버 대학(Humber College) ······················ 313

휴 던컨(Hugh Duncan) ····························· 68

히에로니무스 보쉬(Hieronymus Bosch) ······· 125

힌두(Hindu) ································ 57, 122, 124